Ernst Engelke

Soziale Arbeit als Wissenschaft

Eine Orientierung

Lambertus

Die Deutsche Bibliothek – CIP-Einheitsaufnahme

Engelke, Ernst:
Soziale Arbeit als Wissenschaft: Eine Orientierung/
Ernst Engelke. – 2. Aufl. – Freiburg im Breisgau:
Lambertus, 1993
ISBN 3-7841-0596-3

2. Auflage 1993
Umschlaggestaltung: Christa Berger, Solingen
Umschlagfoto: Uwe Stratmann, Wuppertal
Herstellung: Druckerei Rebholz GmbH, Freiburg im Breisgau
ISBN 3-7841-0596-3

Inhalt

9   ZUR EINLEITUNG

12   1. Der Zweck dieses Buches
14   2. Der Aufbau des Buches
16   3. Einige selbstkritische Vorbemerkungen

TEIL 1
21   ZUR GRUNDLEGUNG: WISSENSCHAFTSTHEORETISCHE FRAGEN UND POSITIONEN

23   1.   Alltagswissen – wissenschaftliches Wissen – Berufswissen
23   1.1. Alltagswissen
25   1.2. Wissenschaftliches Wissen
28   1.3. Berufswissen

29   2.   Organisation und Wandel wissenschaftlichen Wissens
30   2.1. Organisationselemente wissenschaftlicher Disziplinen
38   2.2. Wissenschaft(-sverständnis) im Wandel
39   2.3. Paradigmenwechsel

41   3.   Wissenschaftstheoretische Grundfragen
42   3.1. Philosophische Grundpositionen
48   3.2. Philosophisch-weltanschaulich bedingte Wertsetzungen
53   3.3. Wissenschaftstheoretische Methoden

63   4.   Einflußfaktoren auf Wissenschaft
64   4.1. Gemeinschaft der WissenschaftlerInnen
65   4.2. Die WissenschaftlerInnen
68   4.3. Äußere Einflüße auf Wissenschaft

69   5.   Anwendung der Wissenschaften
70   5.1. Theorie und Praxis
75   5.2. Wissenschaft und Ausbildung

TEIL 2
77   SOZIALE ARBEIT ALS WISSENSCHAFT

78   1.   Soziale Arbeit als Wissenschaft – eine alte Forderung

86   2.   Kontroversen im Vorfeld
86   2.1. Stolpersteine und Sperrzäune

93	2.2. Wertsetzungen
97	2.3. Gesellschaftliche Funktionen von Sozialer Arbeit
107	3. Ein verschwommener Gegenstand
108	3.1. Thesen zur gegenwärtigen Situation bei der Gegenstandsbestimmung
111	3.2. Verknüpfung eigenständiger Teilbereiche oder Einheit
115	3.3. Vorschläge zur Gegenstandsbestimmung Sozialer Arbeit als Wissenschaft
120	4. Ein breites Methodenspektrum
121	4.1. Die wissenschaftstheoretischen Methoden in der Entwicklung der Sozialen Arbeit als Wissenschaft
124	4.2. Wissenschaftstheoretische Methoden als Kriterium für das Ordnen von Theorien zur Sozialer Arbeit
129	4.3. Zwei Vorlieben
130	5. Viele Theoriefragmente – wenig ausgeformte Theorien
131	5.1. Vor- und außerwissenschaftliche Theorien der Sozialen Arbeit
133	5.2. Handlungsmethoden als Ansatzpunkte für Theorien der Sozialen Arbeit
136	5.3. Theoriefragmente
139	5.4. Theorien der Sozialen Arbeit
146	5.5. „Externe" Theorien zur Sozialen Arbeit
149	6. Fast nur Ausbildung – kaum Forschung
150	6.1. Soziale Arbeit als Wissenschaft und ihre Forschung
154	6.2. Die Zusammenarbeit von ForscherInnen und PraktikerInnen
159	TEIL 3 VOM ARMUTSIDEAL BIS ZUM TÖTEN „UNWERTEN LEBENS" – SIEBEN „THEORIEN" AUS DER GESCHICHTE SOZIALER ARBEIT
160	1. Armut in heiliger Ordnung – Thomas von Aquin
169	2. Armut beseitigen – Juan Luis Vives
179	3. Arme verschwinden natürlich – Thomas Robert Malthus
188	4. Arme absichern – Otto von Bismarck
197	5. Das Gemeinschaftsgefühl entwickeln – Alfred Adler
207	6. Versöhnen – Alice Salomon
218	7. „Unwertes Leben" töten – Adolf Hitler

TEIL 4
229 | VOM FÜRSORGEN BIS ZUM GERECHTEN AUSTAUSCHEN
     – SIEBEN THEORIEN AUS DER GEGENWART SOZIALER
       ARBEIT

230 | 1. Fürsorgen – Hans Scherpner
240 | 2. Normalisieren – Lutz Rössner
250 | 3. Emanzipieren – Fritz Haag und andere
260 | 4. Revolutionieren – Karam Khella
270 | 5. Kritisch deuten – Hans Thiersch
281 | 6. Ökosozial denken und handeln – Wolf Rainer Wendt
292 | 7. Gerecht austauschen – Silvia Staub-Bernasconi

     TEIL 5
305 | PERSPEKTIVEN

315 | LITERATUR

329 | AUTOR

„Etwas mag das Denken wohl schon helfen."
(Norbert Elias)

Zur Einleitung

Was tun Sie, wenn Ihr Bauch akut und heftig schmerzt? Sie gehen zur Nachbarin und lassen sich die Hand auflegen? Kaum. Sie gehen zum Heilpraktiker und lassen sich in die Augen schauen? Sehr unwahrscheinlich. Vermutlich gehen Sie zu Ihrer Hausärztin und lassen sich gründlich untersuchen und behandeln. Von ihr wissen Sie, daß sie approbiert ist und ein anspruchsvolles Medizinstudium an einer Universität erfolgreich bestanden hat. Sie vertrauen ihr, weil Sie davon ausgehen, daß sie die Forschungsergebnisse der wissenschaftlichen Medizin kennt und diese in der Praxis für Sie konkret anwenden kann. Alle PatientInnen erwarten diese fachliche Kompetenz von ihren ÄrztInnen und vertrauen darauf, wenn sie sich in ihre Behandlung begeben. Jedermann weiß, daß in der Medizin als Wissenschaft die menschlichen Krankheiten und ihre Heilungsmöglichkeiten erforscht, in der Medizin als Praxis die wissenschaftlichen Erkenntnisse bei PatientInnen angewendet und in der Medizin als Lehre zukünftige ÄrztInnen ausgebildet werden. Und man weiß bei der Medizin allgemein auch, daß die WissenschaftlerInnen in den Labors und Kliniken der Universitäten forschen, die ÄrztInnen in den Krankenhäusern und Arztpraxen praktizieren und die HochschullehrerInnen Medizin in den Hörsälen und an den Klinikbetten der Universitäten unterrichten. Was erwarten KlientInnen, also Notleidende und Hilfsbedürftige, von SozialarbeiterInnen? Auf welche fachlichen Kompetenzen setzen KlientInnen ihr Vertrauen, wenn sie sich SozialarbeiterInnen anvertrauen? Gehen sie davon aus, daß SozialarbeiterInnen die Forschungsergebnisse in der Sozialen Arbeit kennen und anwenden?[1] Oder reichen in der Sozialen Arbeit guter Wille, eine natürliche Hilfsbereitschaft und hohe Ideale aus? Es ist in vielerlei Hinsicht aufschlußreich, Soziale Arbeit aus der Rolle von KlientInnen und aus dem Selbstverständnis anderer Disziplinen, zum Beispiel der Medizin, zu betrachten. Bei der Ausbildung von SozialarbeiterInnen an deutschen Hochschulen wird gegenwärtig erwartet, daß die Studierenden selbstverständlich Soziale Arbeit in Theorie und Praxis kennenlernen.[2] Die Studienreformkommission „Pädagogik/Sozialpädagogik/Sozialarbeit" beschreibt die geschichtliche Entwicklung zu diesem Selbstverständnis: Für die Zeit nach 1945 gelte als allgemeine Meinung, daß der Praktiker in der Sozialen Arbeit überprüfbare Handlungskonzepte auf wissenschaftlicher Grundlage braucht und die auf bestimmte Kommunikationsstrukturen ausgerichteten separaten Methoden überwunden werden müssen. Man befinde sich derzeit auf dem Weg zu einer Praxis auf der Basis einer Sozialarbeitswissenschaft. Die Rahmenstudienordnungen der Fachhochschulen und die Lehrenden verlangen, daß die AbsolventInnen Theorie und Praxis der Sozialen Arbeit erlernen und auf diese Weise Kompetenz für die Arbeit mit den KlientInnen erlangen. [3]

Doch wenn die Studierenden in die Praxis kommen, treffen sie auf Auffassungen wie: „Theorie ist, wenn man alles weiß und nichts funktioniert. Praxis ist, wenn alles funktioniert und keiner weiß warum. In diesem Raum ist Theorie und Praxis vereint: Nichts funktioniert und keiner weiß warum."[4] Wissenschaftlich begründete Erkenntnisse und Theorien zur Sozialen Arbeit spielen im Berufsalltag der großen Mehrheit der SozialpädagogInnen und SozialarbeiterInnen in der Bundesrepublik Deutschland praktisch keine Rolle. Von jungen KollegInnen auf die Notwendigkeit einer wissenschaftlichen Grundlage für Soziale Arbeit angesprochen rechtfertigen sich die „alten Häsinnen und Hasen" mit Erklärungen wie:

„Dafür haben wir keine Zeit!" – „Theorie und Praxis sind zwei ganz verschiedene Welten und haben nichts miteinander zu tun!" – „Ich habe da so meine eigenen Erfahrungen!" – „Theorie verhindert doch nur eine persönliche Begegnung mit den Klienten!" – „In der Praxis muß man spontan und kreativ sein!" – „Die Sachzwänge erlauben das nicht!" – usw.[5]

Offensichtlich gibt es allgemein bei SozialarbeiterInnen einen babylonischen Sprach- und Verständniswirrwarr beim Gebrauch der Begriffe „Theorie", „Wissenschaft", „Praxis" und „Ausbildung". Dieser Wirrwarr kann schnell aufgelöst werden, wenn man sich an anderen wissenschaftlichen Disziplinen – wie zum Beispiel der Medizin, der Psychologie oder der Physik – ausrichtet und die dort üblichen Definitionen und Differenzierungen übernimmt. Soziale Arbeit ist nach meiner Auffassung – wie alle anderen Hochschuldisziplinen auch – aus inhaltlichen und formalen Gründen in drei Bereiche aufzuteilen: *Soziale Arbeit als Wissenschaft,*[6] *Soziale Arbeit als Praxis (Beruf)* und *Soziale Arbeit als Ausbildung (Lehre)*[7] (siehe Abbildung 1). Alle drei Bereiche zusammen machen Soziale Arbeit aus. Jeder Bereich hat seine eigene Aufgabe, die von den Aufgaben der anderen Bereiche deutlich zu unterscheiden ist. Jeder der drei Bereiche bezieht sich in eigenständiger Weise auf denselben Gegenstand Sozialer Arbeit und ist zugleich mit den anderen Bereichen *zirkulär verbunden*. Als Gegenstand Sozialer Arbeit erkenne ich „Soziale Probleme und die Lösungen dieser Probleme".[8] *Soziale Arbeit als Wissenschaft* reflektiert und erforscht mit wissenschaftlichen Methoden soziale Probleme und ihre Lösungen.[9] *Soziale Arbeit als Praxis* arbeitet mit Handlungsmethoden an der Lösung sozialer Probleme. *Soziale Arbeit als Ausbildung* bildet für die berufliche Praxis Sozialer Arbeit aus. Nochmals anders formuliert: Soziale Arbeit als Wissenschaft ist reflexive und Soziale Arbeit als Praxis ist tätige Antwort auf soziale Probleme. Soziale Arbeit als Ausbildung unterrichtet das reflexive und tätige Antworten auf soziale Probleme.[10]

Auf das Eigenständige und die enge Verflechtung der drei Bereiche Wissenschaft, Praxis und Ausbildung in der Sozialen Arbeit hat Alice Salomon bereits vor 70 Jahren aufmerksam gemacht.[11] Die Unterscheidung von Sozialer Arbeit als Wissenschaft und Soziale Arbeit als Praxis mag als umständlich erscheinen. Praktisches Handeln und wissenschaftliches Arbeiten sind – nicht nur für mich – zwei verschiedene Dinge.[12] Eine klare sprachliche und inhaltliche Abgrenzung ist meiner Einsicht nach notwendig, um die Zusammenarbeit von PraktikerInnen und WissenschaftlerInnen in der Sozialen Arbeit zu verbessern. Eine Mißachtung der Bereichsgrenzen führt unweigerlich zu erheblichen inhaltlichen Irritationen und Kompetenzstreitigkeiten bei den Beteiligten. Das schwierige Verhältnis von WissenschaftlerInnen und PraktikerInnen in der Sozialen Arbeit gründet meiner Meinung nach zum großen Teil eben darin, daß die Grenzen der eigenen Zuständigkeit und Kompetenz nicht gewahrt werden. Wenn die Praxis Sozialer Arbeit zum vorzüglichen Gegenstand der Sozialarbeitswissenschaft oder

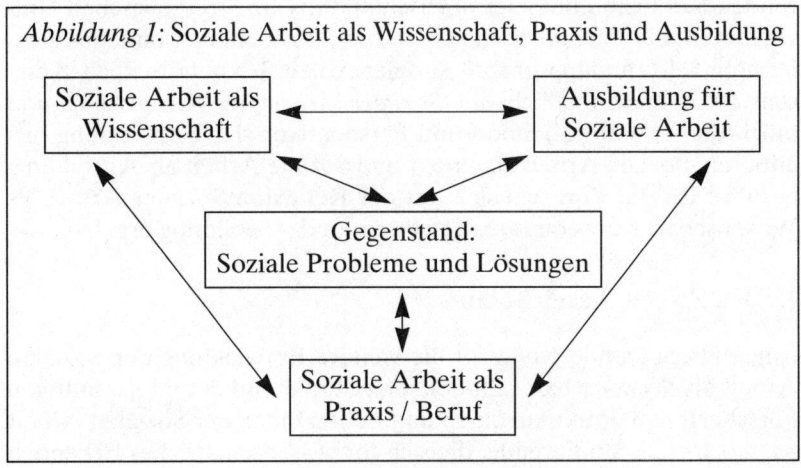

Abbildung 1: Soziale Arbeit als Wissenschaft, Praxis und Ausbildung

der Sozialpädagogik wird, so liegt auf der Hand, daß PraktikerInnen die WissenschaftlerInnen als Supervisoren und letztlich als abzulehnende BesserwisserInnen erleben müssen. In der Wissenschaftswelt ist es meines Wissens nicht üblich, die Praxis einer Berufsgruppe zum Gegenstand einer Wissenschaftsdisziplin zu machen. Bei der Sozialen Arbeit als Ausbildung ist zu differenzieren in die Ausbildung für die berufliche Praxis (an Fachhochschulen) und in die Ausbildung von AusbilderInnen und ForscherInnen (an wissenschaftlichen Hochschulen). Sozialpädagogik ist 1969 an einigen deutschen Universitäten als eigener Studiengang im Rahmen der Erziehungswissenschaften etabliert und damit als wissenschaftliche Disziplin anerkannt worden. Zur selben Zeit ist der Sozialarbeit – für viele die weniger angesehene Zwillingsschwester der Sozialpädagogik – lediglich ein eher bescheidener Platz als Studiengang an Fachhochschulen zugestanden worden. Entwicklung und Pflege der Wissenschaften durch Forschung ist nach dem geltenden Hochschulrecht Aufgabe der wissenschaftlichen Hochschulen. Die Fachhochschulen haben durch anwendungsbezogene Lehre eine Bildung zu vermitteln, die zu selbständiger Anwendung wissenschaftlicher Methoden und künstlerischen Tätigkeiten in der Berufspraxis befähigt. Sozialarbeit und Sozialpädagogik unterscheiden sich anerkanntermaßen. Für die Soziale Arbeit ist – im Unterschied zur Sozialpädagogik – kein Ort vorgesehen, an dem sozialarbeiterische Lösungsansätze entwickelt werden, die an Fachhochschulen dann zu vermitteln sind. Dieser Mangel und der ausdrückliche Praxisbezug der Fachhochschulen tragen erheblich zur Vermengung von Theorie, Praxis und Ausbildung in der Sozialen Arbeit und der daraus resultierenden Konfusion bei. Der hochschulpolitische Streit zwischen Universitäten und Fachhochschulen erschwert zudem den ohnehin nicht leichten Selbstfindungsprozeß Sozialer Arbeit. Ich befasse mich in diesem Buch ausschließlich mit *Sozialer Arbeit als Wissenschaft* und möchte über Verlauf, Stand und Perspektiven der Entwicklung orientieren. Soziale Arbeit als Praxis und Soziale Arbeit als Ausbildung berühre ich nur dort, wo sich aus der Reflexion Sozialer Arbeit als Wissenschaft Konsequenzen für Praxis und Ausbildung ergeben.

1. DER ZWECK DIESES BUCHES

Eine entscheidende Rolle für die weitere Entwicklung der Sozialen Arbeit als Wissenschaft fällt den jetzt Studierenden und zukünftigen ForscherInnen, PraktikerInnen und LehrerInnen der Sozialen Arbeit zu. Doch viele Studierende, die sich für wissenschaftliches Erkennen und Denken in der Sozialen Arbeit interessieren, beklagen bei der Mehrzahl fachwissenschaftlicher Publikationen:

(a) Es werden zuviele wissenschaftstheoretische und philosophische Kenntnisse vorausgesetzt.

(b) Die AutorInnen drücken sich zumeist sehr abstrakt und kompliziert aus und bevorzugen auch dann noch Fremdwörter, wenn gute deutsche Ausdrücke verfügbar sind.

(c) Es wird in großem Umfang auf Literatur aus anderen Fächern zurückgegriffen und vorausgesetzt, daß sie bekannt ist.

(d) Die Vielfalt sehr unterschiedlicher Methoden, Ansätze, Modelle, Entwürfe und Theorien verwirrt.

Dieses Buch ist als *Studienbuch* für Studierende, PraktikerInnen und ehrenamtliche HelferInnen der Sozialen Arbeit und als Information für VertreterInnen anderer Berufe, die in der Sozialen Arbeit tätig sind, geschrieben worden. Es wendet sich nicht ausdrücklich an die FachwissenschaftlerInnen.

Als Studienbuch soll dieses Buch

(a) in wissenschaftliches Erkennen und Denken im Rahmen Sozialer Arbeit einführen,

(b) eine Orientierung in dem weiten und oft schwer zu überschauenden Feld der Theorien Sozialer Arbeit bieten,

(c) darauf hinweisen, wie vielfältig in Theorie und Praxis Menschen auf die bedrängenden sozialen Probleme ihrer Zeit geantwortet haben,

(d) zu einer vertieften wissenschaftlichen Reflexion Sozialer Arbeit anregen und ermutigen.

Aus dieser Ziel- und Zweckbestimmung ergeben sich als leitende didaktische Gesichtspunkte:

(a) Kriterien für Soziale Arbeit als Wissenschaft vermitteln.

(b) Den Weg der Sozialen Arbeit zur eigenständigen Wissenschaftsdisziplin aufzeichnen.

(c) Das ganze Spektrum aufzeigen wie Soziale Arbeit verstanden werden kann und verstanden worden ist.

(d) Wenige Theorien, die aber breite Strömungen repräsentieren, auswählen.

(e) Die einzelnen Theorien auf dem Hintergrund der Lebenswelt ihrer VerfasserIn sehen.

(f) Möglichst elementar und anschaulich darstellen, ohne primitiv zu werden.

2. Der Aufbau des Buches

Wer sich mit der Sozialen Arbeit als Wissenschaft befassen will, kommt nicht umhin, sich gleich zu Beginn mit Wissenschaftstheorie zu befassen. Wichtige wissenschaftstheoretische Fragen und Antworten werden in dem *ersten Teil* „Zur Grundlegung: wissenschaftstheoretische Fragen und Positionen" behandelt, um die Fundamente und Eckpunkte zu benennen, auf deren Benennung und Reflexion keine Wissenschaft verzichten kann. Der Unterschied von Alltagswissen und wissenschaftlichem Wissen wird herausgearbeitet. Die Gegenstandsbestimmung, die Methodologie verbunden mit der Wertfrage, die Theorienbildung und die Forschung werden als wissenschaftstheoretische Organisationselemente jeder Wissenschaftsdisziplin benannt. Wissenschaftliches Denken und Handeln basieren auf Vorentscheidungen über philosophische Grundannahmen. Die wichtigen Streitpunkte bei den Grundannahmen werden skizziert, da die jeweilige Entscheidung für oder gegen eine Position die folgende wissenschaftliche Arbeit wesentlich bestimmt. Die Einflußfaktoren auf die Wissenschaft und das Anwendungsproblem (Theorie-Praxis-Verhältnis) werden in ihrer Bedeutung beschrieben.

Soziale Arbeit als Wissenschaft existiert bereits seit Jahrzehnten in vielen Ansätzen, Entwürfen, Modellen und Theorien. Daher wird in dem *zweiten Teil* „Soziale Arbeit als Wissenschaft" über den gegenwärtigen Erkenntnis- und Diskussionsstand im deutschsprachigen Raum berichtet. Ein kurzer Überblick über Wissenschaft im Handlungsfeld Sozialer Arbeit wird zur Einführung gegeben.Gliederungspunkte beim weiteren Vorgehen bilden – analog dem Aufbau des ersten Teils – die weltanschaulich-philosophisch bedingten Kontroversen im Vorfeld Sozialer Arbeit als Wissenschaft, die Bestimmung des Gegenstandsbereichs, die wissenschaftlichen Methoden, die Theorien und die Forschung als die fünf wesentlichen Bestandteile jeder Wissenschaft.

Recht unterschiedliche Lösungen für soziale Probleme sind in der Lebens- und Wissensgeschichte erarbeitet und oft auch in der Praxis umgesetzt worden. Für die Lösung gegenwärtiger sozialer Probleme können die Lösungen früherer Generationen fruchtbringend herangezogen werden. Häufig belehrt uns die Geschichte zugleich über die Folgen bestimmter Lösungsstrategien. Das kann heute als Warnung oder auch als Ermutigung für bestimmte Lösungswege dienen. Der *dritte Teil* „Vom Armutsideal bis zum Töten 'unwerten Lebens'" besteht aus sieben Theorien. Sie stehen stellvertretend für verschiedene Arten des Umgangs mit sozialen Problemen (Armut, Krankheit, Behinderung, Alter usw.) aus der Geschichte der Sozialen Arbeit. Ausgewählt worden sind sieben AutorInnen aus Disziplinen, die an der Lösung sozialer Probleme beteiligt sind: Theologie, Philosophie, Pädagogik, Nationalökonomie, Recht, Medizin, Soziale Arbeit und Politik. Diese Theorien haben für den deutschsprachigen Raum wichtige Impulse für die Soziale Arbeit und ihre Reflexion gegeben. Nach heutigem Wissenschaftsverständnis kann man allerdings bei diesen Theorien nicht von Theorien im streng wissenschaftlichen Sinn sprechen; sie sind als „Vortheorien" oder vorwissenschaftliche Theorien zu bezeichnen. Die Auswahl läßt zugleich den Weg der Sozialen Arbeit als Wissenschaft erkennen: Im hohen Mittelalter werden soziale Probleme im Rahmen der Theologie behandelt. Bald danach wird die Reflexion sozialer Probleme von der Theologie getrennt und erfolgt in anderen Disziplinen, um schließlich in unserer Zeit in einer eigenen Disziplin Soziale Arbeit (als Wissenschaft) reflektiert zu werden.

Im *vierten Teil* „Vom Fürsorgen bis zum gerechten Austauschen" werden sieben heutige Theorien für die Soziale Arbeit dargestellt. Diese Theorien erfüllen in etwa auch den Anspruch, der heute an eine wissenschaftliche Theorie gestellt wird. Die ausgewählten Theorien repräsentieren verschiedene wichtige wissenschaftstheoretische Auffassungen und spiegeln das gegenwärtig im deutschsprachigen Raum diskutierte Lösungsspektrum wider. Außerdem behandeln die AutorInnen den Gegenstandsbereich Soziale Arbeit insgesamt und beschränken sich nicht nur auf ein Teilgebiet Sozialer Arbeit (zum Beispiel auf Heimerziehung oder Bewährungshilfe).

Wissenschaftliches Arbeiten folgt einem Leitfaden, der sich aus den allgemein anerkannten Anforderungen an wissenschaftliches Arbeiten ergibt. Nach dem Leitfaden des wissenschaftlichen Vorgehens werden jeweils die einzelnen Theorien im dritten und vierten Teil vorgestellt. Die einzelnen Schritte dabei sind:

(1) Der lebensweltliche Kontext: Zeitrahmen – sozio-kulturelle und ökonomische Bedingungen – geltende Wissenschaftsauffassung – Themen der Zeit – Denktradition.
(2) Die Autorin / der Autor: biografische Daten – weltanschauliche Einbindung – Zugang zur Macht – erkenntnisleitendes Interesse.
(3) Die Wissenschaftsauffassung: explizites oder implizites Verständnis von Wissenschaft und Wahl der wissenschaftstheoretischen Methoden.
(4) Der Gegenstandsbereich: das Material- und Formalobjekt, dem sich der/die AutorIn zuwendet.

15

(5) Die Theorie: Grundannahmen – wichtige Bausteine und Elemente – Ziele und Werte.

(6) Bedeutung und Umsetzung in der Praxis: Aufnahme der Theorie bei WissenschaftlerInnen und PraktikerInnen.

(7) Literatur zum Vertiefen: wichtige Publikationen zur Theorie vom AutorIn selbst oder anderen AutorInnen.

Dieses Buch wird mit dem letzten, dem *fünften Teil* „Perspektiven" abgeschlossen. Hier werden noch einmal die Gesichtspunkte und Forderungen zusammengestellt, die für die weitere Entwicklung der Sozialen Arbeit als Wissenschaft wichtig sind, damit die Soziale Arbeit „endlich einmal ihr eigenes Brot backt und sich endlich einmal zur selbständig forschenden Wissenschaft erhebt."[13]

3. EINIGE SELBSTKRITISCHE VORBEMERKUNGEN

Zweck und Ziel dieses Buches führen dazu, daß es eher einem groben Holzschnitt als einer feinen Federzeichnung gleicht. Komplexes wird vereinfacht, Differenzierungen werden vernachläßigt und Details werden weggelassen, um die didaktischen Absichten zu erfüllen. Das *Elementarisieren* führt dazu, daß Fragen und Antworten, Probleme und Theorien verkürzt dargestellt werden und damit verfremdet sein können. Dieses Risiko konnte ich nicht ausschließen. Insbesondere bei der Darstellung der Theorien habe ich mich bemüht, mich möglichst nahe an die Sprache und die Denkfiguren der jeweiligen AutorInnen zu halten. Allein durch das Komprimieren treten in einigen Fällen deutliche Schwächen der jeweiligen Theorie zutage. Ich habe diese Mängel stehen lassen. Sie gehören zum Entwicklungsstand der jeweiligen Theorie. Meine Darstellungen lassen sich leicht anhand der Primärliteratur vertiefen, überprüfen und gegebenenfalls korrigieren. Die Theorien und AutorInnen sind nach von mir bestimmten *Kriterien* ausgewählt worden. Die Auswahl hätte auch ganz anders sein können. Zu diskutieren ist natürlich insbesondere das Einbeziehen von Otto von Bismarck und Adolf Hitler als Autoren von Theorien der Sozialen Arbeit. Und dann steht Hitler auch noch neben Alice Salomon, die von Hitlers Schergen verfolgt und vertrieben worden ist. Bismarck und Hitler tauchen im Zusammenhang mit Theorien zur Sozialen Arbeit üblicherweise nicht auf. Ich habe beide ausgewählt, da sie sehr bedeutsame und bis heute nachwirkende Beiträge für die Theorie und Praxis Sozialer Arbeit geleistet haben. Und beide haben als mächtige Politiker vollzogen, was andere vor ihnen als Wissenschaftler bereits gedacht haben.[14] Die „Endlösungen Sozialer Arbeit" unter Adolf Hitler gehören zum Spektrum möglicher Lösungen dazu, auch wenn sie als barbarische Lösungen zu werten und damit abzulehnen sind. Hitlers Verständnis und Praxis des Umgangs mit Behinderten, Kranken und Minoritäten hat viele Mütter und Väter in der Wissens- und Lebensgeschichte der Menschheit. Die Tagesnachrichten bezeugen, daß Hitlers Lösungen auch heute noch vertreten und praktiziert werden. Die von Bismarck initiierte Sozialgesetzgebung ist auch heute noch eine die gesamte Soziale Arbeit in Deutschland bestimmende Größe.

Von den 14 ausgewählten AutorInnen stehen zwei *Frauen* zwölf *Männern* gegenüber. Charakteristischerweise sind allein die beiden Frauen „gelernte Sozialarbeiterinnen". Diese Auswahl orientiert sich an der Wirklichkeit. Für die Soziale Arbeit ist es typisch, daß Männer die führenden Positionen sowohl in der Praxis als auch in der Ausbildung inne haben und Frauen die alltägliche Arbeit in der Praxis ausführen müssen. Im Autorenverzeichnis des renommierten Handbuchs zur Sozialarbeit/Sozialpädagogik von Hanns Eyferth / Hans-Uwe Otto / Hans Thiersch befinden sich gerade 10 % Frauen, aber 90 % Männer.[15] Dagegen arbeiten bei den Spitzenverbänden der freien Wohlfahrtspflege ca. 80 % Frauen und 20 % Männer.[16] Studentinnen haben mich darauf aufmerksam gemacht, daß die ablehnende Haltung der Praktikerinnen gegenüber Theorien vielleicht auch etwas mit dieser Geschlechterverteilung zu tun haben könnte: „Die Frauen unten in der Praxis lehnen die Theorien der Männer oben ab."

Soziale Probleme hat es in allen Epochen, Kulturen, Völkern und Staaten gegeben. Und die Menschen haben jeweils solche Lösungen für ihre sozialen Probleme in Theorie und Praxis entwickelt, die ihren Denk- und Lebensgewohnheiten entsprachen. Von daher bietet es sich an, Theorien aus verschiedenen Kulturen und Völkern auszuwählen. In diesem Buch sind vorrangig *AutorInnen* aus dem *deutschsprachigen Raum* ausgewählt worden. Diese Beschränkung war aus Platzgründen notwendig.[17] Allerdings wurden solche AutorInnen ausgewählt, die weit verbreitete Denktraditionen repräsentieren. Bei der Darstellung der einzelnen Theorien wird auf Einflüsse und Denkströmungen, in denen die AutorInnen standen oder stehen, aufmerksam gemacht.

Immer wieder haben in den letzten Jahren AutorInnen den Entwicklungsstand der Sozialarbeitswissenschaft und die vorliegenden Theorien zur Sozialen Arbeit dargestellt. Die wissenschaftstheoretischen Positionen der Theorien dienten in der Regel als Einteilungsschemata.[18] Mitunter wirken diese Systematisierungen etwas erzwungen.

Theorien werden von konkreten Menschen auf dem Hintergrund persönlicher Erfahrungen und Abhängigkeiten entworfen, insbesondere dann, wenn es um die Antwort auf soziale Probleme geht. Diese Einsicht hat mich angeleitet, die einzelnen Theorien autorInnenbezogen und eingebunden in ihre Lebenswelt darzustellen. Schließlich prägt die Persönlichkeit der WissenschaftlerInnen die Psycho-logik ihres Entwurfs und aller weiteren Ausführungen.

Dieses Buch ist das Ergebnis vieler *Lehrgespräche mit Studierenden* während der letzten zehn Jahre. Ich wollte ihnen wissenschaftliches Denken und Arbeiten vermitteln, wie ich es in meinen Studienfächern gelernt habe. Die Studierenden haben mich aber durch ihr beharrliches Fragen herausgefordert und ermutigt, von ihrem Studienfach, der Sozialen Arbeit, aus zu denken. Viele von ihnen lassen mich auch nach ihrem Studium an ihren Praxiserfahrungen und -reflexionen teilhaben. Für diese Herausforderungen, Ermutigungen und Mitteilungen danke ich herzlich. Rüdiger Leibfried danke ich für seine freundschaftliche und anregende Begleitung beim Verfassen des Manuskriptes; Michael Spangenberger danke ich für Hilfe bei der Literatursuche. Günter Palte, Wolf Häfner, Renate Lanius, Jakob Müller und Silvia Staub-Bernasconi danke ich dafür, daß sie mir wichtige Zugänge zur Sozialen Arbeit erschlossen haben. Fritz Boll und Rudi Briel vom Lambertus-Verlag danke ich für geduldiges Abwarten und engagiertes Diskutieren beim Entstehen dieses Buches. Alice, Hanna und Eva Engelke danke ich dafür, daß sie mich vielfältig unterstützt und meinen Computer nicht abgestellt haben.

ANMERKUNGEN ZUR EINLEITUNG

[1] Der Begriff „Soziale Arbeit" wird hier generell anstelle des verwirrenden und abzulösenden Doppelbegriffs Sozialarbeit/Sozialpädagogik verwendet. Vgl. dazu Mühlum 1981, 330 - 336. Bei den einzelnen AutorInnen wird jedoch der von ihnen jeweils benutzte Begriff beibehalten.

[2] Sekretariat der Ständigen Konferenz der Kultusminister der Länder in der Bundesrepublik Deutschland 1984, 23

[3] Zum Beispiel Rahmenstudienordnung für den Fachhochschulstudiengang Sozialwesen vom 20.1.1981 in Bayern veröffentlicht im KMBI Nr. 4 / 1981

[4] Text auf einem Poster, das an der Wand eines Dienstzimmers von Sozialarbeitern hängt.

[5] Ich stütze meine Aussagen auf die Rückmeldungen mehrerer Hundert Studierender nach ihrem Praktikum.

[6] Der Begriff „Sozialarbeitswissenschaft" wird zwar mittlerweile häufig benutzt, dennoch möchte ich lieber von „Sozialer Arbeit als Wissenschaft" sprechen. Dadurch wird - wie in anderen Disziplinen auch - deutlich, daß

18

es sich bei der Wissenschaft und der Praxis dieses Fachs um denselben Gegenstand, auf den sie bezogen sind, handelt. Wissenschaft und Praxis sind im Bild gesprochen zwei Seiten einer Münze.

[7] Ich spreche von Ausbildung, da der Begriff „Lehre" umgangssprachlich zu stark auf die verbale Vermittlung von Wissensinhalten eingeengt ist.

[8] Vgl. Teil 2 Abschnitt 3 sowie Staub-Bernasconi 1983a,b, 1986 und Sidler 1989. An der Lösung sozialer Probleme sind auch andere Disziplinen interessiert und beteiligt (siehe Abbildung 7, S. 92).

[9] Vgl. Staub-Bernasconi 1991, 3

[10] Vgl. hierzu Teil 2 Abschnitt 3.3.

[11] Salomon 1927, 109ff.

[12] Vgl. hierzu auch Teil 1. Abschnitt 5.

[13] Vgl. Lay 1920 für die Pädagogik, zitiert nach Tschamler 1983, 176 (abgewandelt von mir, E.E.)

[14] Vgl. hierzu die Darstellungen in dem Teil 3 die Abschnitte 4 und 7

[15] Eyferth / Otto / Thiersch 1987, 1318 - 1322

[16] Ergebnis eigener Recherchen

[17] Vgl. Lukas 1979, 11

[18] Vgl. die Ausführungen in Teil 2 Abschnitt 4.2.

Teil 1
Zur Grundlegung: wissenschaftstheoretische Fragen und Positionen

Begriffe wie „Theorie", „Konzept", „Methoden", „Praxis" und auch „Wissenschaft" benutzen wir im Alltag ganz selbstverständlich. Dabei tun wir so, als ob diese Begriffe von allen Menschen in gleicher Weise verstanden und gebraucht werden. Aber ist das auch wirklich so? Diese Begriffe gibt es schon sehr lange und ihre Geschichte ist wechselvoll. Jede Zeit hat eigene Auffassungen über diese Begriffe und darüber, was unter ihnen zu verstehen ist. Große Unterschiede in der Bestimmung dieser Begriffe bestehen darüber hinaus von einem Kulturkreis zum anderen. Innerhalb der Epochen und Kulturkreise gibt es außerdem noch verschiedene miteinander konkurrierende Auffassungen über das, was unter „Wissenschaft", „Theorie" und „Praxis" zu verstehen ist.

Zu den allgemeinen Aufgaben der Philosophie gehörte es traditionell, diese Begriffe und das, was mit ihnen gemeint ist, zu reflektieren. Heute hat die *Wissenschaftstheorie* – auch Wissenschaftslehre, Erkenntnistheorie oder Epistemologie genannt – diese Aufgabe als relativ eigenständige Disziplin weitgehend übernommen. Mitunter scheint es sogar so zu sein, als ob die Wissenschaftstheorie heute für die Philosophie überhaupt steht. Die Wissenschaftstheorie erforscht das Entstehen von Wissen, seine Bedingungen und Voraussetzungen, seine Ziele und Zusammenhänge, seine Querverbindungen und Grenzen.[1] Das Arbeitsfeld der Wissenschaftstheorie umfaßt mehrere Teildisziplinen: Wissenschaftspsychologie, Wissenschaftssoziologie, Wissenschaftsgeschichte, Wissenschaftslogik, Wissenschaftsmethodologie und Wissenschaftsphilosophie.[2]

Zu den wichtigen Aufgaben der WissenschaftstheoretikerInnen gehört es, allgemeine Kriterien und Kennzeichen für Wissenschaft und wissenschaftliches Wissen zu erarbeiten und zu überprüfen, ob Erkenntnisse mit Wissenschaftsanspruch auch wirklich wissenschaftlich legitimiert sind. Die besonderen Bedingungen der Erkenntnisgewinnung in den jeweiligen Fachwissenschaften sind jeweils von den FachwissenschaftlerInnen für ihre eigene Disziplin zu erforschen und zu benennen (siehe Teil 2). Das Studium einer jeden Wissenschaft enthält daher zwangsläufig auch immer eine Auseinandersetzung mit wissenschaftstheoretischen Fragen und Antworten, da wissenschaftliches Erkennen und Denken sich selbst bis in die Gründe und Anfänge zu reflektieren hat.[3]

Die gegenwärtige wissenschaftstheoretische Diskussion über das Verständnis und in der Folge auch über die Anwendung von Wissenschaft ist weithin durch kontroverse Klärungs- und Definitionsversuche bestimmt.[4] Eine einheitliche und allgemein anerkannte Auffassung gibt es nicht. Das betrifft sowohl die allgemeine als auch die fachwissenschaftliche Diskussion.

Zunächst wird im ersten Abschnitt dieses Teils bestimmt, was hier unter wissenschaftlichem Wissen verstanden wird. Darauf aufbauend werden Kennzeichen und Kriterien zur Organisation wissenschaftlichen Wissens genannt und Wissenschaft(sverständnis) als wandelbar dargestellt. Die Streitgespräche der wissenschaftstheoretischen Schulen über ihre Positionen lassen deutlich werden, daß den verschiedenen Auffassungen verschiedene erkenntnistheoretische und philosophische Annahmen zugrunde liegen. Diese grundverschiedenen Annahmen führen auch in der Sozialen Arbeit als Wissenschaft zu verschiedenen Meta- und Objekttheorien. Hier können die Streitfragen und ihre Beantwortungsmöglichkeiten lediglich benannt werden. Da Menschen über die zu gebenden Antworten streiten, wirken natürlich auch „ganz menschliche" Faktoren, die sich aus dem Gemeinschaftsleben der WissenschaftlerInnen und der Persönlichkeit jeder/s einzelnen WissenschaftlerIn ergeben, bei den Entscheidungen mit. Äußere Einflüße auf die Wissenschaftsentwicklung spielen eine nicht unerhebliche Rolle. Beobachten und Handeln, Denken und Tun, Theorie und Praxis, Wissenschaft und ihre Anwendung fordern ständig zu neuen Verhältnisbestimmungen heraus, da es hierbei um das Zusammenspiel vieler Menschen und damit auch um Macht und Herrschaft geht. Das Verhältnis von Wissenschaft (Theorie) und Praxis und das Verhältnis von Wissenschaft (Theorie) und Ausbildung werden zum Abschluß dieses Teils behandelt.

ANMERKUNGEN

[1] Rombach 1979, 9
[2] Lay 1971, 9 - 20
[3] Rombach 1979, 7
[4] Vgl. dazu die Einführungen in die Wissenschaftstheorie von Lay 1971, 1973; Ströker 1973; Rombach 1974, 1979; Tschamler 1983; Seiffert 1985; Eberhard 1987; Breuer 1989; Kriz / Lück 1990 u. a. sowie die dort jeweils angegebenen umfangreichen Literaturangaben zur Wissenschaftstheorie.

22

1. ALLTAGSWISSEN – WISSENSCHAFTLICHES WISSEN – BERUFSWISSEN

Das deutsche Wort „*Wissen*" gehört sprachgeschichtlich zu der indogermanischen Sprachwurzel „ueid" und bedeutet „erblicken, sehen". Aus „Ich habe gesehen" ist dann „Ich habe erkannt" und später „Ich weiß" geworden. Ein Wissender hat etwas erblickt und dadurch etwas erkannt. „Wissen" hängt sprachlich eng mit „sehen" und „erkennen" zusammen. Das Wort „wizzenschaft" taucht erst ab dem 16./17. Jahrhundert im deutschen Sprachraum auf. Es wird für den lateinischen Begriff „scientia" im Sinne von „geordnetes, in sich zusammenhängendes Gebiet von Erkenntnissen" gebraucht.[1] *Sehen, erkennen* und das erkannte Wissen *ordnen* kennzeichnen sprachgeschichtlich ganz allgemein „*Wissenschaft*".

Menschen sehen, erkennen und wissen etwas. Jeder Mensch weiß etwas und benötigt Wissen, um überhaupt leben zu können. Wenn jemand nicht sehen oder nichts erkennen kann, ist er auf die Einsichten und Erkenntnisse anderer angewiesen. Wissen wird selbst erworben und/oder von anderen übernommen. Ist folglich jeder Mensch ein Wissenschaftler, da ja jeder über Wissen verfügen muß und auch verfügt? Welche Art ist das Wissen, über das jede Frau und jeder Mann verfügen? Wie läßt sich dieses *Allerweltswissen* von *wissenschaftlichem Wissen* unterscheiden?

1.1. Alltagswissen

Jeder Mensch erwirbt für sich in seinem Alltag ein persönliches Wissen und gewinnt ständig weitere Erkenntnisse hinzu. Dieses Wissen wird *Alltagswissen* genannt.[2] Unsere täglichen Wahrnehmungen, Erlebnisse und Erfahrungen bilden die Basis für diese Erkenntnisgewinnung. Ausgerichtet auf unsere Lebensziele deuten wir diese Erkenntnisse, schaffen uns auf diese Weise Vorstellungen vom Leben und machen sie zum Leitfaden unserer Handlungen und begründen damit auch unser Verhalten. Im Verlauf unseres Lebens bilden wir ganz persönliche Auslegungsmuster über das Leben und für unser Leben. Jeder Mensch verfügt über entsprechende ihm eigene Interpretationsmuster, an denen er sich orientiert. Diese Interpretationsmuster können bewußt, aber auch unbewußt sein; sie können benannt werden oder aber auch unbenannt bleiben. In jedem Fall aber bestimmen sie unser Handeln; außerdem geben wir mit ihnen unserem Leben Sinn. Wir alle organisieren unseren Alltag und bestehen ihn mit Hilfe unseres Alltags- oder Lebenswissens. Andere Menschen können uns meistens jedenfalls aufgrund unserer in der Regel recht beständigen Deute- und Verhaltensmuster erkennen und verstehen. Wir werden für andere dadurch berechenbar. Die Entstehungs- und Anwendungsweise dieser Denk- und Handlungsmuster hat dazu geführt, sie auch als *Alltagstheorien* zu bezeichnen. In ihnen ist das Erleben mehr oder weniger bewußt zu Erfahrungen verarbeitet, ausgelegt und abgelagert, und zwar so, daß es in späteren Situationen wiederbelebt werden kann. Was immer wir an Neuem erleben, wir benennen es und integrieren es in unsere Alltagstheorie. Diese zu uns gehörende Alltagstheorie bedeutet für uns Sicherheit, unser Leben zu bewältigen. Wir haben so eine mehr oder weniger verläßliche Orientierung für unser Leben in uns.

Werden unser Alltagswissen und unsere Alltagstheorien von anderen angezweifelt, dann wird dieses Wissen meistens mit dem Argument verteidigt: „Ich habe in meinem Leben meine Erfahrungen gemacht. Und die kann mir keiner nehmen!" Durch diesen Rückzug in die eigene Lebensgeschichte und auf ganz persönliche Erfahrungen entzieht sich der Alltagswissende einer Auseinandersetzung um sein Wissen. Er weicht Fragen und Zweifeln aus und versucht sein Wissen eben dadurch abzusichern. Als Ergebnis dieser Wissensabsicherung kann Alltagswissen leicht erstarren. Es wird schnell zur subjektiv begründeten und nicht nachprüfbaren Überzeugung, die gegen Angriffe jeder Art heftig verteidigt wird. Eine Infragestellung des Alltagswissen bedeutet für viele nicht weniger als eine Infragestellung ihres Lebenssinns. So wird heftige Verteidigung des Alten gegenüber dem Neuen verständlich.

Alltagswissen wird nicht ausdrücklich thematisiert oder reflektiert. Wir leben mit ihm als einer selbstverständlichen Ressource für den alltäglichen Umgang miteinander. Es ist ein Sockel gemeinsamer (impliziter) Werte, Vorstellungen, Meinungen und Grundannahmen, auf denen unser Denken und Handeln beruht und mit denen wir unser Denken und Handeln bestreiten. Wird dieses Wissen explizit thematisiert und kritisch reflektiert, dann verliert es seine Kraft als Verständigungs- und Verstehensressource, und es werden die verdrängten und überspielten Widersprüche, Brüche und Risse deutlich. Aufmerksam reflektiertes Alltagswissen kann zu anderem Wissen werden, wenn sein fragloses Gegebensein aufgegeben wird. Und als anderes Wissen kann es wiederum zur Basis neuen Verstehens und Verständigens werden.

1.2. Wissenschaftliches Wissen

Alltagswissen und Alltagstheorien werden in der alltäglichen Lebenswelt erworben. *Wissenschaftliches Erkennen* setzt ebenfalls in der alltäglichen Lebenswelt an und setzt sogar ein bestimmtes Maß an Alltagswissen voraus, bleibt aber dabei nicht stehen, sondern geht darüber hinaus.[3] *Wissenschaftliches Wissen* ist dadurch gekennzeichnet, daß einerseits Kenntnis erweitert wird, andererseits aber zugleich auch die *Bedingungen der Erkenntnisgewinnung* hinterfragt werden. Wissenschaftliches Erkennen bezieht sich sowohl auf das zu Erkennende selbst (als „Gegenstand") als auch auf den Weg, der zu dem zu Erkennenden führt (als „Methode"). Durch diese grundlegende Zweiseitigkeit des Erkenntnisprozesses wird die Wissenschaft erst zur Wissenschaft. Heinrich Rombach bezeichnet diese *Zweiseitigkeit der Erkenntnisgewinnung als wissenschaftstheoretisches Grundgesetz.*[4] Die Erkenntnisgewinnung wird dadurch nicht nur produktiver, sie wird auch reflexiver und gewinnt so allein die eigentümliche Schärfe und Komplexität, die eben wissenschaftliches Wissen auszeichnet.

> „Wissenschaft schreitet immer nach zwei Seiten vor. Einmal erarbeitet sie neue Kenntnisse, indem sie sich immer weiter in die Gegenstandsstrukturen hineingräbt und diese nach Umfang, Zusammenhang und Begründung ausforscht; zum andern arbeitet sie sich zurück in die eigenen Voraussetzungen, indem sie sich immer differenzierter die Bedingungen ihres gezielten Zugangs auf das Seiende verdeutlicht, ebenso die Vorfestlegungen und Beschränkungen solcher Bedingungen, die Notwendigkeit von Neuentwürfen in der Erkenntnis- und Verstehensbasis etc. Wissenschaft kann immer nur soweit (nach außen) voranschreiten, wie sie (nach innen) an Boden und Voraussetzung schafft und klärt. Die beiden grundlegenden Forschungstendenzen (nach außen und nach innen) bedingen sich gegenseitig, so daß sie im Grunde ein einziges Geschehen ausmachen, das Geschehen der Wissenschaft überhaupt."[5]

Alltagswissen ergibt sich aus den alltäglichen Erlebnissen, die jemand mit den Gegenständen seiner Lebenswelt macht. Der Mensch als Subjekt des Erkennens sucht sich in seinem Alltag willkürlich Gegenstände aus oder trifft zufällig auf Gegenstände, die er näher betrachtet oder übersieht (siehe Abbildung 2, S. 26). WissenschaftlerInnen als Subjekte der Erkenntnis beziehen sich auf einen gemeinsamen, aus der Lebenswelt ausgewählten speziellen Gegenstand, der von allen WissenschaftlerInnen des einen Faches erforscht wird. Dieser Gegenstand wird mit einer gezielten Forschungsfrage systematisch untersucht, um das Wissen über den Gegenstand zu vertiefen.

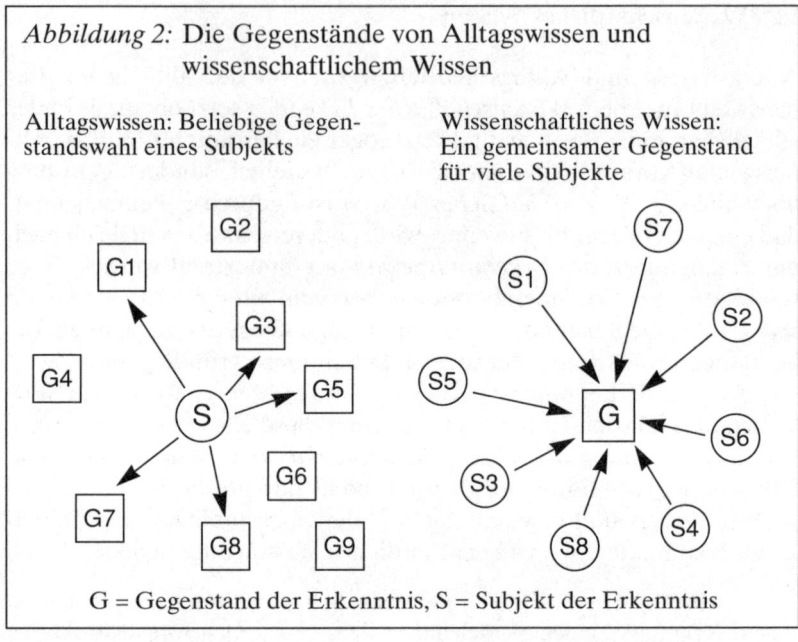

Abbildung 2: Die Gegenstände von Alltagswissen und wissenschaftlichem Wissen

Alltagswissen: Beliebige Gegenstandswahl eines Subjekts

Wissenschaftliches Wissen: Ein gemeinsamer Gegenstand für viele Subjekte

G = Gegenstand der Erkenntnis, S = Subjekt der Erkenntnis

Beim Alltagswissen werden die Gegenstände vom Erkenntnissubjekt einfach wahrgenommen, und das Wahrgenommene wird in das vorhandene persönliche Wissen des Erkenntnissubjektes integriert (siehe Abbildung 3). Alltagswissen wird aus der persönlichen Lebenswelterfahrung gewonnen und steht danach als Überzeugung fest. Beim wissenschaftlichen Wissen wird ein Gegenstand vom Erkenntnissubjekt immer zweiseitig erforscht. Der eine Forschungsweg dient der Gewinnung neuer Erkenntnisinhalte, der andere der Reflexion des Erkenntnisweges. Ein konstitutives Kriterium für wissenschaftliches Arbeiten ist die Reflexion des gesamten Arbeitens und die damit verbundene Öffnung für Fragen und Kritik. Durch die veröffentlichte Reflexion des eigenen Erkenntnisweges wird wissenschaftliches Wissen überprüfbar, diskutierbar und kritisierbar. Nur eine selbstreflexive und selbstkritische Haltung der WissenschaftlerInnen läßt Erkenntnisfortschritt zu.

Menschliche Erkenntnisse werden ausgesprochen und aufgeschrieben. Die Sprache ist dem Menschen in gleicher Weise vorgegeben wie das Erkennen. Mit der Sprache können Menschen Erkenntnisse über ihre Lebenswelt verbalisieren und weitergeben. Mit der Sprache können Menschen die Beziehung zu sich selbst und zu anderen Menschen be-

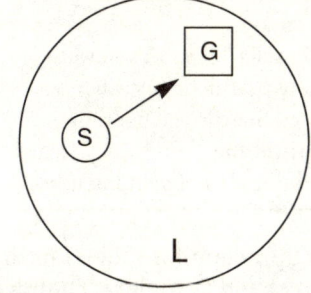
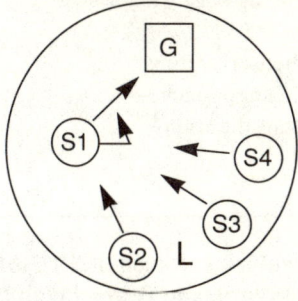
nennen und gestalten. Alltagswissen wird in einer *Alltagssprache* aus-
gedrückt und mitgeteilt, wissenschaftliches Wissen dagegen in einer
Wissenschaftssprache. Sprache ist zunächst und zuvor auch für WissenschaftlerInnen die Sprache des alltäglichen Umgangs. Sie brauchen
sie als Menschen wie jeder andere Mensch zur Bewältigung und Gestaltung ihres Lebens, und sie sind auch als WissenschaftlerInnen in
prinzipieller Weise an sie gebunden, um sich untereinander zu verständigen. „Denn die vorwissenschaftliche Realität, welche die Ansätze wissenschaftlichen Fragens bietet, ist je schon durch Sprache bestimmt, durch ihre Struktur gegliedert, wird ihrem Sinngehalt gemäß
verstanden und gedeutet."[6] Wissenschaft kann man als die Vermittlung von Erkenntnissen in und durch die Sprache verstehen. WissenschaftlerInnen greifen auf Wörter mit alltäglichem Sinn zurück und
versehen diese weitläufig gebrauchten Wörter mit einem speziellen
und eng umgrenzten Sinn („Begriffsexplikation und -definition"). Diese genau definierten Grundbegriffe geben das Fundament jeder Wissenschaft ab. „Jede wissenschaftliche Erkenntnis muß sich sprachlich
so repräsentieren lassen, daß es möglich ist, daß ein anderer das spach-
lich Formulierte ohne Unschärfen im wesentlichen ‚versteht'."[7] Das
Verhältnis von Wirklichkeit und Sprache sowie von Erkenntnis und

Abbildung 4: Gegenüberstellung von vorwissenschaftlicher Erfahrung und Wissenschaft

Vorwissenschaft	Wissenschaft
Lebenswelt	Wissenschaftswelt
schlichte Beobachtung	reflektierte Beobachtung
einmalig oder wiederholt	systematisch wiederholt
	Forschung
Lebenserfahrung	wissenschaftliche Erkenntnis
Umgangssprache	wissenschaftliche Sprache
Alltagstheorien	wissenschaftliche Theorien
	Überprüfung
	reflektierte Beobachtung usw.

Sprache zu erforschen, ist Aufgabe der Sprachphilosophie. Für diese sehr komplexen Bereiche gibt es entsprechend komplexe Theorien.[8]

1.3. Berufswissen

Vom allgemeinen Alltagswissen und vom wissenschaftlichen Wissen läßt sich ein spezifisches alltagsgeprägtes *Berufswissen* unterscheiden. Beim Berufswissen werden Erfahrungen gesammelt, die sich aus dem Erleben und Verhalten im jeweiligen beruflichen Aufgabenfeld ergeben. Es basiert einerseits auf den Erfahrungen einzelner und andererseits auf den Erfahrungen einer ganzen Berufsgruppe. Diese Erfahrungen sind über lange Zeit im Umgang mit bestimmten Anforderungen und speziellen beruflichen Aufgaben und den gefundenen und in der Praxis erprobten Lösungen gemacht worden. Die fachlichen Anforderungen und der Fortschritt wissenschaftlicher Forschung haben dazu geführt, daß in vielen Berufen heute auch auf wissenschaftliches Wissen zurückgegriffen wird/werden muß. Insofern werden im Berufswissen gegenwärtig vielfach Alltagswissen und wissenschaftliches Wissen projektorientiert miteinander verbunden.[9] Berufswissen kann daher als eine Verbindung („Kompositum") von Alltagswissen und wissenschaftlichem Wissen bezeichnet werden, aus Traditionen übernommen und in ständiger Übernahme von alltagsbezogenen Erfahrungen und wissenschaftlichen Erkenntnissen neu ausgebildet und verändert. Begründet wird Berufswissen zumeist mit dem Argument der persönlichen und langjährigen Berufserfahrung. Dieses Berufswissen wird sowohl im Rahmen der Berufsausbildung als auch durch

Erfahrungsaustausch mit BerufskollegInnen und durch Fortbildung gewonnen. Gleiche Auffassungen werden in *Berufstheorien* zusammengefaßt und durch Schulen vertreten. Berufswissen und Berufstheorien kommen in der *Berufskunde* zusammen und werden an die Auszubildenden in Praxis und Schule weitergegeben. Für die meisten Berufe existieren mehr oder weniger ausdifferenzierte alltagsgeprägte und von wissenschaftlichem Wissen durchsetzte Berufstheorien. Dieses nur selten ausformulierte Berufswissen leitet die in dem jeweiligen Beruf Tätigen bei ihrer Arbeit und dient auch dazu, um Begründungszusammenhänge für die jeweilige Handlung herzustellen. Auch PraktikerInnen, die ausdrücklich Theorien für ihre berufliche Arbeit ablehnen, können gar nicht anders, als sich bei ihrer Arbeit nach Theorien zu richten. Sie handeln nach ihren eigenen Berufstheorien. Berufswissen wird in der Regel als tradiertes Fachwissen einer Berufsgruppe („Zunft, Handwerk") übernommen, ohne daß es immer hinterfragt wird. Es ist gewissermaßen Allgemeingut dieser Berufsgruppe und wird als solches von der Öffentlichkeit respektiert.

ANMERKUNGEN ZU KAPITEL 1

[1] Duden 1963, 768
[2] Vgl. Thiersch 1986b; Dewe / Ferchhoff / Sünker 1987a
[3] Lay 1971, 70
[4] Rombach 1979, 9
[5] Rombach 1979, 9f.
[6] Ströker 1973, 39
[7] Lay 1971, 80
[8] Vgl. Seiffert 1989, 313 – 326
[9] Vgl. Possehl 1990, 270 – 278

2. ORGANISATION UND WANDEL WISSENSCHAFTLICHEN WISSENS

Eine mehr oder weniger große Menge wissenschaftlichen Wissens allein macht noch keine Wissenschaft aus. Die Wissensmenge muß irgendwie „diszipliniert" oder organisiert werden, damit eine „Wissenschaftsdisziplin" daraus werden kann. WissenschaftstheoretikerInnen haben einige Elemente zur Organisation von wissenschaftlichem Wissen entwickelt. Diese Organisationselemente engen die Wissenschaften keinesfalls ein oder hindern sie an ihrer Entwicklung, sondern ermöglichen vielmehr Entwicklung und damit auch Wandel.

2.1. Organisationselemente wissenschaftlicher Disziplinen

Jedes Fachgebiet, das heute von der Gemeinschaft der WissenschaftlerInnen und damit letztlich auch von der Öffentlichkeit als
Wissenschaftsdisziplin anerkannt werden will, muß *vier Voraussetzungen,* die zugleich die tragenden Organisationselemente von Wissenschaftsdisziplinen sind, erfüllen. In Stichworten heißen diese vier
Voraussetzungen oder Prinzipien: sich auf einen Gegenstand beziehen, die Erkenntnismethoden benennen, Theorien entwickeln und
forschen.

*(1) Der Gegenstand oder Gegenstandsbereich der Wissenschaftsdiszi-
plin ist konkret und präzise festgelegt.* Alles, was von einer Wissenschaftsdisziplin untersucht wird, heißt allgemein Gegenstand oder Objekt dieser Wissenschaft. Der Gegenstand einer Wissenschaftsdisziplin
ist nur ein kleiner Ausschnitt aus der gesamten Realität der Lebenswelt. Auf diesen kleinen Teil des Ganzen richtet sich die gesammelte
Aufmerksamkeit der einen Disziplin. (In einer Metapher ausgedrückt:
Fischer fahren auf das Meer, um Fische zu fangen.) Die Geschlossenheit jeder Wissenschaftsdisziplin hängt von der Einigung aller Beteiligten auf denselben Lebensweltausschnitt ab. Da derselbe Ausschnitt
aus unterschiedlichen Perspektiven betrachtet werden kann, unterscheidet die traditionelle Philosophie zwischen einem Material- und
einem Formalobjekt. Die Gegenstände, wie sie an sich sind, sowohl
mit den wesentlichen als auch mit den zufälligen Bestimmungen,
nennt man *Materialobjekt.* (In der Metapher sind das die Fische.)
Der bestimmte Gesichtspunkt – die Bestimmung oder Form -, unter
dem eine Wissenschaft ihren Gegenstand betrachtet, heißt *Formalobjekt* (In der Metapher: Die Fischer wollen nur bestimmte Fische
fangen.)
Dasselbe Materialobjekt kann Gegenstand verschiedener Wissenschaftsdisziplinen sein. Es wird dann aber jedesmal unter einem anderen, je eigenen Gesichtspunkt erforscht. (In der Metapher: Eine
Gruppe der Fischer will Heringe, die andere Schollen und die dritte
Gruppe will Thunfische fangen.) Die Disziplinen stimmen dann zwar
im Materialobjekt (Fische) überein, nicht aber im Formalobjekt (Heringe, Schollen, Thunfische). Durch die Verschiedenheit des Formal-
objekts unterscheiden sich dann auch die Wissenschaften voneinander. Im Beispiel:

Der Mensch ist Gegenstand der Wissenschaft (Materialobjekt). Der
Mensch kann unter verschiedenen Perspektiven untersucht werden (For-

malobjekt). Beim Menschen können die chemische Zusammensetzung, die physiologischen Funktionen, das Erleben und Verhalten usw. erforscht werden (Formalobjekte). Der Chemiker erforscht den Menschen unter dem Aspekt der chemischen Zusammensetzung, der Physiologe unter dem Aspekt der physiologischen Funktionen und der Psychologe unter dem Aspekt des Erlebens und Verhaltens. Der Mensch als dasselbe Materialobjekt wird unter anderen formalobjektiven Aspekten zum Gegenstand der Chemie, der Physiologie und der Psychologie.

(2) Die Methoden der Erkenntnisgewinnung werden definiert und diskutiert. Methoden sind ihrem Wortsinn entsprechend Wege. Wissenschaftliche Erkenntnisse werden nach eigenen Methoden erworben, gesichtet, geordnet, verknüpft und überprüft. Die Methoden hängen vom Gegenstand (Formalobjekt) der jeweiligen Wissenschaft ab. (In der Metapher ausgedrückt: Die Fischer benötigen geeignete Netze, um die Fische fangen zu können.) Die Methoden werden nach der Eigenart der verschiedenen Gegenstandsbereiche für die jeweilige Wissenschaftsdisziplin bestimmt und verwirklicht. (In der Metapher: Je nach Fischart werden die entsprechenden Netze ausgewählt. Für den Fang der Heringe werden andere Netze benötigt als für den Fang der Schollen oder Thunfische.) Die Übertragung einer Methode von einer wissenschaftlichen Disziplin in eine andere Disziplin kann völlig verfehlt sein, wenn sie dem Gegenstand der anderen Disziplin nicht entspricht. (In der Metapher: Mit weitmaschigen Thunfischnetzen kann man die kleinen Heringe nicht fangen.)

In einer Wissenschaftsdisziplin können mehrere *verschiedene Methoden nebeneinander* existieren und müssen sich nicht gegenseitig ausschließen. Eine Einigung aller WissenschaftlerInnen in einer Disziplin auf dieselbe Methode ist nicht notwendig. (In der Metapher: Die Fischer benutzen verschiedene Verfahren, die Netze durchs Meer zu schleppen.) Es handelt sich dann um miteinander konkurrierende Lösungswege. Die Vielfalt der Methoden führt zu einer Vielfalt der Lösungswege und auch zu einer Vielfalt der Lösungen. Die Lösungen können durchaus als gegenseitige Ergänzung gewertet werden.

Zu den unabdingbaren Pflichten wissenschaftlich Arbeitender gehört es, *Rechenschaft* über ihren methodischen Zugang zum Gegenstand der Disziplin zu geben. Diese Rechenschaft ist zu geben, bevor überhaupt etwas Inhaltliches zum Gegenstand ausgesagt wird. Ein System aus mehreren Methoden zur Erforschung eines Gegenstands wird als *Metatheorie* bezeichnet. Die Entwicklung von Methoden und die Entscheidung für bestimmte Methoden sind eng verknüpft mit der Entscheidung, welche Rolle Werte und Normen in der Wissenschaft spielen sollen. Die Werte- und Normendiskussion ist ein wichtiger Bestandteil der Methodendiskussion.

(3) In Systemen von inhaltlichen Aussagen, also in Theorien werden die über den Gegenstand mit anerkannten Methoden gewonnenen Erkenntnisse zusammengefaßt. Es existieren in einer Disziplin in der Regel mehrere Theorien nebeneinander. Lehrsätze („Theoreme") werden die kleinsten Aussageeinheiten in der Wissenschaft genannt. Wenn wissenschaftliche Aussagen zu einem bestimmten Gegenstand als wissenschaftliche Theorie gelten sollen, dürfen diese Aussagen („Theoreme") niemals für sich allein stehen. Die Qualifizierung von Aussagen als wissenschaftliche Theorie bedeutet, daß sie immer nur in einem Verbund oder System möglich sind, das zu einer gewissen Abgeschlossenheit führt. Verbund oder System ist zu verstehen als „Einheit der mannigfaltigen Erkenntnisse unter einer Idee".[1] Weder eine Einzelerkenntnis noch viele zusammenhanglose Erkenntnisse machen ein System oder eine Theorie aus. Ein System entsteht erst durch *Zusammenhang* und *Ordnung* nach einem gemeinsamen Ordnungsprinzip, durch das jedem Teil im Ganzen seine Position und Funktion zugeschrieben wird. Ein solcher auf innere Vervollständigung angelegter Zusammenhang, der gleichsam nicht zur Ruhe kommt und keine Aussage für wahr nimmt, bevor nicht der *Aussagenverbund* wenigstens in seiner kleinstmöglichen Einheit hergestellt ist, wird Theorie genannt. Die Kriterien darüber, ob die für die wissenschaftlichen Aussagen einer Theorie notwendige Abgeschlossenheit erreicht ist, müssen aus dem Aussagensystem selbst entnommen werden.[2] Die Begriffe „System", „Theorie" und „Wissenschaft" werden mitunter auch synonym benutzt. In einer Wissenschaftsdisziplin können mehrere Theorien als konkurrierende Erkenntnisangebote entwickelt werden und nebeneinander existieren. Theorien werden allmählich abgelöst aufgrund der Einsicht, daß sie angesichts einer leistungsfähigeren Theorie entbehrlich geworden sind.[3]

Wissenschaftliche Theorien gibt es in den verschiedensten „Größenklassen" und „Reichweiten". Über die Größe, die mögliche Reichweite und Geltung von Theorien wird unter den WissenschaftlerInnen gestritten. Jede Wissenschaft enthält in sich Stufen und Schachtelungen von Theorien, von denen die kleinere zufolge ihrer relativen Abgeschlossenheit in der größeren selbst wieder wie ein Element behandelt werden kann. „Kleinere" Theorien werden auch *Teiltheorien* genannt. Es handelt sich dabei um relativ abgeschlossene Teildisziplinen eines Faches, für die ein abgeschlossenes System von Thesen, Thesenbegründungen und Thesenkonsequenzen besteht, die keine wesentliche Weiterentwicklung mehr zulassen und in der vorliegenden Form ihre gesicherte technische Verwendung finden können. Das gilt zum Beispiel für die Mechanik oder die Anatomie. Von Theorien wird auch dann gesprochen, wenn von größeren wissenschaftlichen Zusammenhängen, die jeweils einen Betrachtungshorizont (einen Aspekt) definieren, gesprochen wird. In diesem Sinne können zum Beispiel die Psychoanalyse oder die Verhaltenstheorie als Theorien bezeichnet werden. Aufgrund des aspektiven Charakters solcher Theorien oder Ansätze treten leicht unüberbrückbar erscheinende Gegensätze auf.

Ein *Pluralismus der Ansätze* ist nicht nur zu dulden, sondern zu fordern. Je komplexer der Gegenstand einer Wissenschaft ist, desto ausgeprägter ist der Methoden- und Theorienpluralismus. Eine komplexe Wirklichkeit kann nicht durch eine einfache Theorie begriffen werden. Scheinbar widersprüchliche Theorien können im Hinblick auf je unterschiedliche Bezugsrahmen ihre Gegensätzlichkeit verlieren und in einer *Gesamttheorie* ihren Platz finden. Die Gesamttheorie bietet ein Dach („Ordnungsprinzip"), unter dem die einzelnen Theorien unterkommen können. So kann beispielsweise dieselbe Metatheorie ein gemeinsames Dach für verschiedene Objekttheorien sein. Pluralismus bedeutet hier also nicht, daß Theorien isoliert und wie zum Selbstzweck nebeneinander stehen, sondern miteinander verbunden sind und demselben Zweck dienen.

Die Unterscheidung zwischen *Meta- und Objekttheorien* ist üblich und wichtig für die Diskussion der Forschungswege und der Arbeitsergebnisse. In den Metatheorien werden in einem System Aussagen über die Wege („Methoden"), die zum Gegenstand der Disziplin hinführen sollen/können, zusammengestellt und begründet. Metatheoretische Aussagen sind das Ergebnis methodologischer Reflexionen über die Voraussetzungen und Bedingungen des Erkennens und Forschens in einer Disziplin. Metatheorien haben also nur unmittelbar etwas mit dem Wissenschaftsgegenstand selbst zu tun.[4] In den Objekttheorien werden Aussagen, die sich auf den Gegenstand der Wissenschaft selbst beziehen, zusammengefaßt; sie sind Systeme von inhaltlichen Aussagen einer Wissenschaft über ihren Gegenstand. Objekttheorien sind von Metatheorien abhängig, da Metatheorien den Objekttheorien jeweils vorausgehen.

Der *Entwurf,* der *Versuch* oder das *Konzept* einer Theorie liegt dann vor, wenn methodische Zugänge zu einem Gegenstand, wichtige Erklärungsbegriffe und/oder das Gerüst eines Aussagensystems in großen Zügen skizziert sind. Diese Begriffe sollen in der Regel nur deutlich werden lassen, daß die Theorie noch *nicht fertig* ist. Es fehlen noch wichtige Ausführungen, um als Theorie bezeichnet werden zu können. Von einem *Theorieansatz* spricht man dann, wenn zwar ein Aspekt (oder ein Ordnungsprinzip), von dem die Theorie „angesetzt" werden soll, deutlich herausgestellt wird, die Theorie selbst aber als System von Aussagen insgesamt noch nicht ausgearbeitet ist.

Ein *Theoriemodell* ist eine reduzierte Theorie, die für einen bestimmten Zweck für bestimmte Adressaten das Original der Theorie repräsentieren soll. Mitunter wird Modell auch im Sinne von Entwurf gebraucht, um das Vorläufige und Unfertige auszudrücken (wie Entwurf, Versuch oder Konzept).

(4) Eine gezielte und systematische Erforschung des Gegenstands mit anerkannten Methoden führt zu neuen wissenschaftlichen Erkenntnissen. Wissenschaft hat sich nicht immer vom Forschen her verstanden. Bis ins 15. Jahrhundert hinein bestand wissenschaftliches Arbeiten darin, das zu erläutern, was von den Weisen aller Welt als „das Wesen der Dinge" angesehen worden ist. Dieses statische Wissen ist von einem dynamischen Wissen abgelöst worden. Statt feste Standpunkte zum Leben und zur Welt auszulegen, begab man sich nun auf die Suche nach neuen, bisher unbekannten Erkenntnissen. Forschen wurde zu einer neuen geistigen Haltung gegenüber der Welt und dem menschlichen Wissen. Forschen bedeutet zu erkunden, wie die Welt beschaffen ist, sich intellektuelle Entwürfe (Theorien) über die Welt zu machen und diese Entwürfe an der Welt sinnlich (Empirie) zu überprüfen.[5]

Wissenschaftliches Erkennen und Denken lebt durch treffende Fragen und überzeugende Antworten. Dadurch wird der *Prozeß des Forschens* bestimmt. Forschung geschieht in der menschlichen Lebenswelt. Forschungsergebnisse sind Lebensprodukte. ForscherInnen verfügen auch nur über die Erkenntniswerkzeuge zum Wahrnehmen, Erinnern, Vergleichen, Bewerten, Ordnen usw. wie sie allen Menschen zur Verfügung stehen. ForscherInnen stehen immer im Kräftefeld sozialer Beziehungen, im Schnittpunkt verschiedener, ja gegensätzlicher Erwartungen. Als Mitglieder einer Gesellschaft nehmen die ForscherInnen an dem gesellschaftlichen Macht- und Interessenspiel der Gesellschaft ihrer Epoche teil. So wird die Forschung auch zum charakterisierenden Ausdruck der in einer Gesellschaft geltenden Werte und Ziele. Kennzeichnend ist nicht nur das, was erforscht wird, sondern gerade auch das, was nicht erforscht wird.[6]

Wissenschaftliches Erkennen, also Forschen, ist ein *Sonderfall menschlichen Erkennens.*[7] Geforscht wird durch Fragen – Beobachten

– Beschreiben – Begreifen – Verstehen – Erklären – Ordnen – Vorhersagen – Überprüfen. Im Unterschied zur Alltagserkenntnisgewinnung wird beim wissenschaftlichen Erkennen bewußt und systematisch nach Antworten auf eine eng zugespitzte Frage gesucht. Die beim Forschen benutzten Quellen, Methoden und Ergebnisse werden reflektiert und veröffentlicht. Dadurch sollen eine den ganzen Horizont umfassende Bearbeitung der Forschungsfrage und ein Gedankenaustausch über die Forschung – die benutzten Methoden und die erhaltenen Ergebnisse – gesichert werden.

Die Arbeit der WissenschaftlerInnen besteht darin, bewußt und systematisch Fragen an bestimmte Objekte oder Probleme aus bestimmten Gegenstandsbereichen selbst zu stellen oder aus ihrer Umwelt aufzugreifen, Methoden für die Beantwortung und Lösung dieser Fragen und Probleme zu entwickeln und mit diesen Methoden Antworten auf die Fragen und Lösungen für die Probleme zu finden.[8] Zur wissenschaftlichen Erkenntnisgewinnung gehört, daß die generellen Voraussetzungen und Umstände aufgedeckt werden (= Wissenschaftstheorie, Erkenntnistheorie, Methodologie), unter denen die Erkenntnis gewonnen worden ist. Dazu gehören die allgemeine Forschungssituation (Stand der Forschung), die umgreifende Geschichte und Kultur, aber auch die Person der ForscherInnen.[9] Fragen nach den Abhängigkeiten der Forschung und dem erkenntnisleitenden Interesse sind zu stellen und zu beantworten.

Die kritische Reflexion des Gegenstandsbereichs, der Methoden und der Aussagensysteme (Theorien) gehört zum Wesen jeder Wissenschaft. Insofern ist jede Theorie an sich eine „kritische Theorie".[10] Eine Wissenschaft, die diese kritische Reflexion vernachlässigt oder gar unterläßt, erstarrt zu einer *Ideologie*. Ideologien widersetzen sich jedem Versuch, sich auf ihre Angemessenheit hin überprüfen zu lassen; sie sind das Gegenteil von Wissenschaft. IdeologInnen verteidigen ihre Antworten; WissenschaftlerInnen leben vom Fragen.

Drei Forschungsebenen lassen sich idealtypisch unterscheiden:

(a) Erforschen der sinnlichen Welt („empirische Forschung"). Die zentrale Frage heißt: Was ist los?

(b) Entwickeln intellektueller Entwürfe („Methoden- und Theorienforschung"). Die zentralen Fragen heißen: Wie ist das zu erfassen? Wie ist das zu verstehen? Wie ist das zu erklären?

(c) Überprüfen, wie bestimmte Theorien in der Praxis wirken („Evaluationsforschung"): Die zentrale Frage heißt: Was hat die Anwendung der Erkenntnisse bewirkt?

Woraufhin wird geforscht? Diese Frage ist auf das Ziel von Forschung gerichtet. *Drei Forschungsarten* lassen sich unterscheiden:

(a) die Grundlagenforschung
(b) die Bedarfs- oder angewandte Forschung
(c) die Praxisforschung.

Der Begriff Grundlagenforschung wird in der Wissenschaft trotz erheblicher Einwände weiterhin als Gegensatz zu angewandter Forschung oder Bedarfsforschung verwendet. Grundlagen eines Faches zu erforschen bedeutet, ohne eine besondere Vorgabe den Gegenstandsbereich wißbegierig zu erforschen, Theorien zu entwerfen und sie zu überprüfen. Als ein wichtiges Argument für Grundlagenforschung gilt: „Gerade für die praktische Bedeutung der Wissenschaft ist es wichtig, Wissenschaft zu betreiben, die nicht von praktischer Zielsetzung ausgeht. Was nämlich von praktischer Bedeutung sein wird, ist unvorhersehbar."[11] Angewandte Forschung oder Bedarfsforschung zielt auf eine konkrete Praxis, geht also von praktischen Zielen aus. Aus der Praxis und für die Praxis werden Forschungsaufträge an die WissenschaftlerInnen erteilt. Die im Prozeß der Grundlagenforschung gewonnenen fundamentalen Erkenntnisse werden für praktische (technologische, prognostische usw.) Zwecke verwendet. Angewandte Forschung bedeutet, daß das vorhandene Grundlagenwissen für die Praxis in ihren verschiedenartigen Ausgestaltungen fruchtbar gemacht wird. Praxisforschung ist als Begriff nicht eindeutig festgelegt. Mitunter wird Praxisforschung synonym für angewandte Forschung oder Bedarfsforschung verwendet. Im Unterschied zur Forschung für die Praxis wird unter diesem Begriff aber auch verstanden, daß hier die Praxis beruflichen Handelns untersucht wird; dieses Verständnis von Praxisforschung ist in der Sozialen Arbeit weit verbreitet.[12]
Alle WissenschaftlerInnen stimmen heute – unabhängig von ihrer jeweiligen Wissenschaftsauffassung – einvernehmlich darin überein, daß Wissenschaft ohne Forschung unmöglich ist. Und für alle sind die wissenschaftlichen Hochschulen der vornehmliche *Ort des Forschens*. Selbstverständlich wird auch außerhalb der wissenschaftlichen Hochschulen geforscht. Forschungsinstitute werden von Konzernen (für Bedarfs- und Industrieforschung), Interessenverbänden, Parteien usw. betrieben. So einig sich die WissenschaftlerInnen über die Notwendigkeit von Forschung sind, so zerstritten sind sie, wenn es darum geht, die Ziele, Aufgaben und Methoden der Forschung näher zu bestimmen. Unterschiedliche wissenschaftstheoretische Entscheidungen führen zu unterschiedlichen Auffassungen über Forschung. Die Tren-

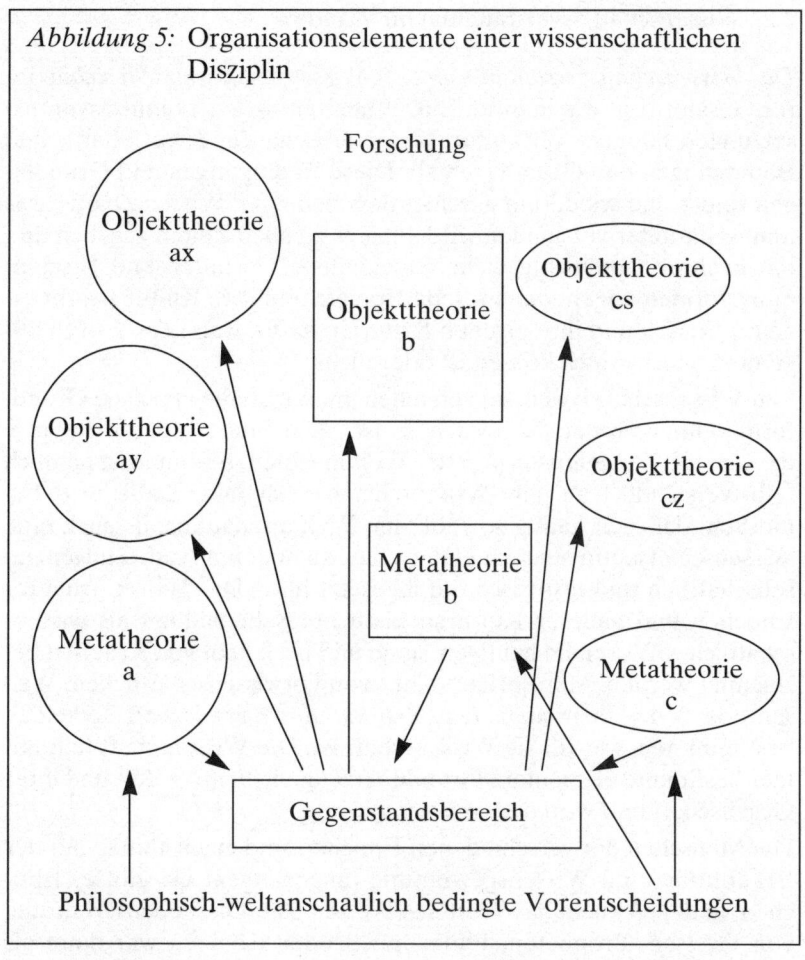

Abbildung 5: Organisationselemente einer wissenschaftlichen Disziplin

Forschung

Objekttheorie ax

Objekttheorie b

Objekttheorie cs

Objekttheorie ay

Objekttheorie cz

Metatheorie b

Metatheorie a

Metatheorie c

Gegenstandsbereich

Philosophisch-weltanschaulich bedingte Vorentscheidungen

nung oder Verknüpfung von Fakten und Werten teilt die Ansichten und die Praxis der ForscherInnen in zwei Lager (siehe S. 47). Ein nicht zu vernachlässigender Aspekt ist die Motivation, warum geforscht wird. In vielen Fällen wird zu machtpolitischen Zwecken geforscht. Man will sich zum Beispiel die eigene Machtposition nach innen und außen erhalten. Die Geldgeber (Regierungen, Ministerien, Parteien, Verbände, Firmen usw.) bestimmen die Ziele und Aufgaben des jeweiligen Forschungsprojektes und erwarten passende Ergebnisse, die eigene Herrschaftsansprüche unterstützen sollen. Man spricht bei diesem Forschungstyp mehrdeutig von Auftragsforschung.

2.2. Wissenschaft(-sverständnis) im Wandel

Das Wissenschaftsverständnis und die Wissenschaft wandeln sich in ihrer Gesamtform wie in ihren Einzelinhalten. Alle Erkenntnisvoraussetzungen hängen von kulturellen, politischen und wirtschaftlichen Bedingungen und Grundlagen ab. Diese Bedingungen und Grundlagen selbst sind wiederum geschichtlich bedingt.[13] Wissenschaft – was immer darunter verstanden wird – hat es zu allen Zeiten gegeben und hat in ihrer Geschichte viele verschiedene Gestalten und Erscheinungsformen angenommen. Jede Epoche und jede Kultur hat ihr eigenes Wissen und ihre eigenen Kriterien dafür, wann ein Wissen allgemein anerkanntes Wissen ist oder nicht.

Um Wissenschaft jeweils zu verstehen, muß man die epochale Grundform kennen, in der sie gewachsen ist.[14] Die Bilder („Paradigmen"), die sich die Zeitgenossen von der Welt machten, bestimmten nämlich selbstverständlich auch ihr Wissenschaftsverständnis.[15] Dabei ist zu bemerken, daß sich häufig sowohl eine Weltanschauung als auch eine Wissenschaftsauffassung im Unterschied zu anderen Auffassungen gesellschaftlich und historisch durchgesetzt hat.[16] Das Wissen früherer Epochen und anderer Kulturen kann nur sehr bedingt als wissenschaftliches Wissen im heutigen Sinne und nach heutigen Kriterien bezeichnet werden. Man spricht daher von vorwissenschaftlichem Wissen oder Vorwissenschaft. *Jede Zeit hat ihre Wissenschaft.* Jede Zeit bestimmt neu, was für sie Wissenschaft ist. Die Wissenschaft teilt immer bestimmte elementare Grundüberzeugungen ihrer Zeit und ihrer Gesellschaft und wird dadurch tief geprägt.

Die Menschen der verschiedenen Epochen sind eigenständig mit der Erkenntnis- und Wissensgewinnung umgegangen: Da gibt es Epochen, in denen allein das Wort des Weisen galt. Die Lebenserfahrung von Greisen, Propheten, Philosophen oder Königen war dann als Weisheitslehre das allgemein anerkannte und tradierte Wissen der Zeit. In späteren Epochen befaßten sich „die Wissenschaftler" wieder primär damit, die Lehren dieser Weisen auszulegen und auf die eigene Zeit zu übertragen; so ging es im Abendland des 13. und 14. Jahrhunderts nach Christus vor allem darum, die Lehren des griechischen Philosophen Aristoteles (384 – 322 vor Christus) zu erforschen und auf die Fragen ihrer Zeit hin auszulegen. Später bildete wiederum die Auslegung der Kommentare zu Aristoteles und anderen Weisheitslehren „die Wissenschaft". Mit den Naturwissenschaften wuchs ein neues Wissenschaftsverständnis, wobei Anfänge bereits im späten Mittelalter zu erkennen sind; man hielt sich nur an das sinnlich (empirisch) Wahrnehmbare, an das, was man messen, wiegen und zählen konnte. Das so Gegebene kann nach dieser Auffassung als das Wirkliche und Tatsächliche allein sinnvoller Weise erforscht werden; alle Fragen über das sinnlich erfahrbar Vorgegebene hinaus sind nutzlos, weil die Antworten auf diese – metaphysischen („übernatürlichen") – Fragen und Gegenstände letztlich nicht zu überprüfen sind.

Wissenschaft ist das „Geschäft" von Menschen. Der Wandel der Wissenschaft hängt daher eng zusammen mit den persönlichen und sozialen Veränderungsprozessen der Menschen, die sich mit Wissenschaft befassen.

2.3. Paradigmenwechsel

Weltanschauungen beeinflussen wissenschaftliches Wissen in seiner Entwicklung und in seinem Inhalt. In der wissenschaftlichen Entwicklung gibt es keine eindeutige, einheitliche und kontinuierliche *Zunahme der Erkenntnis.*[17] Wissenschaftliches Wissen wächst nicht stetig. Es gibt Zeiten ruhigen Wachsens, Zeiten lebhafter Umbrüche, aber auch Zeiten des Stillstands. Wie wandelt und entwickelt sich wissenschaftliche Erkenntnis? Als Antwort auf diese Frage sind verschiedene Modelle für die Wissenschaftsentwicklung entworfen worden.[18] Ein heute weit verbreitetes Erklärungsmodell arbeitet mit dem Begriff „*Paradigma*" als zentraler Kategorie. Mit dem *Paradigmenwechsel* wird wissenschaftliche Entwicklung erklärt.[19] Der Begriff „Paradigma" („Beispiel, Muster") ist in der Mitte des 18. Jahrhunderts von Georg Christoph Lichtenberg (1742 – 1799) eingeführt worden und kann Verschiedenes bedeuten. Im weiten Sinne steht Paradigma

> „für die ganze Konstellation von Meinungen, Werten und Techniken usw., die von den Mitgliedern einer gegebenen Gemeinschaft geteilt werden. Andererseits bezeichnet er ein Element in dieser Konstellation, die konkreten Problemlösungen, die, als Modell oder Beispiele gebraucht, explizite Regeln als eine Basis für die Lösung der übrigen Probleme der ' normalen Wissenschaft ' ersetzen können."[20]

Die Anhänger eines bestimmten Paradigmas stimmen darin überein, daß sie sich denselben Mustern, Modellen, Werten, Regeln und Methoden in der wissenschaftlichen Praxis unterwerfen. Die Entscheidung für ein bestimmtes Paradigma beinhaltet die Festlegung auf eine bestimmte Art des Erkennens, Denkens und Handelns. Die einzelnen wissenschaftlichen Fachgebiete benötigen als Basis für ihre wissenschaftliche Arbeit Paradigmen. Einzelne Wissenschaftstheoretiker anerkennen ein Fachgebiet nur dann als Wissenschaft, wenn für dieses Fachgebiet ein Paradigma erstellt und anerkannt ist.[21]

Ein bekanntes Paradigma aus der Wissenschaftsgeschichte der Astronomie ist zum Beispiel die geozentrische Auffassung der Welt: Die Sonne bewegt sich um die Erde. Paradigmen im Sinne von Wissenschaftsauffassungen gelten für eine begrenzte Zeit, dann werden sie abgelöst. Das geozentrische Paradigma wurde abgelöst von einem heliozentrischen Paradigma: Die Erde dreht sich um die Sonne. Ein wichtiger Paradigmenwechsel vollzieht sich gerade in der Gegenwart: Dieser Paradigmenwechsel hängt damit zusammen, daß viele führende WissenschaftlerInnen andere Antworten auf die (strittigen) philosophischen Grundfragen geben als die vorhergehende Generation der WissenschaftlerInnen.[22] Als Grundlage der Wissenschaft wurden nämlich bislang Erkenntnisprozesse einzelner WissenschaftlerInnen gesehen. Dieses alte Paradigma wird jetzt zugunsten eines neuen Paradigmas abgelöst: Nun gelten kommunikative Erkenntnisprozesse als Grundlage der Wissenschaft; damit sind Erkenntnisprozesse gemeint, an denen sich viele WissenschaftlerInnen beteiligen und zu einem gemeinsamen Ergebnis kommen, das von möglichst vielen getragen wird („Diskurs"). Wissenschaftliche Erkenntnis beruht danach auf der übereinstimmenden Erkenntnis vieler WissenschaftlerInnen.[23]

Bei einem Paradigma läßt sich nicht entscheiden, ob es „richtig" oder „falsch" ist. Vielleicht stellt sich später einmal heraus, daß es sich *bewährt* hat. Ob ein bestimmtes Paradigma anerkannt wird, hängt wesentlich von der Zustimmung der maßgeblichen WissenschaftlerInnen ab. Vernünftige Gründe allein reichen dabei für die Ablösung eines alten Paradigmas zugunsten eines neuen nicht aus. Die Macht einzelner Gruppen innerhalb der Gemeinschaft der WissenschaftlerInnen und der Einfluß von außen auf die WissenschaftlerInnen spielen eine entscheidende Rolle bei der Paradigmenfindung. Wissenschaft schreitet fort, indem immer neue Paradigmen entwickelt werden, die – je nach Konstellation – Chancen auf allgemeine Anerkennung haben. Ein neues Paradigma bedeutet, daß ein Forschungsgebiet auf neue Grundlagen gestellt wird. Die Erkenntnismöglichkeiten und die Erkenntnisse verändern sich dadurch. Neue Erkenntnisse werden möglich.

ANMERKUNGEN ZU KAPITEL 2

[1] Kant, zitiert nach Tschamler 1983, 22
[2] Vgl. Rombach 1974, 20 – 23
[3] Vgl. Ströker 1973, 102f.

40

[4] Vgl. König 1975a, 26f.
[5] Rombach 1974, 13 – 20
[6] Atteslander 1974, 48 – 52
[7] C. W. Müller 1988b, 201f.
[8] Ströker 1973, 5
[9] Rombach 1979, 18
[10] Rombach 1974, 26
[11] Rombach 1974, 120f.
[12] Heiner 1988a, 7
[13] Vgl. Rombach 1979, 14 – 19
[14] Vgl. Rombach 1979, 151ff.
[15] Vgl. S. 39f.
[16] Vgl. Rombach 1979, 151f.
[17] Vgl. Seiffert 1989, 411ff.
[18] Vgl. Lukas 1979, 38 – 72
[19] Vgl. Kuhn 1973
[20] Zitiert nach Dewe/Frank/Huge 1988, 15
[21] Vgl. Kuhn 1973
[22] Vgl. S. 64f.
[23] Habermas 1981

3. Wissenschaftstheoretische Grundfragen

Mit dem wissenschaftstheoretischen Grundgesetz (siehe S. 25) und den vier Elementen wissenschaftlicher Disziplinen (siehe S. 37) – so könnte man meinen – ist ein enger Rahmen für die Entwicklung einer Wissenschaftsdisziplin gesteckt und die Übereinstimmung in der Beantwortung vieler Fragen vorprogrammiert. Die Wirklichkeit sieht anders aus. Es bleiben trotz dieses Rahmens – wie oben bereits angedeutet (siehe S. 29) – noch sehr viele Gestaltungsmöglichkeiten offen. Diese Gestaltungsmöglichkeiten ergeben sich vor allem aus den Antworten auf philosophische und weltanschauliche Grundfragen, die bei jedem Vollzug von Wissenschaft – explizit oder implizit – gegeben werden müssen. Mit diesen Vorentscheidungen sind zugleich Entscheidungen über die Wert- und Normenfrage sowie über die anzuwendenden wissenschaftstheoretischen Methoden eng verbunden. Der Wandel von Wissenschaft und Wissenschaftsauffassungen sowie der Paradigmenwechsel hängen eng mit dem Wandel der Antworten (Grundannahmen) auf diese Grundfragen zusammen.

Philosophische Grundfragen wie: Was ist wirklich? Wie kann Wirkliches erkannt werden? Wie sind der Erkennende und das zu Erkennende aufeinander bezogen? usw. sind grundlegend zu beantworten.

Zur Selbstreflexion der Wissenschaft gehört die kritische Reflexion der eigenen philosophischen und weltanschaulichen Voraussetzungen, die den Geltungsbereich der wissenschaftlichen Aussagen deutlich machen.

3.1. Philosophische Grundpositionen

WissenschaftlerInnen erforschen nach wissenschaftlichen Regeln Ausschnitte unserer sehr vielschichtigen Lebenswelt. Viele Sichtweisen und Zugänge zu dieser komplexen Lebenswelt sind möglich. Die Philosophiegeschichte ist geprägt von der *Vielfalt, die Welt zu sehen, zu erklären, zu verstehen und in Theorien zu ordnen.* Die Philosophiegeschichte bezeugt aber auch, wie umstritten die einzelnen Sichtweisen, Erklärungen und Theorien sind.[1] Dieser Streit hält bis in die Gegenwart an. Und da die philosophischen Grundannahmen gleichsam eine Ebene tiefer als die methodologischen Entscheidungen liegen, setzt sich der Streit über die philosophischen Grundannahmen in der Diskussion über die wissenschaftlichen Erkenntnis- und Handlungsweisen fort. Die Vielfalt der philosophischen Grundannahmen führt zu einer Vielfalt von wissenschaftlichen Methoden und Theorien. Die Entscheidung für ein bestimmtes Paradigma oder eine bestimmte Erkenntnismethode hängt davon ab, welchen persönlichen und weltanschaulichen Zugang die WissenschaftlerInnen zu den philosophischen Grundfragen haben und welche Antworten sie geben. Ein Wandel bei philosophischen Grundannahmen führt zu einem Wandel der wissenschaftlichen Fragestellungen und Antworten. Jede wissenschaftliche Aussage ist darum nur innerhalb ihres philosophischen – nicht nur erkenntnistheoretischen – Ansatzes zu verstehen. Es macht wenig Sinn, Einzelaussagen aus ihrem Zusammenhang herauszureißen und unmittelbar mit Einzelaussagen aus anderem Denken zu vergleichen.
Die Entscheidungen für bestimmte Ansätze liegen im Ermessen der einzelnen WissenschaftlerInnen. Insofern liegt ein gewisses Maß an Willkür bei der Bestimmung von wissenschaftlicher Erkenntnis zugrunde. Philosophische Grundentscheidungen gehen anderen Entscheidungen in der Wissenschaft immer voraus und sind auch als solche zu qualifizieren und zu behandeln. Bedauerlicherweise werden gegenwärtig die philosophischen Fragen auf erkenntnistheoretische Probleme reduziert.[2]
Die Philosophiegeschichte und die Wissenschaftsgeschichte zeigen gemeinsam, daß es immer wieder um die Beantwortung von drei Fragen geht:

(a) Was können wir wissen?

(b) Was sollen wir tun?

(c) Was dürfen wir glauben?[3]

Diese Fragen tauchen in immer neuen Varianten und Formulierungen auf. Selten wurden gleichlautende Antworten gefunden; vielmehr wurden in der Vergangenheit – wie in der Gegenwart – *gegensätzliche Positionen* bei den Antworten eingenommen und verteidigt. Augenscheinlich konzentrieren sich die Antworten auf die einzelnen Grundfragen jeweils um zwei Gegenpole. Diese antagonistischen Antworten auf wichtige philosophische Grundfragen stelle ich im folgenden dar. Die Antworten können als *Unterscheidungskriterien für alternative Wissenschaftsauffassungen und wissenschaftliche Aussagen* angesehen werden, da ja auch jede Theorie letztlich auf solchen Vorentscheidungen zu den philosophischen Grundfragen aufbaut.[4]

(1) Das Subjekt-Objekt-Verhältnis

Erkennen spielt zwischen dem Erkennenden, dem Erkenntnissubjekt, und dem Zu Erkennenden, dem Erkenntnisobjekt oder Erkenntnisgegenstand, im Raum der Sprache und mit der Vorgabe von Interessen.[5] Die Streitfrage heißt hier: Wie sind Subjekt und Objekt aufeinander bezogen? Es ist die Frage nach der „erkenntnistheoretischen Struktur" der Erkenntnis. Als Gegenpole lassen sich bei den Antworten herausheben:

(a) Das Subjekt – der erkennende konkrete Mensch – ist für den Erkenntnisvorgang entscheidend, entsprechend dem bekannten Ausspruch des griechischen Philosophen Protagoras: „Der Mensch ist das Maß aller Dinge." *Form und Inhalt des Erkennens werden vom Subjekt bestimmt.* Die Gegenstände existieren nur in einer vom Subjekt hervorgebrachten Weise. Erkenntnis wird somit abhängig von den wandelbaren Eigenheiten (etwa Erkenntnisvoraussetzungen) einzelner Menschen oder der Menschen insgesamt („Subjektivismus", „Idealismus"). Ein Beispiel: Die Schwerkraft ist nur eine Fiktion und resultiert aus der Systematisierung von Erfahrungen und den Ergebnissen von Experimenten.

(b) Das Objekt existiert unabhängig vom Subjekt und ist der Maßstab der menschlichen Erkenntnis. Alle Erkenntniskräfte zielen auf reale Gegenstände. *Die Objekte selbst bestimmen die Erkenntnis.* Die menschliche Erkenntnis erreicht die wirklich existierenden Gegenstände, und die Gegenstände werden vom Erkennenden selbst erfaßt. Das Erkannte repräsentiert das Objekt zuverlässig („Objektivismus", „Realismus"). Ein Beispiel: Die Schwerkraft ist eine Gesetzmäßigkeit,

43

die zwar nicht direkt zu beobachten ist, aber dennoch in der realen Welt existiert.

(2) Wahr sein

Im schlichten Alltagsbegriff bedeutet „Wahr sein" zunächst die Übereinstimmung einer Aussage mit dem von ihr gemeinten Sachverhalt. Eine Aussage kann demnach wahr oder falsch sein. Aber was ist Wahrheit? Diese alte Frage ist nicht einfach zu beantworten, wie wir seit Pilatus und Nathan dem Weisen wissen. Die zwei Gegenpole, um die sich die Auffassungen anordnen lassen, sind:

(a) Erkennen und Denken des Menschen gleichen sich dem Sein, der Lebenswirklichkeit an. Das Erkennen und Denken des Menschen drücken im Idealfall den wirklichen Sachverhalt als bestehend aus. Das Denken ist durch das Sein bestimmt. Echtes Wahr sein bedeutet dann: *Erkenntnis und Sein stimmen überein.* Das Erkannte ist *richtig* („Korrespondenztheorie"). Ein Beispiel: Der Lehrsatz über die Schwerkraft ist wahr, wenn er die wirkliche Schwerkraft so abbildet wie eine Fotografie einen Gegenstand abbildet.

(b) Dem Erkennenden ist letztlich kein Zugang zum Sein möglich, um sich so zu vergewissern, ob seine Erkenntnis auch wirklich stimmt. Es gibt keine Instanz, die über die „echte Wahrheit" entscheidet. Als wahr gilt das, was aufgrund eines Konsenses von vernünftigen Menschen *allgemein als wahr angenommen* wird. Vorausgesetzt wird, daß zuvor alle Möglichkeiten ausgenutzt worden sind, die verfügbaren Argumente und Gegenargumente zu überprüfen. Das Erkannte *bewährt* sich („Konsenstheorie").

Ein Beispiel: Der Lehrsatz von der Schwerkraft ist wahr, weil viele der Meinung sind, daß er zutrifft, und ihn akzeptieren.

(3) Geltung

Geltung (Gültigkeit) sagt etwas darüber aus, ob eine Annahme im Unterschied zu bloßem Gedachtsein zu recht gilt. Die zwei Pole für den Geltungsbereich wissenschaftlicher Erkenntnis ergeben sich als Konsequenz aus den Gegenpolen beim Wahr sein:

(a) Menschliches Erkennen hat einen Zugang zur „Wahrheit an sich". Die Erkenntnisinhalte stimmen mit dem Sein, der Lebenswirklichkeit, überein. Die Geltung von wissenschaftlichen Aussagen wird auf das Sein selbst zurückgeführt; sie haben Real- oder Seinsgeltung und sind damit allgemeingültig und absolut. Wahre menschliche Erkenntnis gilt dann *absolut* für alle Menschen jeder Epoche und Kultur und ist *geschichtslos, objektiv* und somit *unwandelbar.* Ein Beispiel: Wenn

44

nachgewiesen ist, daß der Lehrsatz von der Schwerkraft die Wirklichkeit vollständig abbildet, dann gilt er immer und für alle.

(b) Da ein wirklicher Zugang zum Sein nicht möglich ist, gibt es auch keine absolute Erkenntnis. Wissenschaftliche Aussagen sind daher abhängig von dem Erkenntnisfortschritt und den historischen Rahmenbedingungen der Menschen, die sie erarbeiten. Wahrheit ist somit *relativ, geschichtlich* bedingt, *subjektiv* und außerdem *wandelbar*, wenn Gründe gegen die bisherigen Annahmen auftauchen. Die Bedingungen, unter denen Wahrheit gefunden wird, bleiben konstant. Ein Beispiel: Der Lehrsatz von der Schwerkraft gilt nicht mehr, wenn viele Menschen anderer Meinung sind und ihn ablehnen.

(4) Erkenntnis und Interesse

Was interessiert und veranlaßt jemanden, etwas zu erkennen? Welches Interesse leitet den Erkennenden bei seiner Erkenntnisgewinnung? Was bewirken Vorurteile? Als Gegenpole lassen sich bei den kontroversen Antworten ausmachen:

(a) Wissenschaftliche Erkenntnis wird um ihrer selbst willen gewonnen. Andere Motivationen oder Interessen fehlen oder sind – bei richtigem methodischen Vorgehen – für das wissenschaftliche Erkennen ohne Bedeutung. Der Erkenntnissuchende wird von nichts anderem geleitet als von dem Wunsch nach *reiner Erkenntnis*. Das von äußeren Zwecken frei gehaltene Neugierverhalten charakterisiert WissenschaftlerInnen und ihre Haltung zu Welt und Gesellschaft.[6] Theoretisches Erkennen ist mit dem Ziel ausschließlich theoretischen Interesses möglich. Ein Beispiel: Jemand erforscht die Schwerkraft, weil er von der wechselseitigen Anziehungskraft von Körpern, die er beobachtet hat, fasziniert ist und mehr darüber wissen möchte.

(b) Jeder Erkenntnisvorgang ist von vornherein von bestimmten Interessen abhängig. Erkenntnis insgesamt als auch einzeln wird durch technische, praktische oder emanzipatorische Interessen geleitet und ist mit gesellschaftlichen Vorgegebenheiten verbunden. *Die gesellschaftlichen Verhältnisse beeinflussen* das erkennende Subjekt, also die WissenschaftlerInnen, wesentlich beim Erkennen des Erkenntnisobjektes, dem Gegenstand der Wissenschaft. Ein Beispiel: Jemand erforscht die Schwerkraft, um damit die Entwicklung von Raumfahrtprogrammen zu unterstützen.

(5) Erkenntnismethoden

Methoden sind Zugangsweisen oder Wege, um Erkenntnisse über Gegenstände zu gewinnen (siehe S. 31). Mit der Aufteilung der Wissenschaften in Natur- und Geisteswissenschaften geht eine Polarisierung der Erkenntnismethoden einher.

(a) Die empirische Erfahrung ist die Zugangsweise zum Tatsächlichen und Vorgegebenen und daher der alleinige Weg wissenschaftlicher Erkenntnis. Als Methoden werden nur die *Beobachtung und* das *Experiment* (die sinnliche Wahrnehmung) anerkannt. Die beobachteten Tatsachen sind zu beschreiben (Deskription, Protokollaussagen), zu erklären und nach den erkannten Gesetzmäßigkeiten zu ordnen. Ein Beispiel: Ein beobachteter Vorgang – zum Beispiel: ein Dachstein fällt schneller auf die Erde als eine Gänsefeder – wird unter kontrollierten Bedingungen (= experimentell) vielfach wiederholt, um so seine Gesetzmäßigkeiten empirisch zu erfassen.

(b) Die empirische Beobachtung des Äußeren reicht nicht aus, um das Wesen eines Gegenstands adäquat zu erfassen. *Erleben, Ausdruck, Verstehen und Intuition* ermöglichen erst als zusammengehörende Methoden den Zugang zur wirklichen Wirklichkeit. Mit diesen Methoden läßt sich die Lebenswelt in ihrer Ganzheit durchleuchten und so kann man zum inneren Grund eines Erkenntnisobjektes gelangen und ihn begreifen. Ein Beispiel: Ein beobachteter Vorgang – zum Beispiel: ein Dachstein fällt schneller auf die Erde als eine Gänsefeder – wird mit anderen Vorgängen, in denen etwas herabfällt, meditierend verglichen, um zu verstehen, was das Wesen des Fallens ist.

(6) Art der Theoriebildung

Zwei verschiedene Grundarten, allgemeine Gesetze und Theorien zu entwickeln, haben sich herauskristallisiert:

(a) Einzelfälle werden beobachtet. Dabei werden bestimmte Gesetzmäßigkeiten (zum Beispiel Kausalzusammenhänge) erkannt. Von dem in wenigen Einzelfällen Erkannten wird dann geschlossen, daß es auch für alle anderen gleichartigen Fälle gilt. Ein allgemeines Gesetz oder ein System von Aussagen wird *aus der Einzelerkenntnis erschlossen.* Dieses Gesetz oder diese Theorie wird dann auch für alle nicht beobachteten, aber gleich gelagerten Fälle angenommen („Induktion" oder „aufsteigende Schlußfolgerung"). Ein Beispiel: Aus der einen Beobachtung, daß dieser eine Dachstein schneller zur Erde gefallen ist als diese eine Feder, wird geschlossen, daß alle Dachsteine schneller zur Erde fallen als Gänsefedern.

(b) Eine allgemeine Aussage steht am Anfang der Theoriebildung. Man geht dann vom Allgemeinen zum weniger Allgemeinen und schließlich zum Besonderen. Es wird angenommen, daß die allgemeine Aussage für alle gleichartigen Fälle gilt. Jeder gleichartige Einzelfall oder jedes Besondere fällt unter das Allgemeine. *Vom Allgemeinen wird das Besondere abgeleitet* („Deduktion" oder „absteigende Schlußfolgerung"). Ein Beispiel: Aus der Erfahrung, alle Dachsteine fallen schneller als Gänsefedern zur Erde, wird geschlossen, daß jeder Dachstein, den es gibt, schneller als eine Gänsefeder zur Erde fällt.

(7) Werte und Normen
Beim Streit um die Rolle der Werte und Normen in der Wissenschaft geht es darum, ob die Wissenschaft sich ausschließlich mit der Frage „Was ist?" oder auch mit der Frage „Was soll sein?" befassen soll. Die zwei antagonistischen Positionen sind:

(a) Wirklichkeit und Wert sind so eng miteinander verflochten, daß keine Seite isoliert gesehen werden kann. Alles Erkennen und Verstehen kommt bewußt oder unbewußt aus einer wertenden Grundhaltung heraus. „Ist-" und „Soll-Sätze" gehören zusammen. Die Weltanschauung des Erkennenden – auch der WissenschaftlerInnen – läßt sich im Erkenntnisprozeß nie ausklammern, aber sichtbar machen und in den Erkenntnisprozeß einbeziehen. Wissenschaft ist *normativ und setzt Werte*. Ein Beispiel: Die Beschreibung der Lebenssituation notleidender Menschen ist immer verbunden mit einer Bewertung, die der Beschreibende nicht von seiner Beschreibung lösen kann.
(b) Wirklichkeit und Werte sind verschiedene Größen. Tatsachenerhebung und Werturteil, Erfahrungswissen und Bewertungen sind radikal und prinzipiell zu trennen. „Politik gehört nicht in den Hörsaal" (Max Weber). Nur mit dieser Maxime ist die Wissenschaftlichkeit von Aussagen zu gewährleisten. Wissenschaft kann die Frage: „Was sollen wir tun?" nicht beantworten. Wissenschaft hat prinzipiell *voraussetzungslos und wertfrei* zu sein, da „Soll-Sätze" nicht von „Ist-Sätzen" abgeleitet werden können. Ein Beispiel: Mit korrekt angewandten sozialempirischen Methoden läßt sich die Lebenssituation notleidender Menschen ohne Bewertung beschreiben. Die Bewertung der Situation ist wiederum ein eigener Vorgang.

(8) Verhältnis der Wissenschaften zueinander
Wie ist das Verhältnis der einzelnen Wissenschaften zueinander? Die zwei kontroversen Auffassungen über die Zuordnung der Wissenschaften zueinander sind:

(a) Eine wissenschaftliche Auffassung (Weltanschauung) hat sich gegen alle anderen durchgesetzt. Jeder einzelne wissenschaftliche Forschungszweig richtet sich nach den Entscheidungen dieser einen Wissenschaftsauffassung bezüglich Grundlagen, Methoden und Grenzen

Abbildung 6: Kontroverse philosophische Grundpositionen

Problemfeld	Pol	Gegenpol
Subjekt-Objekt-Verhältnis	Subjektivismus	Objektivismus
Wahr sein	Konsenstheorie	Korrespondenztheorie
Geltung	relativ	absolut
Erkenntnisinteresse	gesellschaftlich bestimmt	rein wissenschaftlich
Erkenntnismethoden	Erleben, Verstehen, Intuition	Beobachtung Experiment
Art der Theoriebildung	induktiv	deduktiv
Werte und Normen	normativ wertsetzend	wertfrei
Verhältnis der Wissenschaften zueinander	Vielfalt	Einheit

wissenschaftlicher Erkenntnisse. Es ergibt sich so eine einheitliche Wissenschaft oder zugespitzt formuliert eine *Einheitswissenschaft.*
Ein Beispiel: Im Marxismus-Leninismus wird für den Aufbau des Sozialismus und Kommunismus das Prinzip der Einheit aller Wissenschaften gefordert.
(b) Die einzelnen WissenschaftlerInnen entscheiden sich frei für ihre Methoden des wissenschaftlichen Arbeitens. Niemand übt einen Zwang auf sie aus oder fordert, daß sie sich bestimmter vorgegebener Methoden bedienen oder sich einem einheitlichen, für alle verbindlichen Denkansatz unterordnen. Toleranz und Methodenpluralismus charakterisieren eine *Wissenschaftsvielfalt.* Ein Beispiel: Die Handlungstheorie bietet ein wissenschaftstheoretisches Fundament für konkurrierende Wissenschaften und Theorien.

3.2. Philosophisch-weltanschaulich bedingte Wertsetzungen

Optimismus, Selbstvertrauen, Mündigkeit, Verantwortlichkeit, Unabhängigkeit, Eigentumsrecht, wirtschaftliche Sicherheit, Erfolg durch Leistung, soziale Anerkennung, Solidarität, Gerechtigkeit, Partizipation, Zufriedenheit und Frieden sind eine kleine Auswahl der in unserer Gesellschaft erstrebten und diskutierten Werte. Seit der antiken griechischen Philosophie wird nach den Werten, das heißt nach der Beschaffenheit und der Einschätzung von Objekten und Handlungen, gefragt. Das Wort „Wert" verwandte zuerst die Volkswirtschaft, die von dem Gebrauchs- und Tauschwert der Waren und Güter handelt. Die Philosophie verwendet erst seit dem 19. Jahrhundert *Wert* den Begriff „Wert". Die Frage nach den Werten menschlichen Lebens wurde unter dem Titel des Guten und seiner Gutheit („bonum et bonitas") bedacht und war der Sache nach immer ein zentrales Problem der Philosophie. Gut ist in der traditionellen Philosophie das, was ein Seiendes vervollkommnen kann und damit erstrebenswert werden läßt. Von einer Wertphilosophie, die Werttheorien aufstellt, spricht man erst seit Rudolf Hermann Lotze (1817 – 1881).

Das Wort „*Wert*" ist die substantivierte Form des Adjektivs „wert", das vom Verbum „werten" abgeleitet ist. Lebendig wird der Begriffsinhalt von „werten" durch die Präfixbildungen und Zusammensetzungen: abwerten – bewerten – entwerten – verwerten.[7] Der Wert einer Sache, eines Menschen oder einer Handlung wird eingeschätzt. Und es wird mit dem Einschätzen unterschieden zwischen wertvollen und wertlosen Sachen, gleichwertigen, minderwertigen und vollwertigen Menschen.

Eng verbunden mit dem Begriff „Wert" ist der Begriff *Norm*. Man *Norm* nennt häufig „Werte und Normen" zusammen. Im Mittelhochdeutschen wurde das Substantiv „Norm" aus dem lateinischen Wort „norma" gleich „Winkelmaß; Richtschnur, Regel, Vorschrift" gebildet und entlehnt.[8] Von dem Substantiv wurde im 19. Jahrhundert das Verbum „normieren" und im 20. Jahrhundert „normen" mit der gemeinsamen Bedeutung „einheitlich festsetzen, gestalten, (Größen) regeln" abgeleitet. „Normal" ist etwas, das „der Norm entspricht, regelrecht, üblich, gewöhnlich ist". „Normalisieren" heißt, „etwas normal gestalten, auf ein normales Maß zurückführen". Werte geben den Inhalt von Normen an und bilden so die Richtschnur für das Normale.

Werte werden nach der inhaltlichen Eigenart in rein materielle, biologische (zum Beispiel die Gesundheit), psychische (zum Beispiel die Lust) und geistige (zum Beispiel die Bildung) Werte eingeteilt. Die geistigen Werte werden nochmals unterteilt in intellektuelle (zum Beispiel die Weisheit), ästhetische (zum Beispiel die Schönheit) und sittliche (zum Beispiel die Gerechtigkeit) Werte. Üblich ist noch eine formale Einteilung in *Selbstwert* (Eigenwert) und *Dienstwert* (Nutzwert). Der Dienstwert führt als Fremdwert nur zu einem anderen Wert, zum Beispiel die Arznei zur Gesundheit. Der Selbstwert ist entweder ein Vollendungswert (der Wert an sich, zum Beispiel die Schönheit) oder ein Lust- beziehungsweise Befriedigungswert (zum Beispiel das Angenehme). Der Lust- oder Befriedigungswert ist ein Reaktionswert, der naturgemäß mit der Erreichung des eigentlichen Selbstwertes verbunden ist (zum Beispiel Freude an der erkannten Wahrheit).

Unterschieden werden *individuell* und *gesellschaftlich* geltende *Werte*. In dieser Unterscheidung liegt die Brisanz der Wertediskussion verborgen. Jeder Mensch muß für sich aus der Vielfalt der Möglichkeiten, sein Leben zu gestalten, auswählen. Um nicht in einem Chaos zu verkommen, muß er sich Leitziele oder Maßstäbe setzen, an denen er sich ausrichtet. Diese Ziele sind die persönlich gesetzten Werte, die sein Leben bestimmen sollen. Gruppen und Gesellschaften sind ebenfalls darauf angewiesen, Leitlinien festzusetzen, an denen sich alle Mitglieder der Gruppe/Gesellschaft zu orientieren haben. Die Frage ist nun, ob diese persönlichen oder subjektiven Werte mit den in der Gesellschaft geltenden durchgesetzten und institutionalisierten Werten übereinstimmen.[9]

Soziale Probleme und Konflikte resultieren nicht zuletzt aus kontroversen Wert- und Lebensauffassungen. Einzelne Menschen, Gruppen und die Gesellschaft bestimmen ihre Werte, nach denen sie leben. Die Soziale Arbeit als Wissenschaft kommt daher nicht daran vorbei, sich mit der *Wertfrage* zu befassen. Eine Analyse der Theorien zur Sozialen Arbeit zeigt, daß alle AutorInnen sich „irgendwie" mit der Wertfrage befassen. Das „irgendwie" ist näher zu betrachten. Eine Zugangsmöglichkeit bietet das jeweilige Verständnis vom Wertbegriff, eine andere die jeweilige werttheoretische Position. Nun ergibt ein Blick in die laufende Diskussion über die Bestimmung des Wertbegriffes, daß die *Bestimmung des Begriffs „Wert" völlig offen* ist. Berücksichtigt man auch noch verwandte Begriffe wie „Norm", „Bedürfnis", „Einstellung", „Wertorientierung" und „Werterhaltung", so lassen sich fast 200 verschiedene Definitionen für den Wertbegriff finden.[10] Dieses Definitionsgewirr taugt wenig zur Orientierung bei den Theorien Sozialer Arbeit. Da bieten sich eher die grundsätzlich zu unterscheidenden Positionen in der Wertphilosophie an. Vier Grundrichtungen lassen sich meines Erachtens erkennen und können zur Orientierung bei den Theorien zur Sozialen Arbeit benutzt werden.

(1) Sein und Wert sind identisch

Die transzendentalphilosophische und ontologisch-normative Werttheorie geht von einem allumfassenden Seinsbegriff aus. Dem Sein kommt eine innere Wesens- und Zielstruktur zu. Mit diesem Seienden ist das Gute identisch, auf dem Wert aufbaut. Der Wert fällt als abstrakte Gutheit mit dem konkreten Guten und so mit dem Seienden zusammen. Auch der Wert als Haltung, durch die der Mensch auf das Gute antwortet, ist ganz in den gegebenen Seinsstrukturen vorgezeichnet und nichts anderes als deren vollendete Ausprägung. Werterkenntnis verläuft rational, gliedert die Wertgehalte und Werthaltungen durch und führt sie ausdrücklich auf die entsprechenden Seinsstrukturen zurück. Die Werterfahrung greift über das Rationale hinaus und umfaßt alle menschlichen Tätigkeiten, namentlich sein Streben und sein Fühlen. Aus der spontanen Sicherheit, der bewegenden Kraft und der gesamtmenschlichen Fülle der Werterfahrung nährt sich die Werterkenntnis. Zu erkennen ist eine Stufenfolge oder Hierarchie der Werte. Diese führt von den Sachwerten über die Vitalwerte, die ästhetischen und die Wahrheitswerte zu den sittlichen und religiösen Werten. Der höchste Wert ist die Heiligkeit, weil sie die Erfüllung aller sittlichen und religiösen Werte bedeutet, die dem Menschen als dem Ebenbild Gottes im Hinblick auf sein letztes Ziel in Gott aufgegeben sind. Die Werte stehen grundsätzlich und absolut fest. Einen Wertwandel kann es prinzipiell nicht geben. Alle Menschen und alle Gesellschaften sind diesen Werten gegenüber verpflichtet.

(2) Dualismus von Sein und Wert

In der neueren Wertphilosophie des 19. und 20. Jahrhunderts werden das Sein und der Wert geschieden.[11] Neben das Seiende oder das von den Naturgesetzen beherrschte Wirkliche, das allein „ist", werden die Werte als eigener, davon geschiedener Bereich gesehen. Die Werte „sind" nicht, sondern „gelten". Dem Verstand ist es eigen, das Seiende zu erkennen; der Vernunft ist es eigen, die Werte zu fühlen. Diese sind vom Vollziehen des Menschen unabhängige, absolut gültige Gegebenheiten, die dem menschlichen Dasein Gewicht und Sinn verleihen. Sie werden durch das Fühlen erfaßt (Lotze).

Heinrich Rickert (1863 – 1936) griff die Überlegungen Lotzes auf und legte eine unter wissenschaftstheoretischen Aspekten entfaltete Werttheorie vor.[12] Rickerts Theorie beeinflußt bis heute die Wertediskussion. Kulturwissenschaften und Naturwissenschaften trennt er strikt nach ihren Methoden. Die Naturwissenschaften sind auf die Erkenntnis allgemeiner Gesetze gerichtet, die Kulturwissenschaften dagegen auf die Erkenntnis des Besonderen, Einmaligen und Individuellen. Wenn die Kulturwissenschaften das Individuelle aufsuchen und beschreiben, so setzt das notwendig eine Auswahl aus der Vielzahl voraus. Für diese Auswahl benötigt sie einen Maßstab. Er kann nur bestehen in einer Beziehung der Gegenstände auf Werte. Werte bilden die Grundlage menschlichen Erkennens und Handelns. Es gibt transzendentale – also nicht aus der gegebenen Erfahrung ableitbare – Werte, die ein Sollen enthalten, ideale Gesetze im Bereich des Wahren, des Sittlichen und des Schönen. Diese Werte sind überzeitlich. Sie gelten unabhängig von allen Erfahrungen. Sie haben kein körperliches Sein, aber auch kein psychisches. In den psychischen Akten wenden wir uns nur diesen an sich bestehenden Werten zu. Als Wertgebiete mit jeweils obersten Werten werden die Logik mit der Wahrheit, die Ästhetik mit der Schönheit, die Mystik mit der Heiligkeit, die Ethik mit dem Guten, die Erotik mit Glück, Liebesgemeinschaft, Hingabe und die Religion mit der Heiligkeit und Frömmigkeit benannt. Alle Werte zusammen gelten für die Menschen. Greift man einen Wert heraus und verabsolutiert ihn, so entstehen (einseitige) Weltanschauungen. Ein Wertwandel kann sich aus einem wechselnden Herausgreifen und Verabsolutieren einzelner Werte ergeben.

(3) Werte sind nicht ans Sein gebunden und daher relativ

Wertrelativismus oder -subjektivismus heißt die Ansicht, die den Werten eine nur relative Geltung zuschreibt. Sein und Werte existieren nicht nur unabhängig voneinander, sondern „sind" grundsätzlich getrennte Größen. Der Mensch verfügt über die Werte und ihre Zuordnung zum Sein; er übernimmt die Rolle, die in der transzendentalphilosophischen und ontologisch-normativen Werttheorie Gott inne hat. Gott und die Metaphysik werden aus der Gestaltung der Welt herausgenommen.[13] Der Mensch bestimmt willkürlich, was wie wertvoll ist und hebt diese Bestimmung auch wieder auf. Ob ein Wert und welcher Wert einem bestimmten Sein (Ding oder Handlung) zugesprochen wird, hängt allein vom einzelnen Menschen oder der Gruppe von Menschen ab, für die diese Werte gelten sollen. Die Wertentscheidungen und Wertfestsetzungen hängen beim einzelnen von vielen Faktoren ab, zum Beispiel von der Umwelt, dem Lebensalter, dem finanziellen Einkommen, der Gesundheit. In Gruppen und Gesellschaften sind Wertfestsetzungen das Ergebnis harter Kämpfe. Die Sieger dieser Kämpfe, also die Stärksten, bestimmen die in der Gruppe oder Gesellschaft herrschenden Werte und Normen.

Eine natürliche Stufenfolge der Werte ergibt sich aus der Aufteilung in materielle (Geld, Besitz, wirtschaftliche Sicherheit) und immaterielle (Freiheit, Humanität, Bildung) Werte. Die These ist, daß immaterielle Werte erst angestrebt werden, wenn die materiellen erreicht sind.[14] Bertolt Brecht nennt das: „Erst kommt das Fressen, dann die Moral." Werte gelten dieser Position zufolge nur für einen bestimmten Menschen oder für eine bestimmte Gruppe oder für eine bestimmte Gesellschaft oder für eine bestimmte Zeit. Ewige, unvergängliche Werte, die alle Menschen, alle Gesellschaften und alle Zeiten binden, gibt es nicht. So wie sich alle Menschen und Gesellschaften wandeln, sind alle Werte prinzipiell einem Wandel unterworfen.

(4) Das Ende der Werte

Werten, schätzen, lieben, Werte setzen und schaffen, das ist nach Friedrich Nietzsche die Aufgabe des Menschen. „Was gut und böse ist, das weiß noch niemand, es sei denn der Schaffende! Das aber ist der, welcher des Menschen Ziele schafft und der Erde ihren Sinn gibt und ihre Zukunft; dieser erst schafft es, daß etwas gut und böse ist."[15] „Werte legt erst der Mensch in die Dinge, sich zu erhalten; er schuf erst den Dingen Sinn, einen Menschensinn. Darum nennt er sich Mensch, das ist: der Schätzende."[16] Der Mensch ist für Nietzsche aber nicht jeder Mensch. Nach Nietzsche setzen die „Herren der Erde" (das sind die Herrschenden, die Starken und Vornehmen) die Werte für die Menschheit und für die Völker fest. Die Werte dienen allein der Stabilisierung von Herrschaft. In dieser Tradition der „Umwertung aller Werte" werden Werte und Wertwandel heute gesehen als „Wortgeklingel, das nichts erklärt und nur zu einem taugt: das Subjekt mit allen möglichen moralischen Attacken zu überziehen, um es zu veranlassen, sich doch noch von den historisch gewordenen Gewalten überziehen zu lassen".[17] Es muß danach deutlich gemacht werden,

> „daß das, was im soziologischen Begriffsarsenal als 'Wert' gehandelt wird, sich als eine realistische Verarbeitung von historisch-konkreten Erfahrungen herstellt. Dadurch wird den 'Werten' wie dem 'Wertwandel' das Moment der subjektiven oder kulturspezifischen Beliebigkeit genommen. Der Spielraum des Menschen, sich selbst zu bestimmen, ist so groß nicht, wie es die soziologische Theorie ihn glauben machen will. Und schon gar nicht ist er beliebig. Einzig der Blick auf die Bedingungen, unter denen er sich auch noch sein Selbstverständnis schafft, verschafft ihm jenes Stück an Freiheit, Bedürfnisse, in denen die Chancen seiner Lebensform liegen, aufzunehmen und zu realisieren."[18]

Das Werttheorem ist ein Relikt einer abgestandenen Welt. Es ist aufzugeben, um die Zwänge zu sehen, die in der als Wertwandel deklarierten Änderung der Lebenshaltung und Lebenspraxis zum Ausdruck kommen.

3.3. Wissenschaftstheoretische Methoden

Methoden sind ihrem Wortsinn nach Wege, die man gehen, oder Verfahren, mit denen man etwas erreichen kann. Unterscheiden müssen wir die Methoden, die die PraktikerInnen bei ihrer Berufsarbeit verwenden, von den Methoden, die von den WissenschaftlerInnen zur

Erforschung des Gegenstands ihrer Disziplin benutzt werden. Wissenschaftliche Erkenntnismethoden unterscheiden sich grundlegend von berufspraktischen Handlungsmethoden. Mit wissenschaftlichen Methoden werden wissenschaftliche Erkenntnisse über Gegenstände erworben, aufgebaut, geordnet, verknüpft und überprüft. Diese Verfahrensweisen meinen weniger die Art und Weise des Umgangs mit den Objekten eines Objektfeldes als vielmehr den Weg zu einem bestimmten Objektfeld.[19] Wissenschaftliche Methoden sind Wege zu wissenschaftlichem Wissen und damit zu Theorien. Jede Wissenschaftsdisziplin muß für sich ihre eigenen Erkenntnis- und Forschungsmethoden finden, da die Erkenntnismethoden vom Gegenstand der Erkenntnis abhängen. Töne lassen sich nicht mit den Augen hören, und Wasser kann man nicht im Sieb sammeln. Vom Gegenstand der jeweiligen Disziplin her sind die wissenschaftlichen Erkenntnismethoden eigens zu entwickeln.

Die Übertragung einer Methode von einer wissenschaftlichen Disziplin in eine andere Diszipin kann völlig verfehlt sein, wenn sie dem Gegenstand der anderen Disziplin nicht entspricht. Derselbe Gegenstand kann mit verschiedenen Methoden begriffen werden. Mit einer Methode läßt sich nur ein Ausschnitt unter einem – engen – Blickwinkel aus der gesamten Wirklichkeit des Gegenstandsbereichs erfassen. In einer Wissenschaftsdisziplin können mehrere verschiedene Methoden nebeneinander existieren; sie müssen sich nicht gegenseitig ausschließen. Eine Einigung aller WissenschaftlerInnen eines Faches auf dieselbe Methode oder eine einheitliche Metatheorie halte ich im Unterschied zu anderen AutorInnen nicht für erforderlich.[20] Die Vielfalt der Methoden kann zu einer Vielfalt der Perspektiven und damit zu einer Vielfalt der Erkenntnisse und auch zu einer Vielfalt der Lösungen führen. Die Lösungen können als gegenseitige Ergänzung gewertet und miteinander verknüpft werden. Der gemeinsame Gegenstand, auf den sich alle Aussagen richten, verhindert, daß aus einem Pluralismus ein verworrenes und verwirrendes Nebeneinander wird.

Zu den Pflichten wissenschaftlich Arbeitender gehört es, Rechenschaft über ihren methodischen Zugang zum Gegenstand ihrer Disziplin zu geben. Die Gründe für die Wegbestimmung sind dem wissenschaftstheoretischen Grundgesetz folgend offenzulegen und zu reflektieren. Diese Rechenschaft sollte als wissenschaftstheoretische Standortbestimmung gegeben werden, bevor überhaupt etwas Inhaltliches zum Gegenstand ausgesagt wird. Werden mehrere Methoden ausgewählt, dann ergeben sie in ihrer Verknüpfung eine Metatheorie. Die Metatheorie geht der Objekttheorie voran. Alle methodischen

Vorentscheidungen stellen Einschränkungen und Abgrenzungen dar, die sich auf die Gestalt der Theorie sowie auf die Forschungsergebnisse und ihre Geltung erheblich auswirken.

So wie es viele Wege nach Rom gibt, gibt es auch viele Erkenntniswege zum Gegenstand einer Wissenschaftsdisziplin. Verschiedene Meinungen gibt es darüber, welches der kürzeste, der schönste, der sicherste oder der richtige Weg nach Rom ist. Es bleibt selten bei der Meinungsvielfalt; häufig genug wird beansprucht, daß eine – die eigene – Meinung eben doch die beste oder die richtige ist. Wissenschaftstheoretische Fragen als Fragen nach den „richtigen" wissenschaftlichen Methoden werden in gleicher Weise behandelt. Die Wissenschaftsgeschichte kennt Epochen, in denen die VertreterInnen unterschiedlicher Richtungen harmonisch miteinander gelebt und sich gegenseitig ergänzt haben. Es gibt aber auch Zeiten, in denen VertreterInnen der verschiedenen Richtungen heftig gegeneinander gekämpft haben. Den Ausschlag in diesen Kämpfen geben häufig nicht die WissenschaftlerInnen selbst, sondern mächtige Kräfte, die von außen ihre Interessen geltend machen und durchzusetzen versuchen. Die Bedeutung der „Wissenschaftssteuerung" kann nicht hoch genug eingeschätzt werden.

Aktuelle Probleme oder konkrete Forschungsfragen mit erheblicher gesellschaftspolitischer Brisanz lösen Methodendiskussionen und Methodenstreit aus. In diesem *Methodenstreit* geht es nicht um einzelne Thesen der Wissenschaften, sondern um die grundsätzliche Verfahrensweise. Diese hängt von den Grundentscheidungen ab, mit denen ein/e WissenschaftlerIn arbeitet beziehungsweise von der Deutung, die er den Kategorien und Grundbegriffen seines Faches gibt. In Streitzeiten grenzen sich die VertreterInnen der Richtungen mit ihren jeweiligen Ausdifferenzierungen rigoros gegeneinander ab und erstarren schnell zu dogmatischen Lehrgebäuden, die zu verteidigen sind. Der Vorteil einer klaren Abgrenzung besteht in einer für alle offensichtlichen Einteilung in Parteien. Die VertreterInnen kontroverser Auffassungen stehen einander unversöhnlich gegenüber und bekämpfen sich gegenseitig. Nicht-beachten, Abwerten, Verunglimpfen, Behindern und Ausgrenzen ersetzen dann Diskutieren, Tolerieren, Unterstützen, Achten und Aufnehmen. Die *Richtungskämpfe* im Streit um die „richtigen" wissenschaftstheoretischen Methoden erinnern mitunter an die Kämpfe der Päpste und Gegenpäpste im Mittelalter: Jeder bannt jeden. Der Bannstrahl heißt aber nicht mehr „Häresie", sondern „Ideologie". Das verwirrt und fordert zugleich umso mehr zu einer persönlichen kritischen Auseinandersetzung mit den PäpstInnen und ihren Lehrmeinungen heraus.

Seit der intensiven wissenschaftstheoretischen Diskussion nach 1950 werden mehrere Erkenntnismethoden in der Sozialen Arbeit als Wissenschaft aufgegriffen. Einige haben bereits eine lange Tradition, andere sind noch jung. Auf sechs Methoden wird bislang in der Hauptsache zurückgegriffen. Es gibt Versuche, diese verschiedenen Erkenntniswege als soziogenetische Entwicklungsstufen darzustellen. Die Erkenntniswege sind danach Antworten auf die verschiedenen sozioökonomischen Herausforderungen in der Menschheitsgeschichte und entsprechen auch der Psychogenese des menschlichen Individuums.[21] Die Abgrenzungen der einzelnen wissenschaftstheoretischen Methoden sind bisweilen etwas schwierig zu beschreiben. Die WissenschaftlerInnen halten sich nur selten an die vorgegebenen Wegmarkierungen und weichen immer wieder von dem „offiziellen" Weg, das heißt von einer allgemein üblichen Kennzeichnung einer wissenschaftlichen Methode, ab. So verwirrt es, wenn mitunter für dieselben Gedanken verschiedene Namen benutzt oder mit demselben Namen verschiedene Inhalte bezeichnet werden. Ich beschreibe die bislang für die Soziale Arbeit als Wissenschaft relevanten wissenschaftlichen Methoden mit ihren unterscheidenden Merkmalen. Es geht mir um Richtungsbeschreibungen, damit die nach Metatheorien entwickelten Objekttheorien besser verstanden und voneinander abgegrenzt werden können. Die Differenzierungen und die Vertiefung bleiben einem ergänzenden Studium überlassen.

(1) Die phänomenologische Methode[22]

Der Begriff „Phänomenologie" ist ein Kunstwort und steht für eine lange Geschichte mit entsprechend vielen Bedeutungsveränderungen, alle erdenklichen Erscheinungen („Phänomene") der Welt zu analysieren. Diese Geschichte geht bis in die Antike zurück. Phänomenologisch vorzugehen bedeutet, den sinnlichen Erfahrungsbereich denkend und meditierend zu überschreiten (zu „transzendieren") und so die Grenzen der sinnlich erfahrbaren Welt hinter sich lassend die Lebenswirklichkeit im Sinne des Wesenhaften zu erfassen. Die Hauptregel der phänomenologischen Methode heißt: „Zu den Sachen selbst kommen." Das Übersinnliche, Überweltliche, Übernatürliche und Göttliche ist hinter den Erscheinungen der Dinge zu begreifen. Der „sinngebende Boden" aller möglichen menschlichen Erkenntnisse ist aufzudecken und in einer Abfolge exakter Konstitutionsanalysen als Beweisgrund aller Wissenschaft zu finden. Für einige AutorInnen ist die göttliche Seinsordnung mit ihren Werten und Normen in der erfahrbaren Welt zu erkennen und den Menschen mitzuteilen. Wie gelangt man zu den Sachen selbst? Die phänomenologische Methode führt in drei Etappen aus dem Bereich der Erscheinungen in den Fundamentalbereich zurück. Dort bilden sich die transzendentalen Strukturen und zeigen sich im Licht der Evidenz ihrer „Selbstgegebenheit":

(a) Phänomenologische Rückführung (Reduktion): Alle Theorien, Schlüsse und Hypothesen der Vorstellung über den Gegenstand werden eingeklammert, und so wird von der realen Existenz des Erkenntnisgegenstandes abgesehen.

(b) Eidetische Rückführung: Durch Variation der Vorstellungsmuster und Heraus heben der allgemeinen Strukturen wird von den zufälligen Eigenheiten der Vorstellungsinhalte abgesehen, zum Beispiel von Ausdehnung, Farbe, Gewicht usw. („Wesensschau").

(c) Transzendentale Rückführung: Die in der Wesensschau sichtbar gewordenen Vorstellungscharaktere werden zusammengefaßt als das Wesen einer Erscheinung.

Mitunter wird die phänomenologische Methode auch mit der transzendentalphilosophischen Methode gleichgesetzt oder als ontologisch-normativ bezeichnet. Den Auffassungen ist gemeinsam, daß unserer Welt in sich zusammenhängende transzendentale Strukturen zugrundeliegen, die die Erfahrungs- und Handlungsweise des Menschen im vorhinein gestalten. Unterschiedlich wird jedoch die Frage beantwortet, ob die „Dinge an sich" (Kant) auch wirklich zu erkennen sind. Offen bleibt bei einer solchen Erkenntnismethode die Frage, woran ich meine Erkenntnis des Wesenhaften überprüfen kann.

(2) Die hermeneutische Methode[23]

Hermeneutische oder verstehende Methode nennt man das Verstehen, Auslegen und Deuten von Dokumenten und den Voraussetzungen, Mitteln, Zielen und Kriterien für das Auslegen. Das Wort Hermeneutik verweist auf den Götterboten Hermes der griechischen Mythologie. Wie Hermes die Botschaften der Götter den Menschen schnell überbrachte, soll die Wissenschaft den Sinn und Gehalt von fremden Texten erfassen und in einer verständlichen Sprache den Menschen vermitteln. Hermeneutik ist traditionell die Interpretation von Texten verschiedenster Art, dann aber auch in einem weiteren Sinne die Auslegung der Lebenswirklichkeit. Umfassende sprachgeschichtliche und philologische Kenntnisse gehören zur Auslegung von Schrifttexten, umfassende geschichtliche, soziologische und sozialpsychologische Kenntnisse gehören zur Auslegung von Lebenswelten. Fundament der vielen Typen, Konzepte und Techniken der Hermeneutik ist die Trias: Erleben – Ausdrücken – Verstehen. Jede Interpretation, Auslegung, Deutung besteht im Aufbau eines sinnhaften Zusammenhanges, der einen anderen vermuteten sinnhaften Zusammenhang abbilden soll. Aus Zeichen, die von außen sinnlich gegeben sind und die wir erleben, wird ein Inneres erkannt. Jede Lebensäußerung enthält einerseits Einmaliges, Individuelles, andererseits immer auch Allgemeines, Objektives. Das eine führt zu elementarem Verstehen, das andere zum Verstehen von Ganzheit. Aus dem Einzelnen und seinen Verbindungen soll das Ganze verstanden werden, doch setzt das Verständnis des Einzelnen schon das volle Verständnis des Ganzen voraus. Insofern besteht ein hermeneutischer Zirkel zwischen dem Verstehen des Einzelnen und dem Verstehen des Ganzen. Eigentlich muß man schon wissen, was man erst wissen will. Das Wesentliche der Lebenswirklichkeit gilt es zu erkennen, sprachlich auszudrücken und – mit anderen – zu verstehen. Werte und Ziele gehören zur Lebenswirklichkeit hinzu, sind also auch Gegenstand wissenschaftlicher Reflexion.

Offen bleibt auch hier die Frage: Wie erhält der Hermeneut Sicherheit, daß seine Interpretation auch wirklich zutrifft? Die einen antworten, daß die Interpretationen nichts mit der Wirklichkeit zu tun haben, sie sind Projektionen des Deutenden („Nominalismus"). Die anderen sagen, daß die Ideen des Interpreten den Dingen real zugrunde liegen („Ideenrealismus").

Für viele ist die hermeneutische Methode die typische und eigentliche Methode der Geisteswissenschaften. Einge stellen fest, daß keine Erkenntnismethode ohne Hermeneutik auskommen kann.[24] Im Mittelpunkt einer hermeneutisch-pragmatischen Methode steht die schlichte Interpretation der Lebenswelt; die kritisch-hermeneutische Methode hat als Ziel, die alltägliche Lebenswelt zu verstehen, die Widersprüche in ihr zu erschließen, zu deuten und so den Menschen bewußt zu machen.

(3) Die kritisch-rationale Methode[25]

Ausgangsbasis für alle Erkenntnis ist das Gegebene („positum" heißt das Vorgegebene, Vorgesetzte). Das sind Tatsachen im Sinne von wahrnehmbaren Sachverhalten, auf die sich die Vernunft („ratio") verlassen kann. Das Positive ist das Sichere, das sich jedem Versuch des Denkens, es anzuzweifeln und wegzudiskutieren, widersetzt. Nur diejenige Erkenntnis darf als wahr gelten, die sich nach Materie und Form ausweisen, also gemessen, gewogen und gezählt werden kann. Kann sich die Erkenntnis nicht so ausweisen, darf sie nur als subjektive Meinung gelten, aber nicht als wissenschaftliche Erkenntnis. Das

Gegebene in der Erkenntnis wird hingenommen. Es wird nicht danach gefragt, woher es gegeben ist. Diese Frage ist sinnlos, denn sie kann nicht durch einen erneuten Rückgang auf ein Gegebenes beantwortet werden. Nur solche Sätze sind wissenschaftlich sinnvoll, die einer Überprüfung durch Erfahrung („Empirie") zugänglich sind („Positivismus").

Der Rationalismus sagt, daß wir mit Hilfe unserer Vernunft in der Lage sind, die Wirklichkeit zu erkennen und angemessen zu handeln. Der traditionelle Rationalismus vertritt die Auffassung, daß es möglich ist, sicheres Wissen zu erreichen („Verifikationsprinzip"). Es muß der objektive Beweis erbracht werden. Der Kritische Rationalismus bestreitet diese Möglichkeit. Die Forderung nach einer sicheren Begründung von Wissen ist schon deshalb fragwürdig, weil jede Erkenntnis, die man für eine solche Begründung benutzen will, selbst wieder infrage gestellt werden kann. Konsequenterweise geht man davon aus, daß der Mensch bei jeder Lösung seiner Probleme stets fehlbar ist, sich also immer irren kann, so daß keine Erkenntnis jemals absolut sicher ist. Unser gesamtes Wissen besteht dann aus Hypothesen, deren Wahrheit nie sicher ist (Vernunftwissen), die aber dennoch strengen Prüfungen ausgesetzt werden, damit sie sich bewähren können. Aufgabe der ForscherInnen ist es, Hypothesen und Theorien zu widerlegen; mit anderen Worten: kritisch zu sein („Falsifikationsprinzip"). Ist eine Theorie sehr häufig der „Bewährungsprobe" eines Falsifikationsversuches unterzogen und nicht widerlegt worden, kann sie als „bewährt" gelten. Das bedeutet nicht, daß sie „richtig" oder „wahr" ist, da sie ja bei einer neuen Überprüfung immer noch widerlegt werden kann. Theorien können sich über empirische Tests der Realität nur annähern, diese aber niemals ganz erfassen. Diese erfahrungswissenschaftlich orientierte Position definiert Theorien als Systeme von in sich widerspruchsfreien, allgemein gültigen, falsifizierbaren, wertfreien und intersubjektiv nachprüfbaren Sätzen. Die einzelnen Sätze einer Theorie heißen Basissätze. Diese Sätze behaupten, daß sich in einem individuellen Raum-Zeit-Gebiet ein beobachtbarer Vorgang abspielt (Karl R. Popper). Alle Aussagen, die sich nicht empirisch überprüfen lassen (zum Beispiel Wertsetzungen und Normentscheidungen) können nicht als wissenschaftliche Aussagen gelten.

(4) Die kritisch-theoretische Methode[26]

Als „Kritische Theorie" läßt sich allgemein jede wissenschaftliche Theorie bezeichnen, die sich kritisch mit bereits vorhandenen Theorien oder mit der Lebenswelt auseinandersetzt. Da der Begriff

„kritisch" rein formal die Infragestellung des jeweils Bestehenden bezeichnet, kann in dieser Hinsicht jede Position, von der aus Stellung bezogen wird, als kritisch bezeichnet werden. So hat sich auch der Faschismus als kritische Theorie verstanden. Im Sprachgebrauch hat sich allerdings die Auffassung durchgesetzt, nach der fast ausschließlich die sich als progressiv empfindenden Theorien notwendiger Gesellschaftsveränderung als kritische Theorien bezeichnet werden. Das liegt mit daran, daß „Kritische Theorie" zum Eigennamen einer bestimmten Denkschule, der Frankfurter Schule, geworden ist.

Beeinflußt von Karl Marx wird die „spätbürgerlich-faschistoide Gesellschaft" der 30er Jahre des 20. Jahrhunderts kritisiert. Diese Kritik gilt auch der Wissenschaft jener Zeit, die sich lediglich die Erweiterung unseres Tatsachenwissens zum Ziel gesetzt und so diese ungerechte Gesellschaft und ihre Herrscher gestützt hatte. Die wissenschaftstheoretische Auffassung der traditionellen Theorie ist aber in den Augen der Kritischen Theorie eine verengte Sichtweise der Wirklichkeit: Denn indem sich die Wissenschaft darauf beschränkt, rein formal nach den Regeln einer Wissenschaftslogik zu arbeiten, versäumt sie die über die reine Wissenschaftslogik hinausgehende Frage nach der Wirklichkeit selbst zu stellen. Die Ziele menschlichen Handelns, konkret also die Frage, ob ein angestrebter zukünftiger Zustand besser ist als der gegenwärtig vorhandene, gehören zu den Aufgaben wissenschaftlicher Reflexion und dürfen nicht dem vorwissenschaftlichen Raum der Gesellschaft überlassen bleiben. Die bestehende Gesellschaft soll nicht nur zutreffend beschrieben werden, damit man technisch erfolgreich in ihr handeln kann, vielmehr ist sie zugleich kritisch zu messen an der normativen Vorstellung einer nicht nur denkbaren, sondern real als möglich nachzuweisenden herrschaftsfreien und gerechten Gesellschaft. Aus dieser Konfrontation des Bestehenden mit der normativen Idee einer vernünftigen Gesellschaft läßt sich die Unvernünftigkeit der Wirklichkeit erkennen. Die Widersprüche der Gesellschaft werden sichtbar und zum Ansatzpunkt für eine Veränderung der Gesellschaft auf eine vernünftige Gesellschaft hin.

Im Diskurs, dem herrschaftsfreien Gespräch, der Betroffenen wird über die grundlegenden Werte und Normen entschieden, das heißt eine Übereinstimmung herbeigeführt. Das Ziel der „Kritischen Theorie" wird in der Emanzipation des Menschen gesehen, der durch die Selbstreflexion die Möglichkeit hat, sich von den gegebenen gesellschaftlichen Verhältnissen zu distanzieren.

Die Ansätze zu einer empirisch-analytischen und einer historisch-hermeneutischen Wissenschaft werden in der „Kritischen Theorie" aufgenommen und verbunden. Das Ziel des wissenschaftlichen Vorgehens bleibt aber der herrschaftsfreie Diskurs über Normen und Werte, die allem gesellschaftlichen Handeln zugrunde liegen und die Wissenschaften bestimmen. Alle WissenschaftlerInnen sind der Aufklärung und der Emanzipation verpflichtet. Diese Methode wird daher mitunter auch als kritisch-emanzipative Methode bezeichnet.

(5) Die historisch-materialistische Methode[27]
Historisch-materialistisch oder marxistisch-leninistisch läßt sich jede Methode nennen, die sich mehr oder weniger explizit auf die Lehren von Karl Marx bezieht. Doch lassen sich erhebliche Unterschiede feststellen, je nachdem welcher Aspekt aus dem vielschichtigen Gedankengut von Marx betont oder aber vernachlässigt wird. Als das thematisch wie methodologisch grundlegende Werk mit Paradigmafunktion gilt „Das Kapital". Ein Leitsatz für Marx heißt: „Die Philosophen haben die Welt nur verschieden interpretiert, es kommt darauf an, sie zu verändern (Ludwig Feuerbach)." Erkenntnis und Wissenschaft haben keinen Sinn in sich selbst, sondern sie dienen der Antwort auf die Frage: „Wie ist eine etappenweise in die Barbarei versinkende Gesellschaft in eine menschliche zu transformieren?" Der Ansatz steht in der Tradition der großen historischen Emanzipationsbewegungen, mit Kämpfen und Revolutionen, mit den tiefsten Leidenschaften und den höchsten Hoffnungen der Menschheit.[28] Allein schon diese Nähe macht die enge Verbindung von Praxis und Theorie deutlich. Kern des marxistisch-leninistischen Denkens ist die These von der Dialektik der Wirklichkeit, die mit der dialektischen Methode erfaßt werden kann. Das Grundgesetz der Dialektik wird sowohl im Bereich der Natur („dialektischer Materialismus") als auch für die gesellschaftliche Entwicklung („historischer Materialismus") postuliert. Die Grundannahme, daß die ökonomischen Gesetzmäßigkeiten den gesamten Gesellschaftsprozeß determinieren, gilt auch für die Wissenschaft. Die gesellschaftlichen Verhältnisse bestimmen nicht nur die Objektwahl der Wissenschaft, sondern auch die Erkenntnismöglichkeiten in Umfang und Intensität, sowie die wissenschaftlichen Methoden und ihre Anwendung. Wissenschaft ist ein Produkt der Gesellschaft. Ziel ist die Überwindung der bürgerlich-kapitalistischen Gesellschaft durch das revolutionäre Proletariat. Auf dem Boden einer marxistisch-leninistischen Gesellschaftstheorie wird eine Einheitswissenschaft konzipiert, der sich alles einzufügen hat. Zweck des wissenschaftlichen Arbeitens

ist es, die Natur zu beherrschen und die gesellschaftlichen Prozesse bewußt auf eine Beendigung der Klassengesellschaft hinzusteuern.

(6) Die handlungstheoretische Methode[29]

Wissenschaft als praktische Wissenschaft und Philosophie als praktische Philosophie sind in den letzten Jahren neu entdeckt worden, um Probleme des Handelns zu erforschen. Das hat zu verschiedenen Versuchen geführt, Handlungsbegriffe zu analysieren, Handeln zu beschreiben und zu erklären sowie interdisziplinär integrierte Handlungstheorien zu entwickeln. Handlungen weisen mehrfache Deutungsspielräume auf. Der Mensch nimmt seine Handlungen nicht nur wahr wie einen außerhalb von ihm ablaufenden Prozeß, wie eine objektiv feststellbare und intersubjektiv nachprüfbare Ereignisfolge, sondern er erlebt sein Handeln auch als von ihm gesetzte, gewollte und zumeist bewußt initiierte zielorientierte Tätigkeit. Darüber hinaus sind Erkennen, Deuten und Diskutieren von Handlungen selbst Handlungen. Somit ergibt sich über den theoretischen Aspekt des objektgebundenen und über den Bereich des praktischen Handelns hinaus noch das Problem des „transzendentalen Handelns", in dem das Erkennen und Denken als Handeln zu reflektieren ist. Handlungstheorien können sich dem zufolge aus mehreren Komponenten, Konstituenten und Reflexionsstufen zusammensetzen. Eine handlungsrelevante Theorie reflektiert ihre eigene Reichweite ebenso wie die Realisierungsbedingungen von Zielprojektionen, die sich von den theoretischen Annahmen her nahelegen. Allerdings gibt es keine einheitliche Handlungstheorie, in der die unterschiedlichen wissenschaftstheoretischen und philosophischen Ansätze zur Erfassung, Beschreibung, Erklärung, Rechtfertigung und Voraussage von Handlungen integriert sind. Das bedeutet, daß ForscherInnen sich für ihre jeweiligen Projekte eine eigene Handlungstheorie kreieren müssen. Mindestens folgende fünf Fragen an eine Handlung sollten deskriptiv und interpretativ behandelt werden:

(a) Die Frage nach dem Handlungsfeld: Wer ist beteiligt?

(b) Die Frage nach den Handlungstypen: Was geschieht?

(c) Die Frage nach den Modalitäten (Methoden, Techniken) der Handlung: Wie geschieht etwas?

(d) Die Frage nach dem Kontext der Handlung: In welchem Kontext geschieht etwas?

(e) Die Frage nach den Bedingungen und Gründen der Handlung: Warum geschieht etwas?

ANMERKUNGEN ZU KAPITEL 3

[1] Vgl. Störig 1989
[2] Lay 1971, 85f.
[3] Wissenschaftstheorie hat enge Beziehungen zur Philosophie, ist aber selbst von der Philosophie zu unterscheiden. Methodologische Entscheidungen sind philosphisch zu begründen. Eine verbreitete Praxis, Philosophie auf Erkenntnistheorie zu reduzieren, ändert nichts daran, daß Erkenntnistheorie nur eine Teildisziplin der Philosophie ist. Erkenntnistheorie ist lediglich die Lehre vom Wesen und den Voraussetzungen von Erkenntnis und befaßt sich nicht generell mit dem Leben und der Welt. Vgl. Seiffert 1989, 1 - 4
[4] Da ich die jeweiligen Positionen hier nur benennen kann, verweise ich zur notwendigen Ergänzung und Vertiefung meiner vereinfachenden und überaus kurzen Ausführungen auf die philosophische und wissenschaftstheoretische Fachliteratur. Die Polarisierungen sollen lediglich Orientierung bieten und zu einem vertiefenden Studium anregen.
[5] Lay 1971, 23
[6] Lay 1971, 38
[7] Vgl. Duden 1963, 762
[8] Vgl. Duden 1963, 471
[9] Vgl. Klages 1987, 98ff.
[10] Vgl. Dux 1987
[11] Vgl. Störig 1989, 545f.
[12] Vgl. Rickert 1926
[13] Vgl. Dux 1987, 148f.
[14] Vgl. Inglehart 1987, 27
[15] Nietzsche zitiert nach Hirschberger 1963b, 514
[16] Nietzsche in „Also sprach Zarathustra" 1967a, 583
[17] Dux 1987, 164
[18] Dux 1987, 165
[19] Rombach 1979, 21ff.
[20] Niemeyer (1980) und andere plädieren für eine einheitliche sozialpädagogische Metatheorie.
[21] Eberhard / Eberhard 1987
[22] Vgl. Rombach 1979, 49 - 55; Orth 1989, 242 - 255
[23] Vgl. Geldsetzer 1989
[24] Eberhard / Eberhard 1987, 383
[25] Vgl. Albert 1989; Kriz / Lück 1990, 140 - 144
[26] Vgl. Simon-Schaefer 1989a, Tschamler 1983, 69 - 81
[27] Vgl. Kamper 1979; Simon-Schäfer 1989b
[28] Kamper 1979, 88
[29] Vgl. Lenk 1989

4. EINFLUSSFAKTOREN AUF WISSENSCHAFT

Wissenschaft „fällt nicht vom Himmel", sondern wird von konkreten Menschen betrieben. Wissenschaft verstanden als Gemeinschaft der

WissenschaftlerInnen lebt nach denselben sozialpsychologischen Regeln wie andere menschliche Gemeinschaften oder Gruppen auch. Die Dynamik und die Entscheidungen der Gemeinschaft der WissenschaftlerInnen wiederum hängen von den persönlichen Eigenarten und Neigungen der einzelnen WissenschaftlerInnen ab, die diese Gemeinschaft bilden. Und da diese Gemeinschaft inmitten der Welt lebt, ist sie vielen Einfüssen ausgesetzt, die von außen auf sie einwirken.

4.1. Gemeinschaft der WissenschaftlerInnen

„Die *Wissenschaft*" kann auch als *Ausdruck für die Gesamtheit der WissenschaftlerInnen* stehen, also als Ausdruck für eine soziale Institution. Damit sind alle Personen gemeint, die sich irgendwie mit Wissenschaft befassen. „Wissenschaft ist dort, wo diejenigen, die als Wissenschaftler angesehen werden, nach allgemein als wissenschaftlich anerkannten Kriterien forschend arbeiten."[1] Wann ist jemand als WissenschaftlerIn zu bezeichnen? Welche Kriterien muß jemand erfüllen, um als WissenschaftlerIn zu gelten? Was unterscheidet WissenschaftlerInnen von NichtwissenschaftlerInnen? Fragwürdig ist, ob man als WissenschaftlerInnen nur die Menschen bezeichnen kann, die zum Beispiel durch ihre Anstellung an einer wissenschaftlichen Hochschule per Hochschulgesetz mit Forschung, Lehre und wissenschaftsbezogener Ausbildung beauftragt worden sind. Danach gäbe es nur an wissenschaftlichen Hochschulen WissenschaftlerInnen. Die *Kriterien* zur Bestimmung dessen, was ein/e WissenschaftlerIn ist, sind ähnlich *vielfältig* und *kontrovers* wie die Kriterien zur Bestimmung von Wissenschaft überhaupt. WissenschaftlerInnen unterscheiden sich (für mich) von NichtwissenschaftlerInnen dadurch, daß sie sich bei ihrer Erkenntnisgewinnung dem wissenschaftstheoretischen Grundgesetz verpflichtet wissen, danach handeln und grundsätzlich bereit sind, sich prüfenden und kritischen Fragen an ihre wissenschaftlichen Arbeiten zu stellen.[2] Insofern kann es grundsätzlich UniversitätslehrerInnen geben, die keine WissenschaftlerInnen sind, und „PraktikerInnen", die sehr wohl WissenschaftlerInnen sind. Entscheidend sind die wissenschaftliche Haltung und das selbstkritische Bewußtsein.

Es wird in diesem Zusammenhang auch von einer *Gemeinschaft der WissenschaftlerInnen* („scientific community") gesprochen. Gemeint sind damit alle, die sich am Wissenschaftsbetrieb beteiligen. Für die Aufnahme in diese Gemeinschaft gibt es weder bestimmte formale noch allgemein anerkannte Bestimmungen, die erfüllt sein müssen. Diese Gemeinschaft ist offen und funktioniert wie eine informelle

Gruppe. Ihre Mitglieder müssen sich nach einigen Normen richten, die für jeden, der wissenschaftlich arbeitet, gelten. Solche Normen sind zum Beispiel das Offenlegen der benutzten Quellen und Forschungsmethoden sowie exaktes Zitieren. Das Leben der Gemeinschaft der WissenschaftlerInnen zeigt Gruppenphänomene und eine Gruppendynamik wie jede andere Großgruppe auch: Informationsprozesse; Wert- und Normendiskussionen; Wettbewerb; Durchsetzen eigener Interessen; Subgruppenbildungen; Streit um Führungspositionen, Macht und Einfluß; Konformitätsdruck usw.

In der Gemeinschaft der WissenschaftlerInnen besteht gegenwärtig eine weite Übereinstimmung darüber, welche Mindestbedingungen ein Fachgebiet erfüllen muß, damit es heute als Wissenschaftsdisziplin angesehen werden kann.[3] Die Einigung auf diese allgemein anerkannten Mindestbedingungen ist das Ergebnis informeller Entscheidungsprozesse.

4.2. Die WissenschaftlerInnen

In der Art und Weise, wie die Antworten auf die philosophischen Grundfragen gefunden und vertreten werden, lassen sich bei den WissenschaftlerInnen zwei Haltungen erkennen; diese sind unabhängig von den inhaltlichen Entscheidungen und Positionen:

(a) Die VertreterInnen der einen Haltung sind sich ihrer Erkenntnisse und Grundannahmen jeweils gewiß. Das eigene Wissenschaftsverständnis hat die Qualität von wissenschaftlichem Wissen. Es ist hier wenig Platz für andere Auffassungen von Wissenschaft als die eigene: Die Sicherheit ist ihnen näher als der Zweifel.

(b) Die VertreterInnen der anderen Haltung haben zwar auch ihre Antworten gefunden, erleben aber jeweils weithin viel Fragwürdiges an den eigenen Antworten und sind sich ihres Wissens keinesfalls gewiß: Der Zweifel ist ihnen näher als die Sicherheit.

Die Entscheidungen darüber, wie Wissenschaft aufgefaßt wird, welche wissenschaftlichen Methoden der Erkenntnisgewinnung ausgewählt werden, welche Art und Weise bei der Systematisierung und der Darstellung der Ergebnisse angewandt wird, wie die eigenen Entscheidungen und mit welchem Anspruch sie vertreten werden, hängt nicht zuletzt auch von der *Eigenart* des jeweiligen erkennenden/forschenden Menschen ab, der entscheidet. Auf folgende Faktoren, die die persönliche Entscheidung beeinflussen, mache ich aufmerksam:

(1) Persönlichkeitsstruktur

WissenschaftlerInnen haben wie alle anderen Menschen auch eine persönliche Lebensgeschichte. Das, womit jemand sich wissenschaftlich befaßt, wie er forscht und wie er darüber informiert, hängt auch davon ab, wie er *als Person* beschaffen ist. Selbst bei schöpferischen NaturwissenschaftlerInnen hat man erkannt, daß in ihren Theorien psychologisch faßbare Motivstrukturen verborgen sind. Es wurde gezeigt, wie sich zum Beispiel phobische, zwangsneurotische und schizoide Denkmuster der WissenschaftlerInnen in ihren Theorien abbilden. Was also sogar bei der Bearbeitung hochabstrakter naturwissenschaftlicher Materien nachzuweisen ist, tritt erst recht zutage, wenn AutorInnen sich vornehmlich Gedanken über Menschen und soziale Fragen machen.[4]

(2) Sozio-ökonomische Lebenssituation

Die Ausbildung, der Berufsweg, die berufliche Anstellung, das finanzielle Einkommen, die Wohnverhältnisse, die Beziehungen zu LebenspartnerInnen und Kindern, die gesundheitliche Verfassung usw. beeinflussen die Wahrnehmungs- und Gestaltungsmöglichkeiten, die Interessen und Vorurteile von WissenschaftlerInnen. KünstlerInnen und SchriftstellerInnen berichten häufig über den Einfluß ihrer Lebenssituation auf ihre Arbeit. Was für sie gilt, gilt selbstverständlich auch für WissenschaftlerInnen. Jemand, der selbst arm ist, nimmt die Verteilung der Güter anders wahr und urteilt anders als jemand, der reich ist.

(3) Gesellschaftspolitischer Standpunkt

Insbesondere in den Kultur-, Geistes- oder Sozialwissenschaften spielen explizit formulierte oder implizit vorhandene gesellschaftspolitische Standpunkte eine bedeutende Rolle. Obgleich selten in den Werken ausdrücklich mitgeteilt wird, welche gesellschaftspolitische Position die WissenschaftlerInnen einnehmen, können aufmerksame LeserInnen die jeweilige Position doch „zwischen den Zeilen" entdecken. Mitunter ist dieser Standpunkt aus anderen Zusammenhängen bekannt, zum Beispiel durch ein Engagement in einer politischen Partei.

(4) Interdisziplinäre Einbindung

Die Fachdisziplin, die jemand sich gewählt und in der jemand „aufgewachsen" ist, prägt nachweislich die Art und Weise, mit wissenschaftlichen Aufgaben umzugehen. Je enger die fachliche Spezialisierung ist, desto enger ist in der Regel auch der Frage- und Antworthorizont. Die

Zusammenarbeit mit anderen Fachdisziplinen als der eigenen öffnet Zugänge, Interessen usw. für andere Fragestellungen, Arbeits- und Denkweisen und wirkt belebend auf die eigene Arbeitsweise zurück.

(5) Ethische und religiöse Überzeugungen
Ethische und religiöse Überzeugungen als Einflußgrößen auf die wissenschaftliche Arbeit werden in der Wissenschaft – außer der Theologie – weitgehend tabuisiert. Dabei ist nicht erst seit dem Fall Galilei die enge Verbindung von religiösen Überzeugungen und wissenschaftlicher Forschung bekannt. Die enge Verbindung von Philosophie und Theologie drängt WissenschaftlerInnen gerade bei den philosophischen Vorentscheidungen die Frage auf: Welche religiösen Überzeugungen begünstigen oder verhindern von vornherein bestimmte Fragestellungen und/oder Lösungen? In Handlungswissenschaften werden ausdrücklich Werte und Normen als Ziele gesetzt. Auf welchen persönlichen Überzeugungen bauen diese Entscheidungen für bestimmte Werte und Normen auf und bilden das Fundament für eine Theorie?

(6) Persönliche Abhängigkeiten
Wie frei ist ein/e DoktorandIn an einer deutschen Hochschule, in ihrer/seiner Dissertationsschrift die zentralen Thesen ihres Doktorvaters oder seiner Doktormutter anzugreifen oder gar zu widerlegen? Wie weit kann er/sie gehen, wenn er/sie auf eine Anstellung als wissenschaftliche MitarbeiterIn in demselben Fachbereich hofft und der Doktorvater über die Stelle zu entscheiden hat? Und wie abhängig sind ForscherInnen von den Geldgebern, die ihr Forschungsprojekt finanzieren? Diese Abhängigkeiten bleiben zumeist im Verborgenen, mitunter können sie aus Randbemerkungen oder auffälligen Zusammenhängen geschlossen werden.
Personbedingte Einflußfaktoren bleiben bei der Diskussion und der Entscheidung wissenschaftstheoretischer Grundfragen und wissenschaftlicher Methoden und Theorien in der Regel im Hintergrund. Selten benennen WissenschaftlerInnen diese Größen oder berücksichtigen sie selbstkritisch bei ihrer Arbeit. Der *Mythos einer reinen Wissenschaft* wird – in der Öffentlichkeit zumindest – gepflegt. In den Hinterzimmern der Hochschulen und bei Kongressen aber wird über das Menschliche und Allzumenschliche in der Wissenschaft – die Eitelkeiten, Profilierungssüchte und Machtgelüste natürlich der anderen – geredet. Selbstverständlich wirken sich solche „hintergründigen Diskurse" bei der öffentlichen Wertschätzung und Berücksichtigung von wissenschaftlichen Publikationen aus. Die öffentliche selbstkritische

Äußerung des geachteten Schweizer Nobelpreisträgers Heinrich Rohrer beim Treffen der Nobelpreisträger in Lindau 1991 ist eine Ausnahme. Der Physiker Rohrer beklagte den Mißbrauch wissenschaftlicher Fachveröffentlichungen, die größtenteils der Befriedigung von Eitelkeit und Geltungsbedürfnis dienen, sachlich aber nicht gerechtfertigt sind: „Wenn wir alles lesen müßten, was wir schreiben, würden wir weniger schreiben."[5] Konkrete AutorInnen und ihre Publikationen hat er öffentlich freilich auch nicht genannt.

Die wissenschaftstheoretischen Forderungen an die Wissenschaft und die wissenschaftliche Erkenntnisgewinnung sind eine, die Verwirklichung dieser Forderungen eine andere Sache. Wissenschaft ist Menschenwerk und darum *Stückwerk*. Die hohen Forderungen an die Wissenschaft sind in der wissenschaftlichen Praxis kaum zu erfüllen, jedoch als Orientierungspunkte für wissenschaftliches Arbeiten notwendig.

4.3. Äußere Einflüsse auf Wissenschaft

Wer und was beeinflußt WissenschaftlerInnen und Wissenschaften? Wird die Wissenschaft überhaupt von jemandem beeinflußt? Was erwartet und was fordert die Gesellschaft von der Wissenschaft? Was erwarten Regierungen, Wirtschaftskonzerne und/oder Kirchenleitungen? Arbeiten WissenschaftlerInnen isoliert gegenüber Einflüßen der Welt in dem sprichwörtlichen „elfenbeinernen Turm" ? Ein Blick in die Wissenschaftsgeschichte zeigt, wie groß das Interesse mächtiger einzelner oder ganzer Gruppen war und ist, die Wissenschaft in ihrem Interesse zu beeinflußen: Erinnert sei an den „Fall Galilei". Der italienische Mathematiker und Philosoph Galileo Galilei trat seit 1610 öffentlich für das kopernikanische Weltsystem ein. Die katholische Kirche hielt dagegen an dem geozentrischen Weltsystem fest, auf das sie ihre Lehre aufgebaut hatte. Es kam zu einem Prozeß der mächtigen Kirche gegen Galilei, in dem er verurteilt wurde und seine Erkenntnisse widerrufen mußte. Solch massiver Druck auf WissenschaftlerInnen ist nun keineswegs typisch für das „finstere" Mittelalter. Die Erkenntnisse vom Ausmaß der Wissenschaftssteuerung im NS-Deutschland und in der stalinistisch geprägten Sowjetunion machen deutlich, wie abhängig WissenschaftlerInnen von den Mächtigen ihres Landes auch in unserer Zeit sind.

Seither wird verstärkt über die Bedeutung und den Einfluß staatlicher Wissenschaftspolitik durch direkte oder indirekte Forschungsförderung diskutiert (zum Beispiel durch Zweck- und Umfangsbestimmung von Forschungsprogrammen, Auswahl von Forschungsprojekten, Besetzung von Lehrstühlen und Kommissionen, die über die Vergabe von Forschungsprojekten entscheiden usw.). Den *Zusammenhang von Wissenschaft und politischer Struktur* in den Ländern näher zu untersuchen, gehört zu den wichtigen Aufgaben der *Wissenssoziologie.* Gefragt wird danach, welche Prioritäten innerhalb der staatlich geförderten und dadurch zunehmend gesteuerten Wissenschaftsentwicklung gesetzt werden und wer über die Richtlinien dieser Steuerung nach welchen Kriterien entscheidet.[6] Die Positionen liegen in dieser Diskussion sehr weit auseinander. Die einen behaupten, Wissenschaft sei in Forschung und Lehre in Demokratien wie der Bundesrepublik Deutschland frei; die anderen sagen dagegen, Wissenschaft sei auch hier vorwiegend an die Interessen der herrschenden Gruppen gebunden.[7] Festzuhalten ist wohl: Wissenschaft ist weder als Teil in die Gesellschaft völlig eingebunden und daher in allem von den Vorgaben der Mächtigen abhängig, noch ist sie eine unabhängige, der Gesellschaft gegenüberstehende Größe, die schlechthin objektiv und endgültig feststellen könnte, welches ihre Ziele und Aufgaben sind. Vielmehr entfalten und bestimmen sich beide, Gesellschaft und Wissenschaft, in einem lebendigen, recht konfliktträchtigen *Wechselverhältnis.*[8]

ANMERKUNGEN ZU KAPITEL 4

[1] Seiffert 1989, 391
[2] Vgl. S. 25
[3] Vgl. S. 30
[4] Richter 1988; vgl. auch Riemann 1975
[5] Meldung in der Süddeutschen Zeitung vom 2. 7. 1991
[6] Lepenies 1979, 178f.
[7] Vgl. Lukas 1979, 31 - 72
[8] Rombach 1979, 171

5. ANWENDUNG DER WISSENSCHAFTEN

Wozu braucht man Wissenschaften und WissenschaftlerInnen? Was und wem nutzt eigentlich wissenschaftliches Wissen? Wer wendet wobei wissenschaftliches Wissen an? Die Ansicht, daß Wissenschaft sich aus ihrem *praktischen Nutzen* begründet und begründen muß, ist weit verbreitet. Diese pragmatisch-technologische Begründung resultiert aus einem sehr engen Verständnis von Wissenschaft. Wissenschaft als

Haltung des Menschen, über sich und seine Lebenswelt hinaus zu reflektieren, geht über einen bloß praktischen Nutzen hinaus. Wissenschaft als Weg des Menschen, seine Welt und sich selbst anzuschauen, zu erforschen und zu deuten, begleitet die Menschen vom Anfang ihrer Geschichte an. Wissenschaft – in diesem Sinne verstanden – gehört schon immer zum Alltag der Menschen und hat dort ihren festen Platz. Wissenschaft ist ein *Teil der menschlichen Lebenspraxis.* Das Zusammenspiel von Wissenschaft und Alltagspraxis hat sich im Verlauf der Geschichte ständig gewandelt. In der Wissenschaftstheorie wird die Art und Weise dieses Zusammenspiels als das *Anwendungsproblem der Wissenschaft* bedacht. Wissenschaft wurde schon früh bei der Ausbildung in Fachdisziplinen wie Medizin oder Recht angewandt. Erst viel später wurde Forschung zur bestimmenden Aufgabe der Wissenschaft, um für die praktische Bewältigung des Lebens Erkenntnisse und Lösungen zu erarbeiten. In allen akademischen Fachdisziplinen sind beide Anwendungsbereiche der Wissenschaft erhalten geblieben. Wissenschaft ist verbunden mit der Praxis, und Wissenschaft ist verbunden mit der Ausbildung.[1] In der wissenschaftstheoretischen Diskussion wird dem *Verhältnis von Theorie (Wissenschaft) und Praxis* größere Aufmerksamkeit entgegen gebracht als dem *Verhältnis von Theorie (Wissenschaft) und Ausbildung.*

Praxis und Theorie sind *Gegenwörter.* Wird das eine Wort genannt, dann taucht das andere in der Regel gleich mit auf. Der eine Begriff kann schlecht ohne den anderen sein, und sie haben auch eine gemeinsame Geschichte. Diese lange und komplizierte Geschichte kann hier nicht dargestellt werden.[2] Ich stelle lediglich *Grundzüge* der Bestimmung des Verhältnisses von Theorie und Praxis dar, um damit bei der Orientierung zu helfen.

5.1. Theorie und Praxis

Sprachgeschichtlich geht das Wort „*Praxis*" auf das griechische Substantiv „praxis" zurück. Dieses Substantiv leitet sich von dem Verbum „prássein" ab. Es bedeutet „tun, verrichten, ausführen, vollbringen usw." Praxis steht demnach für „das Tun, die Tätigkeit; Handlungsweise; Geschäft, Unternehmen; Wirklichkeit, Tatsächlichkeit".[3] Das seit dem 17. Jahrhundert in der deutschen Sprache belegte Fremdwort erscheint zuerst mit der Bedeutung „(Berufs-)ausübung, Tätigkeit; Verfahrensart". Im 18. Jahrhundert findet es sich dann im Unterschied zu „Theorie" als Bezeichnung für die tätige Auseinandersetzung mit der Wirklichkeit und die daraus gewonnene (Lebens-)erfahrung.[4] Ein

Praktiker ist ein Mensch mit alltagspraktischer Erfahrung. Die praktische Erfahrung geht auf aktives Tun und Handeln zurück, und das so gewonnene Wissen ist praktikabel, das heißt brauchbar, benutzbar, zweckmäßig.[5] Es hat sich in der Praxis bewährt. Praktisches Wissen wird in Alltags- oder Berufstheorien (siehe S. 28f.) gebündelt.

Parallel zum Begriff „Praxis" ist der Begriff „Technik" in die deutsche Sprache eingeführt worden. Der griechische Begriff „téchne" bezeichnet allgemein „Kunstfertigkeit, das Machen und das Gemachte" im Gegensatz zum Gegebenen, zur Natur. Technik ist eine Weise des Handelns (mit künstlichen Gegenständen und Verfahren), die praktischen Zwecken dient. Der Techniker will etwas machen, bewerkstelligen; ihn interessieren Zusammenhänge, die über das Funktionieren seiner Technik hinausgehen, nicht.

Das Fremdwort „*Theorie*" ist seit dem 18. Jahrhundert in der deutschen Sprache bezeugt. Es ist aus dem griechisch-lateinischen Substantiv „theoría" mit der Bedeutung „das Zuschauen; die Betrachtung, die Untersuchung; die wissenschaftliche Erkenntnis usw." entlehnt worden. Das griechische Substantiv „theorós" liegt dem Substantiv „theoría" zugrunde und bedeutet „Zuschauer". Ein Theoretiker ist demzufolge ein Mensch, der sich etwas anschaut und es aufmerksam betrachtet, eben ein Beobachter, der zur Praxis Distanz hat. Die Bedeutung des Wortes „theoretisch" wird im 17. und 18. Jahrhundert bereits eingeengt auf: „rein wissenschaftlich; gedanklich; gedacht, vorstellungsmäßig; ohne hinreichenden Bezug auf die Wirklichkeit".

Theoretiker wird synonym für „Wissenschaftler, Gelehrter" gebraucht.[6] Umgangssprachlich wird mit dem Begriff Theoretiker dann aber bald ein wirklichkeitsfremder Mensch, ein „Hans-guck-in-die-Luft", ein Mensch mit „zwei linken Händen", der für die Praxis untauglich ist, verbunden. Diese Wertung ist auch heute noch verbreitet.

In früheren Epochen waren die Menschen zugleich praktisch tätig und haben über ihr praktisches Tun selbst nachgedacht. Die Menschen haben sich etwas – theoretisch – überlegt und diese Überlegungen dann selbst – praktisch – umgesetzt. Die Praxis wurde dann selbst wieder aus der Distanz überdacht. Neue Gedanken wurden entwickelt und wieder in die Tat umgesetzt usw. Die Menschen waren *ursprünglich Theoretiker und Praktiker in einer Person.* Vergleichbar ist das beispielsweise mit dem Vorgehen eines Bildhauers:

Der Bildhauer entwirft in seiner Vorstellung eine Plastik. Dann geht er daran, einen Stein seiner Vorstellung entsprechend mit Hammer und Meißel zu bearbeiten. Immer wieder unterbricht er sein Tun, tritt ein paar Schritte von seinem Werkstück zurück, betrachtet es aus der

Distanz und vergleicht seine Arbeit mit seinem vorgestellten Bilde. Bei dieser Betrachtung muß er sein Bild unter Umständen verändern. Die Eigenart des Materials läßt eventuell die Umsetzung seiner Vorstellung nicht zu. Danach geht er wieder an die Arbeit, korrigiert das eine oder andere an der entstehenden Plastik und schafft weiter – bis er zufrieden auf sein fertiges Werk schauen kann und schließlich Theorie und Praxis für ihn übereinstimmen.

Seit dem ausgehenden Mittelalter wird die europäische Geschichte durch den Prozeß der Zivilisierung und Industrialisierung geprägt. Ein wichtiger vorantreibender Faktor in diesem Prozeß ist das *Prinzip der Arbeitsteilung.* Viele neue Aufgaben in dieser Entwicklung sind überhaupt nur durch die Spezialisierung der einzelnen Menschen auf bestimmte eng umgrenzte Fragestellungen und die Zusammenarbeit vieler Menschen zu lösen. Die gesellschaftliche Arbeitsteilung ermöglicht erst eine große Steigerung menschlicher Leistungen auf mannigfaltigen Gebieten. Eine Folge aus der Aufteilung der Arbeit ist die Trennung von vielem, was ursprünglich zusammengehört. Die Trennung von körperlicher und geistiger Tätigkeit und damit verbunden die Trennung von Praxis und Theorie gehören dazu. Die Theorie wurde zur – beruflichen – Aufgabe von einigen Menschen, den „Geistesarbeitern". Die Praxis wurde zur Aufgabe vieler anderer Menschen, den „Werktätigen". Die Arbeitsteilung führte in letzter Konsequenz zu zwei Lagern in der Gesellschaft, den PraktikerInnen und den TheoretikerInnen. Die PraktikerInnen befassen sich unmittelbar und handelnd mit der Lösung derselben Aufgaben, mit denen sich TheoretikerInnen aus der Distanz und mit einem anderen Methodeninstrumentarium befassen.

Für die Theorie (in diesem Zusammenhang auch als Synonym für Wissenschaft gebraucht) wurden eigene soziale und organisatorische Strukturen auf- und ausgebaut. Die Universitäten wurden der gesellschaftliche Ort für Wissenschaft, Theoriebildung und Forschung. Mit dem riesigen Wachstum des Wissens, der immer stärker werdenden Spezialisierung auf kleinste Fachgebiete und dem Entstehen einer eigenen „Lebenswelt Wissenschaft" wurde die Kluft zwischen WissenschaftlerInnen und PraktikerInnen breiter und tiefer. Aus einer sachlich erforderlichen Arbeitsteilung entstand *eine organisatorische, räumliche und personelle Trennung der Theorie von der Praxis.*

Das führte im Lebensalltag dazu, daß TheoretikerInnen und PraktikerInnen einander kaum noch wahrnahmen. Beide Lager schlossen sich zunehmend in einer jeweils eigenen Welt mit eigenen Denk- und Handlungsmustern, einer eigenen Sprache und einem eigenen Lebensstil ein. Das Ergebnis ist ein auch heute noch *gespanntes Verhältnis* zwischen TheoretikerInnen und PraktikerInnen. Pauschale gegenseitige Abwertungen erschwerten und erschweren die sachlich geforderte Zusammenarbeit. Für „die PraktikerInnen" wurden „die TheoretikerInnen" zu Spinnern, die natürlich keine Ahnung von der Praxis haben und deren versponnene Ideen in der Praxis völlig unbrauchbar sind. Und für „die TheoretikerInnen" wurden „die PraktikerInnen" zu furchtbaren PragmatikerInnen, die theorie- und kopflos dahinwursteln.

Wie ist das Aufeinander-angewiesen-Sein konkret zu bestimmen und zu leben? So wie es viele Auffassungen von Wissenschaft gibt, gibt es viele Auffassungen über Praxis und Theorie und ihr Verhältnis zueinander.[7] Aus den vielen real existierenden und „theoretischen" Bestimmungen des Verhältnisses von Theorie und Praxis nenne ich vereinfachend folgende vier *Zuordnungsweisen*:

(1) Die *Praxis hat einen Vorrang* vor der Theorie: Die Praxis ist höher als die theoretische Erkenntnis, denn sie hat „nicht nur die Würde des Allgemeinen, sondern auch der unmittelbaren Wirklichkeit" (Lenin).[8] Aus der Praxis werden die Fragen gestellt, die die Wissenschaft zu beantworten hat. Wissenschaftliches Wissen dient der Praxis und wird im und am Lebensalltag überprüft. Die Theorie hat sich in der Praxis zu bewähren und/oder wird nach dem Nutzen für die Praxis bewertet. Die Praxis ist für eine empirisch orientierte Wissenschaft das entscheidende Kriterium der Wahrheit oder Bewährung. Das bedeutet den Verzicht der Wissenschaft auf eigene Wertsetzungen.

(2) Die *Theorie hat einen Vorrang* vor der Praxis: Die Wissenschaft hat qualifiziertere Erkenntnismethoden und Erkenntnisse als die Praxis und folgt eigenen Forschungs- und Erkenntnisdynamiken. Die Erkenntnisgewinnung wird nicht an die Praxis rückgekoppelt. Die Theorie wird weitgehend unabhängig von den Praxisfeldern entwickelt. Wissenschaft dient der Wahrheitsfindung. Die Wissenschaft ist normativ und setzt die Werte und will dann auch die Aufgaben und Ziele für die Praxis bestimmen. Die Praxis soll sich nach der Theorie richten. Die Praxis wird an den Vorgaben der Theorie von den WissenschaftlerInnen überprüft.

(3) *Praxis und Theorie sind identisch*: Ganz pragmatisch werden Praxis und Theorie so eng miteinander verschränkt, daß eine wirkliche Unterscheidung kaum noch möglich ist. Auf der Basis der Erfahrung und des erfolgreichen Handelns gründen dann wissenschaftliche Theorien. Und Theorien werden ihrerseits ohne Rücksicht auf bestehende Zu-

sammenhänge in der Praxis angewandt. Kriterium für die Anerkennung und Anwendung von Theorien ist allein, ob sie brauchbar sind und den von den Mächtigsten der Gesellschaft gesetzten Zielen dienen. Auf differenzierende wissenschaftstheoretische Reflexionen wird verzichtet.

(4) *Theorie und Praxis stehen miteinander in einem polaren Spannungsfeld*: Praxis und Theorie sind zwei gleichrangige Aspekte menschlicher Wirklichkeit und gehören zusammen wie die zwei Seiten einer Münze. Nur miteinander können sie die ganze Wirklichkeit menschlicher Lebensbewältigung umgreifen. Daher müssen Praxis und Theorie in ihrer Zuordnung und Ergänzung gemeinsam bedacht werden. Beide ereignen sich in derselben Lebenswelt und sind aufeinander angewiesen. Jeder Versuch, die beiden voneinander zu trennen oder sie gar als unversöhnliche Gegensätze darzustellen, ist künstlich. In gleicher Weise taugen die Versuche wenig, der Theorie einen zeitlichen oder gar qualitativen Vorrang vor der Praxis einzuräumen. Genauso wenig Sinn macht es, die Praxis zeitlich oder qualitativ der Theorie vorzuziehen. Sie begleiten einander und sind immer zugleich. Ihre Entsprechung kann als *„zirkuläre Bewegung"* im Sinne eines Kreislaufs verstanden werden. Theorie ist eine Form der Praxis und Praxis ist eine Wirklichkeitsgestalt einer bestimmten Theorie, nämlich der grundlegenden Selbst- und Weltauslegung des Menschen.[9]

So wie es viele Auffassungen von Wissenschaft gibt, gibt es viele Auffassungen über Praxis und Theorie und ihr Verhältnis zueinander. Die private Lebenswelt hat heute vielfach wissenschaftliche Verstehensformen und Verhaltensweisen in sich aufgenommen und ist durch sie bestimmt. Die Medien erschließen in einem nie gekannten Ausmaß die Wissenschaft für den Alltag und informieren die Öffentlichkeit darüber.

> „Das verwissenschaftlichte Leben der modernen Zivilisation ermöglicht Selbsterfahrungen, die in die geisteswissenschaftliche Theoriebildung eingehen, wie auch umgekehrt die Theoriebildungen die Lebens- und Verstehensweise, ja auch die Sprache der Lebenspraxis bestimmen. Wissenschaft und Leben bilden eine Einheit, die nicht mehr als Störfeld, sondern als Wechselbedingung empfunden wird."[10]

Die wissenschaftstheoretische Reflexion von Theorie und Praxis gehört zu den elementaren Aufgaben jeder Wissenschaftsdisziplin. Gerade wegen der Wechselbedingung von Theorie und Praxis in unserer Gesellschaft müssen die wissenschaftlichen Fachdisziplinen für sich bestimmen, was sie unter Praxis und Theorie jeweils verstehen und wie sie das Verhältnis zueinander sehen. Diese Bestimmung zeigt an, wie das Zusammenarbeiten aussehen soll und – alltagsnäher formuliert – wer das Sagen für sich beansprucht. Das Bestimmen und Offenlegen der Erwartungen an das Verhältnis von Theorie und Praxis verringert die Gefahr des gezielten oder auch unbewußten Mißbrauchs von Theorie für die Praxis (um zum Beispiel eine bestimmte – vorteilhafte – Praxis zu legitimieren) und umgekehrt (um zum Beispiel bestimmte – unbequeme – Theorien zu verhindern).

Festzuhalten bleibt: Die Wissenschaft steht der menschlichen Lebenswelt nicht gegenüber, sondern sie ist in sie einbezogen. *Theorie und Praxis durchwirken sich gegenseitig, ohne ihre Identität zu verlieren.* Wissenschaftliche Theorien dienen den WissenschaftlerInnen als Wissenspläne und den PraktikerInnen als Handlungspläne. „Nichts ist für PraktikerInnen praktischer als eine gute Theorie." Praktische Erfahrungen bringen den PraktikerInnen Handlungskompetenz und den WissenschaftlerInnen „Gegenstandskompetenz". Nichts ist für TheoretikerInnen anregender als eine gute Praxis.

5.2. Wissenschaft und Ausbildung

Neben dem Spannungsfeld „Wissenschaft und Praxis" gibt es auch noch das *Spannungsfeld „Wissenschaft und Ausbildung (Lehre)"*. Dieses Verhältnis ist in Deutschland nicht weniger schwierig als das Verhältnis von Theorie und Praxis. Die deutschen Hochschulen haben sowohl den Auftrag zu forschen als auch die Aufgabe zu lehren. Von den HochschullehrerInnen wird verlangt, daß sie in Personalunion zugleich LehrerInnen und ForscherInnen sind. LehrerInnen benötigen andere fachliche Kompetenzen als ForscherInnen. ForscherInnen haben mit wissenschaftlichen Methoden neue Erkenntnisse zu gewinnen. LehrerInnen haben auszubilden und die neuen Erkenntnisse der ForscherInnen den Studierenden zu vermitteln. ForscherInnen benötigen für ihre Aufgaben nicht die fachlichen Kompetenzen von LehrerInnen, und LehrerInnen benötigen für ihre Aufgaben nicht die fachlichen Kompetenzen von ForscherInnen.

Die personale Vermengung von Forschungs- und Lehrauftrag einerseits und die Vorliebe der deutschen HochschullehrerInnen für die angesehenere Forschung andererseits bewirken an den Hochschulen eine für die Studierenden nachteilige Situation: Lehrende berichten über Forschungsergebnisse und halten das für Lehre oder sogar für Ausbildung. Das Vortragen von Forschungsergebnissen (Theorien) ist aus didaktisch-pädagogischen Erwägungen etwas anderes als Ausbilden. Im Hochschulunterricht sind Lehr- und Lernprozesse anzustoßen, zu begleiten, zu überprüfen und zu bewerten. Dazu gehört selbstverständlich unter anderem auch die Vermittlung von Forschungsergebnissen. Die zu vermittelnden Lehr- und Lerninhalte sind unter dem Aspekt der anzustrebenden beruflichen Kompetenz auszuwählen, zu definieren und in ein Gesamtkonzept des Unterrichts zu integrieren. Den neuesten Stand der didaktisch-pädagogischen und fachlichen Forschungsergebnisse in die Ausbildung einzubeziehen, gehört zum berechtigten Anspruch an einen qualifizierten und qualifizierenden Hochschulunterricht.

ANMERKUNGEN ZU KAPITEL 5

[1] Vgl. Abbildung 1 S. 11
[2] Vgl. beispielsweise die Studien zu Theorie und Praxis von Habermas 1978
[3] Duden 1963, 526f.
[4] Duden 1963, 526f.
[5] Duden 1963, 525
[6] Duden 1963, 708
[7] Vgl. Habermas 1978
[8] Zitiert nach Buhr / Kosing 1979, 261
[9] Rombach 1979, 17
[10] Rombach 1979, 170

Teil 2
Soziale Arbeit als Wissenschaft

Die Rückbesinnung auf die wissenschaftstheoretischen Fragen und Positionen (Teil 1) hat deutlich gemacht, wie vielfältig wissenschaftliches Denken und Handeln in einer Disziplin von vornherein angelegt sind. Eine Wissenschaftsdisziplin läßt sich nicht auf eine oder auf die Theorie reduzieren wie das bisweilen auch für Soziale Arbeit gefordert oder versucht wird.[1] Selbst wenn ein gemeinsamer Erkenntnisgegenstand gefunden und allgemein akzeptiert worden ist, ergeben sich immer noch viele verschiedene Möglichkeiten, wissenschaftlich damit umzugehen. Unterschiedliche Vorentscheidungen (zum Beispiel bei den Paradigmen, Wertsetzungen und Methoden) führen zu unterschiedlichen Theorien. Und verschiedene Theorien führen wiederum zu verschiedenen Forschungsansätzen (und Ausbildungsmodellen).

Soziale Arbeit als Wissenschaft hat ihre philosophischen und wissenschaftstheoretischen Vorentscheidungen mit ihren Auswirkungen auf die Theoriebildung darzulegen und zu reflektieren. In diesem Teil werden – für die Soziale Arbeit als Wissenschaft – die kontroversen Vorentscheidungen aufgrund philosophisch-weltanschaulicher Vorannahmen, die Gegenstandsdiskussion, die Methodenbestimmungen, die Theorieentwicklung und die Forschung als Ordnungskategorien benutzt, um das „weitläufige Gelände" der Sozialen Arbeit als Wissenschaft auszuleuchten, überschaubar und begehbar zu machen.[2] Der Aufbau dieses Teils folgt dem Aufbau von Teil 1.

Am Anfang steht die mehr als 100 Jahre alte Forderung nach einer Wissenschaft Soziale Arbeit. Diese Forderung kommt wie bei den anderen wissenschaftlichen Disziplinen auch aus der Ausbildung zum Beruf. Auf dem Weg, diese Forderung zu verwirklichen, liegen viele Stolpersteine und stehen viele Sperrzäune, die in der Sache selbst gründen oder aber von außen hingestellt worden sind. Die Wert- und Normenfrage und die gesellschaftliche Funktion von Sozialer Arbeit sind sehr umstritten und verursachen tiefe Gräben zwischen den verschiedenen Parteien. Diese Zerstrittenheit wirkt sich auf die Bestimmung des Gegenstands von Sozialer Arbeit als Praxis und Wissenschaft aus. Die wichtigen Positionen in diesem Streit werden dargestellt und eine Perspektive für eine Einigung aufgezeigt.

Im Verlauf der Wissenschaftsgeschichte haben sich verschiedene wissenschaftstheoretische „Schulen" herausgebildet, die sich aufgrund ihrer philosophischen Vorannahmen für bestimmte Erkenntnismethoden entschieden haben (siehe Teil 1 Abschnitt 3.3.). Diese „Schulen" gibt es auch in der Sozialen Arbeit als Wissenschaft und nach ihnen lassen sich die darauf aufbauenden Theorien unterscheiden und einteilen. Nach dem breiten Methodenspektrum wird eine Übersicht über die Theorien Sozialer Arbeit mit ihren unterschiedlichen Niveaus und Inhalten gegeben. Dieser Teil schließt mit der Frage nach dem Verhältnis von Wissenschaft und Forschung sowie dem Verhältnis von Wissenschaft und Ausbildung in der Sozialen Arbeit.

Die Ausbildung für die Praxis (und den Beruf) in den verschiedenen Handlungsfeldern führte in der Regel zum Entstehen der einzelnen Wissenschaftsdisziplinen. Je komplexer die Handlungsfelder in der Praxis waren, desto anspruchsvoller waren die Ausbildungsinhalte und umso notwendiger wurde eine differenzierte und reflexive Aufbereitung der Ausbildungsinhalte. Aus den Ausbildungsinstituten entwickelten sich auf diese Weise Wissenschaftsinstitute für die einzelnen Fächer; diese Entwicklung trifft für die Medizin, das Recht und die Theologie genauso zu wie für die Pädagogik. Nicht anders verläuft die Entwicklung bei der Sozialen Arbeit. Daher hängt die Entwicklung der Sozialen Arbeit als Wissenschaftsdisziplin sehr eng mit der Entwicklung des Berufs „SozialarbeiterIn" und der Ausbildung zu diesem Beruf zusammen. Insofern spielen beim jetzigen Entwicklungsstand der Sozialen Arbeit als Wissenschaft die Bereiche Praxis und Ausbildung in der Sozialen Arbeit noch so kräftig in die Soziale Arbeit als Wissenschaft hinein, daß Grenzen mitunter verschwimmen. Das zeigt sich insbesondere bei der Gegenstandsbestimmung, bei den Zielen und Aufgaben sowie den Methoden.

ANMERKUNGEN

[1] Vgl. zum Beispiel Eyferth / Otto / Thiersch 1987
[2] Das Bild für die Situation der Theoriediskusssion habe ich von Thiersch / Rauschenbach 1987, 986 übernommen.

1. SOZIALE ARBEIT ALS WISSENSCHAFT – EINE ALTE FORDERUNG

Bereits seit mehr als 100 Jahre wird gefordert, soziale Probleme und ihre Lösungen nicht nur praktisch, sondern auch wissenschaftlich anzugehen. Engagierte und über das Leiden der Armen empörte SozialarbeiterInnen wie Jane Addams, Octavia Hill, Henrietta Barnett

und Mary Richmond forderten eine wissenschaftliche Reflexion des Massenelends und seine Beseitigung in den Slums der Großstädte. Für sie reichte angesichts des Ausmaßes der sozialen Probleme eine Almosen gebende Sozialarbeit nicht mehr aus. Die Empörung der Frauen verband sich mit sehr konkreten wissenschaftlichen Anliegen, vor allem im Hinblick auf die Problemerfassung. Als Vorbild, die richtigen Fragen zu stellen und die richtigen Daten zu sammeln, diente ihnen die Arbeitsweise der Ärzte und Rechtsanwälte. Das Instrumentarium, die Mittel hierzu waren eine zuverlässige, unverzerrte, überprüfbare, sich auf Fakten und nicht auf Gerüchte, kirchliche Moralvorstellungen und bürgerliche Ressentiments verlassende Ermittlung, Analyse und Diagnostizierung der vorhandenen Probleme.[1] Mary Richmond forderte 1897 eine Ausbildung der Sozialarbeiter mit dem Hauptziel, „den professionellen Helfern (Charity workers) bessere kognitive Gewohnheiten und höhere Ideale ... im Umgang mit Individuen und Familien zu vermitteln."[2] Es kam ihr bei der Ausbildung der SozialarbeiterInnen darauf an, Theorie und Praxis in der richtigen Weise zu kombinieren. Auf den guten Charakter der SozialarbeiterInnen allein war für sie kein Verlaß, wenn nicht die Ausbildung und Erfahrung hinzutritt.[3]

Die Diskussion in Deutschland über die Soziale Berufsausbildung zu Beginn unseres Jahrhunderts bezeugt, daß bereits damals zwischen Sozialer Arbeit als Wissenschaft, Praxis und Ausbildung unterschieden wurde.[4] So verlangten Alice Salomon (1872 – 1948), Heinrich Weber (1888 – 1946) und andere, daß an den deutschen Universitäten Lehrstühle für Wohlfahrtspflege eingerichtet werden, die einen Lehrauftrag mit der Möglichkeit der Forschung verbinden. Der Caritas-Direktor Weber aus Münster setzte sich für die *Wohlfahrtspflege als selbständige Wissenschaft* ein. Er wollte, daß eine Wissenschaft, die sich aus den verschiedenen Fakultäten speist, und ein einheitlicher Lehrstuhl, dessen Träger mit den Dozenten aller Fakultäten und den Praktikern eng zusammenarbeiten würde, entstehen. Der Lehrstuhl sollte der staatswissenschaftlichen Fakultät zugeordnet werden.[5] Dagegen sprach sich Christian-Jasper Klumker (1868 – 1942), selbst Inhaber des Lehrstuhls für soziale Fürsorge und Statistik an der Universität in Frankfurt/M., aus. Für ihn war das Gesamtgebiet der Sozialen Arbeit aus so verschiedenartigen Dingen zusammengesetzt, daß er sich eine wissenschaftliche Disziplin dafür nicht denken konnte. Ab 1910 gab es an einzelnen deutschen Universitäten Lehrstühle, die sich mit der sozialen Fürsorge (Frankfurt/M.), der allgemeinen Wohlfahrtspflege (Münster i.W.) oder der Caritaswissenschaft (Freiburg i.Br.) befaßten. Es gelang jedoch nicht, über einzelne Ansätze, die stark von den Persönlichkeiten lebten, die diese Lehrstühle inne hatten, hinauszukommen.[6] Soziale Arbeit als Wissenschaft konnte sich bis heute nicht an den deutschen Universitäten etablieren.

Mit der Konferenz Sozialer Frauenschulen stellte Salomon als Grundsatz für die Ausbildung sozialer Berufe heraus, daß „die theoretische Ausbildung eine allgemein sozialwissenschaftliche sein soll."[7] Wenn es um die Randständigsten der Gesellschaft ging, erhoffte sie sich Antworten von der Wissenschaft auf die Fragen, warum, wozu und wie am besten was zu tun ist, um ihnen nachhaltig zu helfen. Die *Ausbildung zu sozialen Berufen* sollte nach Salomon allerdings nicht an den Universitäten stattfinden; skeptisch meinte sie:

> „Die deutschen Universitäten dienen der reinen Wissenschaft: der Vermittlung intellektueller Inhalte und Methoden der Forschung, ...; nicht unmittelbar der Vorbereitung zum Handeln... Die Soziale Arbeit braucht (aber) eine auf das praktische Handeln bezügliche Theorie, und zwar auf ein Handeln, das sich um das Wohl des Menschen in seiner Totalität bemüht. Das können die deutschen Universitäten nicht geben."[8]

Als Leiterin der Sozialen Frauenschule in Berlin plädierte sie für eine enge Verbindung von Theorie und Praxis Sozialer Arbeit und für eine Ausbildung an Sozialen Schulen, die die auszubildenden Mädchen und Frauen theoretisch und praktisch auf ihre pädagogischen und sozialen Rollen als Sozialarbeiterinnen vorbereiten.[9]

Nach dem Zweiten Weltkrieg forderten einige in der Sozialen Arbeit Engagierte erneut die wissenschaftliche Reflexion Sozialer Arbeit und damit Soziale Arbeit als Wissenschaft, zum Beispiel Herbert Lattke (1968). Der Begriff *„Sozialarbeitswissenschaft"* tauchte auf. Helmut Lukas systematisierte 1979 in seiner Publikation „Sozialpädagogik/Sozialarbeitswissenschaft" die Vielfalt von theoretischen Ansätzen und Theorien der Sozialarbeit/Sozialpädagogik nach wissenschaftstheoretischen Kriterien und trug dadurch wertvolle Bausteine zum Fundament der Sozialarbeitswissenschaft bei.[11]

Seit 1970 gibt es nun in der Bundesrepublik Deutschland an Universitäten den Diplomstudiengang „Pädagogik" mit der Studienrichtung „Sozialpädagogik" und an Fachhochschulen die Diplomstudiengänge „Sozialpädagogik / Sozialarbeit / Sozialwesen."[12] Damit wurden die Ausbildung von SozialarbeiterInnen und Soziale Arbeit als Fach im Hochschulbereich institutionalisiert. Viele AbsolventInnen dieser Studiengänge sind inzwischen in der Praxis tätig. Wie wirkt sich die „praxisorientierte Ausbildung auf wissenschaftlicher Grundlage" aus? Wie aus? Wie bewerten die AbsolventInnen ihre Ausbildung aufgrund ihrer Praxiserfahrung? Wie bewerten die Anstellungsträger die Ausbildungsergebnisse? Wie bewerten die Lehrenden das Resultat ihres Unterrichts? Welches Verhältnis haben PraktikerInnen Sozialer Arbeit zur Theorie Sozialer Arbeit nach ihrer Ausbildung an einer Hochschule? Wie gelingt heute die von Richmond, Salomon und anderen gewünschte und doch skeptisch betrachtete *Partnerschaft von Sozialer Arbeit und Wissenschaft*?

AbsolventInnen einer Fachhochschule kritisieren, daß ihre Ausbildung *unzureichend berufs- und praxisbezogen* war, außerdem wurde sie als eher oberflächlich erlebt:

> „Die Fachhochschule vermittelt in zusammenhanglos nebeneinander stehenden Fächern nur Halbwissen. Quantität auf Kosten der Qualität. Der Sozialarbeiter hat Pädagogik, ist aber kein Pädagoge, er hat Recht, ist aber kein Jurist usw. Er hat von allem gehört, aber nur ein bißchen und nicht so gründlich."[13]

Die Autoren der Befragung fassen als Ergebnis ihrer Untersuchung zusammen: „Die geäußerte *Kritik* ... deutet daraufhin, daß die Studierenden ganz offenkundig in der Ausbildung auf eine andere Rolle vorbereitet werden, als sie ihnen in der Berufspraxis abverlangt wird."[14] Diese Kritik an der Hochschulausbildung der SozialarbeiterInnen ist unter den AbsolventInnen der Fachhochschulen weit verbreitet.[15] In abgewandelter Form gilt sie auch für die universitäre Ausbildung der SozialpädagogInnen.[16]

Viele *Anstellungsträger* kritisieren – wie die AbsolventInnen – an der SozialarbeiterInnen/SozialpädagogInnen-Ausbildung pauschal eine *Theorielastigkeit und mangelnden Praxisbezug.*[17] So hat das Präsidium des Deutschen Städtetages an die Fachhochschulen appelliert, „die Ausbildung von Sozialarbeitern/Sozialpädagogen konsequenter an den Anforderungen der Praxis zu orientieren."[18] Generell wird von allen Anstellungsträgern beklagt, daß es bislang noch nicht gelungen sei, das Problem des Theorie-Praxis-Bezugs in der Ausbildung der SozialarbeiterInnen/SozialpädagogInnen zufriedenstellend zu lösen.[19]

HochschullehrerInnen fragen ebenfalls nach dem Erfolg der Ausbildung. Stellvertretend für viele HochschullehrerInnen zitiere ich die Einschätzung des Tübinger Sozialpädagogen Hans Thiersch. Als Ziel der Einrichtung des Diplomstudiums Sozialpädagogik nennt er „eine Professionalität, die im Horizont von – sozialwissenschaftlich orientierter – Wissenschaft, vor allem von Erziehungswissenschaft, Handlungskompetenz vermittelt." Und er behauptet, daß „dies Ziel von den Studierenden nur bedingt übernommen und in der Praxis repräsentiert wird."[20]

Viele HochschullehrerInnen wehren sich heftig gegen die Kritik aus der Praxis und beklagen ihrerseits eine *Theoriemüdigkeit* der PraktikerInnen.[21] Andere meinen: „Die pragmatische *Theoriefeindlichkeit* und die Blindheit der Praxis geben der Sozialarbeit deshalb etwas Scheinhaftes, einen Hauch von Donquijoterie."[22]

Die Auseinandersetzung um die Ausbildung in der Sozialen Arbeit ist Gegenstand zahlreicher Publikationen; sie zeigt die allseitige Verwirrung und spiegelt zwei zentrale Probleme der Sozialen Arbeit wider:

(a) Soziale Arbeit als Wissenschaft wird nicht oder nicht ausreichend gegen Soziale Arbeit als Praxis und Ausbildung abgegrenzt.
(b) Eine Konzentrierung der Sozialen Arbeit als Wissenschaft auf eigene Fragen und Antworten fehlt.

Die Ausbildung zu SozialarbeiterInnen ist zu unterscheiden von Sozialer Arbeit als Wissenschaft.[23] Die Diskussion von Desideraten und Defiziten in der Ausbildung möchte ich in diesem Zusammenhang nicht weiter verfolgen.[24] Beide haben zwar miteinander zu tun, unterscheiden sich aber in den Aufgaben, Zielen, Inhalten und Methoden beträchtlich voneinander. Obgleich eine Verbindung von Sozialer Arbeit als Wissenschaft zur Ausbildung in Sozialer Arbeit besteht, möchte ich hier allein bei der Sozialen Arbeit als Wissenschaft bleiben.

Das Verhalten „der TheoretikerInnen" auf der einen Seite und das „der PraktikerInnen" auf der anderen Seite erinnnert mitunter an die Szenen zerstrittener Ehepartner. Beide Partner sind durch dieselbe schwierige Lebensaufgabe miteinander verbunden, sind aber darüber enttäuscht, daß es dem anderen nicht gelingt, die gemeinsame Aufgabe zufriedenstellend zu lösen. So schlagen sie einander ihre Ansprüche und Enttäuschungen um die Ohren und schieben sich gegenseitig die Schuld an der Misere zu, nach dem Motto „praxisferne Theorie gegen theorielose Praxis".[25] Über das Streiten werden leicht die naheliegenden und verbindenden Aufgaben vergessen. Eine Rückbesinnung auf die gemeinsamen Grundlagen und eine Bescheidung auf die je eigene Aufgabe könnte eine bessere Verständigung ermöglichen.

Einig sind sich die an der Ausbildung von SozialarbeiterInnen und SozialpädagogInnen Beteiligten darin, daß die prinzipiell neue Stufe des wachsenden wissenschaftlichen Selbstbewußtseins von Sozialer Arbeit – einhergehend mit der Einsicht, daß Ausbildung nur im Horizont von Wissenschaft geschehen kann – nicht einfach wieder zurückgenom-

82

men werden kann.[26] Zurück kann man auch nicht mehr hinter die Tatsache, daß es in der und für die Soziale Arbeit inzwischen eine große Fülle von Ansätzen, Konzepten, Modellen und Theorien gibt.[27] Das von der Sozialen Arbeit als Wissenschaft hervorgebrachte Theorie-Ensemble ist bunt, vielgestaltig und mehrschichtig wie das Handlungsfeld der Sozialen Arbeit selbst. *Das gewachsene Selbstbewußtsein und die vorhandenen wissenschaftlichen Arbeiten* bilden *eine große und kraftvolle Ressource* für die Soziale Arbeit als Wissenschaft.

Eine Analyse der gegenwärtigen Situation von Sozialer Arbeit als Wissenschaft ergibt allerdings einige *Schwächen*:

(1) Die Auffassungen über Wissenschaft sind höchst kontrovers. Selten nur reflektieren oder klären AutorInnen von Publikationen zur Theorie Sozialer Arbeit das, was sie jeweils unter Sozialer Arbeit als Wissenschaft verstehen. Wenn zu dieser Frage überhaupt Stellung genommen wird, dann werden die in der Wissenschaftstheorie erarbeiteten Begriffe und zu beachtenden Aspekte kaum berücksichtigt. Die Bereitschaft, sich mit traditionellen bewährten Wissenschaftsauffassungen zu befassen oder sich ihnen gar anzuschließen, ist recht gering. Die Bereitschaft ist groß, neue Begriffe zu prägen, eigene Bilder und Sprachspiele zu kreieren und andere Denkansätze als den eigenen schnell als „traditionell" oder Ideologie abzuwerten. So existieren viele eigenwillige Wissenschaftsauffassungen ohne eine angemessene Rückbindung in die Wissenschaftsgeschichte und ohne plausible wissenschaftstheoretische Aufbereitung.

(2) Eine Einigung auf einen konkreten, präzise definierten Gegenstand steht aus. Das andauernde Gezerre, Sozialpädagogik und Sozialarbeit voneinander abzugrenzen oder doch zu verbinden und das verlegene Ausweichen auf den Kunstbegriff „Sozialwesen" kennzeichnen die Problematik treffend. Die Begriffe können in einem weiten Verständnis als stellvertretend für Gegenstandsbereiche der Sozialen Arbeit als Wissenschaft angesehen werden. Immer wieder wird die enge verbindliche Bestimmung eines gemeinsamen Gegenstands gefordert, doch bisher ist sie ausgeblieben.[28] Auch hier wird das einsame Vergnügen gepflegt, möglichst eigene Vorschläge zu präsentieren, ohne die Vorschläge und Arbeiten anderer zur Kenntnis zu nehmen oder sich gar mit ihnen zu befassen. Damit ist die verbindende und verbindliche Ausgangsbasis der Sozialen Arbeit als Wissenschaft noch zu bestimmen.

(3) Keines der anerkennungsfähigen Paradigmen wird allgemein anerkannt. Wenn nach Paradigmen für Soziale Arbeit gefragt wird, dann wird häufig auf Paradigmen benachbarter Fachdisziplinen wie Psy-

chologie, Soziologie, Medizin oder Recht zurückgegriffen, beziehungsweise diese werden von dort entlehnt. Unberücksichtigt bleibt dabei oft, daß die anderen Disziplinen ihren Gegenstand unter einem eigenen Blickwinkel anschauen. Deshalb taugen entliehene Paradigmen als Erklärungsmuster für Soziale Arbeit in der Regel wenig. Unter diesen Paradigmen sind das Devianz-Paradigma, das marxistische Paradigma der Verelendung, das Prozeß- und Systemparadigma, das Alltags-Paradigma und das ökosoziale Paradigma zur Zeit am weitesten verbreitet. Es kann eine gewisse Leichtigkeit, unbekümmert irgendwelche Begriffe als „neue" Paradigmen für Soziale Arbeit (zum Beispiel Regionalität oder Gesellschaftsgeschichte) anzubieten, nicht übersehen werden.

(4) Die gesellschaftliche Funktion und Bedeutung Sozialer Arbeit als Praxis und als Wissenschaft ist umstritten. Auf die Frage nach der gesellschaftlichen Funktion Sozialer Arbeit als Wissenschaft und Praxis stehen sich unversöhnliche Antworten gegenüber: Eine Auffassung ist: Soziale Arbeit hat sich den Werten und Zielen, die die jetzige Gesellschaft ihr vorgibt, unterzuordnen. Sie hat ihre KlientInnen in diese Gesellschaft zu integrieren. Die andere Position heißt: Soziale Arbeit hat eigene Ziele aufgrund eigener Werte zu entwickeln und zu verfolgen. Sie hat eine kritische Funktion der Gesellschaft gegenüber wahrzunehmen. Dieser Streit verhindert notwendige Zusammenarbeit.

(5) Die Zuordnung im Rahmen einer Wissenssystematik ist offen. Wo soll sich die Soziale Arbeit als Wissenschaft im System der Wissenschaften zuordnen? Soll sie sich als Subdisziplin der Pädagogik oder der Soziologie, als Integrationsdisziplin über allem frei schwebend oder als eigenständige Disziplin – also Soziale Arbeit als Wissenschaft – gleichrangig neben Pädagogik, Soziologie, Medizin, Psychologie usw. verstehen und ausgeben?[29] Die Entscheidung bei der Beantwortung dieser Frage hängt fast immer mit der Herkunftsdisziplin zusammen, aus der die AutorInnen jeweils stammen. ErziehungswissenschaftlerInnen plädieren für eine Zuordnung zu den Erziehungswissenschaften, SoziologInnen und PsychologInnen für eine Zuordnung zu den Sozialwissenschaften.

(6) Eine Gemeinschaft der SozialarbeitswissenschaftlerInnen existiert nicht. Bei den SozialarbeitswissenschaftlerInnen gibt es – salopp formuliert – eine Dreiklassengesellschaft: Die erste Klasse bilden die UniversitätshochschullehrerInnen, das sind habilitierte PädagogInnen, PolitologInnen, SoziologInnen usw. Sie kennen in der Regel das Handlungsfeld Sozialer Arbeit lediglich aus der Literatur oder aus

84

Feldstudien. Die zweite Klasse bilden die FachhochschullehrerInnen, promovierte JuristInnen, MedizinerInnen, PädagogInnen, PolitologInnen usw. mit mindestens fünfjähriger Praxis in ihrem Beruf. Sie kennen in der Regel das Praxisfeld der Sozialen Arbeit aus der Fragestellung und Berufsperspektive ihrer jeweiligen akademischen Ausbildung. Durch die Praxiorientierung der Fachhochschulausbildung können sie – je nach Engagement – das Praxisfeld Sozialer Arbeit intensiv berühren und gut kennenlernen. Die dritte Klasse bilden diplomierte SozialarbeiterInnen, die in der Sozialen Arbeit ausgebildet worden sind und Praxiserfahrung haben. Sie sind entweder als Lehrkräfte für besondere Aufgaben an Fachhochschulen angestellt oder arbeiten im Rahmen ihrer praktischen Tätigkeit wissenschaftlich. Es gibt viele gemeinsame Aufgaben für die Mitglieder der drei Klassen, jedoch wenig fruchtbare Zusammenarbeit.[30]

ANMERKUNGEN ZU KAPITEL 1

[1] Staub-Bernasconi 1986, 12
[2] Staub-Bernasconi 1986, 13
[3] Wendt 1990a, 171f.
[4] Vgl. Salomon 1927, 172 - 192; Orthbandt 1980, 267 - 275
[5] Vgl. Salomon 1927, 178
[6] Salomon 1927, 172 - 192
[7] Salomon 1927, 62
[8] Zitiert nach Staub-Bernasconi 1986, 14
[9] Wendt 1990a, 173
[10] Vgl. Lattke 1968
[11] Lukas 1979
[12] Vgl. die Untersuchung von Rohde 1989
[13] Goll u.a. 1989, 108
[14] Goll u.a. 1989, 111
[15] Vgl. Bayer u.a. 1984, Gehrmann u.a. 1985
[16] Vgl. Lüders 1987
[17] Zum Beispiel die Stellungnahme der Bundesvereinigung der kommunalen Spitzenverbände von 1976
[18] Zitiert nach Deutscher Verein für öffentliche und private Fürsorge 1983, 1f.
[19] Vgl. Stellungnahme des Deutschen Vereins in: Deutscher Verein für öffentliche und private Fürsorge 1983
[20] Thiersch 1985, 480
[21] Brunkhorst / Otto 1989, 373
[22] Weller 1986, 174
[23] Vgl. Pfaffenberger 1990; Rohde 1990
[24] Vgl. zum Beispiel Rohde 1990; Pfaffenberger 1990
[25] Vgl. hierzu Thiersch 1985, 1987; Späth 1985; Weller 1986; Lüders 1987 u.a.
[26] Thiersch 1985, 480
[27] Vgl. die Zusammenstellungen bei Vahsen 1975; Lukas 1979; Schmidt

1981; Marburger 1981; Lowy 1983; Wollenweber 1983; Thiersch / Rauschenbach 1987

[28] Zum Beispiel aus der Sicht der Fachhochschule durch Zink 1988, 45 - 49; aus der Sicht der Universität durch Thiersch / Rauschenbach 1987, 986

[29] Vgl. Pfaffenberger 1985, 495

[30] Vgl. Landeskonferenz der lehrenden Sozialarbeiter und Sozialpädagogen 1986

2. Kontroversen im Vorfeld

Im Teil 1 sind viele Faktoren benannt worden, die bei der Konstituierung einer Wissenschaftsdisziplin mitwirken. Eine wichtige Voraussetzung ist die, daß eine mächtige Mehrheit in einer Gesellschaft überhaupt an der Konstituierung einer wissenschaftlichen Disziplin interessiert ist. Wenn seit mehr als 100 Jahren die Konstituierung der Sozialen Arbeit als Wissenschaft mit guten Gründen gefordert wird, dann ist danach zu fragen, weshalb diese Forderung bislang nur sehr unzureichend erfüllt worden ist.

Soziale Arbeit verändert, indem soziale Probleme gelöst werden sollen. Ziele von Veränderungen werden durch anzustrebende oder zu verwirklichende Werte und Normen bestimmt. Kontroverse Wertauffassungen bewirken kontroverse Zielbestimmungen für die Soziale Arbeit als Wissenschaft und als Praxis. Für die Soziale Arbeit als Wissenschaft (und auch als Praxis) ist es wichtig zu bedenken, wer ihr Werte und Ziele vorgibt und welche Funktion sie damit in der Gesellschaft spielen soll beziehungsweise spielen will. Eine solche Reflexion muß am Anfang stehen, da alle anderen Entscheidungen innerhalb der Sozialen Arbeit als Wissenschaft auf diesen Vorentscheidungen aufbauen.

2.1. Stolpersteine und Sperrzäune

Auf dem Weg der weiteren Etablierung der Sozialen Arbeit als Wissenschaft liegen *mächtige Stolpersteine* und stehen *hohe Sperrzäune.* Die Stolpersteine ergeben sich aus dem sehr komplexen Handlungsfeld Sozialer Arbeit und liegen in dem Gegenstand der Sozialen Arbeit selbst. Die Sperrzäune sind jedoch von Menschen errichtet worden, die Soziale Arbeit in Theorie und Praxis beeinflußen, gestalten oder gar bestimmen möchten.

(1) Stolpersteine

Soziale Arbeit hat es mit sozialen Problemen und Konflikten zu tun, also mit *schwierigen, komplexen und umfassenden Sachverhalten*, die sich nicht ohne weiteres einer Disziplin zuordnen und dort zusammenfassen lassen. Die traditionelle Zweiteilung des Handlungsfeldes in Sozialpädagogik und Sozialarbeit spitzt die Problemlage nur zu. Die Unterscheidung der zwei Handlungsfelder Sozialarbeit und Sozialpädagogik und das Konvergenztheorem mögen anfangs als hilfreich erschienen sein, aber sie erleichtern die Entwicklung als Wissenschaft nicht, sondern behindern sie.

Soziale Arbeit läßt sich *als Beruf* im Laufe ihrer *Geschichte* aus *verschiedenen Wurzeln* (sowohl haupt- als auch nebenamtlichen Tätigkeiten) und Entwicklungslinien herleiten: ArmenpflegerIn, FürsorgerIn, Kindergärtnerin, JugendleiterIn, VerwalterIn, BewährungshelferIn, KontrolleurIn, GesundheitspflegerIn, VolkspflegerIn, SozialtherapeutIn, HeimleiterIn, AufsichtsbeamtIn, GerichtshelferIn, SozialarbeiterIn, SozialpädagogIn usw. Ein einheitliches, gewachsenes Selbstbewußtsein als Beruf fehlt der Sozialen Arbeit; dadurch wird das Wachstum als Wissenschaftsdisziplin beachtlich erschwert. Denn eine homogene Berufstradition wie bei TheologInnen, JuristInnen und MedizinerInnen erleichtert die Bildung eines homogenen Wissenschaftsselbstbewußtseins.

Erhebliche Schwierigkeiten ergeben sich aus der *ungleichmäßigen Entwicklung und Bedeutung einzelner Aufgabenfelder der Sozialen Arbeit*. Grob formuliert: Typische Aufgabenfelder der Sozialpädagogik (zum Beispiel Jugendhilfe und Heimerziehung) sind viel stärker wissenschaftlich bedacht und aufbereitet worden als typische Aufgabenfelder der Sozialarbeit (zum Beispiel Bewährungshilfe und Sozialpsychiatrie). Eine Erklärung hierfür kann die traditionelle Einbindung der Pädagogik und der Sozialpädagogik in wissenschaftliche Hochschulen sein. Eine große Bedeutung haben die Aufgabenfelder im Bereich der Familienhilfe, weil dort sehr viele SozialarbeiterInnen angestellt sind; geringe Bedeutung hat dagegen unter diesem Aspekt das Aufgabenfeld Sozialdienst im Krankenhaus. Außerdem ist zu erkennen, daß in einzelnen Bereichen „benachbarte" Disziplinen starken Einfluß ausüben (zum Beispiel die Psychiatrie bei der Sozialarbeit mit psychisch Kranken oder das Recht in der Bewährungshilfe). Manche Bereiche (zum Beispiel die Nichtseßhaftenhilfe) sind dagegen so wenig attraktiv, daß sich kaum jemand dafür interessiert.

Soziale Probleme entstehen und existieren in der alltäglichen Lebenswelt. Viele Menschen werden von ihnen berührt, viele Menschen wünschen daher Lösungen, die ihren persönlichen Interessen entsprechen. *Soziale Probleme sind kein Monopol für SozialpädagogInnen oder SozialarbeiterInnen.* JournalistInnen, ÄrztInnen, PolitikerInnen, GewerkschaftlerInnen, PsychologInnen, PfarrerInnen usw. befassen sich ebenfalls hauptberuflich und sehr aktiv mit sozialen Problemen und ihren Lösungen, auch wenn die Lösung sozialer Probleme nicht der ausdrücklich definierte Gegenstand ihres Faches oder ihres Berufes ist. Nicht zu vergessen sind die unendlich vielen Alltagstheorien von jedermann und jederfrau, mit denen soziale Probleme erklärt und Lösungen begründet und gefordert werden. Die Grenzen zwischen Alltags-, Berufs- und wissenschaftlichem Wissen in der Sozialen Arbeit sind schwer zu ziehen und bleiben durchlässig.

Im Unterschied zu den Naturwissenschaften zum Beispiel liegt es bei Sozialer Arbeit auf der Hand, daß *Werte, Normen, Besitz und Macht* zentrale Aspekte sind und es auch in der Sozialen Arbeit als Wissenschaft sein müssen. Leiden, Armut und Elend von Menschen lassen sich nicht als soziale Probleme thematisieren, ohne an Besitzstände zu rühren. Soziale Probleme in einer Gesellschaft lassen sich nicht so distanziert und „sachlich" behandeln wie der Einfluß der Ascorbinsäure auf das Streßverhalten von Pflanzen. WissenschaftlerInnen müssen sich auf sachliche und persönliche Angriffe wegen ihrer Theorien einrichten. Soziale Probleme einer Gesellschaft wissenschaftlich anzugehen, bedeutet, verschlungene Interessengeflechte zu untersuchen und den Nerv Mächtiger zu berühren.

Soziale Arbeit als Praxis ist das letzte Glied in der Kette der gesellschaftlich institutionalisierten Lösungen von sozialen Problemen. Sie ist die „einzige Hilfsstation für diejenigen, die sich finanziell keine private Behandlung leisten können, sowie für solche, die vom professionellen Spezialisten als unbehandelbar erklärt und abgeschrieben werden"[1]. Die KlientInnen, um die sich die Soziale Arbeit in ihrer Praxis kümmert, haben in der Gesellschaft einen Platz am äußersten Rand und werden gering geachtet. Die gesellschaftliche Einschätzung der Sozialen Arbeit als Praxis entspricht der Bewertung ihrer KlientInnen. Soziale Arbeit als Wissenschaft ist davon ganz wesentlich mitbetroffen. Die berufsspezifische Theorielosigkeit der Sozialen Arbeit als Wissenschaft entspricht daher nach Staub-Bernasconi dem ganz *besonderen Ort ihrer KlientInnen in der Gesellschaft.*[2]

(2) Sperrzäune

Stolpersteine liegen auf den Feldern der Sozialen Arbeit als Praxis und sind zu überwindende Hindernisse auf dem Weg der Sozialen Arbeit als Wissenschaft. Zu den handfesten Rahmenbedingungen heutiger – und auch früherer – Sozialer Arbeit gehören hohe Sperrzäune, mit denen zahlreiche Interessengruppen versteckt oder offen, direkt oder indirekt Soziale Arbeit als Wissenschaft begrenzen, behindern und/oder bestimmen möchten.[3] Diese von mächtigen Kräften errichteten Sperrzäune dürfen als behindernde Realität bei der Entwicklung der Sozialen Arbeit als Wissenschaft nicht übersehen werden.

Fast alle wissenschaftlich tätigen SozialarbeiterInnen und SozialpädagogInnen in der Bundesrepublik Deutschland sind – wie ihre KollegInnen in der Praxis – Angestellte oder Beamte. Freiberuflich tätige SozialarbeiterInnen sind bei uns Ausnahmen. In der Regel haben also SozialarbeiterInnen und SozialpädagogInnen *Dienstherren oder ArbeitgeberInnen*, die den Handlungsrahmen einschließlich der Spielräume festsetzen und kontrollieren, ob beides eingehalten wird.[4] Die wichtigsten Dienstherren und ArbeitgeberInnen sind der Staat, die Kommunen und die Spitzenverbände der Freien Wohlfahrtspflege. SozialarbeiterInnen können faktisch nur zwischen bestimmten Arbeitsfeldern bei freien oder öffentlichen Trägern sozialer Dienste wählen. Wenn sie sich entschieden haben und angestellt worden sind, dann sind sie in der Pflicht, vorgeschriebene Dienstleistungen zu erbringen und unter den Bedingungen der jeweiligen Institution zu funktionieren. Gehaltsaufbesserungen und Beförderungen hängen von der Beurteilung der Dienstvorgesetzten ab. Damit existieren wirkungsvolle Regulations- und Disziplinierungsmöglichkeiten, vorgeschriebene Wege einzuhalten. Auf das große Interesse dieser Dienstherren und ArbeitgeberInnen, auf Theorie, Praxis und Ausbildung in Sozialer Arbeit einzuwirken, habe ich bereits hingewiesen. Damit sind zum Beispiel die für eine Grundlagenforschung in der Sozialen Arbeit notwendigen Entfaltungsmöglichkeiten kaum gegeben.

Soziale Arbeit steht in einem engen Verhältnis zur *Sozialpolitik*. Die sicherste Aussage, die man über das Verhältnis von Sozialarbeit und Sozialpolitik machen kann, ist, daß es sich um ein ambivalentes Verhältnis handelt. Beide Begriffe sind in einer unterschiedlich definierbaren Weise aufeinander bezogen. Das Verhältnis ist bald als ein solches der Über- und Unterordnung, bald als ein solches der Konkurrenz, bald als ein solches der Komplementarität zu sehen.[5] Bestimmen die SozialpolitikerInnen die Ziele und Projekte Sozialer Arbeit? Oder sind es die Finanz- und HaushaltsexpertInnen, die die Finanzierung Sozialer Arbeit festlegen? In welchem Maße hängen Inhalt und Umfang Sozialer Arbeit von politischen Entscheidungen ab? Dürfen SozialarbeiterInnen nur das ausführen, womit sie PolitikerInnen, die die Regierungsmacht inne haben, beauftragen? Wer beeinflußt wiederum „die PolitikerInnen"? Sind es die ArbeitgeberInnen, Gewerkschaften, Kirchen, Parteien oder ist es einfach nur „das Kapital"? Soziale Arbeit als Wissenschaft wird diese *Abhängigkeit von offenen und/oder verborgenen Mächten* in umfassender Weise in ihre Überlegungen mit einbeziehen müssen.[6] Schon die methodologischen Überlegungen zur Entwicklung einer Metatheorie berühren diese Abhängigkeiten, spätestens dann, wenn die Wert- und Normenfrage beantwortet werden muß.

SozialarbeiterInnen erfüllen selten die formalen Voraussetzungen (zum Beispiel durch ein abgeschlossenes wissenschaftliches Hochschulstudium mit Promotion) für eine Berufung als ProfessorInnen an Fachhochschulen oder Universitäten. Daher fehlen sie sowohl an den Fachhochschulen als auch an den Universitäten. Ihre Plätze haben VertreterInnen anderer Berufe eingenommen, die den Gegenstand ihres wissenschaftlichen Tuns aus eigener beruflicher Erfahrung in der Regel nicht kennen. Und so wurde die *Theoriebildung für die Soziale Arbeit zur Domäne von PsychologInnen, PsychiaterInnen, PädagogInnen, SoziologInnen usw.* Sie haben aus dem Wissenschaftsverständnis ihres Faches heraus „Theorien für Soziale Arbeit" entwickelt, ohne die Besonderheiten der Praxis von Sozialer Arbeit zu kennen und daher berücksichtigen zu können. Mitunter läßt sich eine Absicht erkennen, dem verhältnismäßig jungen Beruf nachzuweisen, wie theorielos und unwissenschaftlich seine Basis ist.[7]

Eine andere Gruppe verhindert, daß Soziale Arbeit als eine eigenständige wissenschaftliche Disziplin respektiert und behandelt wird. Offensichtlich kollidierte die Einrichtung eines eigenen Faches Soziale Arbeit als wissenschaftliche Disziplin selbst an Fachhochschulen mit den Interessen der Mehrheit der Mitglieder der *Studienreformkommission „Pädagogik/Sozialpädagogik/Sozialarbeit."* Die von dieser Kommission vorgeschlagene Rahmenprüfungsordnung für die Diplomprüfung im Studiengang „Sozialwesen an Fachhochschulen" (1988) basiert auf den Empfehlungen, die die Kommission 1984 vorgelegt hat.[8] Es werden dort Gründe angeführt, die es nahe legen, die bisherige Trennung in Sozialarbeit und Sozialpädagogik zu überwinden. Da heißt es:

> „In Theorie und Praxis wird zunehmend deutlich, daß die verschiedenen Aufgaben vor dem Hintergrund gemeinsamer Einsichten verstanden und mit Hilfe gemeinsamer Handlungskonzepte und -methoden bewältigt werden... Die Entwicklung in den Arbeitsfeldern und die sich dort überschneidenden Aufgaben lassen kaum noch eine klare Abgrenzung zu. Dadurch wird die überkommene Einteilung von Sozialpädagogik und Sozialarbeit auch in der beruflichen Praxis in Frage gestellt."[9]

90

Eine Konsequenz für die Studienreformkommission lautet also, die Differenzierung in bisher zwei Studiengänge Sozialarbeit und Sozialpädagogik aufzugeben. Es soll nur noch einen Fachhochschulstudiengang Sozialwesen mit dem Abschluß als „Diplom-Sozialarbeiter" beziehungsweise „Diplom-Sozialarbeiterin" geben.

Warum ist der vorgesehene Studiengang kein Studiengang „Soziale Arbeit", wenn der Studienabschluß „Diplom-SozialarbeiterIn" ist? Die bisherige Gliederung der Ausbildungsbereiche nach Wissenschaftsdisziplinen soll einereits zugunsten einer fächerübergreifenden Strukturierung abgelöst werden. Dabei wird aber andererseits weiterhin grundsätzlich von Wissenschaftsdisziplinen ausgegangen. Die Kommission unterscheidet zwischen Gesellschafts-, Human- und Rechtswissenschaften einerseits und einem „beruflich-methodischen Handlungskonzept (Praxistheorie)" andererseits; darunter versteht sie Rahmenkonzepte, Didaktik/Methodik und anderes in der Sozialarbeit und Sozialpädagogik.[10] Der nahe liegenden Konsequenz, einem Fach „Soziale Arbeit (als Wissenschaft)" innerhalb des eigenen Studienganges einen Platz zuzugestehen und damit die Soziale Arbeit als eigenständige Wissenschaftsdisziplin anzuerkennen, weicht die Kommission ohne Begründung aus.

Die Kommission vermeidet den Ausdruck „Wissenschaft" im Zusammenhang mit Sozialer Arbeit, indem sie auf die schreckliche Wortschöpfung „Praxistheorie" zurückgreift.[11] „Praxistheorie" ist wissenschaftstheoretisch betrachtet so aussagekräftig wie „Fleischfisch".[12] Das Wort Praxistheorie wird zwar von einigen AutorInnen in der Sozialarbeit benutzt;[13] aber dadurch wird es auch nicht sinnvoller. Dasselbe Manöver wird von der Kommission noch an anderer Stelle wiederholt: „Für den Ausbildungsbereich Sozialwesen empfiehlt sich die Beibehaltung eines eigen- und grundständigen Diplomstudienganges, weil ... das Berufsfeld Gegenstand einer eigenen Praxistheorie geworden ist."[14] Das Berufsfeld ist üblicherweise kein Gegenstand einer Wissenschaftsdisziplin. Die Vermengung von Wissenschaft, Theorie, Praxis, Beruf und Ausbildung hat hier einen Höhepunkt erreicht.[15] Soziale Arbeit als eigene Wissenschaftsdisziplin findet *im Hochschulbereich wenig Unterstützung*. Das hat sich seit Klumkers Einlassungen vor mehr als 70 Jahren kaum verändert. War die Skepsis von Alice Salomon gegenüber den deutschen Universitäten als Partnerin der Sozialen Arbeit unberechtigt?

Die in der Abbildung 7 (siehe S. 92) auf die Soziale Arbeit gerichteten Interessenspfeile können jede/n SozialarbeiterIn im ersten Augenblick erschrecken, mutlos machen und fragen lassen: Hat Soziale Arbeit –

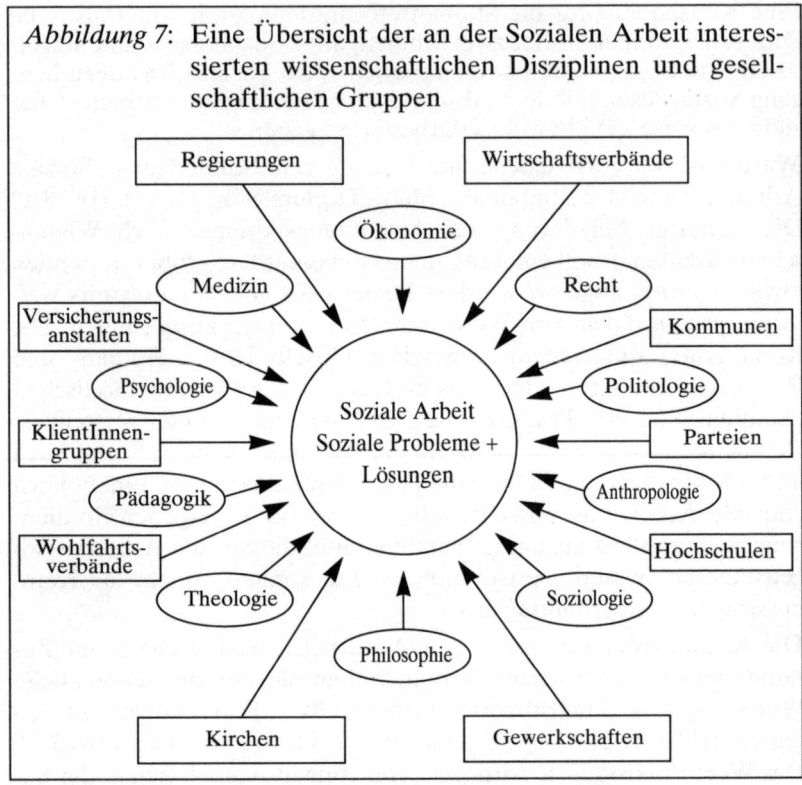

Abbildung 7: Eine Übersicht der an der Sozialen Arbeit interessierten wissenschaftlichen Disziplinen und gesellschaftlichen Gruppen

ob als Praxis oder als Wissenschaft – angesichts dieser Übermacht überhaupt irgendeine Chance, eigenständig zu sein? Ist sie nicht verurteilt, als Dienerin vieler Mächte auszuführen, was die anderen denken und machtvoll anordnen? Man kann aufgrund dieser Bedrängnis aber auch auf den Gedanken kommen, daß die wissenschaftliche Reflexion sozialer Probleme und ihrer Lösungen im Rahmen von *Sozialer Arbeit als Wissenschaft für jede/n SozialarbeiterIn lebensnotwendig* ist, will er/sie nicht erdrückt werden. Viele Fragen, die SozialarbeiterInnen und andere in der Sozialen Arbeit Tätige sowie die Öffentlichkeit zur Sozialen Arbeit haben, sind zu bedenken und zu beantworten.[16] Ich nenne als Beispiele für solche Fragen:

(a) Was sind soziale Probleme?
(b) Welche Lösungen gibt es für soziale Probleme?
(c) Was macht eigentlich eine SozialarbeiterIn?
(d) Ist Soziale Arbeit wirklich nötig?

(e) Von welchen Prämissen geht Soziale Arbeit aus?

(f) Wem nutzt Soziale Arbeit?

(g) Wer hat ein Interesse an Sozialer Arbeit?

(h) Welche Ziele verfolgt Soziale Arbeit?

(i) Wer bestimmt die Ziele?

(j) Muß Soziale Arbeit hauptberuflich ausgeübt werden?

(k) Wodurch unterscheiden sich haupt- und ehrenamtliche MitarbeiterInnen?

(l) Leistet Soziale Arbeit tatsächlich das, was sie behauptet?

(m) Welche Aufgaben übernimmt Soziale Arbeit für wen in der gegenwärtigen Gesellschaft?

(n) Welche Methoden und Verfahren muß eine SozialarbeiterIn beherrschen, um kompetent handeln zu können?

(o) Worin unterscheidet sich Soziale Arbeit als Wissenschaft von anderen Disziplinen, die sich auch mit sozialen Problemen befassen? usw.

Das berufliche Selbstverständnis der SozialarbeiterInnen steht in einem engen Zusammenhang mit den Antworten auf diese Fragen.[17] Gerade wegen der vielen Stolpersteine und Sperrzäune gibt es also *gute Gründe und wichtige Aufgaben für eine eigene Wissenschaft Soziale Arbeit.* Wo sonst könnten die vielen Fragen der Sozialen Arbeit kompetent erforscht werden? Wer sonst sollte Lösungsmodelle erarbeiten, um sozial bedingtes Leid und Elend zu verringern oder gar aus der Welt zu schaffen?

Hans L. Zetterberg nennt vor 30 Jahren die Vorstellung, daß die Wissenschaft zur Lösung sozialer Probleme herangezogen werden kann, eine der ansprechendsten Ideen unseres Jahrhunderts.

> „Wenn die Physik des 18. Jahrhunderts uns den modernen Ingenieur gab, die Biologie des 19. Jahrhunderts den modernen Arzt, so träumt die Sozialwissenschaft davon, der Menschheit den Sozialpraktiker geben zu können, der sich in wissenschaftlicher Weise mit den sozialen Problemen befaßt. Das Definitionsmerkmal des Praktikers ist, daß er empirisch bestätigte Theorien auf problematische Situationen anwendet. Um ein guter Praktiker zu sein, muß man also notwendigerweise die Theorie kennen."[18]

2.2. Wertsetzungen

Soziale Arbeit als Wissenschaft befaßt sich reflexiv mit sozialen Problemen und den Lösungen dieser Probleme. Dadurch ist sie in zweifacher Weise mit Werten und Normen konfrontiert und herausgefordert:

(a) Soziale Probleme und ihre Lösungen, also der Gegenstand der Sozialen Arbeit als Wissenschaft selbst ist von Werten und Normen durchdrungen. Daher hat es Soziale Arbeit als Wissenschaft in jedem Fall – das gilt auch dann, wenn sie eine „wertfreie Wissenschaft" sein will – mit Werten und Normen zu tun. Sie kann dem gar nicht ausweichen, weil Werte und Normen integraler Bestandteil ihres Forschungsgegenstands sind, was wiederum nicht ohne Einfluß auf die Wissenschaft selbst bleiben kann.

(b) Soziale Arbeit als Wissenschaft muß für sich selbst entscheiden, wie sie mit der Wertfrage umgehen will, näherhin ob sie selbst Werte und Normen setzen will oder nicht. Dabei hat sie dieselben grundsätzlichen Möglichkeiten wie jede andere Wissenschaft auch: sie kann sich als wertvolle oder wertfreie Wissenschaft definieren. Wenn Sein und Wert als identisch angesehen werden, sind die Werte gegeben und unabdingbarer Bestandteil der Wissenschaft. Wird das Verhältnis von Sein und Wert als Dualismus aufgefaßt, bilden Werte die Grundlage menschlichen Erkennens und Handelns und damit auch von Wissenschaft. Werden Werte als nicht ans Sein gebunden und daher als relativ aufgefaßt, können Werte in der Wissenschaft gesetzt werden, müssen es aber nicht. Beim „Ende aller Werte" sind die gehandelten Werte zu entlarven und ihre eigentliche Funktion ist den Menschen bewußt zu machen.[19]

Die Soziale Arbeit als Wissenschaft muß festlegen, wie sie mit der Wertfrage umgehen und – falls sie sich mit der Wertfrage befassen will – welche Werttheorie sie für sich übernehmen will. Reflektierte und unreflektierte Entscheidungen in der Wertfrage bestimmen die Theorie in ihrer Substanz. VerfasserInnen von Theorien der Sozialen Arbeit können unter den Grundrichtungen der Werttheorien auswählen. Folgende Varianten zeigen sich – meiner Einsicht nach – als Möglichkeiten, mit der Wertfrage umzugehen:

(1) Wertvolle Theorien
Für viele AutorInnen ist es „seit jeher ein Axiom, daß Werte eine Grundlage für die Praxis der Sozialarbeit/Sozialpädagogik darstellen, da sozialarbeiterische/sozialpädagogische Tätigkeiten und Handlungsweisen normativ ausgerichtet sind".[20] In beinahe allen Theorien der Sozialen Arbeit werden ausdrücklich Ziele, Ideale, Werte oder Normen für die Soziale Arbeit genannt. Das weite Spektrum der Wertsetzungsmöglichkeiten wird ausgeschöpft. Differenzierte Inhaltsbestimmungen dessen, was mit den Werten jeweils konkret gemeint ist, und Begründungen für die jeweiligen Wertsetzungen fehlen

meistens. Häufig stehen die Werte da „als in letzter Instanz unerklärliche Größen", deren spekulative Basis verschleiert wird.[21]

Die expliziten und impliziten wertphilosophischen Positionen der VerfasserInnen von Theorien der Sozialen Arbeit lassen sich nach der Autorität, auf der die Werte gründen, folgendermaßen einteilen:

(a) Werte und Normen aufgrund göttlicher Autorität: In vielen Kulturen werden Werte und Normen für das Zusammenleben auf eine göttliche Autorität zurückgeführt. Eine kleine auserwählte Gruppe (Priesterschaft) verkündet den Menschen diese Werte und Normen und setzt sich dafür ein, daß sie beachtet und eingehalten werden. In Deutschland übernehmen die Kirchen diese Aufgabe. Die Kirchen befassen sich eingehend mit dem gesellschaftlichen Leben, um zu klären und zu belehren, welche Erscheinungen und Einrichtungen nach der göttlichen Offenbarung gut, welche böse und was zu tun ist, um insbesondere den Forderungen nach Gerechtigkeit zu genügen.[22] Die christliche Soziallehre besteht nicht so sehr aus überzeitlich und überörtlich geltenden, sogenannten „ewigen" Wahrheiten, sondern wendet diese Wahrheiten auf die nach Zeit und Ort verschiedenen, ständigem Wechsel unterliegenden Verhältnisse an. Sie folgt dem Wandel der Dinge und muß auf die ständig neu auftauchenden Fragen laufend neue Antworten geben. Die kirchliche Soziallehre erwächst geschichtlich aus dem, was das gesellschaftliche Leben an Fragen, insbesondere Streitfragen aufwirft, und was es an Nöten und Ungerechtigkeiten erzeugt. Diese Aussagen werden für die katholische Kirche in päpstlichen Rundschreiben und Konzilsdokumenten, für die evangelischen Kirchen in Erklärungen und Denkschriften der Synoden und Landeskirchenräte amtlich veröffentlicht. Obgleich für die kirchenlehramtlichen Verlautbarungen die Gesetze Gottes Maßstab sind, sind sie im zeitgeschichtlichen Zusammenhang zu sehen und zu verstehen. Insofern kann auch von einem Wandel in diesen Auffassungen gesprochen werden.

Theorien der Sozialen Arbeit, die ausdrücklich auf christlichem Glauben und christlichen Werten aufbauen, sind mir nicht bekannt. Ich klammere für diese Feststellung Theorien der Christlichen Soziallehre ausdrücklich aus. Mitunter wird die „Theorie der Fürsorge" von Scherpner so gesehen und ihr der gleiche „unwissenschaftliche" Status wie den kirchlichen Soziallehren zugewiesen.[23] Neuerdings hat Franz-Josef Hungs „einige Vorüberlegungen zur Sozialarbeit in christlicher Verantwortung" vorgelegt.[24] Von der Eigenart Jesu her möchte er deutlich werden lassen, „worin das sogenannte Proprium einer Sozialarbeit in christlicher Verantwortung zu suchen und zu sehen ist".[25]

Ziel einer Weiterführung dieser Vorüberlegungen könnte es sein, eine Theorie Sozialer Arbeit zu entwickeln, die die Berufs- und Glaubenspraxis christlicher SozialarbeiterInnen miteinander verbindet, also ausdrücklich auf christlichen und damit göttlichen Werten aufbaut.

(b) Werte und Normen aufgrund menschlicher Autorität: Seitdem die Soziale Arbeit sich nicht mehr als Ableger christlicher oder kirchlicher Carität versteht und die Theorieentwicklung aus dem Umfeld der Theologie gelöst worden ist, müssen die anzustrebenden Werte und Normen von den Menschen kraft eigener Autorität gesetzt werden. In den Theorien zur Sozialen Arbeit werden in großer Zahl Werte, Ziele und Normen genannt. Das Reservoir für Wert- und Zielbestimmungen der Sozialen Arbeit ist schier unerschöpflich: Solidarität, Subsidiarität, Partizipation, Emanzipation, Normalität, Subjektivität, Personenwürde, Partnerschaft, Bewußtsein, Bewußtheit, seelische und körperliche Gesundheit, Selbstbestimmung, Selbstverwirklichung, Veränderung, Integration, Gesellschaftskritik, Reform, Evolution, Revolution, gerechter Austausch, Chancengleichheit, soziale Gerechtigkeit, Freiheit, Gerechtigkeit, Echtheit, Bildung, gerechter Güteraustausch, Liebe, Hoffnung, Wohlbefinden, Zukunft usw. usw. So unterschiedlich diese Wertangaben sind, so lassen sie sich doch insgesamt dem Wert der Humanität und der menschlichen Würde unterordnen, was auch immer im einzelnen darunter verstanden wird. Die von den Vereinten Nationen erklärten *Menschenrechte* werden von allen AutorInnen – ohne daß das jeweils eigens gesagt wird – offensichtlich als vorrangige Werte anerkannt. In der Auswahl und Hervorhebung einzelner Menschenrechte als Werte und Normen für Soziale Arbeit unterscheiden sich die einzelnen Theorien voneinander. Bevorzugte Werte aus der Allgemeinen Erklärung der Menschenrechte sind: Freiheit, Gleichheit, Brüderlichkeit (Art. 1), Soziale Sicherheit (Art. 22), Soziale Betreuung (Art. 25). Aus der Europäischen Sozialcharta: Gerechtes Arbeitsentgelt (Art. 4), Fürsorge (Art. 13), berufliche und soziale Eingliederung Behinderter (Art. 15).[26]

Die Werte kraft menschlicher Autorität werden in der Regel einfach als selbstverständlich und allgemein anerkannt gesetzt. Explizite Begründungen oder Reflexionen der eigenen Wertsetzungen fehlen bei fast allen Theorien. Die Akzeptanz wird stillschweigend erwartet und als selbstverständlich gegeben vorausgesetzt.

(2) Wertfreie Theorien

In der Tradition des Positivismus und des Rationalismus werden nur solche Gegenstände und Theorien als Wissenschaft zugelassen, die

96

sich auch empirisch überprüfen lassen. Die Wertfrage wird bewußt aus der Wissenschaft ausgeklammert und in den vorwissenschaftlichen Bereich der empirisch unbegründbaren Meinungen, persönlichen Anschauungen, Vorurteile, Ideologien usw. verwiesen. Gesellschaftliche Werte und Normen werden von mächtigen Instanzen außerhalb der Wissenschaft festgesetzt und gehören in den Bereich der Politik. In der Sozialen Arbeit als Wissenschaft vertritt meines Wissens allein Lutz Rössner mit seinen Schülern die kritisch-rationale Position, daß Theorien wertfrei sein müssen.

Eine andere Gruppe von AutorInnen folgt dieser Position in der Sozialen Arbeit nur zum Teil, indem sie die „bürgerlichen Werte" als Ausdruck von Herrschaft grundsätzlich ablehnt. Diese Werte werden als Theoreme für eine kritische und emanzipative Soziale Arbeit als Wissenschaft ausgeschlossen. Aufgabe ist es, das zu erforschen, was mit dem Werttheorem verdeckt werden soll. Es geht um die Selbstbehauptung des Subjekts gegenüber gesellschaftlichen Mächten, die ihre Macht mit Werten stabilisieren. Partiell ist diese Haltung bei VertreterInnen kritisch-dialektischer (Fritz Haag u.a.) und historisch-materialistischer (Karam Khella, Walter Hollstein u.a.) Theorien zu erkennen. Von eigenen Wertsetzungen aus werden die „bürgerlichen" Werte entlarvt. Die eigene Wertposition wird zumeist weder reflektiert noch begründet, sondern als selbstverständlich gegeben vorausgesetzt.

Heinrich Rickert und Max Weber haben auf die Nähe der Wertbestimmung zur Weltanschauung hingewiesen. Wer werte, so sagt Weber, befinde sich in einer überwissenschaftlichen Sphäre. Jede sinnvolle Wertung fremden Wollens könne nur Kritik von einer eigenen „Weltanschauung" heraus, Bekämpfung des fremden Wertes vom Boden eines eigenen Wertes aus sein.[27] Die Wertdiskussion wird in der Sozialen Arbeit als Wissenschaft mit großer Härte geführt. Schnell und rigoros werden die Werte anderer AutorInnen abgewertet oder gar entwertet. Im „Namen der Wissenschaft" – darunter geht es nicht – wird verurteilt, was der eigenen Weltanschauung entgegensteht. So bezeugen mitunter gerade diejenigen, die sich so vehement gegen Ideologien und für Wissenschaftlichkeit in der Sozialen Arbeit einsetzen, wie schmal der Grat zwischen Glaubenslehre und Wissenschaft in der Sozialen Arbeit ist.[28]

2.3. Gesellschaftliche Funktionen von Sozialer Arbeit

In philosophischen, anthropologischen, pädagogischen und soziologischen Abhandlungen wird stets von „dem Menschen" geredet. Doch über die bekannten antiken Bestimmungen des Menschen als eines Lebewesens, das sich durch seine Seele, seinen Geist, seine Vernunft vom Tier unterscheidet und das ein von Natur aus „politisches/soziales Wesen" ist, kam man praktisch nicht hinaus. Vielleicht ist mehr auch gar nicht möglich, wenn man philosophisch-allgemein „den Menschen" charakterisieren oder gar definieren möchte. Die Philosophie der Existenz hat hervorgehoben, der Mensch sei das Wesen, das sich zu sich selbst verhalten könne. Darin wird das Moment der Verantwortung benannt. Die Freiheit des Menschen und damit das Prinzip der Verantwortlichkeit beziehungsweise des zurechenbaren, bestrafbaren Handelns wurde im Grunde schon immer anerkannt oder vorausgesetzt. Alle derartigen Aussagen gelten als allgemeine und abstrakte Aussagen für sämtliche Exemplare der Spezies Mensch. Damit ist ein Gleichsein, eine Gleichheit aller Menschen als Menschen ausgesprochen und sachlich gemeint, also auch die Gleichheit von Mann und Frau und die Gleichheit aller sogenannten Rassen. Diese *Einheit und Gleichheit aller Menschen* zu erkennen stellt eine Abstraktionsleistung dar, die auf der Wahrnehmung aller Verschiedenheiten beziehungsweise Ungleichheiten der Menschen beruht, die uns allen hinlänglich bekannt sind.[29]

(1) Die Idee eines Naturzustands der Menschen

Jeder Theorie der Sozialen Arbeit liegt ein „*Bild vom Menschen*" zugrunde. In auffallender Weise wird dieses Bild in den gegenwärtigen Theorien selten thematisiert, noch seltener ausführlich beschrieben. Die natürliche Gleichheit und Einheit aller Menschen jedoch ist meines Wissens in fast allen Theorien zur Sozialen Arbeit ein selbstverständlicher Bestandteil der Auffassung über den Menschen. Niemand geht heute hinter die Allgemeine Erklärung der Menschenrechte der Vereinten Nationen aus dem Jahre 1948 zurück.

Das jeweilige Menschenbild des/der AutorIn und das darauf aufbauende „*Bild vom menschlichen Zusammenleben*" liegen den Theorien Sozialer Arbeit zugrunde. Fast alle AutorInnen von Theorien zur Sozialen Arbeit befassen sich auch dann ausdrücklich und zentral mit den Formen menschlichen Zusammenlebens, wenn das zugrunde liegende Menschenbild nicht vorgestellt worden ist. Eigene Vorstellungen werden als Kontrast der bestehenden Gesellschaftsordnung kritisch gegenüber gestellt. In der Mehrzahl der Theorien wird auf vorhandene politische oder sozialphilosophische Theorien (Gesellschaftstheorien) zurückgegriffen. Den meisten AutorInnen der Theorien Sozialer Arbeit schwebt ein ideales Bild vom menschlichen Zusammenleben vor, entweder als anzustrebendes Ziel (zum Beispiel als sozialistische Gesellschaft) oder als verloren gegangener Zustand (zum Beispiel als Paradies). Die Erklärungen dafür, weshalb das Ideal noch nicht erreicht worden oder aber wieder verloren gegangen ist, füllen Bücherwände.

Die „Zwei Abhandlungen über die Regierung" (1690) des Engländers John Locke (1632 – 1704) haben bis heute viele politische Theorien und Gesellschaftstheorien beeinflußt.[30] Die *Idee eines menschlichen Naturzustands*, die Locke in seinen Abhandlungen entfaltet hat, taucht bei vielen Philosophen im Zusammenhang mit der Diskussion über das Naturrecht und die Gleichheit aller Menschen auf. Lockes Theorie eines vorstaatlichen Naturzustands gilt als entscheidender Schritt weg von der christlichen Naturrechtstheorie. Nach der christlichen Naturrechtstheorie hat Gott die Natur als eine harmonische Ordnung geschaffen. Die göttlichen Gesetze für das menschliche Zusammenleben legen die Rechte und Pflichten der Menschen fest; sie sind in der Natur vorgegeben und vom Menschen mit seinen geistigen Kräften zu erkennen. Locke bestreitet, daß die Prinzipien (natürlichen Gesetze) für das Zusammenleben der Menschen vorgegeben sind. Der Mensch, sagt er, muß allein mit seinen Sinnen und mit seinem Verstand die natürlichen Gesetze ermitteln.[31]

Locke wollte mit seinen Überlegungen in politische Auseinandersetzungen um den englischen Königsthron eingreifen. Seine Sozialvertragstheorie sollte erklären, was politische Gewalt ist, und weshalb die Menschen sich der politischen Gewalt zu unterwerfen haben. Um politische Gewalt und ihre Legitimität aber richtig verstehen zu können, muß man nach Locke jenen Zustand in Betracht ziehen, in welchem sich die Menschen von Natur aus befinden. Er behauptete, daß allen Menschen von Natur ein idealer Zustand zu eigen ist, in dem sie aber nicht bleiben. Aus vernünftigen Erwägungen heraus entscheiden sie sich aber, Glieder einer politischen Gesellschaft zu sein und sich zu einem Staat zusammenzuschließen.

Der Naturzustand ist für Locke ein idealer Zustand, ein *Zustand vollkommener Freiheit*. Die Menschen regeln innerhalb der Grenzen des Naturgesetzes ihre Handlungen und verfügen so über ihren Besitz und ihre Persönlichkeit, wie es ihnen am besten scheint, ohne dabei jemanden um Erlaubnis zu bitten oder vom Willen eines anderen abhängig zu sein. Der Naturzustand ist ferner ein *Zustand der Gleichheit*, in dem alle Macht und Rechtsprechung wechselseitig sind, da niemand mehr besitzt als der andere. Alle Geschöpfe haben von Geburt an die gleichen Vorteile der Natur und dieselben Fähigkeiten; daher untersteht niemand einem anderen. Alle Menschen unterstehen dem natürlichen Gesetz, das von jedem mit seiner Vernunft erkannt werden kann und alle verpflichtet. Niemand soll einem anderen, da alle gleich und unabhängig sind, an seinem Leben und Besitz, seiner Gesundheit und Freiheit Schaden zufügen. Jeder Mensch ist verpflichtet, sich selbst und nach Möglichkeit auch die übrige Menschheit zu erhalten. Gott stellte den Menschen die Schöpfung zur Verfügung, damit sie sich erhalten können. Er gab ihnen die *Welt als Gemeineigentum*. Niemand besitzt von Natur aus Privateigentum und damit das Recht, jemanden vom Eigentum auszuschließen. Dennoch darf nach Locke jeder Mensch sich Eigentum mit seinen eigenen Händen erarbeiten; allerdings darf sich jeder nur soviel an Naturprodukten und Land aneignen, wie er zum eigenen Verbrauch benötigt. Es ist darauf zu achten, daß den anderen genügend Güter von der gleichen Qualität bleiben. *Jeder hat so genug zu seinem Lebensunterhalt*. Es gibt keinen Grund zum Streiten. Der Naturzustand ist für Locke ein *Zustand des Friedens, des Wohlwollens, der gegenseitigen Hilfe und Erhaltung*.

Allerdings gibt es Menschen, die sich nicht an das natürliche Gesetz halten und diesen Zustand stören. Gegen diese Menschen dürfen sich die angegriffenen Menschen wehren, wenn ihre Selbsterhaltung gefährdet ist. Die Störer gelten als unvernünftig. Sie haben keine Vernunft oder sie gebrauchen ihre Vernunft nicht. Damit zeigen sie, daß sie keine Menschen sind. Selbst den Totschlag erlaubt Locke als Mittel gegen diese unvernünftigen, unmenschlichen Störer.

Die Erfindung und Einführung des Geldes zerstörte für Locke den gesellschaftlichen Frieden. Mit dem Geld können einzelne Menschen Besitztümer anhäufen; das hängt von ihrem Fleiß ab. Dagegen hat Locke nichts einzuwenden, solange das Naturgesetz beachtet wird. Er gesteht jedem Menschen Privateigentum zu. Die Mehrzahl der Menschen hält sich aber nicht an das Naturgesetz, sondern verlangt egoistisch nach mehr Besitz und kümmert sich nur noch um ihre eigenen Interessen. Die *Entartung des Selbsterhaltungstriebes und des Strebens nach Glück und Lust* zerstören die Harmonie und den Frieden. Furcht und beständige Gefahr lösen Wohlwollen und gegenseitige Hilfe ab. Die Menschen verlassen deshalb den Naturzustand und schließen einen *Gesellschaftsvertrag zum gegenseitigen Schutze*. Aufgabe des Staates ist es sodann, den Individuen und ihrem gemeinsamen Wohl zu dienen, indem er den gegenseitigen Schutz ihres Lebens, ihrer Freiheit und ihres Vermögens gewährleistet. Ständige Bedrohungen und Streit sollen verhindert werden. Der Frieden, die Sicherheit und die öffentliche Wohlfahrt des Volkes ermöglichen erst einen ungestörten Genuß des Eigentums. Locke schwebte die harmonische, an den Gesetzen der Natur orientierte Gesellschaft vor, aber die Dynamik der von ihm beschriebenen, aus egoistischen Individuen bestehenden Gesellschaft verhinderte diese Harmonie.[32]

(2) Anpassen/Verändern – Aufgabe der Sozialen Arbeit

Der Naturzustand – eine schöne Erinnerung, eine Idee, ein Traum, eine Utopie? Unsere Lebenswelt steht im Kontrast zu einem solchen „Goldenen Zeitalter". Die Verletzung des Gleichheitsprinzips und das barbarische *Gesetz der Ungleichheit* (d'Alembert) – das sogenannte Recht des Stärkeren – haben zu Unterdrückung, Armut, Not und Elend geführt. Die Starken, die Besitzergreifenden, die Intelligenteren, Schlaueren, Listigen usw. haben die Ungleichheit aufgebracht und bringen sie immer noch auf. Ob und wie man die Ungleichheit rückgängig machen kann, das ist die herausfordernde Frage geblieben. Die Sozialen Probleme und Konflikte sind weltweit. Die sozialen Störungen sind zur Aufgabe der Sozialen Arbeit insgesamt – und damit auch der Sozialen Arbeit als Wissenschaft geworden. Theorien der Sozialen Arbeit müssen antworten auf die Fragen: Was haben die sozialen Probleme mit der Ungleichheit der Menschen zu tun? Inwieweit resultieren soziale Probleme aus der Macht der Starken und Habgierigen? Wen stören eigentlich soziale Probleme? Was soll verändert werden, damit sich wer nicht mehr gestört fühlt? Wenn soziale Probleme gelöst werden sollen, dann geht das nur dadurch, daß sich irgend jemand verändert oder irgend etwas verändert wird. Verändern wird so zum Auftrag der Sozialen Arbeit.

Verändern bedingt Anpassen. Verändern ist ohne Anpassen nicht möglich, so wie Anpassen ohne Verändern nicht möglich ist. Wenn ich etwas oder jemanden verändere, dann bedeutet das, daß ich mir die Gegebenheiten oder den anderen anpasse („aktive Anpassung"). Wenn ich verändert werde, dann passe ich mich den Gegebenheiten oder dem anderen an („passive Anpassung"). Anpassen kann ich mich mit meinem Denken und Tun an meine eigenen Bedürfnisse, Werte und Normen („innere Anpassung"). Ich kann mich aber auch den Stärkeren, dem Milieu, der Marktlage, dem politischen System, der „peergroup" usw. anpassen („äußere Anpassung").

Der Begriff „Anpassung" ist heute weitgehend negativ besetzt. Wer paßt sich schon gern an? Und wer möchte schon als angepaßt gelten? Ein gewisses Maß an Anpassung ist aber für jeden Menschen notwendig, um überhaupt leben zu können. Der Streitpunkt liegt in dem Maß der Anpassung (zuviel oder zuwenig). Die Frage: Wer muß sich wem anpassen? verweist darauf, daß *Anpassen und Verändern* mit der *Frage nach Macht* verbunden ist. Die Nähe von Anpassung und Ohnmachtserfahrungen begründet vermutlich die negative Bewertung von Anpassung.

In einer Gesellschaft sind – vereinfacht gesagt – an der Sozialen Arbeit der Staat (das heißt die mit Macht ausgestattete Regierung), die KlientInnen (das heißt die Benachteiligten, Armen, Behinderten usw.) und die SozialarbeiterInnen beteiligt. Natürlich gibt es noch weitere Gruppen, die an der Sozialen Arbeit interessiert und beteiligt sind.[33] Aus didaktischen Gründen vernachlässige ich hier eine weitere Differenzierung. Der Staat, die KlientInnen und die SozialarbeiterInnen leben innerhalb der Gesellschaft in einem Dreiecksverhältnis miteinander, einem *Dreieck der Sozialen Arbeit* (siehe Abbildung 8).

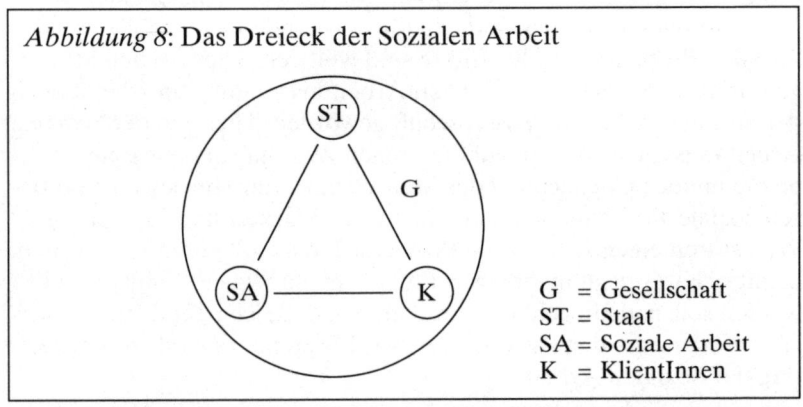

Abbildung 8: Das Dreieck der Sozialen Arbeit

G = Gesellschaft
ST = Staat
SA = Soziale Arbeit
K = KlientInnen

Soziale Probleme und ihre Lösungen sind Gegenstand Sozialer Arbeit als Praxis und damit auch als Wissenschaft. Gelöst werden können diese Probleme und Konflikte nur durch Veränderungen. Welche Konfliktpartei muß nachgeben und sich dem Anspruch der anderen Partei anpassen? In den Theorien zur Sozialen Arbeit wird ausgeführt, wie die Veränderungsprozesse verlaufen sollen. Zentral ist dabei die Antwort auf die Fragen: „Wer soll sich wem anpassen?" und „Welche Rolle spielen dabei die SozialarbeiterInnen?"

Vier Funktionen können SozialarbeiterInnen in der Praxis und damit auch Soziale Arbeit als Wissenschaft bei der Lösung sozialer Probleme grundsätzlich übernehmen:

(a) *Der Staat paßt an:* Die Gruppe der Stärkeren oder die Mehrheit in der Gesellschaft (der Staat) bestimmt, wie sich die Schwächeren oder die Minderheiten (KlientInnen) zu verhalten haben. Die Herrschen-

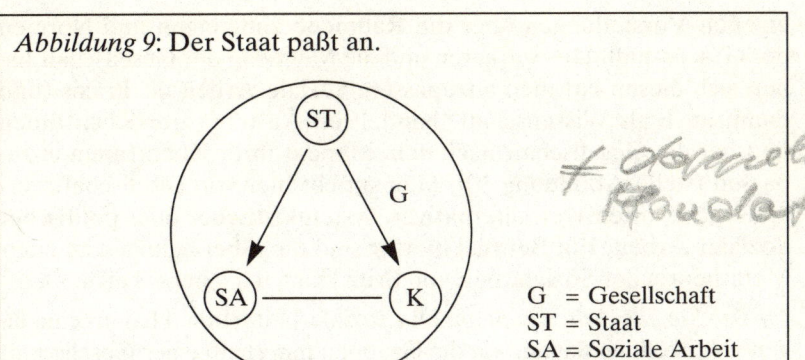

Abbildung 9: Der Staat paßt an.

G = Gesellschaft
ST = Staat
SA = Soziale Arbeit
K = KlientInnen

den schaffen entspechende Rahmenbedingungen (zum Beispiel durch die Gesetzgebung) und erteilen der Sozialen Arbeit ein Mandat. Soziale Arbeit hat so auf die von den Herrschenden als Störende und Abweichende erlebten Menschen einzuwirken, daß sie sich den vom Staat vorgegebenen Normen anpassen. Soziale Arbeit als Praxis (und damit auch als Wissenschaft) hat nach den Vorgaben des Staates zu funktionieren und die KlientInnen den vorgeschriebenen Normen anzupassen (siehe Abbildung 9). Man spricht hierbei von sozialintegrativer, traditioneller, technologischer, therapeutischer oder pädagogischer Sozialer Arbeit. Beispiele hierfür sind die Theorien von Hans Scherpner (siehe Teil 4.1.) und Lutz Rössner (siehe Teil 4.2.).

(b) Die KlientInnen passen an: Die Gruppe der Schwächeren und die Minderheiten (KlientInnen) stören sich an den in der Gesellschaft herrschenden Rahmenbedingungen und Normen. Sie entwickeln ihre

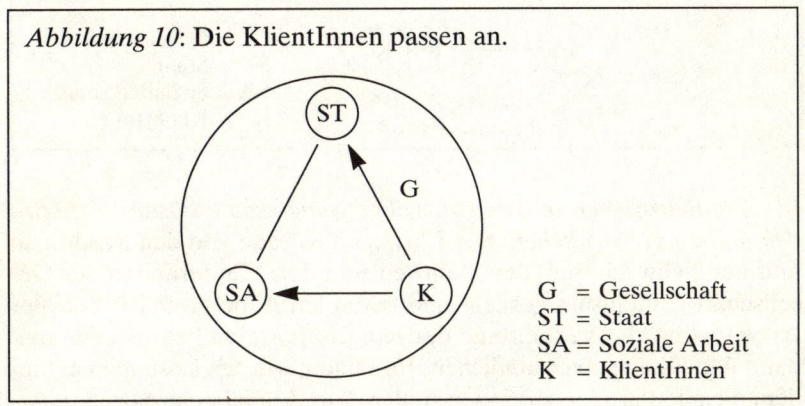

Abbildung 10: Die KlientInnen passen an.

G = Gesellschaft
ST = Staat
SA = Soziale Arbeit
K = KlientInnen

103

eigenen Vorstellungen über die Rahmenbedingungen und Normen der Gesellschaft. Die Stärkeren und die Mehrzahl der Gesellschaft haben sich diesen Normen anzupassen. Soziale Arbeit als Praxis (und damit auch als Wissenschaft) handelt im Auftrag ihrer KlientInnen und hat die Gesellschaft nach dem Mandat ihrer KlientInnen anzupassen (siehe Abbildung 10). Man spricht hier von gesellschaftsverändernder, offensiver, alternativer, systemkritischer oder politischer Sozialer Arbeit. Ein Beispiel hierfür sind die Überlegungen zu einer Metatheorie der Sozialarbeit von Fritz Haag u.a. (siehe Teil 4.3.).

(c) Die Soziale Arbeit paßt an: Die SozialarbeiterInnen haben eine eigene Vorstellung davon, wie die Gruppen innerhalb einer Gesellschaft miteinander leben sollen und wie die sozialen Probleme beseitigt werden können. Die Gesellschaft insgesamt, also Regierung und KlientInnen haben sich den Normen und Wertvorstellungen der Sozialen Arbeit als Praxis (und damit auch als Wissenschaft) anzupassen. Die SozialarbeiterInnen handeln autonom (siehe Abbildung 11). Man spricht von autonomer Sozialer Arbeit, die zugleich gesellschaftsverändernd, evolutionär, revolutionär oder emanzipativ ist. Beispiele hierfür sind die Theorien von Karam Khella (siehe Teil 4.4.) und Hans Thiersch (siehe Teil 4.5.).

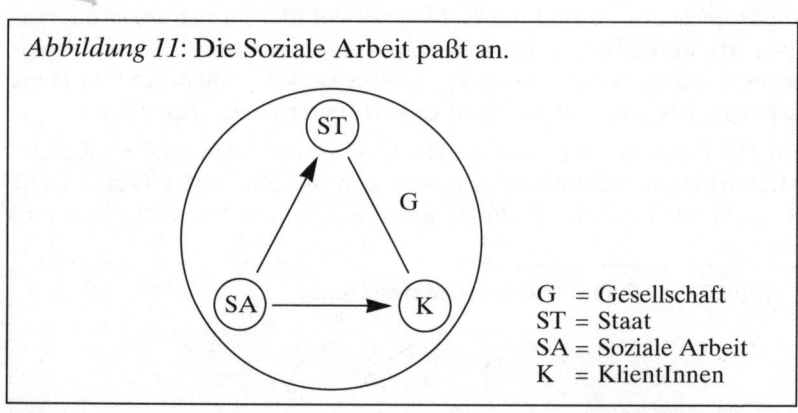

Abbildung 11: Die Soziale Arbeit paßt an.

G = Gesellschaft
ST = Staat
SA = Soziale Arbeit
K = KlientInnen

(d) Alle Betroffenen sind aktiv beteiligt, gemeinsame Lösungen zu finden und zu verwirklichen: Die Lösungen werden von den Mächtigen und den Schwächeren, der Mehrheit und den Minderheiten der Gesellschaft gemeinsam gesucht und gefunden. Eine Aufgabe Sozialer Arbeit ist es, die Verbindung der Konfliktparteien herzustellen und dann den Dialog zu ermöglichen. Im Dialog werden Lösungen gefunden, die alle Parteien zufrieden stellen. Zur Aufgabe der Sozialen Ar-

beit als Praxis gehört es, ihr wissenschaftliches und praktisches Wissen über soziale Probleme und ihre Lösungen bei den anstehenden Problemlösungen einzubringen (siehe Abbildung 12). Man spricht von dialogischer oder vermittelnder Sozialer Arbeit. Als Beispiel hierfür nenne ich die Theorien von Wolf Rainer Wendt (siehe Teil 4.6.) und von Silvia Staub-Bernasconi (siehe Teil 4.7.)

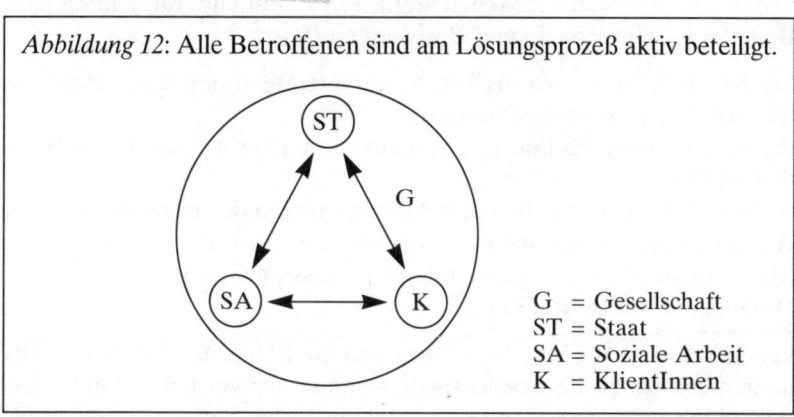

Abbildung 12: Alle Betroffenen sind am Lösungsprozeß aktiv beteiligt.

G   = Gesellschaft
ST = Staat
SA = Soziale Arbeit
K   = KlientInnen

Für die Soziale Arbeit als Wissenschaft sind diese Vorentscheidungen für die eine oder andere Variante der gesellschaftlichen Funktion Sozialer Arbeit wichtig. In der Literatur wird fast immer nur zwischen zwei Funktionen der Sozialen Arbeit unterschieden: sozialintegrativ oder gesellschaftsverändernd zu sein.[34] Diese Entweder-Oder-Haltung begreift die komplexe Realität nicht und schöpft auch nicht die grundsätzlichen Möglichkeiten, die der Sozialen Arbeit in Theorie und Praxis gegeben sind, aus.

(3) Eine Anmerkung aus der Praxis
SozialarbeiterInnen erleben in ihrer Berufspraxis häufig eine bedrückende Spannung: das *doppelte Mandat*. Sie erfahren sich einem Loyalitätskonflikt ausgeliefert, da eine saubere Trennung zwischen sozialintegrativer und gesellschaftsverändernder Sozialer Arbeit – wie sie den wissenschaftlichen Theorien bisweilen zugrunde liegt – in der Praxis kaum durchführbar ist. Unter Handlungsdruck sollen sie gleichzeitig zwei sich einander ausschließende Aufträge („Mandate") ausführen. Einerseits verlangt die Kommune beispielsweise von ihnen, möglichst wenig Sozialhilfe zu bewilligen, um Geld zu sparen, andererseits erwarten die KlientInnen aber von ihnen, möglichst großzügig unterstützt zu werden. Dieser Konflikt wird meistens recht plakativ

105

mit Kontrolle im Auftrag des Staates (im Jugendamt, Sozialamt usw.) gegenüber Hilfe auf Wunsch der KlientInnen dargestellt.[35] Wenn man will, kann man auch von einem *mehrfachen Mandat* der SozialarbeiterInnen sprechen, da sie es in der Regel mit mehr als zwei Konfliktparteien zu tun haben und ja auch eine eigene Position zu vertreten haben, die im günstigen Fall auf dem Fundament einer wissenschaftlichen Theorie Sozialer Arbeit steht. Für FamilienberaterInnen zum Beispiel sind im Prinzip vier Positionen offen:

(a) Sie definieren sich als InteressenvertreterInnen ihrer Behörde (Kontroll- und Vollzugsfunktion).
(b) Sie sehen sich als InteressenvertreterInnen ihrer KlientInnen (Helferfunktion).
(c) Sie versuchen zwischen den Anforderungen der Behörde und den Bedürfnissen der KlientInnen zu vermitteln (Vermittlerfunktion).
(d) Sie nehmen einen eigenständigen professionellen Standort ein (unabhängige Expertenfunktion).[36]

Freilich sind in der jeweiligen Situation die konkreten Machtverhältnisse nicht nur zu berücksichtigen, sondern sie werden vielmehr den Ausschlag dazu geben, welche Position – das heißt welche gesellschaftliche Funktion – die SozialarbeiterInnen – in der Praxis und in der Wissenschaft – letztlich in diesem Konflikt wahrnehmen werden.

ANMERKUNGEN ZU KAPITEL 2

[1] Staub-Bernasconi 1983c, 21
[2] Staub-Bernasconi 1983c, 21
[3] Vgl. hierzu Salomon 1927
[4] Münder 1985
[5] Kaufmann 1979, 87
[6] Brunkhorst / Sünker 1985
[7] Staub-Bernasconi 1983a, 1
[8] Sekretariat der Ständigen Konferenz der Kultusminister der Länder in der BRD 1984, 1988
[9] A.a.O. 1988, 2
[10] A.a.O. 1988, 25ff.
[11] Der Begriff „Praxistheorie" wird zum Beispiel im Handlexikon zur Wissenschaftstheorie von Seiffert 1989 nicht einmal erwähnt!
[12] Vgl. dazu Teil 2 Abschnitt 5.2.
[13] Zum Beispiel Schwendtke 1977, 210f.
[14] A.a.O. 1988, 1
[15] Vgl. die Differenzierung von Sozialer Arbeit als Wissenschaft, Praxis und Ausbildung in der Einleitung auf S. 10f.
[16] Vgl. die Begründung des wissenschaftlichen Anspruchs von Sozialarbeit von Fehlker 1989, 44

[17] Vgl. Dewe / Ferchhoff 1987b
[18] Zetterberg 1962, 96f.
[19] Vgl. Teil 1 Abschnitt 3.2.
[20] Lowy 1983, 46
[21] Dux 1987, 140
[22] Vgl. Nell-Breuning 1975, 9 - 12
[23] Lukas 1979, 185f.; Matthes 1979
[24] Hungs 1988
[25] Hungs 1988, 189
[26] Vgl. Menschenrechte. Ihr internationaler Schutz. 1979
[27] Weber 1904, 157 zitiert nach Kanz 1979, 39
[28] Ein treffliches Beispiel hierfür ist die Auseinandersetzung von Matthes (1979) mit der Fürsorgetheorie von Scherpner (1974).
[29] Vgl. Schlette 1989
[30] Locke 1989
[31] Euchner 1989, 16
[32] Euchner 1989, 51
[33] Vgl. Abbildung 7, S. 92
[34] Vgl. Schmidt 1981, 40f.; Mühlum 1981, 266 - 308
[35] Vgl. Böhnisch / Lösch 1979, 27ff.
[36] Vgl. Oswald / Müllensiefen 1985, 107f.

3. Ein verschwommener Gegenstand

Die WissenschaftstheoretikerInnen sind sich darüber einig: ein Fach kann nur dann als Wissenschaftsdisziplin anerkannt werden, wenn für dieses Fach der Gegenstand festgelegt und von allen, die in diesem Fach arbeiten, als Basis ihrer wissenschaftlichen Arbeit benutzt wird (siehe Teil 1 Abschnitt 2.1., S. 30). Bei dem Gegenstand (Objekt) einer Wissenschaft handelt es sich um die Gesamtheit der Eigenschaften, Strukturmerkmale und Bewegungsgesetze usw. bestimmter (materieller oder ideeller) Objekte, die von der betreffenden Wissenschaft untersucht werden.[1] In jedem Fall – so wird gefordert – muß das Problem der Konstitution eines Objektbereiches einer wissenschaftlichen Theorie als eigenständiger Schritt beim Aufbau der Theorie behandelt werden.[2] Der Zusammenhang (Kohärenz) von wissenschaftlichen Aussagen hängt von dem Zusammenhang des bestimmten Objektbereichs ab.[3] Gelingt es nicht, diesen Zusammenhang herzustellen, haben der Objektbereich und die wissenschaftlichen Aussagen wenig miteinander zu tun. Wenn man wissenschaftliche Theorien miteinander vergleichen will, ist das nur möglich, wenn sie sich auf denselben Gegenstand beziehen; sonst vergleicht man Gräser und Bäume miteinander.

Die Gegenstandsbestimmung ist für die Soziale Arbeit als Wissenschaft – wie für alle anderen Wissenschaftsdisziplinen auch – eine elementare und konstitutive Aufgabe. Der Vorzug etablierter Wissenschaftsdisziplinen wie der Medizin, Physik oder Botanik besteht darin, daß sie sich ihres Gegenstandsbereichs seit langem gewiß sind und diese Gewißheit allgemein geteilt wird. Medizin ist selbstverständlich die Wissenschaft vom gesunden und kranken Menschen, von den Ursachen, Wirkungen und der Vorbeugung und Heilung der Krankheiten.[4] Selbstverständlich ist auch, daß die Praxis (in der Gestalt der praktizierenden ÄrztInnen) und die Wissenschaft (in der Gestalt der forschenden ÄrztInnen) sich zwar auf denselben Gegenstand beziehen, aber ihre eigenen Wege dabei gehen. Das Berufshandeln der praktischen Ärzte ist nur indirekt Gegenstand der medizinischen Wissenschaft, dann nämlich, wenn die Behandlungspraxis mit den Forschungsergebnissen verglichen wird. Das ist bei der Sozialen Arbeit jedoch ganz anders. Viele AutorInnen gehen wie selbstverständlich von der Annahme aus, daß die Berufspraxis der Sozialen Arbeit selbst Gegenstand der „Sozialarbeitswissenschaft" ist.[5] Die Beachtung wissenschaftstheoretischer Erkenntnisse und Regeln erfordert, sich von dieser weit verbreiteten Annahme, die zu erheblichen Irritationen im Verhältnis von PraktikerInnen und WissenschaftlerInnen führt (siehe dazu Teil 1 Abschnitt 5.1. und Teil 2 Abschnitt 6.1.), zu verabschieden. Zu fragen ist: Wie weit ist die Soziale Arbeit als Wissenschaft vorangeschritten, ihr eigenes Fundament für ihre Erkenntnis- und Arbeitstätigkeit zu legen, das heißt ihren Gegenstand zu bestimmen? Den gegenwärtigen Stand der Versuche, einen gemeinsamen Gegenstand Sozialer Arbeit zu bestimmen, beschreibe ich mit folgenden Thesen:

3.1. Thesen zur gegenwärtigen Situation bei der Gegenstandsbestimmung

(1) *Fast alle AutorInnen, die sich mit Sozialer Arbeit als Wissenschaft befassen, sind sich einig: Eine eigene Gegenstandsbestimmung ist unbedingt notwendig.*
Mit geringen Veränderungen oder etwas anderen Formulierungen stimmt die große Mehrzahl der AutorInnen darin überein, daß der Gegenstand Sozialer Arbeit festzulegen ist.[6] Der Aufbau einer professionellen Wissensgrundlage für die Sozialarbeit erfordert nach Harriett M. Bartlett (1976) die

„Feststellung der besonderen Phänomene, mit denen es der Beruf zu tun hat, und die Definition von Begriffen zur Systematisierung der Gedanken über diese Phänomene. Damit ein Beruf wie die Sozialarbeit in der heutigen Gesellschaft seiner Aufgabe gerecht werden kann, muß er einen zentralen Interesseschwerpunkt definieren, der

1. für den gesamten Beruf verbindlich ist,
2. den Werten und Zielen des Berufs entspricht,
3. praktikabel ist in bezug auf verfügbare und erwerbbare Kenntnisse und Techniken und
4. so klar umrissen ist, daß er sich nicht mit den Kompetenzbereichen anderer Berufe überschneidet."[7]

Diese Forderungen werden im Grundsatz von allen AutorInnen genannt und akzeptiert, die sich bei der Gegenstandsbestimmung an der Berufspraxis Sozialer Arbeit orientieren.

(2) *Die Gegenstandsbestimmung der Sozialarbeitswissenschaft ist schwierig:* Darauf wird seit langem von vielen ständig aufmerksam gemacht.[8] Dennoch gibt es zahlreiche Versuche, den Gegenstand zu erfassen. Ausgangspunkt bei fast allen Bemühungen um eine Gegenstandsbestimmung ist das Berufsfeld Sozialer Arbeit. Ist es aber überhaupt möglich, Altenarbeit, Betriebliche Sozialarbeit, Elementarerziehung, Erwachsenenbildung, Erziehungshilfen, Familienhilfen, Gesundheitshilfen, Heimerziehung, Jugendarbeit, Musiktherapie, Rehabilitation, Resozialisierung, Sonderpädagogik, Soziale Organisation, Soziales Management usw. auf „einen gemeinsamen Nenner" zu bringen? Was ist das Verbindende in diesen Tätigkeitsfeldern? Was ist das Eigentümliche, das Proprium Sozialer Arbeit? Die Praxis der Sozialarbeit ist, wie die Praxis anderer Berufe auch, durch eine bestimmte Konstellation aus Werten, Zielen, Legitimationen, Wissen und Methoden gekennzeichnet. Lassen sich spezifische Inhalte und/oder spezifische Kombinationen der Faktoren erkennen, die „das Wesen der Sozialarbeit" ausmachen?[9] Kann der Gegenstand der Praxis Sozialer Arbeit ohne Bedenken zugleich als Gegenstand der Sozialarbeitswissenschaft übernommen werden? Oder sind Differenzierungen notwendig? Und was ist mit dem Gegenstand Sozialer Arbeit in der Ausbildung zur Sozialen Arbeit?

(3) *Über die Gegenstandsbestimmung Sozialer Arbeit wird nur am Rande anderer Themen diskutiert:* Obwohl sich alle darüber einig sind, daß die Gegenstandsbestimmung wichtig ist, befaßt sich kaum jemand ausführlich mit dieser Aufgabe. Helga Marburger stellt beispielsweise wie viele andere AutorInnen in der Einleitung ihrer Untersuchung fest, daß die Frage „Was ist Sozialpädagogik?" nach wie vor beantwortet werden muß.[10] Die Unsicherheit über Begriff und Gegenstandsbereich von Sozialpädagogik bedürfe einer systematischen, hi-

storisch-kritisch verfahrenden Aufarbeitung. Doch auch sie leistet diese Arbeit nicht, sondern stellt sozialpädagogische Theorien im historischen Kontext dar und beurteilt sie „ideologiekritisch".[11] Auf eine Differenzierung von Sozialpädagogik als Wissenschaft und als Praxis verzichtet sie. Andere AutorInnen benennen zu Beginn oder im Verlauf ihrer Abhandlungen so nebenbei eine (mitunter auch mehrere und verschiedene) Gegenstandsbestimmung, verzichten aber sowohl auf eine Auseinandersetzung mit anderen Auffassungen als auch auf eine differenzierte Reflexion der eigenen Auffassung.[12] Dennoch gehen sie davon aus, daß ihre Definition gilt und von anderen übernommen wird. Eine differenzierte Auseinandersetzung ist bei Helmut Lukas[13] und bei Silvia Staub-Bernasconi[14] zu finden.

(4) *Statt Gegenstandsbestimmung werden zumeist Ziele und Aufgaben der Sozialen Arbeit benannt:* Anstelle des Gegenstands Sozialer Arbeit werden sehr häufig Ziele und Aufgaben Sozialer Arbeit benannt. Die Gegenstandsbestimmung der Sozialen Arbeit ist etwas anderes als die Benennung von Zielen und Aufgaben. Was nutzt eine Ziel- oder Aufgabenbestimmung, wenn nicht bekannt ist, auf welchem Gelände diese Ziele und Aufgaben angestrebt beziehungsweise erfüllt werden sollen. Ziele und Aufgaben der Sozialen Arbeit als Wissenschaft (und als Praxis) lassen sich im Vergleich zur Gegenstandsbestimmung anscheinend leichter benennen. Die Zielangaben sind in der Regel als Wertsetzungen zumeist recht global und wenig greifbar. Selten werden sie sorgfältig reflektiert. Die Ziel- und Aufgabenformulierungen resultieren aus persönlichen Überzeugungen und/oder institutionalisierten Glaubenslehren. Anstelle einer rational reflektierten Begründung für Soziale Arbeit werden sie als pauschale Forderungen an das berufliche Handeln aufgestellt. Einschlägige Literaturüberblicke zur Sozialen Arbeit zeigen das breite Meinungsspektrum.[15] Aus der Vielfalt gebe ich drei Beispiele an:

„Das Ziel der Sozialarbeit ist es, das Wohlbefinden der Einzelnen mit der Wohlfahrt der Gesellschaft, in der sie leben, in Einklang zu bringen." Walter A. Friedländer (1974)[16]
„Soziale Arbeit darf das Insgesamt der in der Gesellschaft vorkommenden Aktivitäten mit dem Ziel, die Lebensverhältnisse innerhalb des Gemeinwesens für die ihm angehörenden Menschen zu verbessern, genannt werden." Wolf Rainer Wendt (1990)[17]
„Sozialarbeiter/Sozialpädagogen übernehmen vor allem folgende Aufgaben:
– sie regen Menschen an, unterstützen und befähigen sie, Eigenkräfte zu entwickeln und konstruktiv einzusetzen; sich in ihren jeweiligen Lebensraum zu verwurzeln und die Ressourcen, die ihnen zur Verfügung stehen, zu nutzen;

– sie stimmen Nachfrage nach Hilfe und Angebote der Hilfe aufeinander ab und stellen Verbindungen zwischen ihnen her;
– sie begleiten Menschen während bestimmter Lebensphasen; sie geben ihnen persönliche Zuwendung; sie üben zu ihrem Schutz Kontrolle aus;
– sie vertreten die Ansprüche Hilfebedürftiger, soweit diese dazu nicht selbst in der Lage sind;
– sie machen auf Not aufmerksam und entwickeln Vorschläge, wie sie zu verhindern, zu beseitigen oder zu lindern ist;
– sie sensibilisieren und aktivieren Menschen zur Hilfe für ihre Mitmenschen;
– sie nehmen Einfluß auf Entscheidungsgremien in Politik und Verwaltung, um Dienstleistungen zu verbessern;
– sie informieren Instanzen der Gemeinde-, Sozial-, Gesellschaftspolitik über Faktoren, die sich störend auf Lebensbedingungen für bestimmte Gruppen auswirken.
Im Zusammenhang damit üben sie die beruflichen Rollen Erziehen, Informieren, Aktivieren, Beraten, Befähigen, Behandeln, Beistehen, Vermitteln, Vertreten, Organisieren aus. Der Erfolg des beruflichen Handelns hängt davon ab, inwieweit es gelingt,
– die spezifischen Bedürfnisse und Probleme der Hilfebedürftigen/Adressaten in ihrer Bedingtheit durch und ihrer Bezogenheit auf die ganzheitliche Situation hin zu erfassen;
– zu erkennen, welche Veränderungen bei ihnen oder in ihrem näheren oder weiteren Umfeld notwendig sind, um Entwicklungen zu fördern und Probleme zu lösen;
– festzustellen, wer bei der Lösung der Aufgaben beteiligt werden kann;
– die personellen und materiellen Hilfsquellen auf die Besonderheit der jeweiligen Situation hin zu nutzen, oder soweit erforderlich zu verändern, daß sie in den Dienst der Aufgaben-/Problemlösung gestellt werden können." Teresa Bock (1986) [18]

Die Ziel- und Aufgabenformulierungen basieren auf bestimmten, implizit vorgegebenen Auffassungen über den Gegenstand Sozialer Arbeit. Diese Implikationen gilt es herauszuarbeiten und explizit zu reflektieren, sonst bleibt das Objekt Sozialer Arbeit verborgen.

3.2. Verknüpfung eigenständiger Teilbereiche oder Einheit

Zwei Richtungen erkenne ich bei den Bemühungen um eine Gegenstandsbestimmung für Soziale Arbeit als Wissenschaft und als Praxis:

(1) *Einzelne Teilbereiche des weiten Handlungsfeldes Soziale Arbeit werden als eigenständige Bereiche behandelt.* Zwei Auffassungen sind hier zu unterscheiden:

(a) *Soziale Arbeit ist ein willkürlich aus vielen Teilbereichen zusammengefügtes Handlungsfeld:* Bislang nennen viele AutorInnen bei der

111

Einführung in die Soziale Arbeit anstelle einer Definition des Gegenstands Sozialer Arbeit die verschiedenen Arbeitsbereiche, in denen SozialarbeiterInnen (und SozialpädagogInnen) tätig sind. Dadurch wird das Arbeitsfeld Soziale Arbeit in relativ eigenständige Teilprobleme und Teillösungen atomisiert. Die Frage bleibt offen und damit bleibt ungeklärt, warum diese Berufsfelder überhaupt zusammen aufgezählt werden. Deutlich wird hiermit, daß Soziale Arbeit *insgesamt als ein willkürlich aus vielen Teilbereichen zusammengefügtes Handlungsfeld* betrachtet wird. Zu den Tätigkeiten A, B, C und D, die SozialarbeiterInnen ausführen, können noch die Tätigkeiten E, F, G, H usw. hinzukommen. Es ist völlig ungeklärt, welche Tätigkeiten nun warum zur Sozialen Arbeit gezählt oder aber nicht gezählt werden. Entscheidungskriterien werden nicht genannt und existieren anscheinend auch nicht. Folglich kann man nach Belieben und ganz pragmatisch Handlungsfelder hinzufügen oder aber auch weglassen. Eine Gegenstandsbestimmung der Sozialen Arbeit durch Addition von Berufs- und Handlungsfeldern erinnert an das Weben eines Flickerlteppichs: Reste, die sonst nicht mehr unterzubringen sind, werden aneinander gewebt. Das kann ganz schön aussehen, der Gegenstand bleibt aber im Bewußtsein aller nur ein Flickerlteppich.

(b) *Die traditionelle Zweiteilung in Sozialarbeit und Sozialpädagogik besteht bei den meisten deutschen AutorInnen weiterhin.* In manchen Einführungen zur Sozialen Arbeit wird darauf hingewiesen, daß „noch immer strittig ist, ob Sozialarbeit und Sozialpädagogik zu einem einheitlichen Berufsfeld zusammengefaßt werden können, in das einzuführen einen Sinn macht."[19] Damit wird eine Zweiteilung des Handlungsfelds Soziale Arbeit angesprochen, die in Deutschland Tradition hat. Die Auseinandersetzungen um das Verhältnis von Sozialarbeit und Sozialpädagogik können meines Erachtens als Ausdruck des Ringens um den Gegenstand Sozialer Arbeit als Wissenschaft angesehen werden. Heinrich Tuggener hat das Verhältnis von Sozialpädagogik und Sozialarbeit untersucht (1971).[20] Als Ergebnis fand er, daß die beiden Felder zwar historisch verschiedenen Ursprungs sind, inzwischen aber in Praxis und theoretischen Grundlagen zusammengewachsen und weiter in einem Entwicklungsprozeß zur Vereinheitlichung begriffen sind (Konvergenz-Theorem).[21] Albert Mühlum formulierte 10 Jahre später am Ende seiner vergleichenden Darstellung von Sozialpädagogik und Sozialarbeit eine ähnliche Diagnose dieses Entwicklungsprozesses.[22] In vielen Publikationen wird bis heute weiterhin von dieser Zweiteilung des Handlungsfeldes Soziale Arbeit ausgegangen. Trotz vieler Bemühungen ist es bislang nicht gelungen, die beiden „Disziplinen" zusammenzuführen.

Setzt sich die Auffassung durch, die ein aus Teilbereichen zusammengesetztes Handlungsfeld Soziale Arbeit annimmt, dann bleibt es bei einem verschwommenen Gegenstand Sozialer Arbeit als Wissenschaft (und als Praxis). „Irgendwie ist schon klar", was Soziale Arbeit zum Gegenstand hat. In der Konsequenz ist dann für die einzelnen Teilbereiche im Sinne von speziellen Berufs- oder Handlungsfeldern der jeweilige Gegenstand zu bestimmen und wissenschaftlich anzugehen.[23] Dann gibt es eine Theorie für die Bewährungshilfe, eine für die Familienhilfe, eine für die Heimerziehung usw. Die so entstehenden Teiltheorien gelten unabhängig voneinander nur für ihren Teilbereich Sozialer Arbeit, aber nicht für andere Bereiche und keinesfalls für die Soziale Arbeit schlechthin. Die Zersplitterung des Praxisfeldes stört und behindert die Entwicklung Sozialer Arbeit als Wissenschaft und eines homogenen Berufsbildes. Eine Entscheidung für diese Richtung bedeutet, sich und der Öffentlichkeit einzugestehen, daß das Handlungsfeld Soziale Arbeit aus Arbeitsbereichen besteht, die nur aufgrund formaler, aber nicht aufgrund inhaltlicher Kriterien zusammengehören. Der Anspruch auf Soziale Arbeit als Wissenschaft müßte damit aufgegeben werden, mit klar erkennbaren Folgen für das Ansehen des Berufs und das Selbstbewußtsein der Menschen, die in diesem Beruf arbeiten. Dann kann man zur Beschreibung Sozialer Arbeit lediglich auf so allgemeine und letztlich verlegen wirkende Aussagen zurückgreifen wie: „Soziale Arbeit ist all das, was Sozialarbeiter tun."

(2) *Das ganze Handlungsfeld der Sozialen Arbeit wird als Einheit behandelt.* Im Mittelpunkt des Bemühens vieler AutorInnen steht der Wunsch, für das ganze Handlungsfeld Sozialer Arbeit – und damit auch für Soziale Arbeit als Wissenschaft – einen verbindenden und verbindlichen Gegenstand herauszuarbeiten. Im Vordergrund der Bemühungen um diesen gemeinsamen Gegenstand steht bei vielen Publikationen das anscheinend unlösbare speziell deutsche Problem: Wie lassen sich die traditionell getrennten Arbeitsfelder der Fürsorge/Sozialarbeit einerseits und Erziehung/Sozialpädagogik andererseits vereinen?[24] Kann eine Gegenstandsbestimmung gelingen, in der sowohl Sozialarbeit als auch Sozialpädagogik integriert sind? Das Suchen nach einem gemeinsamen Namen für das Handlungsfeld Soziale Arbeit kann zugleich als Bemühen um ein gemeinsames Fundament für Soziale Arbeit als Praxis und als Wissenschaft angesehen werden. Trotz vieler Bemühungen wird bislang noch kein Lösungsversuch allgemein akzeptiert. Die gegenwärtigen Versuche, die Zweiteilung aufzuheben, gehen in folgende Richtungen:

(a) *Für das gesamte Handlungfeld gilt der Doppelbegriff „Sozialarbeit/Sozialpädagogik":* Man folgt weiterhin dem Konvergenztheorem und stellt fest, daß die Konvergenz noch nicht erfolgt ist. Die Differenzen zwischen den beiden Handlungsfeldern haben sich einerseits in dem Maße verringert, daß man es für sinnvoll hält, beide nicht länger getrennt zu sehen und zu behandeln. Die Gemeinsamkeiten von Sozialarbeit und Sozialpädagogik reichen aber wiederum auch nicht aus, um für sie einen gemeinsamen Namen zu finden.[25] Der Versuch, den Doppelbegriff „Sozialarbeit/Sozialpädagogik" durch den neu geschaffenen Begriff „Sozialwesen" abzulösen und damit eine Einheit herzustellen, hat sich bislang nicht durchgesetzt.

(b) *Die beiden Handlungsfelder werden unter dem Begriff „Sozialarbeit" zusammengefaßt:* Einige AutorInnen hauen den gordischen Knoten einfach durch und entscheiden sich für einen der beiden Begriffe, der dann für beide stehen soll.[26] Die „Theorie der Sozialarbeit" ist für Lutz Rössner – selbst Erziehungswissenschaftler – zugleich eine „Sozialpädagogische Theorie" bzw. eine „Theorie der Jugendhilfe". „Wir sprechen hier grundsätzlich von 'Sozialarbeit', da uns der Begriff 'Sozialpädagogik' als zu vage und zu belastet erscheint und der Begriff 'Jugendhilfe' (wie auch andere ähnliche) als zu eng; schließlich halten wir die mit diesen Begriffen angedeuteten (theoretischen wie praktischen) Trennungen für unergiebig, für so unergiebig wie das häufig anzutreffende Revier-Sicherungs-Verhalten einzelner Ressort-Vertreter."[27]

(c) *Die beiden Handlungsfelder werden unter dem Begriff „Sozialpädagogik" zusammengefaßt:* Eine andere Gruppe von AutorInnen – in der Mehrzahl sind es universitäre ErziehungswissenschaftlerInnen – benutzt wie selbstverständlich für die beiden Handlungsfelder „Sozialarbeit" und „Sozialpädagogik" als Oberbegriff „Sozialpädagogik". Wenn sie den Doppelbegriff benutzen, ändern sie die übliche Reihung SA/SP in SP/SA. Zur Begründung ihrer Entscheidung verweisen diese AutorInnen einerseits darauf, daß diese Vorgehensweise zunehmend üblich sei.[28] Andererseits wird auf eine weite Gegenstandsbestimmung von Pädagogik hingewiesen, die auch soziale Probleme wie Armut, Arbeitslosigkeit, Heimatlosigkeit und Alter umfaßt.[29] Vertreter dieser Gruppe verstehen die „Theorie von SP/SA als Theorie innerhalb der Erziehungswissenschaft, allerdings eine Erziehungswissenschaft, die ihrerseits sozialwissenschaftlich orientiert und gesellschafts- sowie handlungstheoretisch konzipiert ist."[30] Als Alternative zu dieser sozialpädagogisch ausgerichteten Auffassung sieht Hans Thiersch „einen offenen Enzyklopädismus". Angesichts einer primär bildungstheoretisch-schulbezogenen Tradition der Erziehungswissenschaft macht Thiersch allerdings selbst auch auf Schwierigkeiten aufmerksam, die sich daraus ergeben, wenn man Sozialpädagogik/Sozialarbeit einer „Leitwissenschaft Erziehungswissenschaft" zuordnet.[32]

(d) *Soziale Arbeit wird als übergreifender Begriff benutzt:* Soziale Arbeit ist um die Jahrhundertwende bereits als alle Bereiche der Wohlfahrtspflege, Fürsorge, Armenpflege, Liebestätigkeit usw. umfassender Oberbegriff üblich gewesen. Die Praxis wurde soziale Berufsarbeit genannt und ausgebildet wurde zum sozialen Beruf.[32] „Soziale Arbeit" heißt die Zeitschrift des Deutschen Zentralinstitutes für soziale Fragen. In den letzten zehn Jahren wurde der Begriff „Soziale Arbeit" wieder entdeckt, und es scheint, daß er sich durchsetzt. So heißt eines der drei wichtigsten deutschsprachigen Wörterbücher zur Sozialen Arbeit „Wörterbuch Soziale Arbeit"[33] und ein anderes „Fachlexikon der sozialen Arbeit".[34] Dieter Kreft und Ingrid Mielenz stellen fest: „Vorläufiger Schlußpunkt der Versuche, neue Entwicklungen zu erfassen, Positionen zu markieren, auf Verbundenes hinzuweisen, ist die immer häufigere Verwendung des Begriffs 'Soziale Arbeit'."[35] Nur die Schreibweise variiert; einmal wird der Begriff wie ein Eigenname groß geschrieben, dann wieder wird das Adjektiv „soziale" klein geschrieben.

3.3. Vorschläge zur Gegenstandsbestimmung Sozialer Arbeit als Wissenschaft

Sehr viele AutorInnen flechten – teils offen, teils versteckt – irgendwo in ihre Abhandlungen ihre Definition oder ihr Verständnis des Gegenstands Sozialer Arbeit als Praxis und als Wissenschaft ein. Offen bleibt in der Regel, ob damit der Gegenstand für die Praxis, den Beruf, die Ausbildung oder die Wissenschaft Sozialer Arbeit gemeint ist. Eine wissenschaftstheoretische Reflexion fehlt ebenfalls fast immer. Und kaum jemand greift den Vorschlag anderer auf und/oder schließt sich dem „sogar" an. So stehen viele mehr oder weniger ausführliche und allgemein gehaltene Vorschläge zur Gegenstandsbestimmung Sozialer Arbeit vereinzelt da. Als Beispiele für verbreitete Auffassungen, die zugleich Richtungen kennzeichnen, seien genannt:

(a) *Spezifische Steuerung von Sozialisationsprozessen*

> „Immer ist bereits ein schon vorgeformter, mehr oder minder abgegrenzter Gegenstands- oder Objekt- oder Problembereich gegeben, und auf ihn beziehen sich Entwürfe und Konstruktionen von Theorien, also wissenschaftliche Aussagesysteme. Gegeben ist ein Bereich der Sozialarbeit (einer Sozialarbeitspraxis), gegeben sind theoretische Aussagen über diesen Bereich. Und es ist davon auszugehen, daß die praktische Sozialarbeit eine spezifische Tätigkeit ist, was nicht näher hier begründet zu werden braucht, da wir hier

115

auf ein allgemeines 'Vorverständnis' stoßen. Eine spezifische erzieherische Tätigkeit ist eine spezifische Einflußnahme auf Sozialisationsprozesse, so daß es also in der Sozialarbeit um eine spezifische Steuerung von Sozialisationsprozessen geht. Diese spezifischen Steuerungen beziehungsweise 'Maßnahmen' (sie werden als prophylaktische und korrigierende näher zu kennzeichnen sein) stellen ein wissenschaftliches Problem dar, das in einem Zusammenhang mit anderen erziehungs- beziehungsweise sozialisationswissenschaftlichen Problemen steht." Lutz Rössner (1975)[36]

(b) *Gesellschaftliche Reaktion auf den Wandel im 19./20. Jahrhundert*

„Moderne Sozialarbeit/Sozialpädagogik läßt sich bestimmen als gesellschaftliche Reaktion auf den durch die industrielle Revolution und die kapitalistische Produktions- und Wirtschaftsweise ausgelösten Wandel der Produktivkräfte und Produktionsverhältnisse und als die für die Industriegesellschaften kapitalistischer Produktionsweise charakteristische Form mitmenschlicher Hilfe im 19./20. Jahrhundert." Hans Pfaffenberger (1977)[37]

(c) *Verwirklichung sozialer Aufgaben und zwischenmenschlicher Hilfe*

„Unter sozialer Arbeit im weiteren Sinne verstehen wir alle spezifischen Tätigkeiten in organisierten Diensten und Einrichtungen, die der Verwirklichung sozialer Aufgaben dienen... Unter Sozialarbeit im engeren Sinn verstehen wir im Anschluß an das internationale Begriffsverständnis eine fach- und zielgerechte zwischenmenschliche Hilfe auf methodischer Grundlage. Als solche kann sie nicht von Institutionen (Verwaltungen), sondern nur von Menschen (Helfern) geleistet werden, die mit dem der Hilfe bedürftigen Menschen (Klienten) in eine unmittelbare zwischenmenschliche Beziehung treten." Franz Flamm (1980)[38]

(d) *Das Verhalten von Menschen in der Umwelt*

„Das Materialobjekt der SA/SP ist das 'Verhalten von Menschen in der Umwelt'. Somit ist der zentrale Gegenstand von SA/SP als Handlungswissenschaft folgender: Die Bedingungen zu erforschen und zu erkennen, unter denen der agogische Interventions- beziehungsweise Handlungsprozeß eingesetzt wird, um Menschen bei der Bewältigung von Aufgaben und Problemen zu helfen, die sich aus den Transaktionen von Menschen mit ihrer mittelbaren und unmittelbaren Umwelt in drei aufeinander bezogenen Lebensbereichen ergeben:
1. in Lebensstufenübergängen,
2. durch Umweltbedingungen,
3. durch zwischenmenschliche Beziehungen und Prozesse." Louis Lowy (1983)[39]

(e) *Prozesse kommunikativer Sinnstiftung*

„In formaler Hinsicht und höchst abstrakt läßt sich Sozialpädagogik ... als eine Disziplin bezeichnen, die auf Prozesse kommunikativer Sinnstiftung gegründet ist, welche ihrerseits auf die 'Wissensstände' der Gemeinschaft

116

jener verweisen, die den Diskurs führen... Theoriebildung in der Sozialpädagogik hat also keine anderen Inhalte als der Diskurs selbst. Aber sie
stellt diese in einen eigenen Zusammenhang: sie konstruiert nämlich einen
ihr allein eigenen (und auch nur in ihr bestehenden) theoretischen Gegenstand als Zusammenhang der im Diskurs gegebenen Inhalte." Michael
Winkler (1987)[40]

(f) *Vergesellschaftung der generativen Wiederherstellung menschlichen
Arbeitsvermögens und der intergenerativen Sicherung und Erziehung
der Nachkommenschaft*

„Der den Einrichtungen und Maßnahmen von SozArb und SozPäd
gemeinsame Nenner scheint darin zu bestehen, die in der Vergangenheit
dem Individuum und seiner Ursprungsfamilie geschuldeten Aufgaben
der generativen Wiederherstellung menschlichen Arbeitsvermögens
und der intergenerativen Sicherung und Erziehung der Nachkommenschaft zu vergesellschaften bzw. zu verstaatlichen." C. Wolfgang Müller
(1988)[41]

(g) *Der Mensch, der der Solidarität bedarf*

Gegenstand der Sozialarbeitswissenschaft ist „der sein Leben selbsttätig si-
chern- und sich selbst orientieren-müssende Mensch, der dazu unabhängig
von zwischenmenschlicher Beziehung gesellschaftlich organisierter und beruflich geleisteter Solidarität bedarf." Dionys Zink (1990)[42]

(h) *Spezifische Mißstände und Beeinträchtigungen*

„Die Sozialarbeit hat spezifische Mißstände und Beeinträchtigungen zum
Gegenstand, von denen einzelne Angehörige oder Gruppen der Gesellschaft betroffen sind." Wolf Rainer Wendt (1990)[43]

(i) *Soziale Probleme im engeren und im weiten Sinne sowie reflexive
wie tätige Antworten darauf*

„Soziale Arbeit ist der einzige Beruf – im Unterschied zu Gewerkschaften,
Parteien, sozialen Bewegungen -, der seine Verpflichtung zur Solidarität mit
den Leidenden in und an der Gesellschaft als auch in und an der Kultur
nicht aufgeben kann, ohne seinen Berufsinhalt aufzugeben. Sein Gegenstand sind soziale Probleme im engeren und im weiten Sinne.
Soziale Arbeit ist also, will man sie nicht bereits definitorisch disziplinie-
ren, zunächst weder identisch mit einer bestimmten Altersguppe, Rand-
gruppenklientel, Praxis oder Funktion. Sie ist auch kein klar von vor-
neherein abgrenzbares organisationelles Arbeitsfeld, sondern sozial gebündelte, reflexive wie tätige Antwort auf bestimmte Realitäten, die als
sozial und kulturell problematisch bewertet werden."[44] Silvia Staub-Bernasconi (1991)

Die Schweizerin Silvia Staub-Bernasconi suchte und fand meiner Auffassung nach eine Alternative zu dem deutschen „SA/SP-Dilemma". Sie bestimmt Soziale Arbeit als Ganzes und als Wissenschaft *als Antwort auf die sozialen Probleme, die durch die Industrialisierung entstanden sind und einer Lösung bedürfen.* Soziale Arbeit als Wissenschaft gibt *reflexive* Antworten und Soziale Arbeit als Praxis gibt *tätige Antworten* auf die sozialen Probleme. Dadurch gewinnt Staub-Bernasconi einen neuen, problemorientierten Zugang für die Gegenstandsbestimmung. Durch diesen problemorientierten Ansatz weicht sie dem alten Streit aus und schlägt eine das gesamte Handlungsfeld Sozialer Arbeit erfassende Lösung vor. Auf einen so definierten Gegenstand Sozialer Arbeit kann sich Soziale Arbeit als Wissenschaft (und als Praxis und Ausbildung) beziehen, und die einzelnen Bereiche können sich darüber miteinander verständigen (siehe Abbildung 1, S. 11).

Für WissenschaftlerInnen (und PraktikerInnen) der Sozialen Arbeit ist die Orientierung an dieser Gegenstandsbestimmung und damit die Einigung auf einen Gegenstand Sozialer Arbeit als Wissenschaft (und als Praxis) in vielfacher Hinsicht gewinnbringend:

(a) Die komplexe Wirklichkeit des traditionellen Handlungsfeldes Sozialer Arbeit wird als komplexer Gegenstand Sozialer Arbeit für die Soziale Arbeit als Wissenschaft erfaßt und benannt.

(b) Eine Verständigung auf diese Basis ist ein wichtiger Schritt zur Homogenität der Sozialen Arbeit als Wissenschaft – mit der Möglichkeit, eine Gesamttheorie für Soziale Arbeit zu bilden.

(c) Soziale Arbeit als Wissenschaft kann eigene Methoden zur Erforschung dieses Gegenstands entwickeln, anwenden und die Forschungsergebnisse miteinander vergleichen.

(d) Soziale Arbeit als Wissenschaft vermag sich von benachbarten Fachdisziplinen wie Pädagogik, Psychologie und Soziologie abzugrenzen.

(e) Positive Effekte gehen auf die Soziale Arbeit als Berufspraxis und Ausbildung über (zum Beispiel existiert mit dieser Gegenstandsbestimmung ein tragfähiges Fundament für die berufliche Identitätsbildung von SozialarbeiterInnen und für die Ausbildung wird das zentrale Fach konstituiert, in dem ausgebildet wird und auf das alle anderen Unterrichtsfächer auszurichten sind).

Offen bleiben die wissenschaftlichen Methoden, an diesen Gegenstand heranzugehen, ihn zu betrachten und zu erforschen, und es bleibt möglich, die so gewonnenen Erkenntnisse in unterschiedliche Theorien zusammenzufügen.

[1] Mittelstraß 1984, 1051
[2] Mittelstraß a.a.O.
[3] Lay 1971, 13
[4] Pschyrembel 1969, 750
[5] Vgl. zum Beispiel bei Fehlker 1989
[6] Zum Beispiel Pfaffenberger 1974; Rössner 1975; Lukas 1979; Marburger 1981; Lowy 1983; Staub-Bernasconi 1983a,b,c; Thiersch/Rauschenbach 1987; Zink 1990 u. a.
[7] Bartlett 1976, 88
[8] Vgl. Winkler 1988, 22 – 37
[9] Lowy 1983, 23
[10] Marburger 1981, 10
[11] Marburger 1981, 15
[12] Wendt 1990a,1; Zink 1990, 45ff.
[13] Lukas 1979
[14] Staub-Bernasconi 1983a,b, c
[15] Böttcher 1975, 17 – 30; Lukas 1979; Marburger 1981
[16] Friedländer zitiert nach Pfaffenberger 1974, 9
[17] Wendt 1990a, 1
[18] Bock 1986, 748
[19] C.W. Müller 1987, 13
[20] Tuggener 1971
[21] Tuggener 1971, 21ff; Pfaffenberger 1974, XXI – XLII
[22] Vgl. Mühlum 1981
[23] Vgl. zum Beispiel die Theorie zur Jugendhilfe von Hornstein 1967
[24] Lukas 1979, 19ff.
[25] Vgl. Lowy 1983, 18f.
[26] Vgl. die Thesen von Mühlum 1981, 330 – 336
[27] Rössner 1975, 6f.
[28] Stellvertretend Thiersch 1988, 573; Winkler 1988, 11 – 22
[29] Thiersch 1980, 464
[30] Thiersch 1987, 1009
[31] Thiersch 1987, 1009
[32] Vgl. die Publikationen von Salomon 1927, 1928
[33] Kreft/Mielenz 1988
[34] Deutscher Verein für öffentliche und private Fürsorge 1986
[35] Kreft/Mielenz 1988, 487
[36] Rössner 1975, 30
[37] Pfaffenberger 1977, 112
[38] Flamm 1980, 208, 211
[39] Lowy 1983, 85f.
[40] Winkler 1987, 36 und 59
[41] Zink 1990, 47
[42] Wendt 1990b, 7
[43] Staub-Bernasconi 1991, 3
[44] Staub-Bernasconi 1983b

Soziale Arbeit als Beruf ist wie jeder andere Beruf auch auf *Handlungsmethoden* angewiesen, die in der beruflichen Praxis benutzt werden; sie sind das täglich benötigte Handwerkszeug. Kennzeichnend für Soziale Arbeit ist eine unendlich große und bunte Methodenvielfalt.[1] Aus diesem Methodenüberfluß müssen sich die PraktikerInnen ihren Werkzeugkoffer, sei es nun eine Jutetasche oder ein Lederkoffer mit Zahlenschloß, für den Alltag zusammenstellen. Viele Methoden sind aus anderen Disziplinen (zum Beispiel aus Psychoanalyse, Sozialpsychologie, Lerntheorie, Klinische Psychologie, Soziologie, Psychiatrie usw.) in die Soziale Arbeit importiert und von SozialarbeiterInnen dankbar ohne Bedenken übernommen worden. Für viele der in der Praxis allein gelassenen SozialarbeiterInnen bedeuteten diese Methodenangebote Hilfe und Unterstützung. Nicht bedacht wurde, daß diese *Lehnmethoden* aus einem fremden beruflichen und wissenschaftlichen Kontext stammen. Die Fragestellungen, aus denen heraus diese Methoden entwickelt worden sind, unterscheiden sich beträchtlich von den Fragestellungen und Aufgaben der Sozialen Arbeit. Psychologische Handlungsmethoden orientieren sich am Gegenstand der Psychologie, nicht am Gegenstand der Sozialen Arbeit. Eine Metallsäge wird für das Sägen von Metall hergestellt. Mit einer Metallsäge kann man zwar auch Holz sägen, aber nur sehr schlecht. Eine Holzsäge eignet sich dafür sehr viel besser.

Manchmal drängt sich der Eindruck auf: Die Methoden der Sozialen Arbeit stehen für die Soziale Arbeit überhaupt.[2] Unterstützt wird dieses Erscheinungsbild nicht zuletzt durch die Studienordnungen der Fachhochschulstudiengänge Sozialarbeit/Sozialpädagogik/Sozialwesen, in denen die Vermittlung der „Methoden der Sozialarbeit/Sozialpädagogik" nicht nur stark im Vordergrund steht, sondern für das Fach Soziale Arbeit überhaupt steht. An den Ausbildungsstätten wurden unter dem Einfluß der dort lehrenden PsychologInnen, PädagogInnen, JuristInnen und SoziologInnen aus den übernommenen und der sozialarbeiterischen Praxis angepaßten Methoden allmählich „wissenschaftliche Methoden". Das Berufs- und Erfahrungswissen der PraktikerInnen war den HochschullehrerInnen zu wenig für eine Hochschulausbildung und sollte durch wissenschaftlich fundierte Methoden ersetzt werden. Aus Einzelfallhilfe wurde „wissenschaftliche Gesprächsführung", aus Gruppenarbeit wurde „Sozialpsychologie der Gruppe", aus Gemeinwesenarbeit wurde „Sozialplanung". Diese Art der Verwissenschaftlichung konnte aber die immer stärker werdende Kritik an der Methodenfixierung in der Sozialen Arbeit nicht entkräften. Das Gegenteil war der Fall. Die unreflektierte Vermischung von Methoden, Werten, Zielen, Sachzwängen, persönlichen Vorlieben und Abhängigkeiten trat durch diese Art der „Verwissenschaftlichung" nur noch deutlicher hervor.

Der Weg, Soziale Arbeit über die Methoden zu „verwissenschaftlichen", führte bald zu Kritik aus den Reihen der SozialarbeiterInnen selbst. Der pauschale Vorwurf, die Ausbildung in Sozialer Arbeit sei „zu theoretisch", richtet sich nicht zuletzt gegen die Überschwemmung der Ausbildung mit „fremddefinierten, methoden-theoretischen Experimenten".[3] Der Methodenüberfluß und die relativ willkürliche Auswahl und Übernahme einzelner Methoden („Methodeneklektizismus") wurden immer stärker als Ausdruck einer „kopflosen" Sozialen Arbeit verstanden. Einer Sozialen Arbeit, die ohne Rücksicht auf eigene Fragen, Ziele und Werte sich pragmatisch dem jeweiligen gesellschaftlichen Kontext anpaßt und so fremdbestimmt funktioniert. Diese Einsicht führte zur verstärkten Suche nach einer eigenen Wissensbasis für Soziale Arbeit und damit nach eigenen Theorien, um sich von der Fremdbestimmung durch andere Fachdisziplinen zu befreien.

Damit bekam und bekommt das Fragen und Suchen nach *wissenschaftlichen Methoden des Erkennens und Forschens* für die Soziale Arbeit eine existentielle Bedeutung. Wissenschaftliche Erkenntnismethoden sind von berufspraktischen Handlungsmethoden zu unterscheiden. Mit wissenschaftlichen Methoden werden wissenschaftliche Erkenntnisse über Gegenstände erworben, aufgebaut, geordnet, verknüpft und überprüft.

4.1. Die wissenschaftstheoretischen Methoden in der Entwicklung der Sozialen Arbeit als Wissenschaft

In der abendländischen Wissenschaftsgeschichte kann man im Grunde von Anfang an bis heute zwei wissenschaftstheoretische Strömungen unterscheiden: Die hermeneutische und die positivistische Methode. Die hermeneutische Methode steht als Methode für die Geisteswissenschaften und die positivistische Methode als Methode für die Naturwissenschaften. Von diesen beiden Hauptströmungen sind viele andere Methoden abgeleitet worden.

Armut und Not sind nachweislich bereits im Mittelalter Gegenstand wissenschaftlicher Abhandlungen gewesen.[4] Die führenden Wissenschaftler des Mittelalters haben sich im Rahmen von Philosophie und Theologie auch mit den sozialen Problemen (zum Beispiel Armut und

Krankheit) ihrer Zeit befaßt. Sie haben die Notlagen analysiert, Armut aus ihrem theologisch-philosophischen Denkhorizont heraus interpretiert und zum Beispiel an ihre Mitchristen appelliert, Arme mit Almosen zu versorgen. Die in Theologie und Philosophie vorherrschenden Erkenntnismethoden waren phänomenologisch und hermeneutisch orientiert. Soziale Probleme blieben lange Zeit bis in die Gegenwart hinein ein Teilgegenstand der Philosophie (zum Beispiel in der Sozialethik) und der Theologie (zum Beispiel in der Pastoraltheologie und in der christlichen Soziallehre). Die pädagogischen Theorien, die soziale Probleme reflektierten, basierten ebenfalls auf hermeneutischen und phänomenologischen Methoden. Man kann sagen, daß bis in die jüngste Gegenwart hinein die hermeneutischen und phänomenologischen Methoden die Theoriebildung in der Sozialen Arbeit prägten.

In den letzten Jahrzehnten gewann die positivistische Strömung als Sozialempirie in den Sozialwissenschaften kräftig an Bedeutung. Zugleich wurde das Methodenspektrum für die Sozialwissenschaften beachtlich differenziert und erweitert, so sehr, daß eine Zuordnung einzelner Methoden zu dem einen oder dem anderen Hauptstrom kaum mehr möglich ist. Die AutorInnen, die den Gegenstand Sozialer Arbeit wissenschaftlich bearbeiten und somit eine Theorie Sozialer Arbeit entwickeln wollten, konnten auf ein breites Spektrum wissenschaftlicher Methodologie zurückgreifen. Da diese AutorInnen in der Regel aus der Soziologie, Politologie, Psychologie oder Pädagogik kommen, behielten sie die wissenschaftstheoretischen Methoden bei, die sie in ihrem Ursprungsfach kennengelernt haben. Der Gegenstand, auf den die Methoden sich beziehen sollten, war nicht eindeutig vorgegeben und bestimmt. Das bedeutete, daß die Erkenntnismethoden dem Gegenstand Sozialer Arbeit nicht angepaßt werden konnten/mußten. Die wissenschaftstheoretischen Methoden bildeten als eigenständige Größen die Basis für die Entwicklung von Theorien Sozialer Arbeit. Mit der Differenzierung der Methoden und der Politisierung der Sozialwissenschaften begann aber zugleich ein heftiger Streit darüber, welches nun die richtige Methode ist. Dieser Streit führte dazu, daß zwei Jahrzehnte lang die Methodendiskussion die Theoriediskussion in der Sozialen Arbeit beherrschte. Es wiederholte sich in der Sozialarbeitswissenschaft mit den wissenschaftlichen Methoden dasselbe, was zuvor bereits mit den Handlungsmethoden passiert war: Reduktion der Sozialen Arbeit auf Methoden.

Das verstärkte Bemühen um die Bestimmung des eigenen Gegenstands der Sozialen Arbeit in den letzten zehn Jahren führte zu der

Erkenntnis, daß die herkömmlichen wissenschaftlichen Methoden einzeln wenig geeignet sind, einen als vielschichtig erkannten Gegenstand der Sozialen Arbeit zu erfassen. Eine komplexe Realität erfordert einen komplexen Zugang. Ein Gegenstand mit vielen Dimensionen kann nur durch mehrere Erkenntnismethoden erforscht werden. Ein komplexer Gegenstand kann nur mit komplexen Methoden erkannt werden. Die Definition von Sozialarbeitswissenschaft als Handlungswissenschaft eröffnete neue Möglichkeiten, da die Handlungstheorie eine „Mehrkomponenten- oder Mehrkonstituententheorie" ist. Die Verknüpfung („Methodenkomposition") mehrerer Methoden unter dem Oberbegriff Handlungstheorie bot sich an, um die komplexe Wirklichkeit und die Widersprüchlichkeit sozialer Probleme und Sozialer Arbeit zu erfassen. Einzelne Methoden sind danach Bausteine für eine Metatheorie der Sozialen Arbeit. Daher werden neuerdings mehrere Methoden auf mehreren Ebenen in Metatheorien so miteinander verknüpft, daß sie einander ergänzen.

Es wurden Ansätze entwickelt, die Hermeneutik, Empirie und Kritische Theorie als gegenseitige Ergänzungen begreifen.[5] Unter dem weiten Begriff Handlungstheorie verbergen sich zahlreiche weitere Versuche, verschiedene Wege zum Gegenstand Sozialer Arbeit miteinander zu verbinden. Vom heutigen Standpunkt aus gesehen ist es schwieriger geworden, die jeweils benutzten wissenschaftstheoretischen Methoden als Kriterium für eine systematische Betrachtung der Theorien auszuwählen. Die Zeit des polarisierenden Methodenstreits scheint vorbei zu sein. Die unerledigten, traditionsreichen Streitfragen westlicher Herkunft werden nicht mehr ausschließlich über die Methodenfrage, sondern verstärkt auf der Ebene sozialwissenschaftlicher Diskurse fortgesetzt.[6]

Neue wissenschaftstheoretische Methoden tauchen auf. Die ehemals festen Konturen der wissenschaftstheoretischen Schulen scheinen sich aufzulösen. Es werden die Methoden als Basis für Wissenschaft sogar grundsätzlich infrage gestellt.[7] Allgemein wird von einer *pragmatischen Wende* in den Erziehungs- und Sozialwissenschaften gesprochen. Die ForscherInnen orientieren sich stärker an ihrem Untersuchungsgegenstand (den sozialen Problemen und Konflikten, der Praxis, dem Handeln) und wählen für ihre Forschung und Theoriebildung verschiedene wissenschaftstheoretische Methoden als Zugänge zu dem komplexen Handlungsfeld aus. Man unterscheidet danach Erkenntniswissenschaften, die auf reines Erkennen ausgerichtet sind von praktischen Wissenschaften oder Handlungswissenschaften, die auf die Praxis und das Handeln ausgerichtet sind.[8] Sozialarbeitswissenschaft wird als praktische Wissenschaft verstanden, die sich auf die Praxis Sozialer Arbeit bezieht.

Glücklicherweise legen einige AutorInnen großen Wert darauf, ihre wissenschaftstheoretischen Überlegungen und Kompositionen – ihre Metatheorie – sorgfältig darzulegen und zu reflektieren; andere wiederum begnügen sich damit, ihre Theorie einfach als Handlungstheorie zu bezeichnen, ohne näher zu bestimmen, was sie darunter verstehen und was das für ihre Theoriebildung bedeutet. Die wissenschaftstheoretische Reflexion bleibt aus. So wird die Fixierung auf die Methodendiskussion in den 60er und 70er Jahren bisweilen durch ein Ignorieren der wissenschaftstheoretischen Reflexion abgelöst. Mit einem solchen Rückzug auf die „Praxis" wird natürlich die Frage nach der wissenschaftlichen Qualifikation Sozialer Arbeit als Wissenschaft provoziert.

Die Methodendiskussion der Sozialen Arbeit partizipiert jeweils an den allgemeinen Methodendiskussionen der Wissenschaftstheorie und der Sozialwissenschaften, findet aber auch intern statt. Stets geht es um die Antwort auf philosophische Grundfragen (siehe Teil 1 Abschnitt 3). Mit der Entscheidung für eine bestimmte Antwort werden zugleich die Methoden wissenschaftlichen Fragens und Forschens festgelegt. Die Methodenentscheidung als wissenschaftstheoretische Grundlage des Forschungsprozesses bestimmt die „Richtung" , die die WissenschaftlerInnen dann mit ihrer Theorie Sozialer Arbeit vertreten.

4.2. Wissenschaftstheoretische Methoden als Kriterium für das Ordnen von Theorien zur Sozialen Arbeit

Seit der intensiven wissenschaftstheoretischen Diskussion nach 1950 wurden mehrere verschiedene Erkenntnismethoden zur Theorienbildung in der Sozialen Arbeit als Wissenschaft benutzt (siehe Teil 1 Abschnitt 3.3., S. 54 – 63). Die Erkenntnisgewinnung (Theorien) in der Sozialen Arbeit ist bereits mehrfach danach systematisiert worden, welche wissenschaftstheoretischen Standorte jeweils dabei eingenommen worden sind. Im folgenden stelle ich wichtige Systematisierungsversuche vor. Dadurch wird deutlich, welche wissenschaftstheoretischen Methoden bislang überhaupt für die Erkenntnisgewinnung in der Sozialen Arbeit als Wissenschaft herangezogen und welche Methoden dabei bevorzugt worden sind.

(1) Eine erste entsprechende Einteilung von Erkenntnisgewinnung (Theorien) der Sozialpädagogik nach Schulen nahm meines Wissens Wolfgang Bäuerle in seinem Artikel „Zur Entwicklung einer sozialen

Technologie" (1973) vor.[9] Er unterscheidet darin zwischen dem Funktionalismus

(a) der *diagnostischen* (psychoanalytischen) Schule,
(b) der *sozialpädagogischen* Schule und
(c) der *marxistischen* Schule.

Eine Schwäche dieser Einteilung besteht darin, daß unterschiedliche Einteilungskriterien benutzt werden. Bäuerle greift sowohl auf Handlungsmethoden (zum Beispiel Diagnostik) als auch auf wissenschaftstheoretische Auffassungen zurück.

(2) Die Darstellung bildungspolitischer und theoretischer Ansätze steht bei Friedhelm Vahsen im Mittelpunkt seiner „Einführung in die Sozialpädagogik" (1975). Für ihn hat eine begriffliche Präzisierung des Gegenstandes der Sozialpädagogik nach 1945 „zu einer Ausdifferenzierung einzelner 'Schulen' der Sozialpädagogik geführt, mit deren wissenschaftstheoretischen Prämissen und Zielen der bildungspolitische Standpunkt variiert".[10] Mit der Einschränkung, daß die Übergänge zwischen den Schulen fließend sind, unterscheidet Vahsen im Anschluß an Wolf-Dieter Narr folgende (generelle) Theorietypen:

(a) Die *ontologisch-normative* Theorie, die man auch eine essentialistische Theorie nennen könnte. Als Beispiele nennt er die Sozialpädagogik bei Hermann Nohl und Hermann Röhrs, die Sozialerziehung bei Friedrich Schlieper.

(b) Die *empirisch generalisierende induktive* Theorie, die aus einer Verbindung des klassischen Positivismus und des Behaviorismus hervorgegangen ist. Als Beispiel nennt er die Theorie der Sozialarbeit von Lutz Rössner.

(c) Die *dialektisch-historische* Theorie, die ein hegelianisch-marxistisches Erbe einerseits und ein historisches andererseits verbindet. Als Beispiel nennt er die Theorie der Sozialarbeit im Kapitalismus von Walter Hollstein.

(3) Unter dem Titel „Sozialpädagogik/Sozialarbeitswissenschaft" (1979) befaßt sich Helmut Lukas mit dem Entwicklungsstand und der Perspektive einer eigenständigen Wissenschaftsdisziplin für das Handlungsfeld Sozialarbeit/Sozialpädagogik. Als Ziel seines Versuches nennt Lukas, „die Vielfalt von metatheoretischen und theoretischen Ansätzen zum hier interessierenden Untersuchungsgegenstand konzeptionell zu ordnen".[11] Lukas unterscheidet fünf Handlungsfeldtheorien, die er im Anschluß an Norbert Elias auch Zentraltheorien nennt, und beschreibt sie in ihrer historischen Abfolge und einer daraus resultierenden Konkurrenz:

(a) Der *hermeneutisch* orientierte Ansatz, verstanden als wissenschaftlich unbegründetes Auftragshandeln allgemeinmenschlicher Wertpostulate. Als Beispiel nennt er die Theorie der Fürsorge von Hans Scherpner.

(b) Der *empirisch-analytisch* orientierte Ansatz, verstanden als monopolistischer Anspruch, das Handlungsfeld Sozialer Arbeit empirisch-theoretisch zu durchdringen. Als Beispiel nennt er die Theorie der Sozialarbeit von Lutz Rössner.

(c) Der *dialektisch-kritisch* orientierte Ansatz, verstanden als emanzipatorischer Anspruch auf Reflexion und Analyse sozialarbeiterischer Praxis. Als Beispiel nennt er die Überlegungen zu einer Metatheorie der Sozialarbeit von Fritz Haag u.a.

(d) Der funktionalistisch orientierte Ansatz, verstanden als Anspruch auf eine das gesamte Handlungsfeld umfassende funktionalistische Analyse mit system-theoretischen Kategorien. Als Beispiel nennt er die Theorie der Sozialarbeit als System von K. Harney.

(e) Der *dialektisch-materialistisch* orientierte Ansatz, verstanden als Anspruch, die Gesellschaft der Bundesrepublik Deutschland mit Hilfe der von Karl Marx entwickelten Kategorien zu analysieren und aufzudecken. Als Beispiel nennt er die Marxistische Theorie der Sozialarbeit von Hartwig Zander und Walter Hollstein.

(4) Helga Marburger möchte in ihrem Buch „Entwicklung und Konzepte der Sozialpädagogik" (1979) die Entwicklung der Sozialpädagogik von ihren Anfängen bis in unsere Zeit historisch analysieren und in die Unsicherheit um Begrifflichkeit, Inhalt und Abgrenzung der Sozialpädagogik „ein Stück Klarheit" bringen.[12] Die Sozialpädagogik der Gegenwart wird ihrer Meinung nach von drei Positionen bestimmt:

(a) Die *kritisch-rationalistische* Position, die aufgrund empirisch festgestellter Regelmäßigkeiten künftiges Geschehen voraussagt und weder Werturteile noch normative Handlungsanweisungen in ihr Aussagensystem aufnimmt. Als Beispiel nennt sie die Theorie der Sozialarbeit von Lutz Rössner.

(b) Die *kritisch-emanzipatorische* Position, die ein auf Gestaltung oder Veränderung der Praxis gerichtetes Interesse hat. Wertungskriterien sind Selbstbestimmung, Mündigkeit, Emanzipation. Sie schreibt, daß es erst eine Vielzahl von Ansätzen gibt, die nur zusammengenommen ein theorieadäquates System von Aussagen liefern.[13]

(c) Die *historisch-materialistische* Position, die die Frage nach den ökonomischen Bedingungen als den objektiven Mechanismen von

Dissozialität und Verelendung zum Ausgangspunkt ihrer Reflexion stellt. Als Beispiel nennt sie die marxistischen Theorien der Sozialarbeit von Karam Khella, Walter Hollstein und Hartwig Zander.

Marburger orientiert sich bei ihrer Klärung sowohl am historischen Prozeß der Theoriebildung als auch an den verschiedenen wissenschaftstheoretischen Positionen. So kommt es wohl, daß ihre wissenschaftstheoretisch orientierte Systematisierung auf nur drei Positionen begrenzt ist. Theorien, die auf anderen wissenschaftstheoretischen Auffassungen beruhen, werden entweder bereits unter historischen Aspekten behandelt oder gar nicht berücksichtigt (zum Beispiel die Theorien von Hermann Nohl und Hans Scherpner).

(5) Einen weiteren Versuch, den Bestand vorliegender Entwürfe und Konzepte sozialpädagogischer Theorien unter wissenschaftstheoretischen Aspekten zu systematisieren, unternahm Hans-Ludwig Schmidt (1981). Angelehnt an die Systematisierung wissenschaftstheoretischer Schulen von Herbert Tschamler (1977) findet Schmidt für seine Klassifikation der Theorieentwürfe von Sozialpädagogik/Sozialarbeit folgende Kategorien:[14]

(a) Der *transzendentalphilosophische* Ansatz mit den Intentionen in der Theorie: Sozialpädagogik als Sozialethik; Erhebung der sozialen Bedingungen der Bildung und der Bildungsbedingungen des sozialen Lebens – und in der Praxis: Sozialerziehung; Erziehung zur Sittlichkeit und Gemeinschaft; Erziehung der Volksgemeinschaft. Als Beispiel nennt er die Theorie der Willenserziehung auf der Grundlage der Gemeinschaft von Paul Natorp.

(b) Der *geisteswissenschaftlich-hermeneutische* Ansatz mit den Intentionen in der Theorie: Verknüpfung von subjektivem Erleben und objektiven Inhalten (Hermeneutik), Geschichtlichkeit des Subjekts – und in der Praxis: Integration des Verwahrlosten und Gefährdeten; Erziehung zur Sittlichkeit; Individuelle Erziehung aber auch Volkserziehung. Als Beispiel nennt er die Theorie der Sozialpädagogik als Theorie der Erziehungsfürsorge von Hermann Nohl.

(c) Der *kritisch-rationale* Ansatz mit den Intentionen in der Theorie: Deskription von Gefährdung, Dissozialität, Sozialer Kontrolle, Sozialer Diagnose und Sozialtechnologie – und in der Praxis: technologische Anleitung für Diagnose, Vorbeugung und Korrektur von Dissozialität. Als Beispiel nennt er die Theorie der Sozialarbeit von Lutz Rössner.

(d) Der *dialektisch-kritische* Ansatz mit den Intentionen in der Theorie: Sozialpädagogik unter emanzipatorischem Erkenntnisinteresse;

Gesellschaftsanalyse und -kritik, dialektische Vermittlung von Subjekt und Objekt – und in der Praxis: Emanzipation durch Wissen und Einsicht, durch Sinnorientierung, gesellschafts- und sozialpolitische Aufgaben; Solidarität und Humanisierung. Als Beispiel sieht er nur Konturen einer Theorie entdeckbar bei Klaus Mollenhauer, Hermann Giesecke und Hans Thiersch.

(e) Der *marxistische* Ansatz mit den Intentionen in der Theorie: Gesellschaftsanalyse und Kapitalismuskritik, Entwicklung praxisanleitender Handlungsmaxime für revolutionären Kampf – und in der Praxis: Organisierung vom Massenkampf, Solidarisierung mit fortschrittlicher Arbeiterklasse; Gesellschaftsumsturz durch Klassenkampf. Als Beispiel nennt er Marxistische Theorien zu finden bei Karam Khella, Dankwart Danckwerts, Walter Hollstein, Marianne Meinhold und Hartwig Zander.

(6) Hartmut Dießenbacher und Albrecht Müller (1987) gehen von der These aus, daß sich in der Geschichte der Pädagogik drei wissenschaftstheoretische Strömungen unterscheiden lassen, nach denen die Pädagogik als *normative*, als *hermeneutische* und als *empirische* Wissenschaft konzipiert wurde.[15] Auf dem Hintergrund dieser drei Strömungen beschreiben sie die Entwicklung der Sozialpädagogik seit 1960 anhand von „Wendungen" in der Theoriebildung der Sozialpädagogik. Diese Wendungen werden mit wissenschaftstheoretisch besetzten Begriffen benannt.

(a) Die *realistische* Wendung: Die traditionelle geisteswissenschaftliche pädagogische Forschung wird durch eine empirisch arbeitende Forschung, die sich ebenfalls hermeneutischer Erkenntnisverfahren bedient, abgelöst. Statt Normen zu setzen, soll die real vorfindliche Lebenswelt empirisch erforscht werden.

(b) Die *emanzipatorische* Wendung: In der Auseinandersetzung zwischen positivistischem und kritischem Lager wurde Emanzipation zum gesellschaftskritischen Schlüsselbegriff. Eine Vermittlung von hermeneutischen, empirischen und kritischen Methoden wurde angestrebt. Über den Methodenstreit ist der Kontakt zum sozialpädagogischen Handlungsfeld, dem Alltag in der Praxis, verloren gegangen.

(c) Die Wendung zum *Alltag*: Der Alltag wird neu entdeckt. Methodischer Ausdruck dieser neuen Orientierung ist das Konzept der Aktionsforschung, die sich in ihrer Zielsetzung als emanzipatorisch, in ihrer Methode als empirisch und hermeneutisch, in ihrem Objektbereich als auf Probleme des Alltags gerichtet versteht.[16]

4.3. Zwei Vorlieben

Bei der Auswahl der wissenschaftlichen Methoden für eine Theorie der Sozialen Arbeit erkenne ich *zwei Vorlieben* der AutorInnen:

(1) Wertfragen werden – direkt oder indirekt – an erster Stelle behandelt: SozialarbeiterInnen als WissenschaftlerInnen – und darin ähneln sie SozialarbeiterInnen in der Praxis – neigen sehr leicht dazu, Wertfragen an die erste Stelle zu setzen, wenn sie von den Besonderheiten Sozialer Arbeit sprechen. Werte allein machen aber noch keinen Beruf, keine wissenschaftliche Methode oder Theorie der Sozialen Arbeit aus. Andere Berufe und Menschen bemühen sich ebenfalls in Theorie und Praxis, soziale Werte zu verwirklichen. „Besondes problematisch wird es, wenn Werte Wissen und Können ersetzen sollen. Werte sollen vielmehr die Funktion haben, unserem Wissen und Können – unserer Theoriebildung – eine bestimmte Richtung zu geben."[17]

(2) Die Lust am Kritisieren ist groß: Die Wörter „Kritik", „kritisch" und „kritisieren" sind in den Publikationen der Sozialen Arbeit so zahlreich wie Sandkörner am Meer. Kritische Methoden und kritische Theorien sind gefragt. Manche behaupten, daß die Kritik wesensmäßig Aufgabe der Sozialen Arbeit insgesamt und als Wissenschaft ist. Die Lust am „leicht-fertigen" Kritisieren scheint allenthalben attraktiver zu sein als die Last anstrengenden Denkens und fundierten Auseinandersetzens. Kritisiert werden die Ziele, Werte, Methoden und Theorien der anderen, oft geradezu vernichtend. Kritik aus dem Selbstbewußtsein, an einer gemeinsamen Aufgabe zu arbeiten, die von niemandem allein erfüllt werden kann, sollte fördern und unterstützen. Selten ist konkrete Selbstkritik zu finden. Diese wiederum kennzeichnet nach meiner Auffassung wissenschaftliches Arbeiten. Kritische Selbstreflexion der Voraussetzungen und damit zugleich der Geltungsgrenzen für wissenschaftliches Wissen gehört – nicht nur für mich – zum Wesen der Wissenschaft. René Descartes (1596 -1650), der Vater der neuzeitlichen Philosophie, hat den absoluten Zweifel zum methodischen Ausgangspunkt wissenschaftlichen Arbeitens gemacht: „Um sicherzugehen, werde ich zu Anfang gar nichts als sicher annehmen. Ich werde alles anzweifeln, um zu sehen, was einem solchen radikalen Zweifel standhält."[18]

ANMERKUNGEN ZU KAPITEL 4

[1] Vgl. zum Beispiel Krauß 1988, 383 - 388; Geißler / Hege 1985
[2] Vgl. die Übersicht „Methodenpluralismus in der Sozialen Arbeit" von Staub-Bernasconi 1986, 28 - 31

[3] Staub-Bernasconi 1986, 26
[4] Vgl. hierzu Teil 3.1. und 3.2.
[5] Zum Beispiel von Thiersch, vgl. Teil 4.5.
[6] Staub-Bernasconi 1983, 115
[7] Zum Beispiel Paul Feyerabend mit dem Kernsatz seiner anarchistischen Wissenschaftstheorie: „Mach, was du willst." 1977
[8] Lenk 1988
[9] Bäuerle 1973
[10] Vahsen 1975, 73
[11] Lukas 1979, 11
[12] Marburger 1981, 7
[13] Marburger 1981, 133
[14] Vgl. die Übersicht in Schmidt 1981, 214 - 216
[15] Dießenbacher / Müller 1987, 1252
[16] Dießenbacher / Müller 1987, 1253f.
[17] Staub-Bernasconi 1983c, 32
[18] Descartes zitiert nach Störig 1989, 315

5. VIELE THEORIEFRAGMENTE – WENIG AUSGEFORMTE THEORIEN

Theorien als wissenschaftliche Lehrgebäude, ohne Rücksicht auf die jeweiligen Methoden, mit denen sie gewonnen wurden, gehören konstitutiv zu jeder Wissenschaftsdisziplin (siehe Teil 1 Abschnitt 2.1., S. 32 – 34). Wissenschaftliche Aussagen werden in Theorien zu einem Verbund zusammengefaßt. Ein solcher Verbund ist auf innere Vervollständigung angelegt. Die Kriterien darüber, ob die für wissenschaftliche Theorien notwendige Abgeschlossenheit erreicht ist, müssen aus dem Verbund selbst genommen werden.[1] Die Gemeinschaft der WissenschaftlerInnen entscheidet über Annahme oder Ablehnung eines Aussagensystems als wissenschaftliche Theorie.

Trotz der vielen Stolpersteine und Sperrzäune verfügt die Soziale Arbeit als Wissenschaft über eine beachtenswerte Anzahl von Theoriefragmenten und Theorien. Relevante wissenschaftliche Aussagen zur Sozialen Arbeit sind in Aussagensysteme, also in Theorien von unterschiedlichem Umfang und auf verschiedenen Niveaus der Abgeschlossenheit zusammengeschlossen worden. Es handelt sich sowohl um Meta- als auch Objekttheorien. Mehrfach sind in den letzten 20 Jahren die vorhandenen Entwürfe und Ansätze von Theorien der Sozialen Arbeit – nach unterschiedlichen Kriterien ausgewählt und geordnet – zusammengestellt und veröffentlicht worden.[2] Mitunter ist es fraglich, ob die eine oder andere der einbezogenen Theorien zur Soziale Arbeit als Wissenschaft gehört oder nicht. Diese Schwierigkeit ergibt sich meistens aus der noch ausstehenden verbindlichen Antwort auf die Frage nach dem Gegenstand der Sozialen Arbeit als Praxis und als Wissenschaft. Eng damit hängt die ebenfalls noch nicht abschließend beantwortete Frage zusammen, welchen Platz Soziale Arbeit als Wissenschaft im System der Wissenschaften einnehmen soll. Daher wurden auch sozialpädagogische Theorien aufgenommen, die sich nur mit Fragen der Bildung und Erziehung befassen, also im engen Sinne ausschließlich pädagogische Theorien sind. Oder es wurden soziologische Theorien aufgenommen, die sich pointiert mit soziologischen Themen befassen.

Alle systematischen Zusammenstellungen zeigen, daß die Soziale Arbeit als Wissenschaft reicher an Material ist, als häufig vermutet oder beklagt wird. Es lassen sich die Konturen einer Sozialen Arbeit als Wissenschaft deutlich wahrnehmen. Und es läßt sich auch bereits von einer Geschichte der Sozialen Arbeit als Wissenschaft sprechen, insbesondere dann, wenn man die wissenschaftlichen Auseinandersetzungen früherer Epochen mit sozialen Problemen einbezieht, die internationale Entwicklung berücksichtigt und sich von dem Gedanken trennt, daß es einmal die allseits anerkannte Theorie der Sozialen Arbeit als Ausdruck einer erwachsen gewordenen Sozialen Arbeit als Wissenschaft geben muß.[3] Die Geschichte der Sozialen Arbeit als Wissenschaft ist wie bei allen anderen Wissenschaften auch eine Geschichte des Erkenntnisfortschritts, der sich in der Entfaltung des Gegenstands, der Methoden und fruchtbarer Theorien zeigt.

Die Geschichte der Sozialen Arbeit als Wissenschaft und ihrer Theorien ist eng verbunden mit der Berufsgeschichte der SozialarbeiterInnen.[4] Diese Nähe begünstigt manche Mißverständnisse. Als Beispiele für solche Mißverständnisse nenne ich: Berufs- oder Praxiswissen der Sozialen Arbeit wird als wissenschaftliches Wissen angesehen. Wissenschaftliches Wissen wird mit Ausbildungsinhalten gleichgesetzt. Theorien der Sozialen Arbeit können „nur Praxistheorien" sein. Die für andere Wissenschaftsdisziplinen selbstverständlich gewordene Unterscheidung von Berufs- und Praxiswissen, Ausbildungsinhalten und Formen ihrer Vermittlung, wissenschaftlichem Wissen und Forschung muß erst noch selbstverständlich werden.[5]

5.1. Vor- und außerwissenschaftliche Theorien der Sozialen Arbeit

In früheren Epochen gab es wie heute auch soziale Probleme. An der Lösung dieser Probleme haben verschiedene gesellschaftliche Gruppen gearbeitet. Die sozialen Fragen sind bedacht und behandelt worden, ohne daß eine explizit sozialarbeiterische Fragestellung vorgelegen hat. Not, Armut und Elend wurden schon früh an den Universitäten in mehreren Fachdisziplinen reflektiert. Im 12. Jahrhundert gehörte die Kölner Universität zu den führenden Universitäten Europas. Ihre Theologen und Philosophen (zum Beispiel Albertus Magnus und Thomas von Aquin) befaßten sich selbstverständlich im Rahmen der Philosophie und Theologie mit Armut, Kranksein und Leiden. Und sie haben ihre Theorien dazu gebildet.[6] Freilich folgten Albertus Magnus und Thomas von Aquin den Wissenschaftsauffassungen ihrer Zeit.[7]

Mit dem Zerfall der mittelalterlichen Ordnung wuchs das Interesse daran, die neuen Formen der Armut und der Not „theoretisch" zu begreifen und für den Alltag Alternativen zu entwickeln, um sie zu beseitigen.[8] Die mit der Industrialisierung einhergehende Verelendung der Bevölkerung provozierte immer neue Theorien zur Erklärung und Lösung des Problems.[9] Nach und nach beteiligten sich nicht nur Philosophen und Theologen, sondern auch Pädagogen, Juristen, Wirtschaftler, Mediziner, Psychologen und Politiker an „Theoriebildungen", freilich aus ihrem jeweils eigenen fachlichen Fragehorizont heraus.[10] Die Sozialgeschichte bietet uns dafür Beispiele in Hülle und Fülle.[11] Den meisten dieser „Theorien" ist es gemeinsam, daß ihnen soziale Probleme und soziale Arbeit kein ausdrückliches wissenschaftliches Anliegen sind. Die lebensweltliche Situation der Armen und Bedrängten hat handlungsorientierte Überlegungen provoziert. Diese Überlegungen erfüllen die heutigen wissenschaftstheoretischen Anforderungen nicht und können unter diesem Gesichtspunkt nur als vor- oder außerwissenschaftliche „Theorien Sozialer Arbeit" bezeichnet werden. Als Vorgängerinnen unserer gegenwärtigen Theorien haben sie ihren Wert.

Auf dem Weg zu wissenschaftlich fundierten Theorien der Sozialen Arbeit ist als wichtiger Abschnitt die Entstehung der *Berufstheorien* zu sehen. Damit sind die Theorien gemeint, die sich Armenvögte, FürsorgerInnen, Kindergärtnerinnen, Diakone, SozialarbeiterInnen usw. aufgrund ihrer praktischen Erfahrungen im Berufsalltag bildeten. Berufstheorien werden von den PraktikerInnen über alle Bereiche ihres Berufsfeldes gebildet, also über Ziele, Aufgaben, Werte, Methoden, KlientInnen, AuftraggeberInnen usw. Berufswissen besteht sowohl aus Alltagswissen als auch aus wissenschaftlichem Wissen.[12] Vom Anfang unseres Jahrhunderts an wurde dieses Wissen als *Berufskunde* in den Ausbildungsstätten für berufliche Sozialarbeit vermittelt.[13] In den

132

20er Jahren gibt es bereits eine größere Zahl respektabler Publikationen für die Ausbildung in der Sozialen Arbeit.[14] Zur Sozialen Diagnose wurden beispielsweise viele „subjektiv-privaten Aussagen" veröffentlicht.[15] Gemeinsames Kennzeichen dieser Publikationen ist es, daß dieses Wissen dem Anspruch des wissenschaftstheoretischen Grundgesetzes nicht genügt. Die vielen einzelnen Berufserfahrungen und -kenntnisse wurden auch nicht in einen geschlossenen Zusammenhang gebracht, also zu einer wissenschaftlichen Theorie geformt. Die Einrichtung von Lehrstühlen für soziale Fürsorge, Wohlfahrtspflege usw. an den deutschen Universitäten ab 1910 sorgten für eine verstärkte wissenschaftliche Fundierung des Fürsorgewesens.[16] Einige Theorien zur Armut und Wohlfahrtspflege (zum Beispiel von Christian Jasper Klumker) wurden verfaßt.[17] Damit wurde die Hochschule sehr begrenzt zum Ort für die Entwicklung von Theorien der Sozialen Arbeit. Da die Ausbildung zum sozialen Beruf, das Fürsorgewesen und damit die Soziale Arbeit keine weitere Unterstützung an den deutschen Universitäten erhielten, blieben wissenschaftliche Arbeiten zu typisch sozialarbeiterischen Fragen aus. Die Erziehungswissenschaften übernahmen an den deutschen Universitäten (zum Beispiel durch Paul Natorp und Hermann Nohl) die Aufgabe, *Theorien* für soziale Fragen und sozialpädagogische Probleme zu entwickeln. Als erste eigenständige Theorie zur Sozialpädagogik/Sozialarbeit nach dem ersten Weltkrieg werden die Arbeiten von Hermann Nohl (1879 – 1960) angesehen.[18]

5.2. Handlungsmethoden als Ansatzpunkte für Theorien der Sozialen Arbeit [19]

Die amerikanische Theorie und Praxis der Methodenlehre in der Sozialen Arbeit wurde nach dem Zweiten Weltkrieg in der ganzen westlichen Welt als Modell und Pionier in der Fürsorge und Jugendwohlfahrt anerkannt. Das von Walter A. Friedländer herausgegebene Standardwerk „Concepts and Methods of Social Work" wurde 1966 in Deutschland von Hans Pfaffenberger unter dem Titel „Grundbegriffe und Methoden der Sozialarbeit" herausgegeben.[20] Im Zentrum des Buches stehen die klassischen Handlungsmethoden der Sozialen Arbeit: Soziale Einzelhilfe, Soziale Gruppenarbeit und Soziale Gemeinwesenarbeit. Darüber hinaus werden aber auch das Theorie- und Methodenproblem in der sozialen und sozialpädagogischen Arbeit sowie allgemeine Prinzipien der Sozialen Arbeit und Fragen der Forschung behandelt. Dadurch ist das Buch mehr als ein reines „Methodenbuch für die Praxis". Aufgrund dieser Themenverknüpfung kann dieses auch in Deutschland weit verbreitete Standardwerk als ein Übergang von Sozialer Arbeit als Berufskunde zu Sozialer Arbeit als Wissenschaft angesehen werden.

Eine ähnliche Rolle möchte ich Hans Böttcher mit seinem Werk „Sozialpädagogik im Überblick" (1975) zuweisen. Sein Versuch einer systematischen Agogik stand unter dem Einfluß der Theorieentwicklung niederländischer AutorInnen. Auch Böttcher geht wichtige Schritte über eine reine Darstellung der Handlungsmethoden der Sozialen Arbeit hinaus zu einem wissenschaftlichen Konzept von Sozialpädagogik als Agogik; zum Beispiel durch die Skizzierung eines Forschungsprogramms.[21] Die Methoden beruflichen Handelns, insbesondere die Soziale Einzelfallhilfe und die soziale Gruppenarbeit, waren um 1970 herum Ansatzpunkte für heftige Kritik an der traditionellen Sozialen Arbeit überhaupt. Vorgeworfen wurden ihr, sie sei pragmatisch, gesellschaftskritisch naiv und idealistisch. Diese Kritik war der Impuls dafür, die Handlungsmethoden und Arbeitsformen in einen umfassenderen Rahmen zu stellen. Ich möchte einen Entwurf vorstellen, der bei der Sozialen Einzelfallhilfe ansetzt, und einen Entwurf, der die Handlungsmethoden in einem Konzept[22] zu integrieren versucht.

(1) Aus den Publikationen zur Sozialen Einzelfallhilfe ragt für mich das *Konzept des „Engagierten Dialogs"* von Marianne Hege heraus.[23] Die Notlagen des einzelnen benennt Hege als Gegenstand Sozialer Arbeit als Praxis, hier der sozialen Einzelhilfe. Das eigene wissenschaftliche Vorgehen (Metatheorie) wird dabei kaum erörtert. Als Ziel Sozialer Arbeit wird der Anspruch auf Emanzipation gesetzt. Die Handlungsmethode für die soziale Einzelhilfe ist der Dialog als Mittel der Reflexion und Ermöglichung von Emanzipation. Kurt Lewins Feldtheorie mit dem Lebensraummodell ermöglicht die Zusammenschau von Individuum und Umwelt. Im Nachwort zur zweiten Auflage (1979) weist Hege darauf hin, daß „der Engagierte Dialog der Versuch der Verteidigung des Subjektes gegenüber der Allmacht der objektiven gesamtgesellschaftlichen Bedingungen" war.[24] Und sie stellt fest, daß das Subjekt keiner Verteidigung mehr bedarf, „muß man doch geradezu von einer erneuten Individualisierung der Sozialarbeit/Sozialpädagogik sprechen".[25] Diese Veränderung mag neben anderen Gründen vielleicht dazu beigetragen haben, daß Heges entwicklungsfähiger Beitrag zur sozialen Einzelhilfe bedauerlicherweise nicht zu einer Theorie Sozialer Arbeit weiter ausgearbeitet worden ist.

(2) Carel B. Germain und Alex Gitterman setzen mit ihrem Praxismodell „The *Life Model of Social Work Practice"* (1980) ebenfalls bei

134

den beruflichen Handlungsmethoden an. In Deutschland ist dieser Versuch unter dem Titel: „Praktische Sozialarbeit: das 'life model' der sozialen Arbeit" (1983) erschienen und weit verbreitet. Das Wachstums- und Anpassungspotential der KlientInnen ist dem Modell zufolge zu entwickeln, andererseits ist die Umwelt zu verändern, um jenen Grad gegenseitiger Abstimmung zu erreichen, der unter ökologischen Gesichtspunkten die Lebensqualität bestimmt. Diese Hauptthese bildet die Leitlinie für die Arbeit mit einzelnen, Familien und Gruppen. Heinrich Schiller qualifiziert dieses Modell als interdisziplinäres Konzept, das wissenschaftlich unterbaut und praxisbezogen dargestellt wird in Richtung auf einen Versuch einer Praxistheorie in der Sozialarbeit/Sozialpädagogik.[26] Louis Lowy stellt in seiner Expertise „Sozialarbeit/Sozialpädagogik als Wissenschaft im angloamerikanischen und deutschsprachigen Raum" (1983) Sozialarbeit/Sozialpädagogik als Handlungswissenschaft am Beispiel des „Life Model" dar. Die beiden AutorInnen selbst sehen ihr Modell „als den Anfang des Versuches, die Dimensionen einer *integrierten Methode des sozialpraktischen Arbeitens* mit Einzelpersonen, Familien, Gruppen und Organisationen sowie mit ausgewählten Aspekten von Nachbarschafts- und Gemeindestrukturen im Zusammenhang darzustellen".[27] Sie bezeichnen ihr Modell durchgängig als „integrierte Praxismethode" und benutzen „Ökologie als Metapher für die Praxis" , die die Wechselwirkungen zwischen Organismen und ihren Umweltbedingungen besser verstehen läßt.[28] Eine notwendige wissenschaftstheoretische Reflexion der „ökologischen Perspektive" wird zwar angesprochen, bleibt aber aus.[29]

Von den AutorInnen selbst wird nicht beansprucht, ein handlungswissenschaftliches Modell oder sogar eine Theorie der Sozialen Arbeit entworfen zu haben. Einzelne Autoren apostrophierten das „Life Model" als „ökologisches Denkmodell" und vermuteten, daß es „die Theoriebildung der 80er Jahre prägen" wird.[30]

(3) Mit der zunehmenden Professionalisierung der Sozialarbeit nach dem zweiten Weltkrieg wurden „praxisorientierte Theorien" gewünscht. Für diese „praxisorientierten Theorien" wurde der Begriff „Praxistheorien" eingeführt und beibehalten. Nach Arnold Schwendtke etabliert sich

„Praxistheorie der SA/SP ... im System wissenschaftlicher Erkenntnis als eigenes Modell von angewandter Sozialwissenschaft vor dem Hintergrund bestimmter Problem- oder Objektbereiche. Systematik, Methodologie sowie Untersuchungsziele mit methodischen Zielsetzungen einer Praxistheorie ergeben damit einen eigenen Typus von Theorie."[32]

Für Louis Lowy sind Praxistheorien

> „kognitive Gebilde von Konzepten, theoretischen Positionen und Prinzipien, die manchmal ad hoc, manchmal systematisch entwickelt wurden und die Aussagen darüber machen, wie der Handlungsprozeß der SA/SP mit den beteiligten Systemen auf verschiedenen Ebenen gestaltet und ausgeführt wird."[33]

Beide Bestimmungsversuche klären darüber auf, um welch ungenießbares Gebräu aus „Annahmen, Faustregeln, Prinzipien, Reflexionen und Typologien" es sich bei diesem eignen „Typus von Theorie" handelt.[34] Wenn Soziale Arbeit als Wissenschaft ernstgenommen werden möchte, sollte sie auf Wortungetüme wie „Praxistheorien" verzichten. Es stehen allseits anerkannte Begriffe zur Verfügung, die den Theoriebegriff ausreichend differenzieren. Es bedarf also keiner Eigenkreationen, die die WissenschaftlerInnen nur erschaudern lassen, das Ansehen der Sozialen Arbeit schädigen und per definitionem Soziale Arbeit als Berufskunde festlegen.[35]

5.3. Theoriefragmente

Theoriefragmente benutze ich als *Sammelbegriff für Ansätze, Entwürfe und Modelle* von Theorien Sozialer Arbeit.[36] Im Unterschied zu den zuvor genannten Arbeiten taucht bei den jetzt zu behandelnden Arbeiten im Titel der Begriff „Theorie" und damit auch der Anspruch auf, im weiten Sinne eine Theorie Sozialer Arbeit zu sein. Die Zusätze „Ansatz, Entwurf, Versuch oder Modell" schränken den Anspruch allerdings ein. Fragmente sind unvollständige Werke, Bruchstücke eines Ganzen. Theoriefragmente sind keine vollständigen wissenschaftlichen Theorien. Sie sind Stückwerk und es fehlen noch beträchtliche Stücke, um als „geschlossener Verbund von Aussagen" angesehen werden zu können. Es werden nur Teilaspekte oder kleine Ausschnitte des gesamten Feldes Sozialer Arbeit berücksichtigt; zum Beispiel nur die Heimerziehung, die offene Jugendarbeit, die Familienhilfen oder der Sozialdienst im Krankenhaus, nur die gesellschaftliche Funktion Sozialer Arbeit, nur das Verhältnis des Staates zu den freien Trägern sozialer Dienste, nur die Professionalisierungsproblematik usw.
Die vielen Fragmente resultieren zum Teil aus der in der Sozialen Arbeit – wie in anderen Wissenschaftsdisziplinen auch – verbreiteten Mode, möglichst eigene Theorien zu entwerfen und als neue Theorien zu propagieren. Die Ansprüche „eigen und neu" verraten in der Regel nur mangelhafte Literaturkenntnisse und eine geringe Bereitschaft der AutorInnen, sich mit den Gedanken anderer Menschen zu befassen.

Nicht nur PraktikerInnen bedienen sich mitunter eines wissenschaftlichen Bauchladens und nehmen pragmatisch heraus, was sie gerade benötigen, „ohne Zusammenhänge zu berücksichtigen" (Klaus Holzkamp). TheoretikerInnen greifen ihrerseits in die Werkzeugkoffer der PraktikerInnen und holen sich gezielt Themen heraus, die auf dem Wissenschaftsmarkt Erfolg versprechen. Mitunter wird sogar nur ein einzelner Gedanke aufgegriffen und daraus gleich eine Theorie Sozialer Arbeit gemacht. Das sieht dann so aus:

> „Es fehlt bisher an einer Theorie, welche die institutionellen Voraussetzungen nicht leugnet, ohne deshalb gleich von ihnen erdrückt zu werden. Udo Maas versucht, diese Lücke in einem ersten Zugriff zu füllen. Tägliche Konflikte und institutionelle Bedingungen verknüpft er in einem handlungstheoretischen Ansatz. Dabei heraus kommen Ideen für die Praxis: notwendige Theorie."

Überschrieben wurde diese auf wenigen Seiten abgehandelte „Theorie" mit „Konflikte und Strategien".[37] Mir ist nicht bekannt, ob „dem ersten Zugriff" jemals ein zweiter gefolgt ist.

Hans-Ludwig Schmidt umreißt nach seiner Bestandsaufnahme vorliegender Entwürfe von Theorien der Sozialpädagogik einen eigenen Ansatz: „Konturen einer Sozialpädagogik als Handlungswissenschaft, also gleichsam 'Eckpfeiler' einer Sozialpädagogik von der Praxis für die Praxis, stecken das Feld sozialpädagogischer Theorie und Praxis ab."[38] Schmidt will das Interesse wieder auf den „Kern allen pädagogischen Tuns, das Handeln zwischen Menschen," lenken. Dieser Ansatz ist meines Wissens ebenfalls von niemandem wieder aufgenommen und weitergeführt worden. Das gleiche Desinteresse ist den Überlegungen zu einer kritisch-emanzipativen Theorie der Sozialpädagogik von Helga Marburger entgegengebracht worden.[39]

So wie diese unvollendeten handlungstheoretischen Ansätze liegen vermutlich viele Theoriefragmente in den Bücherregalen und verstauben. Niemand greift nach ihnen, führt die Gedanken weiter und zu einem vorläufigen Abschluß. Der Reiz und die Belohnung dafür, neue Modelle zu produzieren, scheint größer zu sein, als vorhandene Ansätze weiterzuentwickeln. Mitunter drängt sich mir der Vergleich auf, daß „Theorie-Modelle" nach denselben Marktgesetzen produziert werden wie Automodelle: Auf dem Markt bleiben ist für die HerstellerInnen alles. Neue Modelle werden produziert, um die alten abzulösen. Die alten Modelle werden abgelöst, um den neuen Platz zu machen. Konkurrenz bestimmt das Geschäft und den Markt. Andere Kollegen sehen die Situation anscheinend ähnlich, wenn sie davon sprechen, daß zum Beispiel „die Rede von Subjektivität ... seit einiger Zeit *Konjunktur*" hat.[40] Nicht selten werden aktuelle und marktkonforme Modewörter als Aufhänger benutzt. Begriffe wie „Selbsthilfe", „Emanzipation", „Ökologie", „Interaktion", „Subjektivität" und „Managing" haben derzeit Konjunktur. Zwei „Selbstläufer" möchte ich kurz ansprechen:

„*Hilfe zur Selbsthilfe*" ist ein allgegenwärtiger Slogan. Überall taucht er auf: im Bundestag, am Stammtisch, in Leitartikeln, im Hörsaal und natürlich auch in vielen Publikationen zur Sozialen Arbeit. Hans Scherpner hat schon auf die sprachlogischen Schwierigkeiten des Begriffs „Selbsthilfe" aufmerksam gemacht. Für ihn sind am Akt des Helfens mindestens zwei Menschen beteiligt, der Hilfebedürftige und der Helfer. „Selbsthilfe" bedeutet demzufolge die Aufspaltung einer Person in zwei Teile, von denen der eine Teil dem anderen Hilfe leistet – „so wie Münchhausen, der sich selbst am Schopf aus dem Sumpf zieht".[41] Der Slogan „Hilfe zur Selbsthilfe" ist inhaltsleer und klingt doch wohlmeinend; so eignet er sich hervorragend zum Verpacken wahrer Absichten und Ziele, zum Beispiel gegenüber gerechten Forderungen von Benachteiligten nach finanziellem Ausgleich. Bedauerlich ist es, wenn dieser hohle „Grundsatz" einfach und bedenkenlos in sozialarbeitswissenschaftliche Publikationen übernommen wird.[42] Der Gebrauch genau definierter Begriffe gehört zu den Wesensmerkmalen wissenschaftlichen Arbeitens. Die Emanzipationsfrage ist fraglos ein zentraler Punkt der Sozialen Arbeit. Der Begriff „*Emanzipation*" ist aber leider verbraucht, nur noch eine leere Worthülse, die von jedermann und jederfrau nach Lust und Laune eigenmächtig besetzt wird. Alles ist heute „irgendwie emanzipativ". Was heißt das, wenn als theoretischer Neuansatz eine „emanzipative Sozialpädagogik" gefordert und „Emanzipation als erstes Leitziel" genannt wird?[43] Heinrich Rombach erinnert daran, daß

> „Emanzipation und Mündigkeit seit langem die praktischen Anliegen der geisteswissenschaftlichen Disziplin Pädagogik und darüber hinaus ein altes Ideal von Wissenschaft überhaupt („Wissenschaft macht frei!") war, so wie Kritik eine in den 'trivialen' Geisteswissenschaften entwickelte Wissenschaftsmethode gewesen ist."[44]

Ein Verzicht auf diese und ähnliche wegen ihrer mangelhaften Aussagekraft leeren Begriffe und Kategorien würde dem Wachstum und dem Ansehen der Sozialen Arbeit als Wissenschaft vermutlich gut tun. Falls auf diese Begriffe nicht verzichtet werden kann, müßten jedenfalls die Begriffsinhalte genau festgelegt werden.

5.4. Theorien der Sozialen Arbeit

Mitunter wird beklagt, daß die Soziale Arbeit als Wissenschaft „keine geschlossenen, allseits anerkannten Theorien" für den Gegenstand Sozialer Arbeit hervorgebracht hat, statt dessen viele Einzelentwürfe.[45] Es scheint mir eine Illusion zu sein, geschlossene und allseits anerkannte Theorien Sozialer Arbeit zu erwarten. Sowohl das komplexe Feld Sozialer Arbeit mit seiner Vermengung vieler handfester Interessen als auch das Konkurrenzdenken und -verhalten der WissenschaftlerInnen werden eine solche Übereinstimmung kaum zulassen. Warum sollten ausgerechnet WissenschaftlerInnen der Sozialen Arbeit erreichen, was bislang in keiner Wissenschaftsdisziplin erreicht worden ist?

Es ist eine *beachtliche Zahl* respektabler Theorien für den Gegenstand der Sozialen Arbeit vorhanden.[46] Diese Theorien sind auch in sich geschlossen. Allerdings fehlt ihnen meistens die Anerkennung anderer AutorInnen. Dieser Mangel muß nicht unbedingt etwas mit der Qualität der Theorie zu tun haben; es kann auch an der Bereitschaft und Fähigkeit der WissenschaftlerInnen und PraktikerInnen innerhalb der Sozialen Arbeit liegen, andere Theorien als die eigene neben sich gelten zu lassen. Diese hier gemeinten Arbeiten unterscheiden sich wohltuend von flüchtig hingeworfenen Fragmenten und sind in ihrer Gesamtheit ein gutes Gerüst für die Soziale Arbeit als Wissenschaft. Diese Theorien Sozialer Arbeit verdienen den Namen „Theorie", obgleich sie häufig nur als Versuch, Entwurf oder Konzept einer Theorie vorgestellt werden.[47] Die bescheidene Bewertung der eigenen Arbeit als Versuch usw. kann als Schutz vor einer Konfrontation mit übertriebenen Erwartungen angesehen werden. Diese Theorien stimmen für mich darin überein, daß sie wesentliche *formale Anforderungen an eine Theorie erfüllen:*

(a) Der Gegenstand, auf den sich die Theorie bezieht, ist definiert und repräsentiert Soziale Arbeit im weiten Sinne, also nicht nur einen Teilbereich der Sozialen Arbeit.

(b) Die ausgewählten wissenschaftlichen Methoden sind benannt und die Metatheorie ist zumindest angesprochen.

(c) Es werden mehrere überprüfbare Aussagen zum Gegenstand gemacht.

(d) Die Aussagen sind untereinander verbunden.

(e) Ein gewisser Grad der Abgeschlossenheit des Aussagenverbundes ist erreicht.

Dies wird nicht von allen so gesehen. Andere AutorInnen gehen von anderen Voraussetzungen aus und bewerten demzufolge den Stand der Theorieentwicklung anders. Hans Thiersch und Thomas Rauschenbach setzen beispielsweise fest:

> „Theorie von SP/SA ist eine sozialwissenschaftliche Gesellschafts- und Handlungstheorie, deren Aufgaben, Inhalte und Perspektiven sich im Kontext der Entwicklung der sozialpädagogischen Praxis, im Zusammenhang sozialstaatlicher Versorgung und als Antwort auf historisch-gesellschaftliche Strukturen und Entwicklungen ausbilden."[48]

> „Grundlage für eine Theorie der SP/SA ist eine Gesellschaftstheorie, die die Erzeugung und Definition von sozialen Problemen und Lernproblemen ebenso thematisiert wie die spezifischen Interventionsformen als gesellschaftliche Reaktion auf sie, eine Gesellschaftstheorie also, die das Komplementaritätsverhältnis von gesellschaftsbedingten Lebensverhältnissen und gesellschaftlichen Antworten thematisiert."[49]

So enge inhaltliche Anforderungen an eine „Theorie der SP/SA" – wie Thiersch und Rauschenbach sie stellen – führen von vornherein zu einer Ausgrenzung von Theorien, die einem anderen Wissenschaftsverständnis folgen. Damit wird die Theoriediskussion auf schulinterne Diskussionen reduziert, und es gibt eigentlich keinen Grund, sich darüber zu beschweren, daß „der Stand der Theoriediskussion in sich unbefriedigend, in vielfältige, miteinander wenig korrespondierende Fragerichtungen zersplittert, unüberschaubar und okkupiert durch nicht immer ergiebige Prioritäten ist"[50].

Nach 1945 wurden frühere Ansätze sozialpädagogischer Theoriebildung wieder aufgenommen und weiterentwickelt. Die Arbeiten von Paul Natorp (1854 – 1924) und von Hermann Nohl (1879 – 1960) bildeten den Boden für Theorieentwicklungen von Heinrich Röhrs, Klaus Mollenhauer, Friedrich Schlieper, Walter Hornstein und anderen.[51]

Das Jahr 1968 kann als Symbol für einen Aufbruch in den Sozialwissenschaften angesehen werden. Dieser Aufbruch hat auch die Theoriebildung für den Gegenstand der Sozialen Arbeit als Wissenschaft und als Praxis spürbar erfaßt. Alte Wege der Theoriebildung wurden verlassen, neue und kontroverse Theorien wurden produziert. Es wurden nun zunehmend Theorien gebildet, die über sozialpädagogische Fragestellungen im engen Sinn hinausgingen. Friedhelm Vahsen (1975), Helmut Lukas (1979), Hans-Ludwig Schmidt (1981), Helga Marburger (1981), Albert Mühlum (1981) und andere haben viele dieser Theorien zusammengestellt und erläutert.[52]

Zusammenfassend läßt sich sagen, daß den traditionellen Fürsorge- und Sozialerziehungstheorien aus drei kontroversen Wissenschaftsauffassungen heraus je eigene Theorien entgegengesetzt wurden:

(1) Die traditionellen Fürsorgetheorien (zum Beispiel vertreten durch Hans Scherpner[53]) wurden von recht verschiedenen wissenschaftstheoretischen Standpunkten aus angegriffen. Gemeinsam waren allen Angriffen die Vorwürfe: Die gewählten Begriffe seien unklar und nicht trennscharf, die Kategorien Hilfe, Gemeinschaft und Gesellschaft seien zu allgemein, der Inhalt ziele auf Propaganda und Apologetik, insgesamt sei die Theorie unwissenschaftlich. Gemeinsam war allen Angriffen ebenfalls der Anspruch, jeweils selbst das richtige Wissenschaftsverständnis zu haben.[54] Lutz Rössner kritisierte von der Basis des Kritischen Rationalismus aus insbesondere, daß die systematische und *empirische Erforschung* des Handlungsfeldes fehle, Werte in die Theorie einbezogen worden seien und die verwendeten Begriffe in hohem Maße inkonsistent seien. Er stellte den traditionellen Fürsorgetheorien seinen Entwurf einer „Theorie der Sozialarbeit" (1973)[55] gegenüber.

(2) Individualisierende Problemsicht, das Fehlen eines expliziten gesellschaftlichen Bezugs des Handlungsfeldes und Sozialintegration wurden von VertreterInnen des *dialektisch-kritischen* Ansatzes als Kritikpunkte gegen die Fürsorgetheorien, aber auch gegen die Theorie von Rössner vorgebracht. Mit dem Ziel einer emanzipatorischen Sozialarbeit, die die Praxis Sozialer Arbeit theoretisch zu reflektieren und zu analysieren habe, wurde zugleich die Abgrenzung zu Rössners Theorie markiert. Als Theorien dieser gesellschaftskritischen Position gelten die „Überlegungen zu einer Metatheorie der Sozialarbeit" von Fritz Haag u.a. (1973)[56] und sozialpädagogische Ansätze, die unter dem Titel „Offensive Sozialpädagogik" von Hermann Giesecke (1973) herausgegeben worden sind. Es ist festzustellen, daß von dieser Position bis heute im Grunde keine umfassende und abgeschlossene Theorie vorgelegt worden ist.

(3) Allen genannten Positionen wird von der *marxistisch-dialektischen* Position vorgeworfen, daß sie die ökonomischen Verhältnisse unberücksichtigt ließen und eine konkrete Gesellschaftstheorie fehle. Der dialektisch-marxistische Ansatz geht ausdrücklich von einer an Karl Marx und Wladimir I. Lenin orientierten Gesellschaftstheorie aus. Der Angriff gilt der „Sozialarbeit unter kapitalistischen Produktionsbedingungen" insgesamt. Sozialarbeit diene in Theorie und Praxis lediglich der Erhaltung des Systems und damit der Herrschaft des Kapitals. Soziale Arbeit sei unter diesen Verhältnissen durch politi-

sche Arbeit zu ersetzen, um die ArbeiterInnen im Klassenkampf zu unterstützen und für die Revolution zu kämpfen. In der anzustrebenden Gesellschaftsordnung sei aufgrund der strukturellen Gegebenheiten Soziale Arbeit unnötig. Theorien aus marxistischer Sicht liegen unter anderen von Karam Khella[57], Marianne Meinhold und Walter Hollstein vor. Die meisten dieser AutorInnen beschränkten sich darauf, die „bürgerliche Gesellschaft" zu analysieren und für die Abschaffung der Sozialen Arbeit zugunsten politischer Agitation zu plädieren.

In der Mitte der 70er Jahre tauchten neue Paradigmen und Perspektiven auf. Die intensive Theoriediskussion der 60er und 70er Jahre wurde kritisch gesehen. Gefragt wurde jetzt, ob die TheoretikerInnen nicht an der Lebenswelt vorbei gedacht und sie mit ihren eigenen Problemen besetzt, wissenschaftlich entfremdet, also kolonialisiert hatten.[58] Die Frage nach dem gegebenen Alltag, seinen Aufgaben, Schwierigkeiten und Möglichkeiten trat in den Vordergrund, und zugleich gewannen handlungswissenschaftliche Ansätze an Bedeutung. So wird von einer „Wendung zum Alltag" gesprochen. Diese Wendung zeigte sich unter anderem in Konzepten der *Aktionsforschung,* die sich in ihrer Zielsetzung emanzipatorisch, in ihrer Methode als empirisch und hermeneutisch, in ihrem Objektbereich als auf Probleme des Alltags gerichtet verstehen.[59] Bei der kritisch-hermeneutischen Neubesinnung in der Sozialpädagogik spielen die Arbeiten von Hans Thiersch, ausgehend vom Alltag als Paradigma, eine wichtige Rolle.[60] Weltweit entstand in den 70er Jahren eine ökologische Bewegung, und mit ihr zog ökologisches Denken in viele Lebensbereiche ein. Die ökologische Perspektive wurde auch bei der Theoriebildung in der Sozialen Arbeit als Wissenschaft von einigen AutorInnen berücksichtigt, indem *Ökologie als Paradigma* deklariert wurde.[61] Auf das ökologische Praxismodell für Soziale Arbeit von Germain und Gitterman (1983) habe ich bereits hingewiesen. Wolf Rainer Wendt veröffentlichte mit „Ökologie und Soziale Arbeit" (1982) einen ersten Theorieentwurf, der sich ganz dem ökologischen Denken verpflichtet weiß. Fast zehn Jahre später erschien von ihm unter dem Titel „Ökosozial denken und handeln. Grundlagen und Anwendungen in der Sozialarbeit" (1990) die Weiterentwicklung seiner ersten ökologischen Theorie.[62] NaturwissenschaftlerInnen haben in den letzten Jahrzehnten damit begonnen, das bislang anerkannte und bewährte atomistisch-substantialistische Paradigma zugunsten des *prozessual-systemischen Paradigmas* abzulösen.[63] Prozessuales und systemisches Denken breitete sich in der Folge auch in den Sozialwissenschaften aus. Soziale Probleme wurden neu definiert, Soziale Arbeit wurde systemisch betrachtet. Silvia Staub-Bernasconi benutzte das prozessual-systemische Paradigma, um in ihrem Werk „Soziale Probleme – Dimensionen ihrer Artikulation" (1983) und „Soziale Arbeit als eine besondere Art des Umgangs mit Menschen, Dingen und Ideen. Zur Entwicklung einer handlungstheoretischen Wissensbasis Sozialer Arbeit." (1986) eine prozessual-systemische Theorie Sozialer Arbeit zu entwickeln.[64] Mit den Arbeiten von Staub-Bernasconi liegt – ich wage es zu sagen – erstmals eine handlungswissenschaftlich orientierte Theorie Sozialer Arbeit im deutschsprachigen Raum vor, die hinsichtlich ihres wissenschaftlichen Niveaus und ihrer Abgeschlossenheit einen qualitativen Sprung für die Reflexion der Sozialen Arbeit bedeutet und viele Ansatzpunkte für weitere Entwicklungen bietet.

Michael Winkler hat eine methodische Selbstbestimmung für die Sozialpädagogik durchgeführt, die Möglichkeit einer Theorie der Sozialpädagogik diskutiert und darauf aufbauend eine eigene Theorie vorgelegt: „Über Erziehung als Rekonstruktion der Subjektivität".[65] Winkler bindet die Sozialpädagogik eng an die allgemeine Pädagogik an und meint, man könnte auch sagen, „daß die Sozialpädagogik eine Probe auf die Pädagogik schlechthin darstellt."[66] „Der Sozialpädagoge ist mithin Pädagoge – aber er ist Pädagoge unter spezifischen Bedingungen; der Sozialpädagoge erzieht – aber er leistet spezifische Erziehung."[67] Eine ähnlich pointierte Ausrichtung auf die allgemeine Pädagogik haben die „Elemente zu einer Theorie der Sozialpädagogik" von Heinz Sünker: „Bildung, Alltag und Subjektivität".[68] Erziehung in einem weiten Sinne ist für beide Autoren Gegenstand der Sozialpädagogik. Eine allein auf Erziehung ausgerichtete Gegenstandsbestimmung ist meines Erachtens zu eng für das traditionelle und jetzige Handlungsfeld Sozialer Arbeit. Auch wenn Winkler anfangs die Alternative erwägt, ob Sozialpädagogik – so wie er sie versteht – zur Erziehungswissenschaft oder zu einer „erst noch zu konstituierenden Sozialarbeitswissenschaft" zuzuordnen sei, so ergibt sich doch sehr bald die eindeutige Ausrichtung Winklers auf die Erziehungswissenschaft.[69]

Zusammenfassend läßt sich feststellen, daß heute mindestens vier „Schulen" von Theoriebildung (und Theorien) in der Sozialen Arbeit nebeneinander stehen:

(a) Eine *technologisch-normalisierend ausgerichtete Schule*, die sich um Lutz Rössner (Braunschweig)[70] und seine Theorie gebildet hat;

(b) eine *hermeneutisch-alltagsorientiert ausgerichtete Schule,* die sich um Hans Thiersch (Tübingen)[71] und seine Theorie gebildet hat;

(c) eine *ökosozial-managend ausgerichtete Schule*, die sich um Wolf Rainer Wendt (Stuttgart)[72] und seine Theorie gebildet hat;

(d) eine *prozessual-systemisch ausgerichtete Schule*, die sich um Silvia Staub-Bernasconi (Zürich)[73] und ihre Theorie gebildet hat.

Schaut man sich die Publikationen der Protagonisten an, so fällt auf, daß sie einander nicht oder wenig beachten. Lutz Rössner beklagt zwar ein „häufig anzutreffendes Reviersicherungsverhalten einzelner Ressortvertreter"[74] , sichert sein eigenes Revier aber bis heute ebenfalls ab und erwähnt die anderen AutorInnen in seinen Publikationen nicht.[75] Hans Thiersch verhält sich genauso wie Rössner; für die Theorien von Rössner, Wendt oder Staub-Bernasconi hat er keinen Platz übrig.[76] Die Überarbeitung seines Beitrags „Theorie der Sozialarbeit/Sozialpädagoik" in dem Wörterbuch Soziale Arbeit von Dieter Kreft/Ingrid Mielenz (Hrsg.) von der 1. Auflage (1980) zur 3. überarbeiteten Auflage (1988) besteht allein darin, seine eigene Publikation von 1986 ins Literaturverzeichnis nachzutragen und die neue Auflage eines anderen Werkes einzufügen. Wolf Rainer Wendt berücksichtigt in „ökosozial denken und handeln" (1990) weder die Arbeiten von Rössner noch von Thiersch nach 1979; von Staub-Bernasconi nennt er zwei Artikel. In dem einen der zwei Artikel[77] befaßt sich Staub-Bernasconi mit den Thesen Wendts und vergleicht sie mit dem ökosozialen Ansatz von Jane Addams.[78] Lediglich Silvia Staub-Bernasconi referiert in ihren Arbeiten die Auffassungen von Rössner, Thiersch und Wendt und setzt sich mehrfach damit auseinander.[79]

Trotz aller Ab- und Ausgrenzungen gibt es „schulübergreifende" Gemeinsamkeiten, wenn es um die Frage geht, wo Soziale Arbeit als Wissenschaft innerhalb der Wissenschaften plaziert werden soll. Lutz Rössner spricht zwar von einer „Sozialarbeitswissenschaft" und für Hans Thiersch handelt es sich letztlich um „Sozialpädagogik". Beide ordnen die Soziale Arbeit als Wissenschaft (als „Sozialarbeitswissenschaft" beziehungsweise als „Sozialpädagogik") als Subdisziplin der Erziehungswissenschaft unter. Rössner und Thiersch haben einen ähnlichen beruflichen Werdegang: Beide sind über die Ausbildung zum Lehramt an Volks- und Realschulen und weiteren pädagogischen Studien als Dozenten an die Pädagogische Hochschule und später an die erziehungswissenschaftliche Fakultät einer Universität gekommen. Der berufliche Werdegang von Wolf Rainer Wendt und auch der von Silvia Staub-Bernasconi verlief anders. Wendt ist Diplom-Psychologe, hat im Jugendamt einer Großstadt gearbeitet und leitet nun eine Berufsakademie für Sozialwesen; Staub-Bernasconi ist Diplom-Sozialarbeiterin, war in klassischen Feldern der Sozialen Arbeit tätig und ist nach soziologischen Studien Dozentin an einer Schule für Soziale Arbeit. Beide sehen den Platz der Sozialen Arbeit als Wissenschaft keinesfalls innerhalb der Erziehungswissenschaft, sondern sprechen sich für eine Eigenständigkeit innerhalb der Sozialwissenschaften aus.[80]

In gleicher Weise haben sich Hans Thiersch, Wolf Rainer Wendt und Silvia Staub-Bernasconi für die Handlungstheorie als methodologische Basis einer Theorie Sozialer Arbeit entschieden. Lediglich Lutz Rössner arbeitet auf der Basis des Kritischen Rationalismus und technologisch orientiert.

Es gehört zu den alljährlich wiederkehrenden, festen Ritualen, daß irgendjemand eine Krise der sozialpädagogischen oder sozialarbeiterischen Theoriebildung diagnostiziert. So erkennt Micha Brumlik für 1989, daß die sozialpädagogische Theoriebildung in einer Krise ist und „auf das Niveau individualpsychologischer Rezepte beziehungsweise anspruchsvoller kulturtheoretischer, das heißt letzten Endes geisteswissenschaftlicher Reflexionen zurückgefallen" ist.[81] Das Ergebnis solcher Diagnosen ist dann häufig „eine neue Runde sozialpädagogischer Theoriediskussion".[82] Diese Diagnose löste in der Zeitschrift „neue praxis" mehrere Beiträge zur Theorie der Sozialpädagogik aus, die sich auf einzelne Punkte einer weiterzuentwickelnden Theorie beziehen.[83] Auffallend an dieser Theoriediskussion ist: Es werden zumeist einzelne wichtige Aspekte zur Theoriebildung in der Sozialen Arbeit benannt, die die anderen BeiträgerInnen nicht genannt haben. Und der eigene Aspekt wird als Alternative oder Gegensatz zu den Überlegungen der anderen AutorInnen und nicht als Ergänzung dazu gesehen und dargestellt.[84] Meistens ist die Selbstdarstellung mit einer Abwertung oder Mißachtung der Vorarbeiten und Theorien anderer AutorInnen verbunden.[85] So frage ich: Was spricht beispielsweise dafür, daß Lawrence Kohlbergs Theorie der Entwicklung moralischer Urteilskompetenz („just community") zur Grundlage einer Theorie der Sozialpädagogik („Sozialarbeitstheorie ") werden muß – wie im Beitrag von Micha Brumlik gefordert wird?[86] Was spricht dagegen, diesen wichtigen Aspekt als Bereicherung einer der bestehenden Theorien zuzuordnen? Soziale Arbeit als „gerechte Praxis" ist bereits das Anliegen von Alice Salomon; auch Silvia Staub-Bernasconi geht es in der Sozialen Arbeit um die Verwirklichung von Gerechtigkeit. Warum also wieder ein neuer Anfang? Was zwingt WissenschaftlerInnen dazu, stets neue Grundlagen und/oder neue Paradigmata für Soziale Arbeit als Wissenschaft (und als Praxis) vorzuschlagen?[87] Wie soll für die Soziale Arbeit als Wissenschaft ein bewohnbares Gebäude entstehen, wenn ständig neue Bauplätze anvisiert werden, einige Leute jeweils dort auch mit dem Bauen anfangen, aber nach kurzer Zeit abbrechen und das Begonnene von niemandem weitergeführt wird?

5.5. „Externe" Theorien zur Sozialen Arbeit

Aufmerksam machen möchte ich auf Bereiche, in denen immer wieder bedeutsame Entwürfe, Konzepte und auch Theorien zur Sozialen Arbeit entwickelt und publiziert werden, die aber von der Mehrzahl der FachwissenschaftlerInnen aus der Sozialen Arbeit kaum zur Kenntnis genommen werden. Ich spreche die Beiträge aus *Theologie und Sozialpolitik* an.

(1) Überlegungen und Modelle von SozialpolitikerInnen und GewerkschaftlerInnen haben dabei weitaus größere Chancen, in der Sozialen Arbeit als Wissenschaft bei den Diskussionen beachtet zu werden als Überlegungen von TheologInnen. Und je nach politischer Färbung der FachwissenschaftlerInnen wird auch bei der Theoriebildung zum Gegenstand Sozialer Arbeit als Wissenschaft auf das eine oder andere Werk von SozialpolitikerInnen zurückgegriffen. Beachtet worden sind beispielsweise neben anderen Herbert Ehrenberg und Anke Fuchs mit „Sozialstaat und Freiheit" (1980) oder zuletzt Ulf Fink „Die neue Kultur des Helfens. Nicht Abbau, sondern Umbau des Sozialstaates." (1990)

(2) Ein praxisorientiertes und ein wissenschaftstheoretisches Argument sprechen dafür, die christliche oder kirchliche Soziallehre nicht nur in der Praxis Sozialer Arbeit, sondern auch in der Sozialen Arbeit als Wissenschaft zu berücksichtigen:

(a) Das *praxisorientierte Argument:* Der Deutsche Caritasverband e.V und das Diakonische Werk der Evangelischen Kirche in Deutschland e.V. beschäftigen als kirchliche Träger sozialer Dienste zusammen mehr als 500.000 hauptamtliche MitarbeiterInnen.[88] Beide Kirchen verbinden mit „Caritas" oder „Diakonie" ähnliche Ziele und Aufgaben, die sie in ihren Satzungen näher benennen. In der Satzung des Diakonischen Werkes heißt es:

> „Die Kirche hat den Auftrag, Gottes Liebe zur Welt in Jesus Christus allen Menschen zu bezeugen. Diakonie ist eine Gestalt dieses Zeugnisses und nimmt sich besonders der Menschen in leiblicher Not, in seelischer Bedrängnis und in sozial ungerechten Verhältnissen an. Sie sucht auch die Ursachen dieser Not zu beheben."[89]

Der Caritasverband und das Diakonische Werk haben die Aufgabe, die Soziallehren ihrer Kirchen in der Praxis konkret zu verwirklichen.

146

Welche AutorInnen von Theorien zur Sozialen Arbeit haben sonst noch so mächtige Verbände hinter sich, um ihre Theorien in der Praxis zu verwirklichen? In welchen Einrichtungen arbeiten so viele SozialarbeiterInnen wie bei der Caritas und der Diakonie? Welchen Sinn macht es, die Theorien dieser einflußreichen Verbände und ihrer SozialarbeiterInnen einfach zu ignorieren oder nur als „Ideologie" abzustempeln und rechts liegen zu lassen?

(b) Das *wissenschaftstheoretische Argument:* Für viele AutorInnen ist es selbstverständlich, christliche Sozialarbeit von vornherein als „Caritaswissenschaft, Diakoniewissenschaft oder christliche Sozialethik" und damit als Glaubenslehre, deren Ziele nur Apologetik, Mission und Propaganda sind, pauschal abzuwerten und abzutun. Im Rahmen der Pastoraltheologie und der christlichen Soziallehre wird engagiert, kontrovers[90] und auf einem hohen wissenschaftlichen Niveau zu Armut, Elend, Not, Gerechtigkeit, Solidarität und Freiheit geforscht.[91] Und es liegen auch zahlreiche Arbeiten zum Gegenstand Sozialer Arbeit als Wissenschaft vor.[92] Die Theologie verfügt über eine lange und anerkannte Tradition als Wissenschaft, sodaß man sie nicht ohne Begründung übergehen kann. Eine selbstkritische Soziale Arbeit als Wissenschaft hat sich diesen Fragen zu stellen. Die Antworten stehen noch dahin.

Die Versuche und die Erwartung, alles auf einen Punkt oder in ein bestimmtes und vorgegebenes System bringen zu wollen, versperren die Sicht auf das Vorhandene und Mögliche und lassen Gefühle des Unzulänglichen und Minderwertigen zurück.

Anmerkungen zu Kapitel 5

[1] Rombach 1974, 20f.; vgl. auch Seiffert 1989, 368
[2] Zum Beispiel von Vahsen 1975; Lukas 1979; Marburger 1981; Schmidt 1981 und Mühlum 1981
[3] Thiersch/Rauschenbach geben eine kurze Zusammenfassung „Historische Aspekte sozialpädagogischer Theoriebildung" 1987, 988 – 1000
[4] Wendt 1990a
[5] Vgl. dazu Possehl 1990
[6] Vgl. Hirschberger 1961, 426 – 584
[7] Vgl. Teil 3 Abschnitt 1
[8] Vgl. Teil 3 Abschnitt 2
[9] Vgl. Teil 3 Abschnitt 3
[10] Vgl. Teil 3 Abschnitte 4 und 5
[11] Scherpner 1974 gibt eine beeindruckende Auswahl.
[12] Thiersch/Rauschenbach 1987, 995
[13] Vgl. Teil 1 Abschnitt 1
[14] Wendt 1990a, 173f.

[15] Vgl. zum Beispiel die Publikationen von Salomon und anderen LehrerInnen der Schulen für Soziale Berufe.
[16] Vgl. Staub-Bernasconi 1986, 11 – 13
[17] Salomon 1927, 172 – 192
[18] Weitere Angaben zu Publikationen von Klumker siehe bei Scherpner 1974, 9f.
[19] Vgl. Teil 1 Abschnitt 3.3 und Teil 2 Abschnitt 4
[20] Pfaffenberger 1974
[21] Böttcher 1975, 64f.
[22] Siehe Teil 1 Abschnitt 2.1.
[23] Hege 1979
[24] Hege 1979, 161
[25] Hege 1979, 161
[26] Schiller in Germain/Gitterman 1983, X
[27] Germain/Gitterman 1983, XII. Hervorhebung durch mich, E.E.
[28] Germain/Gitterman 1983, 5
[29] Germain/Gitterman 1983, 56
[30] Mühlum 1986, 852
[31] Mühlum 1982, 309 – 333; Bock 1986, 746 -749
[32] Schwendtke 1977, 210
[33] Lowy 1983, 103
[34] Lowy 1983, 15
[35] Vgl. auch Staub-Bernasconi 1983a, 3
[36] Siehe Teil 1 Abschnitt 2.1. S. 32 - 34
[37] Maas 1980, 33
[38] Schmidt 1981, 267
[39] Marburger 1981, 175 – 178
[40] Scherr 1989, 36. Hervorhebung durch mich, E.E.
[41] Scherpner 1974, 123
[42] Zum Beispiel von Mühlum 1981, 310, 314; Thiersch 1986a, 42 und anderen
[43] Marburger 1981, 175f.
[44] Rombach 1979, 151
[45] Mühlum 1986, 851
[46] Vgl. Teil 4
[47] Siehe Teil 1 Abschnitt 2.1. S. 33f.
[48] Thiersch/Rauschenbach 1987, 987
[49] Thiersch/Rauschenbach 1987, 1000f.
[50] Thiersch/Rauschenbach 1987, 985
[51] Vgl. Marburger 1981, 77 – 110
[52] Vgl. Teil 2 Abschnitt 4.2.
[53] Vgl. Teil 4 Abschnitt 1
[54] Vgl. Lukas 1979, 184 -187
[55] Siehe Teil 4 Abschnitt 2
[56] Siehe Teil 4 Abschnitt 3
[57] Siehe Teil 4 Abschnitt 4
[58] Habermas 1981
[59] Dießenbacher/H. Müller 1987
[60] Siehe Teil 4 Abschnitt 5
[61] Vgl. Ehrhardt-Kramer 1989

[62] Siehe Teil 4 Abschnitt 6
[63] Capra 1988
[64] Siehe Teil 4 Abschnitt 7
[65] Winkler 1988a
[66] Winkler 1988a, 102
[67] Winkler 1988a, 100
[68] Sünker 1989
[69] Winkler 1988a, 19
[70] Vgl. Teil 4 Abschnitt 2
[71] Vgl. Teil 4 Abschnitt 5
[72] Vgl. Teil 4 Abschnitt 6
[73] Vgl. Teil 4 Abschnitt 7
[74] Rössner 1975, 7
[75] Vgl. Alisch/Rössner 1990
[75] Vgl. Thiersch/Rauschenbach 1987; Thiersch 1986a
[76] Staub-Bernasconi 1989
[77] Vgl. Wendt 1990, 10 und 230
[78] Vgl. Staub-Bernasconi 1983b, 1986, 1989
[79] Vgl. hierzu meine Ausführungen zum Einfluß des beruflichen Werdegangs auf die Wissenschaftsauffassung in Teil 1 Abschnitt 4.2. S. 67
[80] Brumlik 1989, 374
[81] Zitiert aus „Zu den Beiträgen". In: neue praxis 5 (19) 1989, 368
[82] Vgl. die Zusammenfassung von Haupert/Kraimer 1991, 107
[83] Vgl. Dewe/Scherr 1990, 125
[84] Es fällt auf, daß ein sich als Praktiker bekennender Autor (Klatetzki 1990) die Ausführungen Brumliks unterstützt.
[85] Brumlik 1989
[86] Siehe Teil 1 Abschnitte 4.1 und 4.2.
[87] Vgl. Bundesarbeitsgemeinschaft der Freien Wohlfahrtspflege (Hrsg.) 1985
[88] Bundesarbeitsgemeinschaft der Freien Wohlfahrtspflege (Hrsg.) 1985, 47
[89] Hengsbach 1982, 132 – 135 unterscheidet idealtypisch System-Soziallehre, Kritische Soziallehre und Handlungs-Soziallehre.
[90] Hilpert 1990, Ludwig 1990
[91] Ich verweise beispielsweise auf die Arbeiten von Oswald von Nell-Breuning.

6. Fast nur Ausbildung – kaum Forschung

Forschung ist für jede Wissenschaft lebensnotwendig (siehe Teil 1 Abschnitt 2.1., S. 34ff.). Eine Wissenschaftsdisziplin, in der nicht oder nicht mehr geforscht wird, führt ihr eigenes Ende herbei. Das gilt auch für die Soziale Arbeit als Wissenschaft. An anderer Stelle ist bereits die Einengung der Sozialen Arbeit als Wissenschaft auf die Ausbildung und die strukturell bedingte Behinderung von Forschung in der Sozialen Arbeit beschrieben worden (siehe Teil 2 Abschnitt 1, S. 78ff.

und Abschnitt 2.1., S. 90ff.). Dennoch ist zu fragen: Wie sieht es mit der Forschung in der Sozialen Arbeit als Wissenschaft aus? Wie ist das Verhältnis von ForscherInnen und PraktikerInnen der Sozialen Arbeit?

6.1. Soziale Arbeit als Wissenschaft und ihre Forschung

Natürlich lebt die Soziale Arbeit als Wissenschaft wie alle anderen Wissenschaften auch von und in ihrer Forschung. Darin sind sich alle einig, die eine Soziale Arbeit als Wissenschaft unterstützen. Ein großer Chor, vor allem aus Hochschullehrern, beklagt seit vielen Jahren beharrlich, daß es der Sozialen Arbeit (und der Sozialpädagogik) an Forschung fehle[1] oder es werden primär Defizite in der Sozialarbeitsforschung erkannt.[2] Andere AutorInnen sprechen von achtbaren Versuchen, wenn sie beispielsweise die Geschichte von Praxisforschung in der Sozialen Arbeit betrachten[3] oder verweisen darauf, daß der gesamte Bereich der Grundlagenforschung mit seinen Ergebnissen heute bereits eine erhebliche Bedeutung für die sozialarbeiterische Praxis habe.[4]

Für jeden ist es schwierig, den *gegenwärtigen Forschungsstand* in der Sozialen Arbeit als Wissenschaft differenziert zu bewerten. Die Gefahr, pauschal sein Vorurteil gut begründet auszubreiten, ist groß. Verläßliche Unterlagen zur Einschätzung fehlen. Die Publikationspraxis ist nicht immer transparent und repräsentativ.[5] Regelmäßig werden in unterschiedlichen Zeitabständen Projektendberichte[6] und Bibliographien zur Sozialen Arbeit veröffentlicht.[7] Eine Zusammenstellung aller Projektberichte ist mir nicht bekannt. In den Bibliographien werden jährlich mehrere Hundert deutschsprachige Titel aufgeführt. Die Publikationen stammen aus mehreren Fachdisziplinen und beziehen sich auf das gesamte weite Handlungsfeld der Sozialen Arbeit. Aus den Nachbarwissenschaften „Psychologie" und „Soziologie" kommt ein sehr großer Anteil der Publikationen. Doch reichen diese Zusammenstellungen nicht aus, um ein qualifiziertes qualifizierendes Urteil über den Forschungsstand insgesamt abgeben zu können. Es ist offen, nach welchen Kriterien diese Bibliographien zusammengestellt, welche Publikationen aufgenommen und welche weggelassen werden. Die Bibliographien bezeugen meines Erachtens, daß viel geforscht und auch publiziert wird. Qualifizierte Aussagen über Details dieser Forschungen sind erst möglich, wenn – wie von K. Hanhart angeregt[8] – alle Forschungsprojekte und Publikationen in einem überregionalen Forschungsinstitut für Soziale Arbeit zusammengetragen und ausgewertet werden.

Ohne Fragen gibt es keine Forschung. Wonach nicht gefragt wird, das wird auch nicht erforscht. *Treffende Fragen* ermöglichen *ergiebige Forschungsprozesse*. Welche Fragen werden in der Sozialarbeitsforschung gestellt? Wer stellt die Fragen?

Auf verschiedenen Ebenen kann geforscht werden (siehe Teil 1 Abschnitt 2.1., S. 35f.):

(a) Erforschen der sinnlichen Welt,
(b) entwickeln intellektueller Entwürfe,
(c) überprüfen, wie bestimmte Theorien in der Praxis wirken.

Und drei Arten der Forschung lassen sich unterscheiden:

(a) Grundlagenforschung
(b) Bedarfsforschung oder angewandte Forschung
(c) Praxisforschung.

Betrachtet man diese verschiedenen Forschungsebenen und Forschungsarten, dann zeigt es sich, daß es offensichtlich Vorlieben in der Sozialarbeitsforschung gibt. Das *Entwickeln intellektueller Entwürfe* (Theorien) und die *Praxisforschung*[9] stehen nach meiner Einschätzung im Mittelpunkt des Interesses, die anderen Forschungsebenen und -arten werden vernachlässigt. Das ergibt sich meines Erachtens aus der weit verbreiteten Auffassung, daß die (Berufs)Praxis Sozialer Arbeit der Gegenstand der Sozialen Arbeit als Wissenschaft und damit auch der Forschung sei.[10] Konsequenterweise wird dann fast ausschließlich berufliches Handeln in der Sozialen Arbeit unter verschiedenen Gesichtspunkten untersucht. Veränderungswünsche an die Praxis seitens der PraxisforscherInnen stehen dabei im Vordergrund der Forschung. Die Lust der SozialarbeiterInnen in Wissenschaft und Praxis (andere) zu werten und zu kritisieren ist für mich ein nicht zu unterschätzendes Motiv, die Praxisforschung und das immer neue Entwerfen von normativen Theorien zu favorisieren.[11] Zu kurz kommt dabei meines Erachtens die Erforschung der sozialen Probleme unter der Fragestellung: Was ist los? Ein Beispiel: Bevor man über die Veränderung der Adoptionsvermittlung nachdenkt, sollte zunächst erforscht werden, was mit den „abgebenden Müttern" ist. Die Kenntnis der psychischen und sozioökonomischen Bedingungen bei der Adoptionsfreigabe ist doch erst die Voraussetzung dafür, um über den Vermittlungsprozeß und die psychosozialen Verarbeitungsstrategien nachzudenken.[12] Diese Forschung – man könnte sie auch Grundlagenforschung nennen – muß und kann von der Sozialen Arbeit nicht selbst geleistet werden; hier bieten sich vorzügliche Möglichkeiten an, mit anderen Disziplinen zusammenzuarbeiten. Die Forschungsfrage allerdings ist von der Sozialen Arbeit her zu stellen und nicht von der Psychologie oder Soziologie. Alle Forschungsebenen und -arten sind für die Entwicklung der Sozialen Arbeit als Wissenschaft (und auch als Praxis) relevant und deswegen zu pflegen.[13]

Für die Forschung in der Sozialen Arbeit gibt es eine große Schwierigkeit: Diese Schwierigkeit resultiert – meiner Einschätzung nach – vor allem daraus, daß der zu erforschende Gegenstand der Sozialen Arbeit als Wissenschaft und auch der der Praxis Sozialer Arbeit (noch) verschwommen ist (siehe Teil 2 Abschnitt 3). Solange hierüber die Meinungen weit auseinander gehen, kann es auch keine gemeinsame Ausgangsbasis für die Forschungsfragen geben und in der Folge keine gemeinsame, aufeinander aufbauende Forschung. Es muß bei einzelnen, unverbundenen Forschungsprojekten bleiben.

In Deutschland scheint das *öffentliche Interesse* an der Erforschung sozialer Probleme und alternativer Lösungen kleiner zu sein als an der Erforschung anderer Lebensbereiche. Für die Erforschung des Weltalls oder die Entwicklung neuer Waffensysteme werden viele Milliarden DM ausgegeben. Wieviel Pfennig werden für die Erforschung der Lebenssituation von Nichtseßhaften, Obdachlosen, Drogenabhängigen oder – im Bereich „Adoption" – „abgebenden Müttern" ausgegeben? Soziale Arbeit als Wissenschaft und Forschung konkurriert mit den mächtigen und zähen Alltagstheorien der Bevölkerung. Kaum eine andere Disziplin spürt diese Konkurrenz so stark wie die Soziale Arbeit. Man weiß eben: „Penner sind faul", „Obdachlose haben selbst schuld", „Drogenabhängige sind kaputt" und „'abgebende Mütter' wollen ihre Kinder sowieso nicht". Das braucht nicht erst erforscht zu werden. Wie es im tiefen Weltall aussieht, das weiß man nicht. Das muß erforscht werden. Und zur Verteidigung des Wohlstands sind die neuesten Waffensysteme notwendig. Da ist es keine Frage, daß viele Milliarden DM investiert werden müssen. Das Interesse der Öffentlichkeit für soziale Probleme ist außerdem recht wechselhaft. Heute sind die Aidskranken im Mittelpunkt öffentlicher Aufmerksamkeit. Und es werden Forschungsprojekte für ihre Betreuung publikumswirksam initiiert und finanziert. Gestern waren es die Frauenhäuser. Morgen sind es vielleicht strahlengeschädigte Kinder. So hängt Sozialarbeitsforschung auch von der *Konjunktur sozialer Themen* ab. Da von dem öffentlichen Interesse zumeist der Grad der finanziellen Förderung abhängt, ist eine kontiunierliche Forschung kaum möglich. Geforscht wird an wissenschaftlichen Hochschulen. Fachhochschulen sind vom Hochschulgesetz ausdrücklich von der Forschung ausgenommen und haben nur Aufgaben in der Lehre wahrzunehmen.[14] Für Sozialpädagogik als Studiengang an der Universität bestehen Ort und Auftrag für die Forschung, auch wenn die materielle und personelle Ausstattung als äußerst unzureichend angesehen wird.[15] Für Soziale Arbeit als Studiengang an der Fachhochschule gibt es weder Ort noch Auftrag für Forschung. Die Versuche, an Fachhochschulen in den Fachbereichen für Sozialwesen zu forschen oder Forschungsinstitute einzurichten und dort anzuschließen, waren bislang meines Wissens wenig erfolgreich.[16] Die Zahl anderer Forschungsinstitute für Soziale Arbeit ist klein.[17] Ein Vergleich der Ausstattung mit Dokumentationszentren und Forschungseinrichtungen anderer Fachdisziplinen läßt auf eine geringe öffentliche Wertschätzung Sozialer Arbeit schließen. Sozialarbeit hat im Hochschulbereich ausschließlich einen Ort der Lehre und der Ausbildung erhalten, keinen zum Forschen. Strukturelle, personelle und materielle Voraussetzungen fehlen im Hochschulbereich, um in der Sozialen Arbeit als Wissenschaft forschen zu können.

Die Spaltung der Hochschulen in wissenschaftliche Hochschulen und Fachhochschulen trifft die Soziale Arbeit als Wissenschaft wie kein anderes Fach sonst. Alle anderen Studiengänge der Fachhochschulen existieren zugleich als Studiengang an wissenschaftlichen Hochschulen. Damit sind zwar HochschullehrerInnen dieser Fächer an Fachhochschulen von der Forschung ausgesperrt und nur zur Lehre verpflichtet, aber für die Fächer selbst als wissenschaftliche Disziplinen bleibt der Zugang zur Hochschulforschung insgesamt erhalten. Das gilt aber nicht für Soziale Arbeit. Das Fach „Sozialpädagogik" kann hier nicht für Soziale Arbeit herangezogen werden, da es einen anderen, engeren Gegenstandsbereich als Soziale Arbeit hat.[18] Die strukturelle Benachteiligung der Sozialen Arbeit als Fach führt zu einem Unikum: Es soll etwas anwendungsbezogen gelehrt werden, ohne daß irgendwo die Vorausetzungen dafür geschaffen worden sind, das zu Lehrende zu erforschen. Da bleibt für die Lehrenden nur der Rückgriff auf Berufswissen und Forschungsergebnisse anderer Disziplinen übrig. Allein die Etablierung der Sozialen Arbeit als Wissenschaft an wissenschaftlichen Hochschulen ist eine Voraussetzung zur Lösung dieses Problems.

In den vergangenen Jahren sind zahlreiche Modellprojekte in der Sozialen Arbeit eingerichtet worden. Die Träger oder Geldgeber haben in der Regel auf einer *wissenschaftlichen Begleitung der Modellprojekte* bestanden. Die WissenschaftlerInnen sollen Wissen und Methoden bei den Projekten einbringen, um die praktischen Probleme besser lösen zu können. Durch die wissenschaftliche Fundierung und

Auswertung der Arbeit sollen die Ergebnisse über das Einzelprojekt hinaus nutzbar werden. Die enge Zusammenarbeit von PraktikerInnen und WissenschaftlerInnen ist/war für alle Beteiligten nicht einfach, aber recht lehrreich.[19] Die Ergebnisse der wissenschaftlichen Begleitung und der Schlußfolgerungen daraus für die Soziale Arbeit sind schwer zugänglich. Es bleibt dem Zufall überlassen, ob man über Projektendberichte erfährt, da sie nicht systematisch verwaltet und veröffentlicht werden. Hier liegen viele Forschungsergebnisse noch im Verborgenen.

6.2. Die Zusammenarbeit von ForscherInnen und PraktikerInnen

Die *Zusammenarbeit von Forschung und Praxis* beziehungsweise ForscherInnen und PraktikerInnen wird von allen Beteiligten als schwierig bezeichnet.[20] Als Gründe für das schwierige Verhältnis werden angegeben: Die Eigenart sozialarbeiterischer Praxis (Erfolgsdruck, unmittelbare Handlungsverpflichtung, alltäglicher Arbeitsdruck, wenig Zeit und Kraft zur Reflexion), ideologisch bedingte Barrieren, Angst vor Veränderung, ärgerliches Auftreten der ForscherInnen als KritikerInnen und BesserwisserInnen, mangelnde Feldkenntnis, Orientierung außerhalb des Praxisfeldes usw. Dieter Kreft nennt als spezielle Einzelprobleme im Verhältnis von Wissenschaft/Forschung zur Praxis:

> „(1) Wann wird wo, wie geforscht (kann gefördert werden)?
> (2) Wer bestimmt den Forschungsbedarf, entscheidet, daß geforscht wird?
> (3) Wie steht es um die Bereitschaft der Praktiker / Politiker, sich des Forschungsbereiches (seiner Ergebnisse) zu bedienen?
> (4) Wie um das Praxisverständnis, Praxiswissen, Praxiseinfühlungsvermögen der Forscher?
> (5) Wie steht es um die Handlungsorientierung der Forschung?
> (6) Wie werden Forschungsergebnisse vermittelt?
> (7) Muß schließlich die Forschung nicht auch 'aufpassen', daß sie mit ihren Ansätzen einer durch eigenes Handeln informierten Praxis nicht 'hinterherläuft'?"[21]

Wenn HochschulforscherInnen und PraktikerInnen der Sozialen Arbeit zu einem Forschungsprojekt zusammenkommen, stoßen verschiedene Welten aufeinander; eine harmonische Zusammenarbeit wird so sehr schwierig. Mit einer recht groben Faustskizze möchte ich dieses Zusammentreffen an einem Beispiel lebendig werden lassen. Der Wissenschaftler ist Ordinarius für Sozialpädagogik an einer Universität und möchte ein Forschungsprojekt über emanzipative Sozialpädagogik mit psychisch Kranken in Langzeitwohnheimen durchführen. Das Wohnheim für psychisch Kranke, das er sich aussucht, wird von einer Sozialarbeiterin geleitet. Er möchte mit seinem Projekt erreichen, daß die HeimbewohnerInnen mit dem Leitziel der Emanzipation betreut werden. Sie dagegen erhofft Unterstützung und Entlastung für sich und ihre MitarbeiterInnen bei der alltäglichen Arbeit. Sie kennt selbstverständlich die Probleme ihrer Heimbewohner und ihrer MitarbeiterInnen, teilweise kennt sie auch die Ursachen.

Er kommt stundenweise in ihr Büro und plädiert wortgewandt für sein Forschungsziel: Emanzipative Veränderung der Praxis im Wohnheim. Sie erinnnert sich an ihre eigenen Emanzipationsideen, mit denen sie die Stelle angefangen hat. Zugleich spürt sie den Druck, den ihr die real existierenden HeimbewohnerInnen mit ihren Verrücktheiten, Aggressionsausbrüchen, Suicidgedanken usw. machen. Er doziert ihr über herrschaftsfreie Kommunikation als Basis verantworteter Sozialpädagogik. Sie ist eingeklemmt von rechtlichen, administrativen und finanziellen Sachzwängen. Die für das Projekt von allen HeimbewohnerInnen und MitarbeiterInnen auszufüllenden Fragebogen erlebt sie als eine zusätzliche Last.

Da sitzen sie nun einander gegenüber. Er hat ein Jahresgehalt von ca. 130.000 DM (Besoldungsgruppe C 4); sie hat ein Jahresgehalt von ca. 50.000 DM (Besoldungsgruppe BAT IV a). Er hat ein Lehrdeputat von 8 Stunden pro Woche während 30 Wochen im Jahr; sie hat 37,5 Wochenstunden bei 30 Urlaubstagen im Jahr. Er ist Beamter auf Lebenszeit, faktisch unkündbar; sie ist Angestellte bei einem freien Träger sozialer Dienste, kündbar, wenn sie einen geschiedenen Mann heiratet. Er hat das Recht der freien Lehre und niemand kontrolliert ihn; ihr Anstellungsträger fordert Loyalität, Rechenschaft über alles, was passiert oder nicht passiert, und kontrolliert ihre gesamte Arbeit. Er lebt mit gebildeten und angepaßten Menschen zusammen; sie ist den ganzen Tag über den Verrücktheiten kranker Menschen ausgesetzt. Er pflegt eine Sprache auf hohem Niveau; sie muß sich mit keifenden und mundfaulen Menschen verständigen.

Die Arbeitsteilung zwischen Forschung und Praxis mit allen Konsequenzen hat in der Sozialen Arbeit vielfach zur Entfremdung von ForscherInnen und PraktikerInnen geführt. Die Entfremdung vieler ForscherInnen von der Praxis begünstigt bei ihnen eine hochnäsige, wenig wissenschaftliche Haltung. Diese zeigt sich für mich darin, wenn sie für ihr Tun einen Wissenschafts- und Forschungsbegriff zugrunde legen, der

„im Sinne 'kritischer Theorie' entschieden die Kritik und Analyse bestehender Praxis, gemessen an pädagogisch-politischen Zielsetzungen im Sinne und Interesse individueller und kollektiver Emanzipation, zum Gegenstand hat. Dazu gehört vor allem auch die kritische Reflexion der antreffbaren Ziele und der jeweils bereits erfolgten, in der Regel aus institutionellen Interessen abgeleiteten Problemdefinitionen, die die Praxis bestimmen. Forschung und wissenschaftlich angeleitete Reflexion haben insofern eine wesentliche Funktion darin, diese in allen Formen der Praxis bereits enthaltenen interessegeleiteten Problemdefinitionen kritisch zu befragen und sie unter dem Kriterium des Interesses der Betroffenen zu problematisieren."[22]

Vor der Kritik sollte doch wohl zuerst – jedenfalls dann, wenn man wissenschaftlich arbeiten will – die Analyse dessen stehen, was vorzufinden ist.[23] Danach kann man sich über die angestrebten und eventuell besser anzustrebenden Ziele unterhalten und von da aus die Praxis kritisieren. Die zunächst zu beantwortenden Fragen nach der Situationsanalyse sind: Welches sind die Interessen der Betroffenen? Wie können die Interessen aller Betroffenen erkannt werden? Wer bestimmt, was für wen gut ist oder sein soll? Wie können Lösungen gefunden werden, die von allen Beteiligten angenommen werden? Wie können unvermeidbare Konflikte ausgetragen und gelöst werden? Die Reihenfolge erst Kritik und dann Analyse ist für mich Missionierung, genügt keinesfalls den Ansprüchen an eine sich kritisch gebende Wissenschaft/Forschung!

Andere AutorInnen verbinden mit Praxisforschung zunächst die Untersuchung der Praxis beruflichen Handelns in der Sozialen Arbeit und nennen dann als zweite Aufgabe die Veränderung der Praxis sozialer Arbeit.[24] Wer als ForscherIn mit dem – offenen oder verborgenen – vorrangigen Anspruch auftritt, die Praxis sei grundsätzlich zu verändern, darf sich nicht wundern, wenn die PraktikerInnen und häufig auch die KlientInnen die Zusammenarbeit mit ihnen verweigern. Eine grundsätzlich auf Veränderung ausgerichtete Praxisforschung respektiert nicht, daß in vielen Fällen die Praxis Sozialer Arbeit sowohl von den KlientInnen als auch von den SozialarbeiterInnen als zufriedenstellend erlebt wird. Berichte über erfolgreiche Zusammenarbeit von Forschung und Praxis bestätigen die große Bedeutung der gegenseitigen Achtung.[25] Eine Rückbesinnung auf Wissenschaft als gemeinsame Suchbewegung mag zu einem behutsameren und partnerschaftlichen Umgang von ForscherInnen und PraktikerInnen führen.

ANMERKUNGEN ZU KAPITEL 6

[1] Hornstein 1987, Rauschenbach 1991
[2] Dewe / Wohlfahrt 1989

[3] C.W. Müller 1988c, 17 - 33

[4] Kreft 1987, 60

[5] Heiner 1988a, 10

[6] Kreft 1987, 58ff.

[7] Als Beispiele nenne ich die Zeitschriftenbibliographie in der Zeitschrift „Soziale Arbeit", die Bibliographie der Sozialwissenschaftlichen Literatur Rundschau und die Literaturübersicht in den Jahrbüchern des Deutschen Caritasverbandes e.V.

[8] Zitiert nach Hornstein 1987, 373

[9] Bei dem Verständnis von Praxisforschung orientiere ich mich an der Definition von Maja Heiner 1988a, 7. C. Wolfgang Müller faßt Praxisforschung („empirische Untersuchungen der Voraussetzungen, der Praxis und der Folgen beruflichen Handelns in der sozialen Arbeit") dagegen so weit auf, daß alle Forschungsebenen und - arten damit umfaßt sind. 1988a, 17.

[10] Vgl. Fehlker 1989, 42

[11] Vgl. hierzu Teil 1 Abschnitt 4.2. und Teil 2 Abschnitt 4.3.

[12] Swientek 1986

[13] Vgl. hierzu auch die Konstruktionselemente einer komplexen Handlungstheorie zur Sozialen Arbeit von Silvia Staub-Bernasconi in Teil 4 Abschnitt 7 S. 294f.

[14] Vgl. Maier 1992, 23f.

[15] Rauschenbach 1991

[16] Vgl. Maier 1992 und den Bericht der Konferenz der Fachbereichsleiter der Fachbereiche Sozialwesen 1986

[17] Auf das Institut für Sozialarbeit und Sozialpädagogik in Frankfurt / M., das Sozialpädagogische Institut in Berlin und das Deutsche Jugendinstitut in München weise ich stellvertretend für andere Institute hin.

[18] Vgl. Teil 2 Abschnitt 3

[19] Vgl. Berg / Wortmann 1987; Kreft 1987

[20] Zum Beispiel Späth 1985; Hornstein 1987; Kreft 1987; v. Uslar 1988; Happe 1988; Horn / Klinkmann 1989

[21] Kreft 1987, 61

[22] Hornstein 1987, 375f.

[23] Vgl. hierzu Kreutz / Landwehr / Wuggenig 1987; Layer 1987

[24] Heiner 1988a, 7

[25] Kreft 1987, 62f.

Teil 3
Vom Armutsideal bis zum Töten „unwerten Lebens" – Sieben „Theorien" aus der Geschichte Sozialer Arbeit

Merkmale und Kennzeichen einer Sozialen Arbeit als Wissenschaft sind in Teil 2 diskutiert worden. Im folgenden werden auf diesem Hintergrund Theorien zur Sozialen Arbeit aus der Geschichte wie auch aus der Gegenwart dargestellt.

Menschen werden im Unterschied zu anderen Lebewesen als vernunftbegabte Lebewesen angesehen. Als vernünftige Menschen müßten wir eigentlich aus unserer eigenen Geschichte und der Geschichte anderer Menschen lernen. Aber tun wir das? Betrachten wir die Geschichte der Menschen, um zu erfahren, wie mit sozialen Problemen umgegangen worden ist? Befassen wir uns mit den praktischen und theoretischen Lösungsversuchen unserer Eltern, Großeltern, Urgroßeltern und lernen daraus?

Wir scheinen auf die Gegenwart fixiert zu sein und vernachlässigen unsere Einbindung in die Geschichte. Wir denken und empfinden, daß wir einmalig sind und daß es unsere Situation und unsere Probleme noch nie gegeben hat. Unsere Lebenssituation hat es zwar so, wie sie jetzt ist, noch nie zuvor gegeben und dennoch ist sie nicht völlig neu. Wenn wir nach dem Neuen fragen, dann müssen wir das Alte sehen, und dann sehen wir auch, daß das Alte nie so alt gewesen und das Neue nie so neu gewesen ist, wie es scheint (Hans-Georg Gadamer).[1] Die gegenwärtige Situation ist immer das Ergebnis vorhergegangener Entwicklungen. Die Vergangenheit vergeht nicht, sondern wirkt weiter. Probleme, die sich in der Gegenwart stellen, sind außerdem häufig eine Konsequenz aus früheren Problemlösungen.

Mit welcher Zeitepoche sollte man konkret anfangen, wenn man aus der Vergangenheit Sozialer Arbeit für die Gegenwart Sozialer Arbeit lernen will? Allgemein gilt, daß mit der vom Frühkapitalismus produzierten Massenarmut berufliche Sozialarbeit begonnen hat.[2] Infolge einer engen Auffassung dieser These beginnen viele AutorInnen mit dem 19. Jahrhundert. Ich schließe mich allerdings der Auffassung an, daß mit dem Wandel vom Mittelalter zur Neuzeit die Grundlagen für die heutigen sozialen Probleme und damit auch für die berufliche Soziale Arbeit in Europa entstanden sind.[3] Die Auflösung der hochmittelalterlichen Gesellschaftsordnung führte nämlich zu den frühen Formen des Kapitalismus und der Industrialisierung. Die Wurzeln heutiger Sozialer Arbeit in Theorie und Praxis reichen – aus meiner Sicht – daher bis in das hohe Mittelalter (13. Jahrhundert) zurück.[4] Im 12. Jahrhundert sind außerdem die europäischen Universitäten gegründet worden, an denen von Anfang an auch soziale Fragen bedacht worden sind. Ein weites historisches Selbstbewußtsein fördert eine umfassende und interdisziplinär-integrativ denkende Sozialarbeitswissenschaft und verhindert engstirnige Fixierungen auf Tagesfragen.

Die in diesem Teil zusammengestellten sieben „Theorien" Sozialer Arbeit sind von ihren AutorInnen nicht ausdrücklich als Theorien der Sozialen Arbeit verstanden und vorgestellt worden. Man kann sie daher – aus heutiger Sicht – als vorwissenschaftliche Theorien oder – wenn man das Wissenschaftsverständnis der jeweiligen Epoche zugrunde legt – als Teiltheorien im Rahmen von Gesamttheorien oder auch nur als sozialpolitische Programme verstehen. Ich betrachte die historischen Aussagen zur Lösung sozialer Probleme als eine umfangreiche Fakten- und Ideensammlung, die die heutige wissenschaftliche Theoriebildung zur Sozialen Arbeit unterstützt und bereichert.

1. Armut in heiliger Ordnung – Thomas von Aquin

1.1. Der lebensweltliche Kontext[1]

Das hohe Mittelalter (12./13. Jahrhundert) ist gekennzeichnet durch krasse Gegensätze. Kaiser und Päpste, weltliche und kirchliche Herrscher kämpfen um die Macht.[2] Kreuzzüge sollen das Heilige Land befreien. Deutsche ziehen in den Osten Europas und kolonisieren das Gebiet östlich der Elbe. Kriege und Schlachten zerstören das Land und verursachen viel Leid und Not. Städte werden neu gegründet und Dörfer werden verlassen. Die Erträge der Landwirtschaft werden mit der Dreifelderwirtschaft vermehrt und doch verhungern viele Menschen. Die Gesellschaft ist durch Stände geordnet. Die Mächtigen (Hoher Adel und Klerus) bauen ihre Privilegien (zum Beispiel Sicherheiten gegen Güterenteignung, Besteuerung, Verhaftung und freies Verfügungsrecht über die Güter des niederen Adels) aus. Die Abhängigen und Untertanen werden stärker ausgebeutet und ohnmächtiger. Gewerblicher Markt und Ausdehnung des Fernhandels führen zu einem Aufschwung und Reichtum von Handel und Handwerk. Wenigen Herrschern und Reichen stehen viele Beherrschte und Arme gegenüber. Das sind hörige Bauern, besitzlose Tagelöhner, Angehörige „unehrlicher Berufe" (Spielleute, Huren), Witwen, Waisen, Krüppel, Kranke und Alte.[3] Seuchen, Hungersnöte, Kriege, Feuer- und Wasserkatastrophen töten Menschen in großer Zahl oder verursachen Armut und Elend. Die Kirche ist die größte Geldmacht der Epoche. Gläubige schließen sich zu Bettelorden zusammen und geloben, arm zu leben. Die Bedürftigen werden ohne organisierte Hilfe durch eine private „Liebestätigkeit" versorgt. Die Kirche und die Orden unterhalten für kranke und alte Notleidende Hospize.

An Kloster- und Kathedralschulen bilden sich Genossenschaften von Lehrenden und Lernenden. Auf diese Weise werden die ersten Universitäten gegründet. Die große Mehrheit der Bevölkerung kann weder schreiben noch lesen. Die Auslegung der Schriften des heidnischen Philosophen Aristoteles (384 – 322 vor Christus) und das Verfassen von Kommentaren und Summen (das sind zusammenfassende und abschließende Systeme der Welterkenntnis) prägen das wissenschaftliche Arbeiten. Philosophie und Theologie sind die führenden Wissenschaftsdisziplinen. Kritik an dieser autoritätsorientierten Wissenschaftsauffassung entsteht unter dem Einfluß der islamischen Naturwissenschaftler. Der englische Franziskaner Roger Bacon erklärt die Mathematik zur Grundlage aller Wissenschaften und fordert als Methode wissenschaftlichen Arbeitens das Zurückgehen auf die unmittelbare Erfahrung, das heißt auf die Beobachtung und Befragung der Natur mittels des Experiments, in dem er die Quelle allen wahren Weltwissens sieht.

1.2. Der Autor

Thomas wird um die Jahreswende 1224/25 als Sohn des Grafen von Aquino, eines Verwandten der hohenstaufischen Kaiserfamilie, in der Nähe Neapels geboren. Mit fünf Jahren kommt er zur Erziehung zu den Benediktinern ins Kloster Monte Cassino. Als 14jähriger beginnt er an der Universität Neapel zunächst die freien Künste, dann Theologie zu studieren. Gegen den massiven Widerstand seiner reichen Familie tritt er als 17jähriger in den gerade gegründeten Bettelorden der Dominikaner ein, um Gott und der Wissenschaft in Armut zu dienen. An den Universitäten in Paris (dem Zentrum der europäischen Theologie) und Köln vertieft er seine Studien. Im Mittelpunkt seines wissenschaftlichen Interesses steht, die Werke des heidnischen Philosophen Aristoteles zu erforschen und für die Theologie zu nutzen. Die von Arabern und Juden nach Europa gebrachten Werke des „Materialisten" Aristoteles werden von der Kirche als heidnisch abgelehnt. Von 1252 an ist Thomas als theologischer Lehrer in Frankreich und Italien tätig. Mit seinem Lehrer und Ordensbruder Albertus Magnus in Köln verbindet ihn eine lebenslange Freundschaft. Den Höhepunkt seiner wissenschaftlichen Laufbahn erlebt Thomas bei seinem zweiten Aufenthalt in Paris von 1269 – 1272. In dieser Zeit wird er gefeiert und zugleich von Klerus und Professoren wegen seiner Lehren heftigst bekämpft. Die letzten zwei Jahre seines Lebens verbringt er wieder in Neapel an der Ordensuniversität. Er stirbt 1274 auf einer Reise, die er wie alle seine Reisen zu Fuß und bettelnd durchführt, zum Konzil von Lyon. Er hinterläßt zahlreiche philosophische und theologische Schriften. 1322 wird Thomas von der katholischen Kirche heiliggesprochen. Seine Auffassungen werden in ihrer Radikalität „entschärft" und allmählich immer stärker zur amtlichen Lehre der Kirche.

Für Heinrich Böll ist Thomas von Aquin, „versucht man ihn in unsere Gegenwart zu versetzen, klassische Apo, ein Aussteiger, ein Achtundsechziger – und er blieb einer, trotz übelster Verleumdungen, Drohungen, Boykotte".[4]

1.3. Die Wissenschaftsauffassung

Thomas ist fest überzeugt, daß das Sein als gesetzmäßig geordnete Realität vom Menschen vorgefunden wird und daß wir diese Realität mit unserem Verstand erkennen können. Die ganze Gegenstandswelt, in der der Mensch lebt und die er wahrnimmt, ist eine Schöpfung Gottes. Mit der menschlichen Vernunft kann die Welt nicht ganz erkannt werden. Über dem Reich der philosophischen Erkenntnis erhebt sich das Reich der übernatürlichen Wahrheit. Dieser Bereich bleibt dem philosophischen Erkennen verborgen und nur durch Glauben zugänglich. Der dreieine Gott, die Menschwerdung und Auferstehung Jesu sind die zentralen Glaubensgeheimnisse und von Gott selbst den Menschen geoffenbart; sie können nur gläubig hingenommen werden. Vernünftiges Erkennen und gläubiges Aufnehmen widersprechen sich nicht, da die Wahrheit nur eine ist und auf Gott zurückgeht. Die Welt ist Schöpfung Gottes und auf Jesus Christus als den höchsten Herrn bezogen. Thomas versteht die Theologie auch als praktische Wissenschaft, die den Menschen zum Handeln anleitet. Ein Dreifaches ist dem Menschen zum Heile notwendig: „Zu wissen, was er glauben, zu wissen, wonach er verlangen, und zu wissen, was er tun soll." Seine „Sozialarbeitstheorie" ist daher als christliche Sozialethik praktisch orientiert und gibt normativ an, was Menschen tun müssen, damit sie ihr ewiges Lebensziel erreichen.

1.4. Der Gegenstandsbereich

Thomas von Aquin befaßt sich in seinem umfangreichen schriftstellerischen Werk mit allen Fragen des Wissens und Glaubens seiner Zeit. Themen Sozialer Arbeit wie Armut, Almosen, Gesellschaftsordnung, Gerechtigkeit, Barmherzigkeit, Nächstenliebe, Arbeitspflicht und Lebensunterhalt werden von ihm vor allem im Rahmen seiner Sozialethik in der Summa theologica, aber auch in seinen Schriften zur Rechts-, Staats- und Gesellschaftsphilosophie behandelt. Die Ausführungen sind stets in sein theologisches Weltverständnis eingebettet. Das ewige Heil des Menschen steht im Mittelpunkt seines Interesses.

1.5. Die Theorie

In der Schöpfung hat Gott seine göttlichen Ideen realisiert. Die *Welt* ist für Thomas ein Abbild Gottes und folglich insgesamt gut.[5] Daraus ergibt sich eine vollständige und heilige Ordnung des Seins. Diese Ordnung ist hierarchisch gestuft aufgebaut. Der Gedanke der heiligen Ordnung, in der die Welt ist, beherrscht das gesamte Denken des Aquinaten. Im Universum ist nichts planlos. Alles ist hingeordnet auf das höchste Ziel der Schöpfung, Gott. In der Hinordnung auf das höchste Ziel gibt es nähere und fernere, höhere und niedrigere Positionen. Dadurch kommen in der Schöpfung Gradstufen und Maße, Gattungen und Arten zustande.

Von Gott haben die Naturen, was sie als Naturen sind, und sie sind darum nur insoweit fehlerhaft, als sie vom Planen des Meisters, der sie erdacht hat, abweichen. Diese Abweichung ist möglich, weil der *Mensch* über einen freien Willen verfügt.[6] Wenn der Mensch seiner Vernunft folgt, die ihn ja den richtigen Weg erkennen läßt, ist er das edelste Wesen. Folgt er aber seiner Begierde und sündigt, dann wird er das wildeste Tier. In der menschlichen Natur steckt sehr viel Kraft. Sie muß in die rechten Bahnen geleitet werden. Das geschieht durch Gesetze und Strafandrohung; denn der Mensch ist leicht geneigt zu Willkür und Begierde.

Der Mensch ist, wie Aristoteles formuliert hat, ein soziales Wesen und hat eine naturhafte Anlage zur Gemeinschaft.[7] Vereinzelt wäre er dem Leben gar nicht gewachsen, da er nicht über die das Leben sichernden Instinkte verfügt wie ein Tier. Er muß sich mit seiner Vernunft helfen, das geschieht am besten in der *Gemeinschaft,* in der alle zur größt-möglichen Vollendung des Ganzen beitragen. Das „Gemeinwohl" geht in jeder Weise dem Wohl des Individuums voraus und hat als Re-gel die göttliche Gerechtigkeit.[8] Der einzelne hat sich der Gemein-schaftsordnung auf jeden Fall unterzuordnen. Bei einem gemeinsamen Ziel bedarf es einer gemeinsamen Ordnung. Thomas akzeptiert die hierarchische Gesellschaftsordnung (die Ständeordnung und die Mon-archie) seiner Zeit voll und ganz als Ausdruck göttlicher Ordnung. Persönlich neigt er dazu, diese statische menschliche Gesellschaft vor allem im Bild der mittelalterlichen Stadt als einer rational durch-formten Ordnung verwirklicht zu sehen.

Aufgabe des *Staates* ist es, seine Bürger zu einem glücklichen und tu-gendhaften Leben zu führen. Der Staat hat nicht nur natürliche, son-dern auch übernatürliche Aufgaben. So soll das religiöse Leben ge-fördert werden, damit die Menschen ihr höchstes Ziel, nämlich die Glückseligkeit bei Gott, erreichen.

Aus diesen anthropologischen und theologischen Grundannahmen lei-tet Thomas „Theoreme für Soziale Arbeit" ab: Die mittelalterliche *Ständeordnung* spiegelt die *göttliche Ordnung* wider und ist zugleich eine Wertordnung, ein Über- und Untereinander der Menschen in den Ständen, in die sie hineingeboren worden sind.[9] Die obersten Stände sind in einer auf Gott bezogenen Ordnung selbstverständlich die geistlichen Stände, ihnen folgen die Stände der weltlichen Herr-schaft, dann kommen die „bürgerlichen" Stände und weit darunter die Armen. Das sind Menschen, die – besitzlos – mit den eigenen Händen für ihren Lebensunterhalt sorgen müssen. Darunter noch befindet sich die Schicht der Bedürftigen; das sind die Menschen (Witwen, Waisen, Krüppel, Kranke, Alte usw.), die nichts besitzen, arbeitsunfähig sind und von Almosen („milden Gaben") leben müssen. Außerhalb der Ordnung stehen die Ehrlosen. Das sind Menschen, die gegen wichtige Gesetze verstoßen haben (öffentliche Sünder wie Diebe, Ehebrecher, Mörder usw.); sie sind geächtet und heimatlos. Diese natürliche und soziale Ungleichheit aller Menschen ist ursprünglich von Gott gewollt. Die Hinordnung des Menschen im Diesseits auf das Jenseits und die grundsätzliche Erwartung, daß das eigentliche Leben erst nach dem Tode beginnt, prägen die Auffassung über die Arbeit und die Ver-pflichtung zur Arbeit. Vorrang im Leben der Gläubigen hat die Ver-ehrung Gottes und das Bemühen um das Heil der Seele. Alles andere ist nachrangig, auch die Arbeit. Arbeit ist nicht in sich selbst wertvoll, sondern dient nur dem Erwerb des Lebensunterhalts. Die *Verpflich-tung zur Arbeit* beruht eben auf der natürlichen Notwendigkeit, sich seinen Lebensunterhalt zu beschaffen. Da es ein natürliches Gesetz ist, daß der Mensch für seinen Lebensunterhalt sorgen muß, ist es für Thomas zugleich auch ein göttliches Gebot. Diese Verpflichtung gilt für alle, die nicht von eigenem Besitz oder der Unterstützung anderer leben können. Die Arbeitspflicht gilt besonders für die Menschen, die überhaupt nichts besitzen.

Die Arbeitsverpflichtung und die Wertschätzung der Arbeit als Mittel, um sich zu ernähren, führen Thomas dazu, *Bettel* aus Begierde nach einem müßigen Leben oder nach mühelosem Erwerb von Besitz zu verbieten. Berechtigt zum Betteln ist derjenige, der wirklich bedürftig ist und nicht mehr arbeiten kann oder dessen Arbeitseinkommen zum Lebensunterhalt nicht ausreicht. Thomas erlaubt das Betteln noch aus zwei weiteren Motiven: Es ist eine Möglichkeit für Christen, sich in Demut zu üben, da Bettler in der Öffentlichkeit mißachtet werden. Betteln wird daher aus religiösen Motiven erlaubt, zum Beispiel für den Büßer auf dem Kreuzzug und selbstverständlich für die Mitglieder der Bettelorden. Betteln ist außerdem erlaubt, wenn es wegen nützlicher Zwecke geschieht. Gemeint ist damit das Betteln einzelner oder ganzer Gruppen für Einrichtungen des Gemeinwohls, zum Beispiel Sammlungen für Brücken- oder Kirchbauten.

Für Thomas von Aquin erhalten *Armut und Besitzlosigkeit* eine besondere Bedeutung vom Evangelium her. Danach sind sie sogar die Voraussetzung dafür, um überhaupt ins Himmelreich zu gelangen. „Selig die Armen im Geiste, denn ihrer ist das Himmelreich" (Matthäus 5,3) und „ein Reicher wird schwer in das Himmelreich hineingelangen... Leichter kommt ein Kamel durch ein Nadelöhr hindurch als ein Reicher in das Reich Gottes hinein" (Matthäus 19,23f.). Die freiwillig um des Himmelreiches willen gewählte Armut ist eines der höchsten Ideale in der Lehre des Thomas von Aquin.

Diese Bewertung der Armen und Notleidenden macht es verständlich, daß sich Thomas nicht ausdrücklich und direkt mit ihrer Lebenssituation befaßt. Die Abschaffung der Armut und der Armen ist für ihn kein Thema und kann es auch aufgrund seiner Grundannahmen nicht sein. Nur über einen Umweg werden sie Gegenstand seines Denkens, nämlich über seine These von der *religiös-ethischen Verpflichtung, barmherzig zu sein, Gutes zu tun und Almosen zu geben*.[10] Im Mittelpunkt dieser These stehen die Geber, also die Habenden, und nicht die Empfänger der Gaben, die Bedürftigen. Die Bedürftigen erfüllen lediglich eine wichtige Funktion beim Bemühen der Reichen um ihre Verbundenheit mit Gott und ihr eigenes Seelenheil. Über die Empfänger/Bedürftigen wird nur ausgesagt, daß sie auch wirklich in Not sind und sich nicht allein ernähren können. Auch öffentlichen Sündern und Staatsfeinden ist zu helfen, wenn sie in äußerster Not sind, damit sie nicht verhungern oder verdursten.

Alle Menschen, die im Überfluß leben, sind verpflichtet, von ihrem Reichtum den Bedürftigen abzugeben. Das *allgemeine Gebot zum Almosengeben* leitet Thomas aus dem Gebot der Nächstenliebe und der Bamherzigkeit, die den Menschen antreibt, fremdem Elend zu Hilfe zu kommen, ab.

> „Da die Nächstenliebe unter Gebot steht, so muß notwendig alles unter Gebot fallen, ohne das die Liebe zum Nächsten nicht gewahrt werden kann. Zur Nächstenliebe gehört aber, daß wir dem Nächsten nicht bloß das Gut wollen, sondern es auch wirklich tun..., daß wir seiner Not zu Hilfe kommen, was durch die Spendung von Almosen geschieht."[11]

Auf Seiten des Gebenden ist das Almosengeben nur dann geboten, wenn ihm überflüßig ist, was als Almosen verwendet werden soll. Vorab gehört es sich, daß jeder für sich und die Seinen in ausreichendem Maße sorgt. Man schuldet nicht, Almosen von dem zu geben, was schlechthin zum Leben und standesgemäß notwendig ist, es sei denn im Falle für das Gemeinwohl. Wer von dem etwas gibt, was als notwendig für seine standesgemäße Lebensführung gilt, handelt verdienstvoll, da keine Verpflichtung dazu besteht.[12] Wirklich verdienstvoll ist das Geben aber nur dann, wenn es aus der rechten Gesinnung erfolgt. Ohne Glauben an Jesus Christus und Liebe zum Nächsten fehlt der helfenden Handlung Wesentliches. Auf Seiten des Empfängers ist erfordert, daß er äußerste Not leidet. Es ist aber ein Fehler, so reichlich zu geben, daß der Empfänger Überfluß bekommt. Da der Wohltäter die Ursache und eine Art von Urheit für den Genuß von Wohltat ist, so ist derjenige, welcher die Wohltat hat, dem, der sie leistet, zu Dank verpflichtet.[13]

Beim Empfang des *Bußsakament*es ist das Almosengeben neben dem Beten und Fasten eine Möglichkeit für die Sünder, durch eigenes sittliches Bemühen die zeitlichen (nicht ewigen) Strafen für die begangenen Sünden auszugleichen. Das Almosengeben ermöglicht also reichen SünderInnen die Rückkehr auf den Weg zu Gottes Reich. Der Umfang des zu gebenden Almosens richtet sich ausschließlich nach der Lebenssituation des Gebers, nicht nach der Notlage des Empfängers.

Die Verdienstlichkeit für die Geber ist es, die die *Notleidende*n als Empfänger der Almosen in der mittelalterlichen Gesellschaftsordnung *wertvoll* sein läßt. Sie sind für das Heil der reichen Sünder unent-

166

behrlich. Die Armen und Notleidenden gehören zur heiligen Ordnung hinzu und leben in dieser Schöpfung, die auf das Jenseits, auf Gott, hingeordnet ist. Not und Armut werden religiös-ethisch gesehen und nicht ökonomisch-gesellschaftlich. Angesichts der wichtigen gesellschaftlichen Funktion der Bedürftigen und der theologischen Wertschätzung der Armut gab es für Thomas keinen Grund, die Gesellschaftsordnung zu ändern oder in seiner Theorie gar die Abschaffung der Armut und der Armen zu fordern.

Thomas interessiert sich nur nebenbei für die Lebenssituation der Notleidenden, ihn interessiert die Handlung. Er entwickelt auf biblischer Grundlage eine von der körperlich-seelischen Natur des Menschen ausgehende Systematik für die Handlungen und unterscheidet als Almosengattungen *die sieben leiblichen und die sieben geistlichen Werke der Barmherzigkeit*. Allgemein menschliche und zu allen Zeiten wiederkehrende existentielle Nöte und Mängel benennt Thomas zunächst als menschliche Defekte. Diese Mängel sind durch die sieben leiblichen und sieben geistlichen *Werke der Barmherzigkeit* zu beheben. Die sieben körperlichen Defekte sind: Hunger, Durst, Nacktheit, Obdachlosigkeit, Krankheit, Gefangenschaft und Unbeerdigtsein.[14] Ihnen entsprechen die sieben leiblichen Werke der Barmherzigkeit: Hungrige speisen, Durstigen zu trinken geben, Nackte bekleiden, Fremde ins Haus aufnehmen, Kranke besuchen und pflegen, Gefangene trösten, die Toten bestatten. Die sieben geistigen Werke der Barmherzigkeit sind: den Unwissenden lehren, den Zweifelnden beraten, den Traurigen trösten, den Sünder bessern, dem Beleidiger nachlassen, die Lästigen und Schwierigen ertragen und für alle beten. Aufgabe der barmherzigen Werke ist es, die Bedürfnisse der Bedürftigen zu befriedigen. Die Gründe für den Mangel und ihre Beseitigung interessieren Thomas nicht. Er denkt nicht daran, den Bedürftigen nachhaltig und ein für allemal aus seiner Notsituation hinauszuführen. Helfen ist für Thomas momentan und individuell ausgerichtet.[15]

Thomas befaßt sich auch mit der Frage: „Ist es einem erlaubt, wegen eines Notstands zu stehlen?" Für Thomas werden die Dinge, die jemand im Überfluß hat, aus dem natürlichen Recht dem Unterhalt der Armen geschuldet.

„Es ist der Hungernden Brot, das du zurückhältst... Falls die Not so augenscheinlich und drängend ist, daß offenkundig ist, der Not des Augenblicks müsse mit den Dingen, die einem gerade zur Hand sind, abgeholfen werden, nimm an, es droht der Person Gefahr und anders kann nicht geholfen werden, dann kann einer erlaubter Weise *mit fremden Dingen seiner Not zu Hilfe kommen*, sei es, daß sie offen, sei es, daß sie geheim weggenommen werden. Im eigentlichen Sinn hat das auch nicht das Wesen von Diebstahl oder Raub."[16]

Aus demselben Grund ist es auch Dritten erlaubt, etwas vom überflüßigen fremden Gut anderer Menschen zu nehmen und es als Almosen zu geben. Natürlich darf der Notleidende diese Hilfe annehmen, wenn ihm anders nicht geholfen werden kann. Wenn es allerdings ohne Gefahr geschehen kann, muß zunächst das Einverständnis des Besitzers eingeholt werden, und dann ist für den Armen, der in äußerster Not ist, zu sorgen.

1.6. Bedeutung und Umsetzung in der Praxis

Die Thesen von Thomas von Aquin bauen auf einer über 1000jährigen Tradition christlicher Lehre auf und sind selbst wieder innerhalb der christlichen Lehre von einer herausragenden Bedeutung. Der Dominikanerorden hat wenige Jahre nach dem Tode von Thomas seine Lehre zur offiziellen Lehre der Dominikaner erklärt. Seitdem beeinflußen die Thesen des Aquinaten in außerordentlicher Weise bis heute das abendländische theologische Denken.

Die christliche Soziallehre wurde lange Zeit fast ausschließlich auf Thesen von Thomas von Aquin aufgebaut. Der Gedanke der Subsidiarität wird beispielsweise auf Thomas zurückgeführt.[17] Christliche Liebestätigkeit („caritas") wird auch heute noch vielfach mit der Almosenlehre des Aquinaten begründet.[18] In den Sozialenzykliken haben die Päpste immer wieder auf die Thesen des Thomas von Aquin zurückgegriffen, zuletzt Papst Johannes Paul II. in seiner Enzyklika „Sollicitudo Rei Socialis" (1987).[19] Böll hat auf die politische Brisanz hingewiesen, die sich zum Beispiel für die Lösung des Nord-Süd-Gefälles aus der Lehre von Thomas ergibt, daß ein Habenichts in existentieller Not sich vom Habenden nehmen darf, was er zum Überleben braucht.[20] Danach dürfen beispielsweise die ärmsten Länder Afrikas sich von den reichen Ländern Europas nehmen, was sie zum Überleben brauchen, auch wenn die reichen Länder nicht zustimmen.

1.7. Literatur zum Vertiefen

Thomas von Aquin behandelt in mehreren Schriften seines umfangreichen Gesamtwerks Fragen, die die Soziale Arbeit angehen. Wichtige Thesen und Ausführungen stehen in der Summa theologica, dem theologischen Lehrbuch von Thomas. Im ersten Teil behandelt Thomas Gott und die Schöpfung, im zweiten Teil das sittliche Verhalten des Menschen und die spezielle Tugendlehre. Im dritten Teil wird unter anderem das Bußsakrament behandelt.[21] Zusammenfassende Übersichten und Einführungen in das Werk von Thomas sind in den einschlägigen Philosophiegeschichten zu finden.[22] Hans Scherpner hat die Thesen von Thomas von Aquin zu Armut und Almosengeben als Fürsorgetheorie dargestellt.[23]

ANMERKUNGEN ZU KAPITEL 1

[1] Bei den Daten in den „lebensweltlichen Kontexten" habe ich mich im wesentlichen an Grundmann 1988 und Kinder / Hilgemann 1991 orientiert.
[2] Vgl. Heer 1983
[3] Vgl. Sachße/Tennstedt 1980, 23 - 30
[4] Böll 1984, 41
[5] Vgl. Hirschberger 1961a, 464 – 526
[6] Thomas von Aquin 1985a, 276f.
[7] Bernhart 1985c, XCIX-CII
[8] Bernhart 1985c, CII – CVI
[9] Vgl. Scherpner 1974, 23 – 42
[10] Thomas von Aquin 1985c, 150 - 166
[11] Thomas von Aquin 1985c, 162f.
[12] Thomas von Aquin 1985c, 165
[13] Thomas von Aquin 1985c, 432
[14] Vgl. Matthäus 5, 1 – 12; 25, 31 – 46
[15] Thomas von Aquin 1985c, 161
[16] Thomas von Aquin 1985c, 320f.
[17] Vgl. Höffner 1963, 50
[18] Zum Beispiel Scherpner 1974, 39f.
[19] Sekretariat der Deutschen Bischofskonferenz 1987
[20] Böll 1984, 44f.
[21] In deutscher Übersetzung herausgegeben von Bernhart 1985
[22] Zum Beispiel Hirschberger 1961a, 464 – 529; Störig 1989, 251 – 261
[23] Scherpner 1974, 23 – 42

2. ARMUT BESEITIGEN – JUAN LUIS VIVES

2.1. Der lebensweltliche Kontext

Bereits im 13. Jahrhundert beginnt die Auflösung der mittelalterlichen Stände- und Gesellschaftsordnung. Die folgenden Jahrhunderte gelten als Zeitenwende vom Mittelalter zur Neuzeit. Die Epoche der Weltgeschichte wird mit der Entdeckung von Amerika eingeleitet. Neue Verkehrswege (zum Beispiel nach Indien) werden gesucht und ausgebaut. Kopernikus findet das heliozentrische Sonnensystem. Gutenberg entwickelt den Buchdruck. Seit den Kreuzzügen wird die Naturalwirtschaft durch die Geldwirtschaft abgelöst. Es wird gewirtschaftet, um zu erwerben und Profit zu maximieren. Der „Geldadel" (Kaufleute, Handwerker, Bankiers, Produzenten) löst die alten Stände ab und strebt nach wirschaftlichen Monopolen und politischem Einfluß. Immer mehr Städte werden gegründet. Die Städte kämpfen um Machtpositionen. Steigender Lebensmittelbedarf der Städte bewirkt einen Strukturwandel der Landwirtschaft: Übergang zur Spezialproduktion, Ausbildung neuer Grundherrschaftsformen (zum Beispiel Gutsherrschaft) und Absinken der Hörigen zu Leibeigenen. Die Bevölkerung flüchtet in großen Massen vom Land in die Städte. In den Städten bildet sich ein frühes Proletariat (handwerkliche Lohnarbeiter), das in Armenvierteln in Elend und Not lebt. Die Gegensätze zwischen Armut und Reichtum verschärfen sich. Seuchen, Epidemien und Naturkatastrophen erschüttern die Menschen. Beides zusammen führt zu Aufständen (zum Beispiel die Bauernaufstände) und Kriegen, die viele Menschen in noch größere Notlagen bringen. Viele Menschen ziehen als Bettler umher. Die Bettler werden als Tagediebe und Nichtsnutze verfolgt und als auszurottende Plage angesehen.

Allgemeine Unzufriedenheit und Erbitterung herrschen über den Reichtum der Kirche, den Klerus und die Verrechtlichung der kirchlichen Heilsmittel. Der Protest sammelt sich als europaweite Reformationsbewegung um Martin Luther (1483 – 1546) und führt zu einer Abspaltung der lutherischen Bewegung von der katholischen Kirche. Die religiösen Auseinandersetzungen gehen vielfach in Kriege über. In der Wissenschaft wird zunächst weiterhin auf die Werke von Aristoteles und seiner kirchlichen Ausleger zurückgegriffen. Die Lehren dieser Autoritäten gelten als unanfechtbar und werden nicht angezweifelt. Sie werden studiert und kommentiert. Es werden neue Autoritäten entdeckt, zum Beispiel andere griechische Philosophen und lateinische Schriftsteller. Die Lehrmeinungen dieser Autoritäten dienen als Fundament, Aristoteles und die kirchlichen Lehrer zu kritisieren. Die neue Bewegung orientiert sich an der Menschlichkeit („humanitas") und verzichtet auf eine theologische Begründung ihres Ideals. Das Bildungsideal der Humanisten ist der homo liberalis, der ganz dem Wahren, Schönen und Guten lebende und deswegen freie Mensch. In den Naturwissenschaften werden neue Theorien und Methoden entwickelt. Die Forschungsergebnisse stehen häufig im Gegensatz zu herkömmlichen Lehren.

2.2. Der Autor

Juan Luis Vives wird 1492 in Valencia / Spanien als Kind angesehener aber armer spanischer Adeliger geboren. Seine jüdischen Eltern haben sich mit ihrer Familie der katholischen Kirche angeschlossen.[1] Vives selbst hält trotz vieler eigener kritischer Einwände gegen die Kirche und ihre Lehren während seines ganzen Lebens zur Kirche und lehnt die lutherische Bewegung ab. 17jährig setzt er seine in Valencia begonnenen philologischen und philosophischen Studien an der Pariser Universität fort. Er ist zunächst Anhänger der Scholastik, schließt sich aber später unter dem Einfluß des Erasmus von Rotterdam dem Humanismus an. Von 1512 an lebt er mit kurzen Unterbrechungen bis zu seinem Tod im Jahre 1540 in Brügge / Belgien. Brügge ist ein Zentrum spanischer Kaufleute in Belgien. Dort heiratet er auch seine spanische Frau. Von 1521 an lehrt er Latein in Löwen und freundet sich mit den führenden Humanisten an. Auf Vermittlung von Thomas Morus erhält er von 1523 – 1528 einen Lehrauftrag für klassische Sprachen und Recht in Oxford / England. Zugleich wird er als Hauslehrer am königlichen Hof angestellt. Wegen seines Widerstandes gegen die Ehescheidungsaffären Heinrichs VIII. verliert er seine Hauslehrerstelle und sein festes Einkommen. Wirtschaftliche Not und eine zerrüttete Gesundheit belasten ihn. Seinen Unterhalt erwirbt er durch Unterrichten und Schreiben. Seine große Sorge ist die Einigkeit der christlichen Staaten gegenüber dem vordrängenden Islam. Mit seinem gründlichen und breiten Wissen umfaßt er alle Wissensbereiche seiner Zeit. So liegen von ihm theologische, philosophische, philologische, pädagogische und sozial-kritische Arbeiten vor. Seine Vorliebe gilt der Pädagogik. Von einigen wird er als Wegbereiter der Anthropologie des 17. Jahrhunderts und der modernen (empirischen) Psychologie angesehen.

„Vives ist eine charakteristische Gestalt einer Übergangszeit, in der die verschiedenen Auffassungen sich mischen und keineswegs in vollem Einklang miteinander gebracht sind." Hans Scherpner[2]

2.3. Die Wissenschaftsauffassung

In den „20 Büchern über die Wissenschaft" kritisiert Vives den Verfall der einzelnen Wissenschaften und prangert die Geldsucht der Gelehrten und den Handel mit akademischen Würden an.[3] Er verlangt gute historische Kenntnisse, wendet sich gegen eine kritiklose Übernahme der Lehrmeinungen der Autoritäten und betont den Wert der Philologie und der Textkritik. Basis von Wissenschaft und Bildung ist für Vives der christliche Glaube. Wissenschaft wird zum Nutzen des Menschen betrieben und letztlich zum Lobe Gottes. Vives versucht, humanistische Ideale und katholische Glaubenslehre miteinander zu verschmelzen. Jede Art von Schule und Erziehung hat für ihn nur eine Daseinsberechtigung im Dienst am sittlichen Leben. So ist es für ihn unabdingbar, daß ein guter Wissenschaftler auch ein sittlich gutes Leben führt. Sein Streben nach wissenschaftlicher Methode, die Forderung eigener Beobachtungen und des Sammelns von Erfahrungen, das Verfahren der Induktion und das Nützlichkeitsprinzip in der Wissenschaft kennzeichnen Vives Auffasssung von Wissenschaft.[4]

2.4. Der Gegenstandsbereich

Brügge ist wie alle mittelalterlichen Städte von Spitalinsassen, öffentlichen Bettlern und Hausarmen überfüllt. Die Not der vielen Armen in seiner Heimatstadt berührt Vives und veranlaßt ihn, sich mit den Armen zu befassen. Ihn bewegt die Frage: Wie kann die Not der Armen gelindert werden? Für den Rat der Stadt Brügge analysiert er die Lage der städtischen Armen. Er will der von ihm sehr geschätzten Verwaltung seiner belgischen Heimatstadt helfen und entwirft eine Theorie darüber, wie man die Armen von ihrem schlimmen Schicksal und zugleich Brügge von seiner Bettlerplage befreien kann. Vives setzt bei der wirtschaftlichen Not der Armen an. Als engagierter Pädagoge berücksichtigt er aber zugleich pädagogische und sittliche Aspekte.

2.5. Die Theorie

Vives steht mit seinen Grundannahmen auf christlichem, das heißt katholischem Boden und folgt in vielem Thomas von Aquin.[5] Die *Welt* und die *Menschen* sind *von Gott geschaffen* und darum von Natur aus gut. Die Menschen haben aber ihre von Gott gegebene Freiheit mißbraucht und gesündigt; deswegen mußten sie das Paradies verlassen. Mit dem Sündenfall ist die menschliche Vernunft verdunkelt und sind die Triebe entfesselt worden. Trotz des Sündenfalls existieren weiterhin die natürlichen und vernünftigen Grundlagen für das Leben. Das menschliche Leben ist auf ein transzendentes Ziel ausgerichtet, nämlich auf die Gemeinschaft mit Gott im ewigen Leben. Um dieses Ziel zu erreichen, muß der Mensch das „einzige und wahre Gut" anstreben. Die „vornehmste und höchste Guttat" ist, „wenn man jemand in der Tugend unterstützt".[6] Der Mensch kann nicht existieren, wenn er allein auf sich gestellt ist; er bedarf der Hilfe anderer und muß seinerseits anderen helfen. Das diesseitige gesellschaftliche Leben baut auf der vernünftigen Grundlage der *gegenseitigen Hilfe* auf. Die Verdorbenheit der Menschen (insbesondere ihre Habgier, Herrschsucht und Hochmut) infolge der Erbsünde führt die Menschen aber immer wieder vom vernünftigen Weg ab. Statt sich in Frieden und Eintracht zu unterstützen, bekämpfen und berauben sie sich gegenseitig. Die Aufgabe der Kirche ist es, den Menschen in den Sakramenten Gnade zu vermitteln, durch die erst die naturgegebenen Formen der Gesellschaft erfüllt werden können. Die christlichen Tugenden, vor allem die Liebe, vollenden das menschliche Zusammenleben in Frieden.

Vives – ganz Humanist – nimmt auch für die Zeit nach dem Sündenfall ein Zeitalter an, in dem die Menschen kraft vernünftiger Einsicht miteinander in Frieden und Freundschaft gelebt, gearbeitet und sich gegenseitig unterstützt haben. Dieses gelang den Menschen allein dank natürlicher ethischer Motivation, also ohne Hilfe Gottes und der Kirche. Allein ihre Vernunft hat sie dazu befähigt, eine *Gesellschaft in Liebe und Eintracht* („amor et concordia") zu schaffen. Diese ideale Gesellschaft ist für Vives das Gegenbild der Gesellschaft, die er in der Realität vorfindet. Die harmonische Gesellschaft wird seiner Meinung nach durch die menschliche Begierde, die anderen zu überragen und zu unterdrücken, von der Arbeit anderer zu leben und die übrigen Menschen zu befehlen, zersetzt. Diese menschlichen Laster zerstören für Vives die menschlichen Beziehungen. Arme und Reiche, Unterdrückte und Mächtige in einer Stadt oder in der Gesellschaft sind das Ergebnis von Habgier und Herrschsucht der Menschen. Diese Welt spiegelt für Vives keine göttliche Ordnung wider, sondern Chaos.

Der Mensch ist als Geschöpf Gottes von Natur aus gut und untersteht dem *Gebot der Nächstenliebe*. Die christliche Nächstenliebe ist für Vives der tragende Grund und ihre Steigerung das letzte Ziel aller Armenpflege, der öffentlichen wie der privaten:

> „Aber alles (d. h. alle Vorteile, die bei der Durchführung seiner Vorschläge erreicht würden) übertrifft die Zunahme der gegenseitigen Liebe, welche wachsen wird durch den Austausch der Wohltaten in reiner, einfältiger Gesinnung, ohne Beargwöhnung der Würdigkeit (der Empfänger). Und daher der himmlische Lohn, der ... bereitet ist den Almosen, die aus der Liebe entspringen."[7]

Menschliches Helfen ergibt sich aus dem christlichen Hauptgebot der Liebe. Unabhängig von dem göttlichen Liebesauftrag nimmt Vives beim Menschen *natürliche Triebe zu arbeiten und zu helfen* an. Beide Triebe sind dem Menschen angeboren. Arbeiten und Helfen sind innerweltliche Werte. Wer anderen Menschen hilft, der handelt naturgemäß und erlebt ein tiefes Wohlgefühl dabei. Der nach dem Sündenfall aus dem Paradies vertriebene Mensch muß sich seinen Lebensunterhalt selbst erarbeiten. Insofern ist die Arbeit für Vives religiös gesehen eine Strafe Gottes und doch zugleich eine natürliche Lebensnotwendigkeit für jeden Menschen. Das Arbeiten erhält einen eigenen Wert: die Menschen sind von Natur aus auf das Arbeiten angelegt und empfinden Freude an der Arbeit. Bei faulen Menschen ist diese Anlage verschüttet. Es ist eine Aufgabe der Erziehung, diese Anlage wieder freizulegen. Arbeiten, um Gewinn zu maximieren, lehnt Vives ab, da dieses Arbeitsziel ein Ergebnis menschlicher Habgier ist.

Wenn eine Gesellschaft in Liebe und Eintracht mit vernünftigen Mitteln in der Vergangenheit der Menschen erreichbar war, dann kann es nicht sinnlos sein, das gleiche wieder für die Zukunft anzustreben. Aus dieser Annahme speist sich der Glaube an den menschlichen Fortschritt und die Hoffnung, durch Erziehung die Menschen von den Lastern abzuhalten. Trotz dieser Auffassung bleibt Vives aber äußerst skeptisch gegenüber dem Menschen und seiner Bereitschaft und Fähigkeit, den Nächsten zu lieben.

Alle menschliche *Not und Armut* sind für Vives eine *Folge des Sündenfalls*, resultieren also aus der grundsätzlichen moralischen Verdorbenheit der Menschen. Daher kann die Armut auch nicht grundsätzlich beseitigt werden; sie bleibt in der Welt. Vives beruft sich auf das Jesuswort: „Arme werdet ihr immer bei euch haben." Für die Armut des einzelnen nennt Vives viele Gründe, führt sie aber letzten Endes auf den unerforschlichen Ratschluß Gottes zurück oder spricht von *Schicksal*, das in Demut zu ertragen ist.

Vives ist sich bewußt, daß die Armen nicht generell zu beseitigen sind, dennoch zielt er mit seinen Überlegungen darauf, daß es in seiner Heimatstadt keine Armen mehr gibt. Durch private und öffentliche Wohltätigkeit will er zumindest für Brügge erreichen, daß die Armen aus ihrem traurigen und unglücklichen Zustand befreit werden. Das Ideal einer *städtischen Gesellschaft ohne Arme* ist durch gezielte und geplante Maßnahmen in der städtischen Armenpflege anzustreben. Diese Maßnahmen basieren auf den schon genannten anthropologischen und theologischen Grundannahmen von Vives.

Pädagogische Förderung und materielle Unterstützung sollen einander ergänzen.[8] Die Armenpflege ist für Vives Sache des christlichen Staates und nicht der Kirche, denn diese ist ihm zu sehr „verweltlicht" und zu „selbstsüchtig" in der Verwaltung der Armengüter. Die Priester, Mönche und Bischöfe würden das Geld der Kirche, das den Armen gehört, für Luxus und Pomp verschwenden. „Wenn die Äbte und die anderen kirchlichen Würdenträger wollten, so könnten sie infolge ihrer großen Einkünfte dem größten Teile der Notleidenden helfen. Wenn sie es nicht wollen, wird Christus sie zur Rechenschaft ziehen." Die einzelnen *Maßnahmen der städtischen Armenpflege* gruppieren sich um drei Forderungen[9]:

(a) Alle Armen müssen – wie alle anderen Menschen auch – *arbeiten*.
(b) Die Unterstützung der Armen hat sich jeweils an dem *Einzelfall* zu orientieren.
(c) Die Armen müssen zu einem sittlichen Leben *erzogen* werden.

Vives findet bei seinen Beobachtungen, daß die Armen in Brügge nicht arbeiten, sondern sich ihren Lebensunterhalt erbetteln, mitunter auch stehlen. Die Armen scheuen die Arbeit. Für ihn gehört das Arbeiten aber zu den natürlichen Pflichten des Menschen. Alle Menschen sind *zur Arbeit verpflichtet*, auch die Armen. Das Betteln lehnt er grundsätzlich ab. Es widerspricht der Anlage des Menschen. Vives nimmt konsequenterweise kranke, alte und gebrechliche Arme mit in die Arbeitspflicht hinein. Sie sollen soviel und das tun, was ihnen möglich ist. Nichtstun ist generell verboten. Die Arbeitsfähigkeit der einzelnen Armen ist von Ärzten zu prüfen und zu dokumentieren. Alle arbeitsfähigen Armen müssen sich Arbeit besorgen, damit sie sich und ihre Familien ernähren können.

Ziel des Plans ist es, die *Armen langfristig mit Arbeit zu versorgen*, um die Armut dauernd zu beseitigen. Also entwickelt Vives ein differenziertes Programm. Jugendliche arbeitsfähige Arme sollen einen Beruf lernen, am besten ein Handwerk. Sie können dann in einer Werkstatt arbeiten oder sich gar selbständig machen. Erwachsene arbeitsfähige Arme, die schon einen Beruf gehabt haben, sollen wieder in ihren alten Beruf zurückgeführt werden. Wenn aufgrund des Alters oder der Krankheit eine handwerkliche Tätigkeit nicht mehr infrage kommt, dann müssen andere einfache Formen der Arbeit gefunden werden, die diejenigen leisten können, um auch sie auf Dauer der Unterstützungsbedürftigkeit zu entziehen. Dabei denkt Vives auch an so primitive Arbeiten wie Wasser schöpfen und tragen. Es kommt ihm nicht auf den wirtschaftlichen Nutzen der Tätigkeit an, sondern auf die konsequente Durchführung der Arbeitspflicht.

Vives geht grundsätzlich davon aus, daß die Armen freiwillig arbeiten, wenn sie nur Gelegenheit dazu bekommen und darin durch Erziehung unterstützt werden. Er rechnet aber auch mit verkommenen Armen, die sich jeder Arbeit gegenüber verweigern. Diese *Verweigerer sind* zu harter und mühseliger Arbeit *zu zwingen* und karg zu ernähren. Eine solche Zwangsbehandlung soll andere abschrecken und zur freiwilligen Arbeit animieren. Außerdem soll sie die faulen Armen durch körperliche Schwächung daran hindern, wieder in ihr altes lastervolles Leben zurückzukehren. Über die konkrete Form der Zwangsarbeit sagt Vives meines Wissens nichts aus.

Vives geht davon aus, daß nicht ohne weiteres Arbeitsstellen für die Armen zur Verfügung gestellt werden. Die städtische Obrigkeit soll eingreifen, um *Arbeitsstellen zu beschaffen*, falls die Produzenten und Handwerksmeister nicht freiwillig bereit sind, arbeitsfähige Arme aufzunehmen. Einzelnen Handwerksmeistern soll eine bestimmte Zahl von Armen zugewiesen werden, die selber keine Arbeitsstelle finden können. Handwerksmeister, die Arbeiter und Lehrlinge aufnehmen mußten, sollen bei der Vergabe von Aufträgen durch die Stadt und kirchliche Einrichtungen bevorzugt behandelt werden. Die Stadt selbst soll Stellen für arbeitsfähige Arme schaffen oder die Armen bei der Besetzung von Stellen besonders berücksichtigen. Vives legte aus pädagogischen Gründen wert darauf, daß die Stadt keinen festen Unterstützungsfond für die Armen in ihrem Etat einrichtet. Den Armen soll jede wirtschaftliche Absicherung verwehrt werden, damit der Arbeitswille und die Bereitschaft, sich den Lebensunterhalt selbst zu verdienen, geweckt werden und wach bleiben.

Trotz dieser Maßnahmen – so meint Vives – wird es weiterhin Arme geben, die sich ihren Lebensunterhalt nicht selbst durch Arbeit erwerben können. Die besondere Notlage dieser Armen ist zu untersuchen und die Unterstützung an den einzelnen Untersuchungsergebnissen zu orientieren. Alle Armen sind in ein Verzeichnis einzutragen. Erfaßt werden sollen alle Armen, sowohl diejenigen, die in Hospitälern der Kirche und der Stadt untergebracht sind, als auch die Hausarmen und die umherziehenden Armen. Mit dem *Armenverzeichnis* soll weder eine armenpolizeiliche Kontrolle noch die Absonderung der Armen, sondern eine planmäßige Versorgung der Armen mit Arbeit und Unterstützungsmitteln ermöglicht werden. Die Notlage, die Art ihres früheren Lebensunterhaltes, der Anlaß ihrer Verarmung, die Lebensart, die Moral und die Arbeitsfähigkeit sollen genau festgestellt und in das Armenverzeichnis eingetragen werden. Diese Angaben sollen eine individuelle Förderung ermöglichen. Es sollen die Heilmittel angewendet werden, die am besten helfen. In den psychisch kranken Menschen, die damals als gemeingefährliche Irre angesehen und eingesperrt wurden, sieht Vives auch arme Menschen, die es zu unterstützen und zu behandeln gilt.

Der *Geber von Almosen* hat seine Hilfe nach seiner eigenen Lage abzuwägen; er bestimmt, was, wieviel und wann er geben will. Dennoch ist die Aufmerksamkeit vor allem auf die Notsituation des Armen zu richten, die ja die Voraussetzung für jede Hilfe ist. Aus der Art der Notlage ergibt sich für den Geber, was nützlich ist; nach der Notlage sind Art, Umfang und Zeitdauer der Unterstützung zu richten. Nicht, was einer fordert, sondern was ihn fördert, muß man ihm geben.

Vives setzt seine Unterstützungstheorie auf zwei Ebenen an: der übernatürlichen und der natürlichen Ebene. Man kann auch von einer theologischen und von einer anthropologisch/pädagogischen Ebene sprechen. Die Menschen haben sowohl den übernatürlichen Auftrag als auch den natürlichen Trieb zu helfen. Es ist Aufgabe der Kirche, das Gebot der Nächstenliebe zu verkünden, und es ist Aufgabe der Pädagogen, die Menschen zu einem guten Leben zu erziehen. Mit dem *Erziehungsauftrag gegenüber den Armen* und ihren Kindern integriert Vives seine Gedanken zur Armenpflege in seine gesamte pädagogische Theorie: Aufgabe der Pädagogen ist es, zu einem sittlichen Leben zu erziehen, in dem der Weg des Lasters gemieden und der Weg der Tugenden gegangen wird.[10] Die Menschen sollen moralisch gefördert und zu guten Bürgern und frommen Christen erzogen werden. Besondere Aufmerksamkeit erhält die Erziehung der Kinder zur Arbeit. Die Stadt soll Censoren ernennen, die das Leben und die Sitten der Armen und ihrer Kinder, aber auch die Kinder der Reichen überwachen und darauf achten, daß sie zur Schule gehen und die nötige Erziehung erhalten. In der Erziehung der Armen und aller Kinder sieht Vives den einzigen brauchbaren Weg, Armut in der Gesellschaft erfolgreich zu verhindern. Diese optimistische Sicht der Erziehung steht in krassem Gegensatz zu seiner pessimistischen Einschätzung der Fähigkeiten und Bereitschaft des Menschen, sittlich gut zu leben. Die Hoffnung auf ein neues Zeitalter in Liebe und Eintracht konkurriert bei Vives mit den düsteren Erfahrungen menschlicher Habgier und Herrschsucht.

2.6. Bedeutung und Umsetzung in der Praxis

Vives hat viele Anregungen und Impulse aus seiner Freundschaft mit Erasmus von Rotterdam und Thomas Morus erhalten. Beide haben sich wie Vives in ihren Werken intensiv mit sozialen Fragen befaßt. In einigen süddeutschen Städten (zum Beispiel Augsburg und Nürnberg) und in Straßburg wurde durch humanistisch gebildete Mitarbeiter der städtischen Verwaltungen das Armenwesen neu geordnet.[11] Diese Reformen waren Erasmus bekannt und sind vermutlich über Erasmus zu

Vives nach Belgien gelangt. Insofern besteht eine enge Verbindung von der praktischen Armenpflege in den Städten zur Unterstützungstheorie (Subventionstheorie) von Vives. Vives hat einige der praktizierten Maßnahmen in seine Theorie übernommen.

Einzelne Theoreme von Vives Subventionstheorie haben bis heute in der Praxis Sozialer Arbeit große Bedeutung. Die Arbeitspflicht, die Arbeitsbeschaffungsmaßnahmen, die Registrierung der Armen, die schriftliche Erfassung der jeweiligen Notlage der einzelnen Armen, die individuell orientierte Unterstützung und eine Erziehungskontrolle durch das Jugendamt gelten bis in die Gegenwart hinein. Der Gedanke, die Armen zu erziehen, hat sich über Pestalozzi, Natorp und Nohl ebenfalls bis in die Gegenwart hinein erhalten und gilt vielen auch heute als zentrale Aufgabe sozialpädagogischer Arbeit.

Die Verschmelzung von christlicher Tradition und humanistischen Idealen ist Vives nicht gelungen. „Glaubenslehre" und „Handlungstheorie" stehen ziemlich unverbunden nebeneinander. Damit begann die Entwicklung, daß für Theorien zur Sozialen Arbeit auf eine theologische Fundierung als Bestandteil der Theorie verzichtet wird. Eine Ausnahme hiervon bildet die christliche Soziallehre.

2.7. Literatur zum Vertiefen

Der Zugang zu den Originalschriften von Juan Vives ist recht schwierig. Meines Wissens liegt die für die Soziale Arbeit wichtigste Schrift „De subventione pauperum" nur in lateinischer Sprache vor. In deutscher Sprache kann auf „Ausgewählte Schriften" – aus dem Lateinischen übersetzt und mit einer einleitenden Abhandlung über Vives Leben und Werk versehen – zurückgegriffen werden.[13] Eine umfangreiche Aufbereitung der Theorie von Vives als Armenpflegetheorie hat Hans Scherpner vorgenommen; sie ist in seiner „Theorie der Fürsorge" abgedruckt.[13]

ANMERKUNGEN ZU KAPITEL 2

[1] Vgl. Deuringer 1966
[2] Scherpner 1974, 79
[3] Vives 1912
[4] Heine in Vives 1881, LVlff.
[5] Vgl. Scherpner 1974, 70 – 110, 214 – 219
[6] Scherpner 1974, 218
[7] Scherpner 1974, 80
[8] Scherpner 1974, 215
[9] Heine in Vives 1881, XXII

[10] Vgl. die pädagogischen Schriften von Vives 1912
[11] Vgl. Sachße/Tennstedt 1980, 23 – 84
[12] Vives 1881, Vives 1912
[13] Vgl. Scherpner 1974, 70 – 100

3. ARME VERSCHWINDEN NATÜRLICH – THOMAS ROBERT MALTHUS

3.1. Der lebensweltliche Kontext

Die Anzahl der Menschen nimmt im 18. Jahrhundert schnell zu. Man schätzt, daß im Jahr 1800 ca. 900 Millionen Menschen auf der Welt leben.[1] In Europa ist vor allem die Bevölkerung auf den Britischen Inseln gewachsen; ihre Zahl hat sich seit 1700 nahezu verdoppelt. Mit der mächtig anwachsenden Geburtenzahl geht einher, daß die Menschen früh sterben. Der größte Teil der Europäer ist unterernährt und in einem schlechten Gesundheitszustand. Mißernten reichen aus, daß Tausende von Armen einer Region verhungern müssen. Typhus, Pest und Cholera werden durch unzureichende hygienische Verhältnisse, Elendsviertel, Unterernährung und Kriege gefördert. Viele Hunderttausend Menschen werden Opfer dieser Seuchen.

Die wirtschaftlichen und sozialen Strukturen Europas verändern sich grundlegend. Die industrielle Revolution geht von England und die politische Revolution geht von Frankreich aus. In England werden die alten Produktionsmethoden (zum Beispiel: Handwerk, Verlagssystem, Manufaktur usw.) durch neue ersetzt (zum Beispiel: Mechanisierung, maschinelle Massenproduktion usw.). Die Nachbarstaaten folgen nach. Durch den Einfluß der calvinistischen Ethik wird die Arbeit neu bewertet. Fleiß, Sparsamkeit und nüchternes Gewinnstreben über den Eigenbedarf hinaus gelten als tugendhaft und schaffen die religiös-ethische Basis für eine kapitalistische, an Profitmaximierung orientierte Gesellschaft. Die Gesellschaft spaltet sich in neue Klassen: Unternehmer („Kapitalisten") und ungelernte Arbeiter („Proletarier"). Ein Überangebot an ArbeiterInnen und soziale Mißstände führen zu Not und Verelendung der Bevölkerung. Die französische Revolution mit ihren Zielen Freiheit, Gleichheit und Brüderlichkeit löst starke politische Bewegungen in Europa aus, die sich auf Vernunft und Natur als ihre geistigen Grundlagen berufen. Neue Staatsideen werden entwickelt, die den Klassenstaat zugunsten von Staatsformen ablösen sollen, in denen das Volk der Souverän ist. In dieser Übergangsepoche werden die Wissenschaften getragen vom Bewußtsein der Berechenbarkeit aller Dinge, zielen auf eine exakte Feststellung und Erforschung der sinnlich wahrnehmbaren Tatsachen und drängen von der Theorie zur praktischen Anwendung. Glauben und Wissen werden getrennt. Der Einfluß der Kirchen auf Wissenschaft und Forschung verschwindet. Theologie und Philosophie verlieren gegenüber den Naturwissenschaften und der Technik an Bedeutung. Empirismus und Rationalismus fördern naturwissenschaftliche Entdeckungen und die Entwicklung technischer Verfahren und Geräte.

3.2. Der Autor

Thomas Robert Malthus wird 1766 in der englischen Grafschaft Surrey als Sohn angesehener Eltern aus dem Mittelstand geboren.[2] Der Vater verehrt Jean-Jacques Rousseau und unterrichtet seinen Sohn zunächst selbst. Bis zum Studienbeginn in Cambridge unterrichten Malthus dann verschiedene Privatlehrer, darunter anglikanische Geistliche. Nach seinem Mathematik- und Theologiestudium läßt er sich 1788 zum anglikanischen Geistlichen weihen, um einen einträglichen Posten in der Staatskirche einnehmen zu können, der ihm weitere Studien ermöglicht. Der Bevölkerungszuwachs und das Elend der Armen bewegen ihn. Die Sozialtheorien seiner Zeit, nach denen die Armut die Folge einer falschen gesellschaftlichen Ordnung ist, fordern ihn zu einer polemischen Stellungnahme heraus. Malthus schreibt als 32jähriger sein provozierendes Werk „An Essay on the Principles of Population" und publiziert es 1798 anonym. Die Thesen hat er in Diskussionen mit seinem Vater, einem Anhänger der progressiven Lehren von Godwin, entwickelt. Die heftigen Angriffe auf seine Thesen und weitere Studien veranlassen Malthus, seine Streitschrift zu entschärfen und 1803 eine revidierte Fassung mit seinem Namen zu veröffentlichen. 1803 erhält er eine Pfarrstelle, die er bis zu seinem Lebensende inne hatte. Von 1804 an ist er Professor für Geschichte und politische Ökonomie in Hertford, später Haileybury. In demselben Jahr heiratet er; mit seiner Frau hat er drei Kinder. Malthus ist von der Ungleichzeitigkeit der Lebenslagen fasziniert: In China ist ein Arbeiter froh, irgendwelche faulen Abfälle als Nahrung zu ergattern, während auf deren Genuß europäische Arbeiter verzichten oder lieber verhungern würden. Sein Wunschtraum ist, eine kultur-vergleichende Geschichte der Sitten ärmerer Chinesen zu schreiben.[3] Für ihn ist die bisherige Geschichtsschreibung lediglich eine Darstellung der Ereignisse aus der Sicht der oberen Schichten; das will er ändern. Der politisch engagierte Wissenschaftler ist ein entschiedener Gegner der englischen Armengesetzgebung und wird von den Sozialisten deswegen heftig bekämpft. Das gleichmäßige Leben des Gelehrten und Familienvaters wird nur von kurzen Reisen unterbrochen. Malthus stirbt 1834 und wird in Bath Abbey beerdigt. Ein Jahr zuvor sind in England neue Armengesetze mit Arbeitszwang und Geschlechtertrennung in Armenhäusern erlassen worden.

> „Alles, was ich weiß, ist, daß man keinen schlichteren, tugendhafteren, mehr von häuslichen Neigungen erfüllten Mann in ganz England finden konnte als Malthus, und daß sein Herzenswunsch und Arbeitsziel war, häusliche Tugend und Glück in der Reichweite aller zu sehen." Harriet Martineau[4]

3.3. Die Wissenschaftsauffassung

Für den Mathematiker und Ökonom Malthus ist die Erfahrung die eigentliche Quelle und Grundlage allen Wissens.[5] Bei seinen Thesen geht er von empirischen Daten über die Bevölkerung und die Nahrungsmittel aus. Aus diesen Daten leitet er das auf einer abstrakten mathematischen Wahrscheinlichkeit basierende Bevölkerungsgesetz ab. Aus diesem Gesetz und anderen anthropologisch-philosophischen Grundannahmen folgert er seine Thesen zur Armenpflege. Die zuerst veröffentlichte Arbeit ist eine polemisierende Streitschrift; ihr wird jede Wissenschaftlichkeit abgesprochen. Die zweite, revidierte Fassung gilt als wissenschaftliche Abhandlung, in der sich Malthus auf der Basis empirisch gewonnener Daten mit den Thesen seiner Gegner in wissenschaftlicher Form auseinandersetzt. Empirische, ethische, ökonomische, politische, philosophische und theologische Elemente greifen ineinander.

3.4. Der Gegenstandsbereich

Warum werden so viele Menschen in eine Welt hineingeboren, die sie bloß zu einem frühen Tod oder einer kläglichen Existenz verurteilt? Wie wahrscheinlich ist es, daß sich die Menschen eine so vollkommene Gesellschaftsordnung geben, in der niemand mehr Not leiden muß? Das sind die Fragen, die sich Malthus in seinem demographischen Werk stellt.[6] Malthus untersucht das Wachstum der Bevölkerung, die Hindernisse, die sich zu verschiedenen Zeiten und in verschiedenen Ländern dem Wachstum der Bevölkerung entgegengestellt haben, und die Neigung aller Lebewesen, sich in höherem Maße zu vermehren, als es die ihnen zur Verfügung stehende Nahrungsmenge zuläßt.

3.5. Die Theorie

Malthus schreibt sein Werk als Streitschrift *gegen die sozialen Utopien*, die sich aus der französischen Revolution nährten. In England sind insbesondere die Thesen von William Godwin populär und verbreitet. Nach Godwin sind die moralischen Qualitäten des Menschen – da der menschliche Geist nicht frei, sondern weitgehend durch die sozialen und rechtlichen Verhältnisse und Institutionen bestimmt ist – in einem kaum zu überschätzenden Maß das Produkt der Regierungsform und der staatlichen und gesellschaftlichen Einrichtungen. Auf die Vernunft aller Menschen vertrauend glaubt Godwin, daß sich eine fast vollkommene soziale Gerechtigkeit für alle Menschen ergeben würde, wenn die politischen Strukturen geändert würden. Außerdem ist für Godwin jedes menschliche Lebewesen mit der Fähigkeit ausgestattet, eine größere Menge von Nahrungsmitteln zu produzieren, als für den eigenen Unterhalt jeweils notwendig ist.[7]

In der ersten Fassung seines Essays stellt Malthus *zwei Postulate* auf, die für ihn festgefügte Bestandteile unserer Natur sind:

(a) Die Nahrung ist für die Existenz des Menschen notwendig.
(b) Die Leidenschaft zwischen den Geschlechtern ist notwendig und wird in etwa in ihrem gegenwärtigen Zustand bleiben.[8]

Malthus hält seine beiden Postulate von der Erfahrung her für gesichert und behauptet weiter, daß die Vermehrungskraft der Bevölkerung unbegrenzt größer ist als die Kraft der Erde, Unterhaltsmittel für den Menschen hervorzubringen. Aus dem verschieden starken Wachstum der beiden Größen leitet er ein mathematisches Gesetz, das *Bevölkerungsgesetz*, ab. Die Bevölkerung wächst für Malthus, wenn keine Hemmnisse auftreten, in geometrischer Reihe (zum Beispiel: 2 – 4 – 8 – 16 – 32 – 64 usw.) an. Alle 25 Jahre verdoppelt sich die Bevölkerung. Die Unterhaltsmittel nehmen dagegen nur in arithmetischer Reihe (zum Beispiel: 2 – 4 – 6 – 8 – 10 – 12 usw.) zu. Die natürliche Folge ist, daß beide Reihen wie eine geöffnete Schere immer weiter auseinandergehen. Malthus will keine exakten mathematischen Gesetzmäßigkeiten angeben, sondern die mathematischen Reihen zur Veranschaulichung seiner These nutzen. Die unterschiedliche Entwicklung ist für ihn aber ein Naturgesetz, das sich aus der Konstanz des menschlichen Geschlechtstriebs und der Begrenztheit der Nahrungsmittelressourcen ergibt. Das Mißverhältnis zwischen dem Bevölkerungswachstum und der Zunahme der Lebensmittel führt notwendigerweise zu *Not und Elend*. Not und Elend sind aber wieder die Ursache für den sittlichen Niedergang und erzeugen

Laster (zum Beispiel: Begierden des Hungers, Raub, Lust auf Branntwein, das Verlangen, eine schöne Frau zu besitzen usw.).

Aufgrund jenes Gesetzes unserer Natur, wonach die Nahrung für den Menschen lebensnotwendig ist, müssen die Auswirkungen dieser beiden ungleichen Kräfte im Gleichgewicht gehalten werden. Dies bedeutet ein ständiges, energisch wirkendes Hemmnis für die Bevölkerungszunahme aufgrund von Unterhaltsschwierigkeiten, die unweigerlich irgendwo auftreten und notwendigerweise von einem beachtlichen Teil der Menschheit empfindlich gespürt werden.

Die natürliche Ungleichheit, die zwischen den beiden Kräften – der Bevölkerungsvermehrung und der Nahrungserzeugung der Erde – besteht, und das große Gesetz unserer Natur, das die Auswirkungen dieser beiden Kräfte im Gleichgewicht halten muß, bilden die gewaltige, für Malthus unüberwindlich erscheinende Schwierigkeit auf dem Weg zu einer vollkommenen Gesellschaft. Weder eine erträumte Gleichheit aller Menschen noch landwirtschaftliche Maßnahmen von äußerster Reichweite können den Druck des Bevölkerungsgesetzes auch nur für ein einziges Jahrhundert zurückdrängen. Deshalb schien dieses Gesetz für Maltus entschieden gegen die mögliche Existenz einer Gesellschaft zu sprechen, deren sämtliche Mitglieder in Wohlstand, Glück und verhältnismäßiger Muße leben und sich nicht um die Beschaffung von Unterhaltmitteln für sich und ihre Familien zu sorgen brauchen.[9] Soziale Reformversuche können für Malthus den *Zwang dieser Naturgesetzlichkeit* nicht aufheben.

Malthus stellt jedoch empirisch fest, daß die Bevölkerung in den modernen Staaten Europas sich nicht – wie ursprünglich von ihm angenommen – alle 25 Jahre verdoppelt hat, sondern daß die Bevölkerung weitaus langsamer gewachsen ist. Die Ursache für dieses *verlangsamte Wachstum* liegt nun für Malthus keineswegs im Verlöschen der geschlechtlichen Leidenschaft. Malthus nimmt an, daß diese natürliche Neigung in unverminderter Stärke andauert. Malthus sagt, daß die Voraussicht der Schwierigkeiten, eine Familie zu ernähren, als *vorbeugendes Hemmnis* („preventive check") wirkt, während vorhandenes Elend in den unteren Klassen, wo die Kinder nicht die nötige Nahrung und Pflege erhalten, als *nachwirkendes Hemmnis* („positive check") dem natürlichen Anwachsen der Bevölkerung entgegensteht.[10] Das vorbeugende Hemmnis ist auf allen gesellschaftlichen Rangstufen wirksam. Männer und Frauen werden durch vielfältige Gedanken vom Heiraten abgehalten, zum Beispiel dadurch, daß sie ihre Ausgaben einzuschränken haben, falls sie eine Familie gründen, und damit ihrer Vergnügungen, die sie sich ausmalen, beraubt werden.

Nachwirkende Hemmnisse haben nach Malthus eine viel größere Bedeutung, da sie sich als unmittelbare Folge des Bevölkerungsgesetzes für die Armen ergeben. Malthus verweist auf die hohe Kindersterblichkeit infolge mangelhafter Ernährung, auf Krieg, Pest, Seuchen, Hungersnot und Naturkatastrophen, die vorzüglich die arme Bevölkerung immer wieder treffen.

> „Die Kraft zur Bevölkerungsvermehrung ist um so vieles stärker als die der Erde innewohnende Kraft, Unterhaltsmittel für den Menschen zu erzeugen, daß ein frühzeitiger Tod in der einen oder anderen Gestalt das Menschengeschlecht heimsuchen muß. Die Laster der Menschheit sind eifrige und fähige Handlanger der Entvölkerung. Sie stellen die Vorhut im großen Heer der Zerstörung dar; oftmals vollenden sie selbst das entsetzliche Werk. Sollten sie aber versagen in diesem Vernichtungskrieg, dann dringen Krankheitsperioden, Seuchen und Pest in schrecklichem Aufgebot vor und raffen Tausende und Abertausende hinweg. Sollte der Erfolg immer noch nicht vollständig sein, gehen gewaltige, unvermeidliche Hungersnöte als Nachhut um und bringen mit einem mächtigen Schlag die Bevölkerungszahl und die Nahrungsmenge der Welt auf den gleichen Stand."[11]

Not und Elend sind für Malthus letztlich das einzig wirksame Mittel, eine bereits begonnene Bevölkerungszunahme aufzuhalten. Das Problem wird so zwar nicht wirklich gelöst, doch die Spannung wird etwas vermindert. Malthus folgert daraus, daß *Not und Elend der Massen ökonomisch-ökologisch* gesehen für den Erhalt der menschlichen Gesellschaft *notwendig* sind und nicht beseitigt werden dürfen.

Der Theologe Malthus findet aber noch eine andere – theologische – Begründung für die berechtigte Existenz von Not und Elend in der Welt. Damit beantwortet er Fragen, die immer wieder angesichts des Leids von Menschen gestellt werden: Gott ist von der Natur her zu erschließen. Die Natur ist nicht aus der Phantasie über einen unendlich mächtigen Gott zu bewerten. Die Welt und dieses Leben werden von Malthus als ein machtvoller Prozeß Gottes angesehen, der nicht der Prüfung des Menschen, sondern der Schöpfung und Gestaltung des Geistes dient; ein notwendiger Prozeß, um träge, chaotische Materie zum Geist zu erwecken und zu himmlischer Freude zu führen. Die Ursünde des Menschen besteht in der Trägheit und Verderbtheit der chaotischen Materie, der er entstammen soll. Unter diesem Gesichtspunkt sah Malthus auch Not und Elend in der Welt.

Wie kann Gott das Elend der Menschen und das Sterben der Kinder in seiner Schöpfung zulassen? Malthus antwortet: Das Übel gibt es in der Welt, nicht um Verzweiflung hervorzurufen, sondern Tätigkeit. Wir brauchen uns ihm nicht geduldig zu unterwerfen, sondern wir müssen uns anstrengen, um es zu meiden. Not und Elend sind unbedingt notwendig in der Welt, weil sie allein den Menschen zur Arbeit antreiben. Der Mensch ist von Natur aus faul und träge; er arbeitet nur, wenn Not und Gefahren ihn bedrohen. Not und Elend treiben die Entwicklung der Menschheit voran und garantieren den Fortschritt. Sie sind unter Rücksicht der ganzen Menschheitsgeschichte etwas Gutes, denn ohne sie gäbe es keine Entdeckungen und Erfindungen. Es liegt nicht nur im Interesse jedes einzelnen, es ist vielmehr jedermanns Pflicht, sich der äußersten Anstrengung zu befleißigen, um das Übel von sich selbst und von seiner Umgebung, so weit er sie nur beeinflussen kann, fernzuhalten; je mehr er der Ausübung dieser Pflicht obliegt, desto klüger richtet er seine Bemühungen aufs Ziel, und je erfolgreicher seine Bemühungen sind, desto wahrscheinlicher wird er seinen eigenen Geist stärken und erheben und um so vollständiger den Willen seines Schöpfers erfüllen.[12]

Leid und Not sind außerdem notwendig, um die Herzen der Menschen empfindungsfähiger und menschlicher zu machen, das soziale Mitgefühl zu wecken, all die christlichen Tugenden zu entfalten und Spielraum für die umfassenden Bemühungen der Nächstenliebe zu geben. Der Antrieb durch das soziale Mitgefühl läßt oftmals hochrangige Menschen entstehen. Gott läßt *Not und Elend* nicht nur zu, sondern er hat ihnen einen festen Platz und eine *wichtige Funktion in* seiner *Schöpfung* zugewiesen.[13] Mit seiner wirtschaftlichen und theologischen Begründung des Elends und der Not der vielen Armen und Schwachen rechtfertigt Malthus die Gesellschaftsordnung seiner Zeit, einschließlich der realen Verteilung der Güter und der Aufteilung der Bevölkerung in Reiche und Arme. Sozialen Reformen jeder Art spricht er wegen der Naturgesetzlichkeit des Bevölkerungsgesetzes jede Aussicht auf Erfolg ab.

Da Armut und Elend gesellschaftspolitisch, ökonomisch und theologisch „in Ordnung" sind, gibt es für Malthus keinen Grund, die Armen zu unterstützen. Jede Form der staatlichen oder anderen öffentlichen *Armenunterstützung* – selbst die Arbeitsbeschaffung – *lehnt er rigoros ab*. Er fordert nicht nur, daß keine Gesetze mehr zur Unterstützung der Armen beschlossen werden dürfen, sondern verlangt konsequenterweise auch die Aufhebung der seit dem 17. Jahrhundert in England bestehenden Armengesetze. Als Konzession an die englische Armenpflegetradition will er höchstens einige Arbeitshäuser („work-houses") mit härtester Arbeit und schlechtester Ernährung bestehen lassen. Alle Maßnahmen, die Armen zu unterstützen und die Not zu lindern, sind zu verbieten. Durch die Armengesetze gewährt man den Armen Unterhaltsmittel. Wäre jeder Mann einer bequemen Versorgung seiner Familie sicher, dann würde fast jeder eine Familie haben, und wäre die heranwachsende Generation frei von dem „tödlichen Frost" des Elends, dann würde die Bevölkerung sich sehr rasch vermehren.[14] Das natürlichste und naheliegendste Hemmnis scheint für Malthus darin zu bestehen, jedermann für seine eigenen Kinder sorgen zu lassen.[15] Malthus bezieht ausdrücklich auch die *Kinder der Armen* in seine Überlegungen mit ein. Seinen allgemeinen Thesen folgend, lehnt er auch die Unterstützung der Kinder in Not und Elend ab. Malthus befürchtet im Gegenteil sogar, daß eine Versorgung der Kinder der Armen die Bevölkerungsvermehrung nur noch mehr anreizt. Wenn den Armen die Sorge um ihre Kinder genommen würde, würden sie nur noch hemmungsloser weitere Kinder zeugen und die Bevölkerung vermehren. Die Wohltätigkeit privater Einrichtungen und Personen läßt Malthus zu. Die *private Wohltätigkeit* sei sowieso nicht auszurotten, und außerdem sei sie ethisch positiv zu bewerten, trotz ihrer fatalen Auswirkungen.

Von der zweiten, überarbeiteten Auflage seines Werkes an verläßt Malthus das reine „laissez faire" seiner liberalen Theorie. Malthus schlägt vor, die Diskrepanz zwischen Bevölkerungswachstum und Nahrungsmittelressourcen dadurch auszugleichen, daß man der Vermehrung der Menschen bewußt Schranken setzt. Er fordert als Mittel gegen die hemmungslose Bevölkerungsvermehrung, daß die Menschen sich sexuell enthalten. *Moralische Zurückhaltung* („moral restraint") kommt an die Stelle einer öffentlichen Unterstützung der Armen und ist für Malthus das wirksamste Mittel der Armenpflege. Insbesondere die Armen sollen die Ehe hinauszögern, nur sehr spät oder am besten aber gar nicht heiraten. Dadurch sollen der Geschlechtsverkehr und die Zeugung von Kindern unterbunden werden. Sollten solche Präventivmaßnahmen, die dem moralischen Bewußtsein des einzelnen anheimgestellt werden müßten, versagen, so bleiben als Alternative nur verhängnisvolle Unterdrückungsmaßnahmen. Der Mensch hat nur die Wahl zwischen diesen beiden Möglichkeiten. Die Bevölkerung, vor allem die Armen müßten über die Wirkungen des Bevölkerungsgesetzes und die notwendige geschlechtliche Enthaltsamkeit („sittliche Disziplin") als einzige präventiv mögliche Maßnahme aufgeklärt werden. Durch die Verschiebung seiner sexuellen Bedürfnisbefriedigung soll jeder Mensch dazu beitragen, die Armut zu beseitigen und die Menschheit überlebensfähig werden zu lassen. In den weiteren Auflagen seines Essays betont Malthus immer stärker die Bedeutung des „moral restraint" für die Verhinderung von Massenelend. Letztlich macht er die Armen selbst für ihre Notsituation verantwortlich, wenn und weil sie sich nicht beherrschen, sondern Geschlechtsverkehr haben und Kinder zeugen. Das Elend trifft – so sagt Malthus provokant – wegen dieser sittlichen Unbeherrschtheit die Armen zu Recht.

3.6. Bedeutung und Umsetzung in der Praxis

Malthus löste mit seiner Theorie allgemein Empörung und Ablehnung aus und führte zu einer umfangreichen und lang andauernden „Malthus-Debatte". Vielen erschienen seine Thesen als überzeugender Beweis für die soziale Kälte und Unmenschlichkeit eines rein auf Nutzen ausgerichteten Denkens. Malthus hat mit seinen pessimistischen und doch sehr anspruchsvollen Thesen eine fruchtbare Auseinandersetzung über die Bedeutung und Position der Armen in der industriellen Gesellschaft und in der Welt erzwungen. Obgleich das Bevölkerungsgesetz sich als Irrtum herausgestellt hat, ist diese Diskussion heute überhaupt noch nicht abgeschlossen und gehört zu den zentralen Themen der Sozialen Arbeit.[16] Unter dem Namen von Malthus werden mitunter auch Auffassungen diskutiert, die Malthus selbst abgelehnt hat. So erwartet der Neomalthusianismus – im Unterschied zu Malthus – beispielsweise, daß die Bevölkerungsvermehrung durch die Anwendung empfängnisverhütender Mittel als „preventive check" und durch die Freigabe des Schwangerschaftsabbruchs als „positive check" eingeschränkt werden kann.

3.7. Literatur zum Vertiefen

Die erste Auflage des Hauptwerks von Malthus liegt in deutscher Übersetzung als Taschenbuch vor. Leider ist das Taschenbuch vergriffen und soll nach Auskunft des Verlages nicht wieder aufgelegt werden. Die These vom Bevölkerungsgesetz wird in der Literatur häufig angesprochen, meistens werden die näheren Ausführungen und Erläuterungen von Malthus jedoch nicht berücksichtigt. Selten findet sich eine das ganze Werk und die Entwicklung von Malthus berücksichtigende Darstellung. Ausführliche Literaturangaben zum Werk von Malthus sind als Anhang in der deutschen Taschenbuchausgabe zu finden, aber auch in dem Sammelband „Malthus in Past and Present", der von Jean Dupâquier herausgegeben worden ist.

ANMERKUNGEN ZU KAPITEL 3

[1] Vgl. Schnerb 1983,19
[2] Vgl. Barth 1977
[3] Vgl. Lepenies 1984, 126 - 129

[4] Zitiert nach Barth 1977, 197
[5] Malthus 1977, 19
[6] Malthus 1977
[7] Vgl. die Ausführungen zu Godwin in Malthus 1977
[8] Malthus 1977, 17
[9] Malthus 1977, 18 f.
[10] Malthus 1977, 36f.
[11] Malthus 1977, 67f.
[12] Malthus 1977, 170
[13] Malthus 1977, 143 - 170
[14] Malthus 1977, 72
[15] Malthus 1977, 93
[16] Vgl. zum Beispiel Dupâquier 1983
[17] Malthus 1977
[18] Dupâquier 1983

4. ARME ABSICHERN – OTTO VON BISMARCK

4.1. Der lebensweltliche Kontext

Das 19. Jahrhundert ist in Deutschland von den politischen Einigungsversuchen, der Bildung des Deutschen Reiches 1871 und den sozio-ökonomischen Veränderungen, die sich aus der industriellen Revolution ergeben, geprägt. Die Industrialisierung verläuft in Deutschland in einem rasanten Tempo.[1] Großunternehmer, Aktien- und Kommanditgesellschaften entwickeln den Bergbau, die Eisen- und Maschinenindustrie. Das Banken-, Versicherungs-, Verkehrs- und Nachrichtenwesen wird ausgebaut. Zu Beginn des Jahrhunderts gibt es nur 300.000 FabrikarbeiterInnen, 1872 sind es bereits 6 Millionen und um 1900 sogar 12 Millionen. Wirtschaftskrisen und Kriege behindern die Expansion nicht. Die Arbeits-, Wohn- und Lebensbedingungen der Arbeiter und ihrer Familien sind sehr schlimm. Schwere körperliche Arbeit, lebensgefährliche Arbeitsplätze, geringer Lohn, Kinder- und Frauenarbeit, viele Unfälle und Erkrankungen bestimmen den Alltag. Die Arbeiter wohnen mit ihren Familien unter katastrophalen Bedingungen auf engstem Raum in Elendsvierteln. Den vielen Armen (Lohnabhängigen, Arbeitslosen, Kranken, Alten, Invaliden, Bettlern usw.) steht eine kleine Gruppe mächtiger Reicher (Großgrundbesitzer und Fabrikanten) gegenüber. Die Arbeiter sammeln ihre Kräfte, um sich gegen ihre Ausbeutung zu wehren. Gewerkschaften und Arbeiterparteien, Konsumvereine und Genossenschaften werden gegründet,

188

um politische und wirtschaftliche Macht zu erlangen. Der politische und wissenschaftliche Sozialismus wird die Gegenbewegung zu Liberalismus und Kapitalismus. Staat und Kirche tragen heftige Kämpfe miteinander aus. Neben der kommunalen Armenfürsorge sind die Kirchen sozial tätig, um die größte Not zu lindern. Private Träger der Wohlfahrt organisieren sich in größerem Rahmen.

Der industrielle Aufschwung wird erst durch eine Vielzahl naturwissenschaftlicher Entdeckungen und technischer Entwicklungen möglich. Der wissenschaftliche Fortschritt in Physik, Biologie, Chemie und Medizin führt zu einem Glauben an Wissenschaft und Technik. Neue Wissenschaften wie Soziologie und Psychologie entfalten sich in einer geistigen Umwelt, die wissenschaftliche Ergebnisse und Theorien zum Inhalt von Weltanschauungen macht. Die Universitäten werden zum Ort der Lehre und der Forschung. Religion wird als Illusion des Menschen erklärt. Allgemeine ethische Werte werden geleugnet. Das Erkennen wird vom Stand der Forschung oder der jeweiligen historischen Situation bewertet.

4.2. Der Autor

Fürst Otto von Bismarck wird im Jahre 1815 in Schönhausen (Bezirk Magdeburg), dem Sitz des altmärkischen Adelsgeschlechts von Bismarck-Schönhausen, geboren. Nach der Erziehung durch Privatlehrer (neben anderen durch den evangelischen Theologen und Philosophen Friedrich Schleiermacher) beginnt er 17jährig sein Jurastudium an der Universität in Göttingen und setzt es in Berlin fort. Seine Referendarzeit verbringt er von 1836 – 1839 in Aachen. Danach bewirtschaftet er seine Güter in Pommern. Unter dem Einfluß pietistischer Nachbarn wird er protestantischer Christ, erhält sich aber immer seine Freiheit gegenüber der Kirche. 1847/48 wird er konservatives Mitglied des Vereinigten Landtags, dann Abgeordneter, schließlich preußischer Abgesandter im Frankfurter Bundestag. Nach Diplomatendiensten in St. Petersburg und Paris ernennt Wilhelm I. Bismarck 1862 zum preußischen Ministerpräsidenten. Bismarck erreicht die lang angestrebte nationale Einigung Deutschlands im Bündnis mit den konservativen Liberalen durch die Gründung des deutschen Kaiserreiches 1871. Die Reichsgründung gilt als eines der bedeutendsten Ereignisse des 19. Jahrhunderts und als geniale staatsmännische Leistung Bismarcks. Die Rolle des Reichskanzlers in der Verfassung ist auf ihn und seine Machtinteressen zugeschnitten. Als einziger Minister ist nur er allein dem Monarchen verantwortlich und ist nach dem Kaiser der mächtigste Mann im Reich. Er nimmt dieses Amt von der Reichsgründung an fast zwanzig Jahre lang wahr. Die Sicherung der Reichsgründung, der innere Ausbau des Reiches und die Vorrangstellung des Deutschen Reiches als Großmacht in Europa sind seine politischen Ziele. Das kunstvoll gewobene Bündnissystem der europäischen Staaten kennzeichnet Bismarcks defensive Außenpolitik. Die gesellschaftliche Konsolidierung des Deutschen Reiches wird durch den Kulturkampf, den Bismarck mit der katholischen Kirche führt, stark erschwert. Nach Beendigung dieser Dauerkrise geht er mit Unterstützung der katholischen Sozialpolitiker daran, ein sozialpolitisches Reformwerk zu schaffen, um die Sozialisten politisch ins Leere laufen zu lassen. Bismarck wird 1890 von Kaiser Wilhelm II. aus der Macht entlassen. Nach seiner Entlassung schreibt Bismarck seine Memoiren „Gedanken und Erinnerungen", die nicht nur als Racheschrift gegen Kaiser Wilhelm II., sondern als eine politisch-literarische Glanzleistung bewertet werden. 1898 stirbt Bismarck in Friedrichsruh bei Hamburg.

„Bismarck ist eine willensstarke, leidenschaftliche Herrschernatur mit weiser Mäßigung und klarer Besinnung, aber nicht eine martialische Heldengestalt, doch ohne Verständnis für das erstarkende demokratische Sozialgefühl." Theodor Eschenburg[2]

4.3. Die Wissenschaftsauffassung

Bismarcks Sozialpolitik ist keine Theorie im wissenschaftlichen Sinne. Ich möchte hier Alice Salomon folgen und von „einem originären Programm sozialer Sicherheit" sprechen, das Bismarck und Kaiser Wilhelm I. den in der Welt bestehenden Theorien über sozialen Fortschritt hinzugefügt haben.[3] Bismarck kümmert sich nicht um eine wissenschaftliche Darstellung und Reflexion seines Programms oder setzt sich mit dem wissenschaftlichen Sozialismus (zum Beispiel mit den Arbeiten von Karl Marx) auseinander. Als Jurist und Minister benutzt er pragmatisch das Instrument der Gesetzgebung, um „seine Theorie" zu verwirklichen.

4.4. Der Gegenstandsbereich

Für den Staatsmann und Politiker Bismarck ist die Sozialpolitik nur ein kleiner Ausschnitt seines weiten Tätigkeits- und Interessenfeldes. Das Elend und die Not der deutschen Bevölkerung interessieren ihn nur im Kontext seiner gesamtpolitischen Ziele. Erst als die sich organisierenden Arbeiter zur Gefahr für die Monarchie werden, wird die soziale Frage für Bismarck relevant. Es geht ihm in seiner Sozialpolitik um Antworten auf die Fragen: Wie kann man verhindern, daß eine parteipolitisch organisierte Arbeiterschaft die bestehende Gesellschaftsform der Monarchie zugunsten des Sozialismus umstürzt? Und wie kann man die Staatskasse nachhaltig von den hohen Kosten der Armenfürsorge entlasten?

4.5. Die Theorie

Bei Bismarcks „Theorie" handelt es sich um ein *politisches Programm*, mit dem handfeste realpolitische Ziele verfolgt wurden. Dieses Programm ist keineswegs als geschlossener Entwurf aufgeschrieben, veröffentlicht und in die Praxis umgesetzt worden. Das Programm ist in politischen Auseinandersetzungen entstanden und erst im nachhinein in Handlungen, Reden und Gesetzgebung der damaligen Zeit als geschlossener und in sich stimmiger „Theorieansatz" zu erkennen. Diese Eigenart verlangt auch eine eigene Form der Darstellung.

Zünfte und Gilden haben ihre Bedeutung für die Soziale Sicherung mit der wachsenden Industrialisierung verloren. Die Arbeitslöhne sind an einer unteren Grenze der Lebenssicherung orientiert. Wer wegen Krankheit, Invalidität oder Alter nicht mehr arbeiten kann, hat keinerlei Absicherung gegen Armut und Not. Die Arbeiterbevölkerung sinkt in Zeiten großer Arbeitslosigkeit zur Armenbevölkerung ab und fällt der öffentlichen und privaten Armenpflege zur Last. Das Massenelend erfordert neue Maßnahmen, um das vorhandene Elend zu beseitigen und weiteres Elend zu verhindern. Die *Arbeiter* selbst schließen sich zu *politischen und wirtschaftlichen Solidargemeinschaften* zusammen, um ihre Lage zu verbessern.[4]

Der Vereinigungsparteitag des Allgemeinen Arbeitervereins (von Ferdinand Lasalle 1863 gegründet) mit der Sozialdemokratischen Arbeiterpartei (von August Bebel 1869 gegründet) im Jahre 1875 in Gotha ist ein Höhepunkt der politischen Arbeiterbewegung. Das Gothaer Programm der neuen *Sozialistischen Arbeiterpartei Deutschlands* (SAPD) fordert nicht nur sämtliche politischen Freiheiten für die Arbeiter, sondern auch, um die Lösung der sozialen Frage anzubahnen, die Errichtung von sozialistischen Produktionsgenossenschaften mit Staatshilfe unter der Kontrolle des arbeitenden Volkes. Für Bismarck und die konservativen Parteien ist damit der Zeitpunkt gekommen, Entscheidendes gegen die Sozialisten zu unternehmen, um sich vor ihnen zu schützen. Die Revolutionsdrohung, die hinter dem Programm steht, wird von den konservativen Politikern ernstgenommen und gefürchtet. Denn es gehören mehr als zwei Drittel aller Deutschen zur Lohnarbeiterklasse und die meisten von ihnen leben in dauernder Not und Armut am Rande des Existenzminimums oder, falls arbeitslos, von der öffentlichen oder privaten Fürsorge ohne Aussicht auf eine bessere Zukunft. Außerdem liegen die schweren und blutigen Bürgerkriege von 1848/49 erst wenige Jahrzehnte zurück und sind allen Verantwortlichen eine abschreckende Erinnerung.[5]

Zwei Attentate werden im Frühjahr 1878 auf Kaiser Wilhelm I. ohne Erfolg unternommen. Die Täter können nicht festgestellt werden, doch Bismarck legt die Attentate den Sozialdemokraten zur Last. Nach der Auflösung des Reichstages und Neuwahlen setzt Bismarck 1878 das „Gesetz gegen die gemeingefährlichen Bestrebungen der Sozialdemokratie" durch. Die Sozialistische Arbeiterpartei wird mit diesem „*Sozialistengesetz*" verboten. Die Parteiorganisation und alle sozialistischen Vereine werden aufgelöst. Die Parteimitglieder gehen in den Untergrund.

Am 15. Februar 1881 eröffnet Kaiser Wilhelm I. die Session des Reichstages mit einer Thronrede, in der er auf Anregung Bismarcks den festen Willen des Staates ausdrückt, das Arbeiterelend zu lindern: „Diese Heilung (sozialer Schäden) wird nicht ausschließlich im Wege der Repression sozialistischer Ausschreitungen, sondern gleichmäßig auf dem der *positiven Förderung des Wohles der Arbeiter* zu suchen sein."[6]

Bismarck erläutert in einer Rede vor dem Reichstag am 15. März 1881 die kaiserliche Ankündigung:

„Bei der Einbringung des Sozialistengesetzes hat die Regierung ... Versprechen gegeben dahin, daß als Corollär dieses Sozialistengesetzes die ernsthafte Bemühung für eine Besserung des Schicksals der Arbeiter Hand in Hand mit demselben gehen sollte. Das ist meines Erachtens das Komplement für das Sozialistengesetz. Denn es ist eine Ungerechtigkeit, auf der einen Seite die Selbstverteidigung einer zahlreichen Klasse unserer Mitbürger zu verhindern und auf der anderen Seite ihr nicht die Hand entgegenzureichen zur Abhilfe desjenigen, was unzufrieden macht."[7]

Die erste Vorlage für eine Unfallversicherung begründet Bismarck im Reichstag:

„Vor dem Verhungern ist der invalide Arbeiter durch unsere heutige Armengesetzgebung geschützt. Nach dem Landrechte wenigstens soll niemand verhungern, ob es nicht dennoch geschieht, weiß ich nicht. Das genügt aber nicht, um den Mann mit Zufriedenheit auf sein Alter und seine Zukunft blicken zu lassen, und es liegt in diesem Gesetze auch die Tendenz, das Gefühl menschlicher Würde, welches auch der ärmste Deutsche meinem Willen nach behalten soll, wach zu erhalten, daß er nicht rechtlos als reiner Almosenempfänger dasteht. Wer den Armenverhältnissen in großen Städten selbstprüfend näher getreten ist, ... hat beobachten können, wie ein Armer, namentlich wenn er körperlich schwach und verkrüppelt ist, unter Umständen behandelt wird ..., der muß eingestehen, daß jeder gesunde Arbeiter, der dies mit ansieht, sich sagt: es ist doch fürchterlich, daß ein Mensch auf diese Weise ... herunterkommt, wo der Hund seines Nachfolgers es nicht schlimmer hat."[8]

Monate später, am 17. November 1881, sagt Kaiser Wilhelm I. in einer weiteren Thronrede, der berühmt gewordenen *Kaiserlichen Botschaft*:

„Schon im Februar d. J. haben Wir Unsere Überzeugung aussprechen lassen, daß die Heilung der sozialen Schäden nicht ausschließlich im Wege der Repression sozialdemokratischer Ausschreitungen, sondern gleichmäßig auf dem der positiven Förderung des Wohles der Arbeiter zu suchen sein werde. Wir halten es für Unsere Kaiserliche Pflicht, dem Reichstage diese Aufgabe von Neuem ans Herz zu legen, und würden Wir mit umso größerer Befriedigung auf alle Erfolge, mit denen Gott Unsere Regierung sichtlich gesegnet hat, zurückblicken, wenn es Uns gelänge, dereinst das Bewußtsein mitzunehmen, dem Vaterlande neue und dauernde Bürgschaften seines inneren Friedens und den Hilfsbedürftigen größere Sicherheit und Ergiebigkeit des Beistandes, auf den sie Anspruch haben, zu hinterlassen. In Unseren darauf gerichteten Bestrebungen sind Wir der Zustimmung aller verbündeten Regierungen gewiß und vertrauen auf die Unterstützung des Reichstages ohne Unterschied der Parteistellungen.

In diesem Sinne wird zunächst der von den verbündeten Regierungen in der vorigen Session vorgelegte Entwurf eines Gesetzes über die Versicherung der Arbeiter gegen Betriebsunfälle mit Rücksicht auf die im Reichstage stattgehabten Verhandlungen über denselben einer Umarbeitung unterzogen, um die erneuthe Beratung desselben vorzubereiten. Ergänzend wird ihm eine Vorlage zur Seite treten, welche sich eine gleichmäßige Organisation des gewerblichen Krankenkassenwesens zur Aufgabe stellt. Aber auch diejenigen, welche durch Alter oder Invalidität erwerbsunfähig werden, haben der Gesamtheit gegenüber begründeten Anspruch auf ein höheres Maß staatlicher Fürsorge als ihnen bisher hat zu Theil werden können.

Für diese Fürsorge die rechten Mittel und Wege zu finden, ist eine schwierige, aber auch eine der höchsten Aufgaben jedes Gemeinwesens, welches auf den sittlichen Fundamenten des christlichen Volkslebens steht. Der engere Anschluß an die realen Kräfte dieses Volkslebens und das Zusammenfassen der letzteren in der Form kooperativer Genossenschaften unter staatlichem Schutz und staatlicher Förderung werden, wie Wir hoffen, die Lösung auch von Aufgaben möglich machen, denen die Staatsgewalt allein in gleichem Umfange nicht gewachsen sein würde. Immerhin wird auch auf diesem Wege das Ziel nicht ohne die Aufwendung erheblicher Mittel zu erreichen sein."[9]

Die kaiserliche Botschaft heißt zwar kaiserlich, ist aber von Bismarck entworfen worden und wird von ihm vor dem Reichstag vertreten.[10] Gegen den Widerstand der Liberalen greift Bismarck mit seiner Antwort auf die soziale Frage zwei Strömungen in der Sozialpolitik auf. Arbeiter und auch einzelne Betriebe haben sich bereits freiwillig in Solidargemeinschaften – in Form von Versicherungen (zum Beispiel die Bergleute in den Knappschaftskassen) – zusammengeschlossen, um sich gegen Armut abzusichern. Sozialpolitiker (die sogenannten „Kathedersozialisten" und der Verein für Sozialpolitik) drängen mit konkreten Vorschlägen auf eine gesetzliche Sozialpolitik, um die Klassenunterschiede zu mildern und den sozialen Aufstieg der Lohnarbeiterschaft zu fördern.

Das „Gesetz betreffend die *Krankenversicherung der Arbeiter*" wird im Mai *1883* im Reichstag verabschiedet. Das Kernstück des Gesetzes liegt in der Einführung des Versicherungszwangs gekoppelt mit einem Rechtsanspruch auf Unterstützung. Gegen Gehalt oder Lohn beschäftigte Personen sind gegen Krankheit zu versichern.[11] Das *Unfallversicherungsgesetz* vom Juli *1884* beruht ebenfalls auf dem Prinzip des Versicherungszwangs. Unterstützt werden Unfallopfer unabhängig von der Schuldfrage. Der bei der Arbeit verunglückte Arbeiter oder seine Hinterbliebenen können jetzt Rente von der Berufsgenossenschaft erhalten, die die Unfallversicherungen durchführen. Das Gesetz über die *Invaliditäts- und Altersversicherung* vom Juni *1889* gewährt nach dem 70. Lebensjahr eine Altersrente oder bei Erwerbsunfähigkeit eine Invalidenrente.

An die Stelle öffentlicher oder privater Armenfürsorge tritt ein *Recht auf Versorgung*, das der einzelne Arbeiter durch seine Beitragszahlung erwirbt. Die Beiträge werden zu zwei Dritteln von den Arbeitern und zu einem Drittel vom Arbeitgeber gezahlt. Die Versicherten werden an der Selbstverwaltung der Kassen beteiligt und damit in die *gesellschaftliche Verantwortung eingebunden*.

Bismarck bekennt vor dem Reichstag am 26. November 1884 offen: „Wenn es keine Sozialdemokratie gäbe und wenn nicht eine Menge sich vor ihr fürchtete, würden die mäßigen Fortschritte, die wir überhaupt in der Sozialreform bisher gemacht haben, auch noch nicht existieren."[12] Die Arbeiterversicherungsgesetzgebung erweist sich bei der Bekämpfung des Elends als ein wirkungsvolles Instrument: 1885 sind bereits über 10 Prozent der Bevölkerung des Deutschen Reiches versichert, 1911 sind es schon 21 Prozent. Eine Umfrage bei den Armenverwaltungen ergibt 1895, daß eine Entlastung der öffentlichen Armenpflege stattgefunden hat und eine große Zahl von Personen vor Verarmung bewahrt worden ist. Damit hat Bismarck für die eine der beiden ihn drängenden sozial-politischen Fragen eine für ihn befriedigende Antwort gefunden: die Arbeiter sollen durch die Arbeiterversicherung davor bewahrt werden, der öffentlichen Armenpflege anheim zu fallen.[13]

Bismarck schafft sich mit der Arbeiterversicherungsgesetzgebung *ein wirksames Instrument für seine Arbeiterpolitik*. Die technischen Voraussetzungen des Kassen- beziehungsweise Versicherungsprinzips kommen den arbeiterpolitischen Absichten des Staates sehr stark entgegen. Es geht um die Arbeiter, die bereits eine gewisse beruflich-betriebliche und zeitliche Stetigkeit erreicht haben , also eine „privilegierte Klasse" unter den Arbeitern bildeten, die mit festem Arbeitsplatz und relativ hohem Lohn in der Fabrikindustrie und im Handwerk beschäftigt waren.[14] Für diese Gruppe wird erreicht, daß ihre soziale Unsicherheit gemindert, ihre wirtschaftliche Kraft gestützt und ihre Lebenschancen durch einen Rechtsanspruch auf Beistand in der Not geschützt werden. Durch die Eigenart der Sozialversicherung werden die Versicherten in den Staat verantwortlich eingebunden. Mit der Ausweitung der Gruppe der Versicherten und der Verbesserung der Leistungen sinkt die Armenfürsorge „zum Unterstock des sozialen Sicherungssystems" herab.[15] Die Armen haben im Unterschied zu den Versicherten keinen Rechtsanspruch auf Unterstützung, sie erhalten Unterstützung nach dem Bedarfsprinzip und müssen darum bitten.

Eine Lösung des zweiten wichtigen sozialpolitischen Problems in seinem Sinne gelingt Bismarck dagegen nur zum Teil: Der parteipolitischen Arbeiterbewegung ist durch die Sozialgesetzgebung keinesfalls – wie von Bismarck gewünscht – der Wind aus den Segeln genommen worden. Der befürchtete Umsturz durch die Arbeiter findet allerdings auch nicht statt. Das Sozialistengesetz wird nach Bismarcks Sturz (1890) aufgehoben, und die ArbeiterInnen organisieren sich noch in demselben Jahr wieder in der Sozialdemokratischen Partei Deutschlands (SPD). Mit der SPD und den neu aufgebauten Gewerkschaften setzen die ArbeiterInnen ihren Kampf um bessere Arbeitsverhältnisse und einen gerechten Lohn fort.

4.6. Bedeutung und Umsetzung in der Praxis

Die sozialen Versicherungen wurden in der Reichsversicherungsordnung (RVO) im Jahre 1911 zusammengestellt und verordnet. Die RVO ist seitdem das grundlegende Gesetz für die Sozialversicherung in

Deutschland; sie wird schrittweise in das neue Sozialgesetzbuch (SGB) integriert. Die soziale Absicherung bewahrt viele ArbeiterInnen vor Armut und Not. Die Kassen der öffentlichen Armenpflege/Fürsorge sind durch das Versicherungsprinzip spürbar entlastet worden, auch wenn zugleich neue Kosten durch eine bessere Versorgung der Armen entstanden sind. Die ArbeiterInnen sind durch die Selbstbeteiligung und Selbstverantwortung in die Gesellschaft integriert und eingebunden worden. In vielen Fällen genügten aber die generellen Sozialversicherungsgesetze den tatsächlichen Notwendigkeiten nicht. Die Armenfürsorge mußte häufig in zahlreichen von den Versicherungen nicht abgedeckten Notfällen individuell orientiert aushelfen. „Die individuelle Hilfe der Fürsorge verschwisterte sich mit der generellen Hilfe der Sozialpolitik."[16] Diese Verschwisterung besteht auch heute noch, wenn auch unter veränderten Rechtsbedingungen.

Bismarcks „Theorie" ist von vielen Staatsregierungen als erfolgreiches sozialpolitisches Programm übernommen worden. Es gilt auch heute noch vielen als eine beispielhafte Lösung sozialer Probleme. Bismarcks „Theorie Sozialer Arbeit" wirkt sich in vielen Bereichen im Alltag Sozialer Arbeit aus. Welcher „Theoretiker" kann das schon von seiner Theorie behaupten?

4.7. Literatur zum Vertiefen

Einen guten Überblick über Bismarcks Umgang mit sozialen Problemen geben die entsprechenden Kapitel der Werke über die Geschichte der Sozialen Arbeit. Ich nenne fünf: Christoph Sachße und Florian Tennstedt 1980: Geschichte der Armenfürsorge in Deutschland. Vom Spätmittelalter bis zum 1. Weltkrieg. Stuttgart. 179 – 324; 1988: Bd. 2: Fürsorge und Wohlfahrtspflege 1871 – 1929. Stuttgart; Eberhard Orthbandt 1980: Der Deutsche Verein in der Geschichte der deutschen Fürsorge. Frankfurt / M. 1 – 171; Rüdeger Baron 1983: Die Entwicklung der Armenpflege in Deutschland vom Beginn des 19. Jahrhunderts bis zum ersten Weltkrieg. In: Rolf Landwehr / Rüdeger Baron (Hrsg.): Geschichte der Sozialarbeit. Weinheim und Basel. 11 – 71; Wolf Rainer Wendt 1990: Geschichte der sozialen Arbeit. Stuttgart. 180 – 208. Zum Quellenstudium bietet sich natürlich auch der Band 12 aus Bismarcks gesammelten Werken an.[17]

ANMERKUNGEN ZU KAPITEL 4

[1] Vgl. Sachße/Tennstedt 1980, 179f.; Sachße/Tennstedt 1988
[2] Eschenburg 1984, 210

[3] Salomon 1983, 10
[4] Vgl. Wendt 1990a, 180 - 190
[5] Vgl. Orthbandt 1980, 42
[6] Zitiert nach Bismarck 1929
[7] Zitiert nach Bismarck 1929
[8] Zitiert nach Landwehr/Baron 1983, 36
[9] Zitiert nach Bismarck 1929, 271f.
[10] Vgl. Peters 1978
[11] Vgl. Orthband 1980, 44 - 49
[12] Bismarck 1929, 443
[13] Sachße/Tennstedt 1980, 264
[14] Vgl. Sachße/Tennstedt 1980, 264
[15] Vgl. Sachße/Tennstedt 1980, 262ff.
[16] Orthbandt 1980, 52
[17] Bismarck 1929

5. Das Gemeinschaftsgefühl entwickeln – Alfred Adler

5.1. Der lebensweltliche Kontext

Der Übergang vom 19. zum 20. Jahrhundert ist gleichzeitig der Übergang von der europäischen Geschichte zur Weltgeschichte. Die Entdeckungen bislang unbekannter Gebiete auf der Erde, der Ausbau der internationalen Verkehrswege und der Fortschritt der Nachrichtensysteme führen dazu, daß die Welt „kleiner wird". Das Zeitalter des Imperialismus geht zuende. Demokratie und Nationalismus dringen immer mehr in das Bewußtsein des Bürgertums und der bäuerlichen Bevölkerung ein. Der Sozialismus wird zur politischen Idee der klassenbewußten Industriearbeiter und zum Gegenspieler der bürgerlich-demokratischen Bewegung. Machtpolitische Gegensätze im europäischen Staatensystem (England – Deutschland, Deutschland – Frankreich), die Balkankrise und eine allgemeine Bereitschaft aufzurüsten und sich zu bekriegen führen zum ersten Weltkrieg (von 1914 – 1918). Mit dem Eingreifen der USA in die kriegerischen Auseinandersetzungen der europäischen Staaten beginnt zugleich eine ganz neue geschichtliche Dimension. Europa verliert seine Vormachtstellung. Mit Sowjetrußland und den USA entstehen zwei neue Machtpole in der Welt. In Rußland führt die Oktoberrevolution (1917) der Bolschewiken zur Diktatur des Proletariats. Der Weltkommunismus will durch die Machtorganisation der Kommunistischen Internationale die marxistisch-leninistische Lehre zur Weltherrschaft bringen. Die

USA zielen eine „demokratische Weltrevolution" an. Die europäischen Staaten demokratisieren sich. 1914 besteht Europa aus 17 Monarchien und 3 Republiken, 1919 aus 13 Republiken und 13 Monarchien. Soziale Veränderungen und die Weltwirtschaftskrise mit Arbeitslosigkeit und Elend im Gefolge führen jedoch sehr bald zu existentiellen Krisen der jungen Demokratien. Es gelingt Faschisten, die Massen für sich zu gewinnen und Demokratien in Diktaturen umzuwandeln (zum Beispiel in Italien und Deutschland).

Die Ereignisse des ersten Weltkrieges verändern das Weltbild der Menschen gründlich. Geistige Prozesse, die im vorigen Jahrhundert bereits begonnen haben, wirken sich nun in Physik, Biologie, Technik, Tiefenpsychologie, Musik und Malerei voll aus. Die Theologie hat ihren Einfluß auf die Wissenschaft endgültig verloren. Die Wende in der Physik zeigt sich vor allem durch die Quantentheorie Max Plancks und die Relativitätstheorie Albert Einsteins. In der Psychologie entdeckt Sigmund Freud das Reich des Unbewußten und seine überragende Macht im seelischen Leben des Menschen. Die Philosophie ist in Schulen gespalten, die miteinander streiten. Lebensphilosophen, Pragmatiker, Phänomenologen und Existenzphilosophen bestimmen die philosophischen Hauptrichtungen.

5.2. Der Autor

Alfred Adler wird im Jahre 1870 in Wien als zweiter Sohn jüdischer Eltern geboren.[1] Sein Vater ist als wohlhabender Getreidehändler aus dem Burgenland nach Wien gekommen. Nach dem Abitur studiert Adler an der Wiener Universität Medizin. 1895 wird er zum Dr. med. promoviert; danach läßt er sich zum Augenarzt, später zum Internisten und Neurologen ausbilden. Als 30jähriger eröffnet Adler in Wien seine Privatpraxis. Sigmund Freud fordert Adler 1902 auf, seiner psychoanalytischen Studiengruppe beizutreten. Im Laufe der gemeinsamen Arbeit entwickelt Adler seine eigenen Lehrmeinungen, so daß es 1911 zum Bruch zwischen den beiden kommt. Adler und Freud versöhnen sich nach ihrer Trennung nicht wieder. Adler vertritt nun seine eigene Auffassung als Individualpsychologie mit einer eigenen Schule und einer eigenen Zeitschrift. Im Ersten Weltkrieg ist Adler Militärarzt. Nach dem Krieg entwickelt er seine Theorie weiter und will sich in Wien an der Universität habilitieren; seine Habilitationsschrift wird mit der Bewertung „unwissenschaftlich" abgelehnt. Von 1920 an bildet er als Dozent am Pädagogikum der Stadt Wien Lehrer und Fürsorger aus. Adlers Lehre genießt Sympathie in den sozialistischen Kreisen, sodaß ihm die Stadt Wien ermöglicht, rund 30 Erziehungsberatungsstellen einzurichten. Er reist viel umher und hält Vorträge, um seine Lehre zu verbreiten. Von 1925 an reist er häufig nach Amerika, 1934 siedelt er ganz nach den USA über, weil er glaubt, daß er von dort aus besser wirken kann. Adler stirbt 1937 plötzlich auf einer Vortragsreise in Aberdeen/Schottland.

Weltanschaulich steht Adler zeit seines Lebens dem Sozialismus sehr nahe, ohne sich dogmatisch auf den Marxismus festzulegen. Nur im Sozialismus bleibt für ihn der Gemeinsinn als Forderung des ungehinderten menschlichen Zusammenlebens letztes Ziel und Ende. Im sozialistischen Studentenverein lernt er seine russische Frau kennen. Adlers Frau, die aus Moskau stammt und in Wien studiert hat, nimmt frühzeitig Kontakt mit der revolutionären Bewegung in Rußland auf. Adler lehnt die Herrschaft der Bolschewiken in Sowjetrußland ab, weil sie für ihn wie alle bisherigen Regierungen auch auf den Besitz der Macht gegründet ist. Zur sozialistischen Grundhaltung Adlers kommt noch eine konsequent atheistische Lebenseinstellung. Adler ist als junger Mann vom jüdischen Glauben zur protestantischen Kirche übergewechselt. Es ist mehr ein Bruch mit dem Judentum als ein Bekenntnis zum lutherischen Christentum. Er gilt seinen Freunden als entschieden ungläubig. Die Nationalsozialisten verbieten die Individualpsychologie und schließen alle Erziehungsberatungsstellen, die nach der individualpsychologischen Theorie arbeiten.

> „Wenn die kommenden Generationen, individualpsychologisch erzogen, froher, besser werden leben können, weil sie dem Leben und seinen Anforderungen besser gewachsen sein werden als es die Menschen unserer Zeit mit ihrer übermäßigen Machtgier sind, so werden sie dies vor allem Alfred Adler zu danken haben." Manès Sperber[2]

5.3. Die Wissenschaftsauffasssung

Die Individualpsychologie zählt zu den geisteswissenschaftlichen, subjektivierenden und ganzheitlichen Psychologien mit teleologischer und verstehender Betrachtungsweise.[3] Das Prinzip der Ganzheit wird als wesentliche Grundlage für das Verstehen der Bewegung von Energie und Leben angenommen. Solidarität, Mitgefühl und Wohlwollen gegenüber dem Mitmenschen lehren wahrhaft verstehen, was diesen umtreibt und bewegt. Auch Geduld, echtes Interesse, lebenslanges Bemühen sind für die „Wissenschaft der Menschenkenntnis" notwendig. Sowohl Vaihingers Philosophie des „Als-ob" als auch Kants und Nietzsches Ideen über fiktive Ziele haben Adler beeinflußt. Adler bezieht sich auf William James, wenn er sagt, daß nur eine in unmittelbarem Bezug zum Leben stehende Wissenschaft eine wahre Wissenschaft ist. Theorie und Praxis bilden für Adler eine weitgehend unauflösliche Einheit.

5.4. Der Gegenstandsbereich

Die Persönlichkeit des Menschen und seine Sozialentwicklung sind der Gegenstandsbereich der individualpsychologischen Theorie Alfred Adlers. Adler möchte „die geheimnisvolle schöpferische Lebenskraft verstehen, die sich in dem Verlangen nach Entwicklung, Anstrengung und Leistung zum Ausdruck bringt".[4] Das Gemeinschaftsgefühl und das Streben nach Vervollkommnung stehen im Mittelpunkt seines Interesses. Adler fragt: Wie werden Kinder zu Sorgenkindern? Was treibt einen Verbrecher zum Verbrechen? Was macht einen Süchtigen süchtig? Was kann/muß getan werden, damit sich das Gemeinschaftsgefühl der Menschen entwickelt?

5.5. Die Theorie

Alfred Adlers Bezeichnung „Individualpsychologie" ist für das Verständnis seiner tiefenpsychologischen Theorie irreführend, läßt sie doch vermuten, daß sie im Gegensatz zur Sozialpsychologie steht. Das Gegenteil ist aber der Fall. Adlers Theorie ist *eine Sozialpsychologie*, die den Menschen von Grund auf in die Gemeinschaft einbindet und gerade nicht isoliert oder individualisiert.[5] Adler wählt die Bezeichnung Individualpsychologie, um seine Lehre von den psychoanalytischen Theorien abzugrenzen, die den Menschen in einzelne Elemente, Schichten oder Triebe zerlegen („dividieren"). Adler betont gegen Freud: Der Mensch ist eine unteilbare Einheit, ein Individuum. Bewußtes und unbewußtes Leben sind innig miteinander verbunden.
Die Frage nach dem Motor menschlicher Entwicklung beantwortet Adler aufgrund von Beobachtungen, die er als praktischer Arzt gemacht hat. Adler beobachtete bei seinen PatientInnen verschiedenwertige Organe und Organsysteme, von denen vor allem die mangelhaften psychisch-physisch auffällig wurden. Diese menschlichen Organe waren häufig ganz oder teilweise in ihrem Wachstum gehemmt oder verändert. Adler spricht von *minderwertigen Organe*n, die dazu drängen, die Minderwertigkeit zu überwinden. Diese *Kompensation* kann durch ein anderes Organ übernommen werden. Bei einem Herzklappenfehler schwillt der Herzmuskel soweit an, daß er durch Mehrleistungen den Mangel wettmachen kann. Außer einer rein biologi-

schen Kompensation kann der Mensch psychisch Organmängel kompensieren. Was macht ein Kind, wenn es sich schwächer als andere Kinder fühlt? Für Adler hängt es von der Erziehung ab, ob ein solches Kind in Mutlosigkeit und sozialer Abhängigkeitshaltung versinkt oder sich produktiv mit seinen Schwächen befaßt. „Organgestörte Kinder rekrutieren das Heer der Neurotiker, Delinquenten, Arbeits- und Liebesunfähigen. In anderen Fällen wird der Mangel zum dauernden Stachel, der den Betroffenen auf der Bahn der kulturellen Leistung vorantreibt."[6]

Das Erleben der Hilflosigkeit, das Gefühl des Schwächerseins und die Erfahrung der Abhängigkeit von anderen Menschen wecken in jedem Säugling und Kind das Gefühl der Minderwertigkeit. Das *Minderwertigkeitsgefühl* ist für Adler eine der wichtigsten Tatsachen menschlichen Lebens. Mensch zu sein bedeutet für ihn, von Natur aus ein Mängelwesen zu sein, das sich alle seine Vorteile und Vorzüge erst selbst schaffen muß, weil es unzureichend für das Leben ausgestattet ist. Mensch sein heißt, sich minderwertig zu fühlen. Kultur ist das Ergebnis menschlichen Bemühens, diese Unvollkommenheit zu überwinden. Sich minderwertig zu fühlen geht einher mit der gleichzeitigen Tendenz, dieses Gefühl zu kompensieren. Die Individualpsychologie geht von zwei verschiedenen *Kompensationsrichtungen* aus: *auf die Mitmenschen hin* in die Gemeinschaft und *von den Mitmenschen weg* in die Isolierung hinein. Das Minderwertigkeitsgefühl ist ein Segen für den Menschen, da es ihn aus einer Minussituation nach einer Plussituation drängt, nach Sicherung und Überwindung. Das Minderwertigkeitsgefühl treibt das Kind, sich ein Lebensziel zu setzen, von dem es alle Beruhigung und Sicherstellung seines Lebens für die Zukunft erwartet, und einen Weg einzuschlagen, der ihm zur Erreichung dieses Zieles geeignet zu sein scheint.

Zum *Minderwertigkeitskomplex* wird das Minderwertigkeitsgefühl aber erst dann, wenn das Kind in diesem Gefühl der Entmutigung haften bleibt und es nicht überwindet. Das so gehemmte Kind verharrt ängstlich und pessimistisch in dem Gefühl, minderwertig zu sein und sucht untaugliche Lösungen – Scheinlösungen – , mit denen es seine Umwelt, die es für sein Versagen verantwortlich macht, zu unterwerfen versucht. Der Minderwertigkeitskomplex ist die Ursache für seelische und soziale Störungen aller Art. Minderwertigkeitskomplexe bedingen psychopathologische Überkompensationen. Gesunde Entwicklung ist gemeinschaftsbezogen, auf den Mitmenschen hin. Krankhafte Entwicklung ist gegen den Mitmenschen gerichtet oder von ihm weg.

Die Lehre vom *Gemeinschaftsgefühl* ist für Adler der Grundpfeiler der Individualpsychologie.[7] Zunächst hält Adler das Gemeinschaftsgefühl für eine biologisch gegebene Tatsache. Später sieht er in ihm eine angeborene Disposition des Menschen. Ziel und Aufgabe der Erziehung ist es, diese Fähigkeit zur Gemeinschaft zu wecken und zu entwickeln. Das gesamte Individuum muß innerhalb eines umfassenderen Ganzen gesehen werden. Dieses umfassendere Ganze wird von Gruppen gebildet, zu denen der einzelne Mensch gehört, beginnend bei den kleinsten Gruppenbildungen (Paar, Familie) bis hin zur Gesamtmenschheit. Dieses größere Ganze ist die soziale Situation, in der jeder Mensch lebt. Niemand kann ihr entfliehen, denn jeder Mensch ist wegen seiner konstitutionellen Schwäche notwendig auf die Hilfe der anderen Menschen angewiesen. Jeder muß die Aufgaben des menschlichen Zusammenlebens lösen: den *Beruf,* die *Gesellschaft im allgemeinen* (Freundschaft) und die *Liebe* (Ehe). Wer nützliche Arbeit leistet, lebt in der sich entwickelnden Gemeinschaft und fördert sie. Wer die anderen berücksichtigt, sich den anderen anpaßt und sich für sie interessiert, unterstützt das Leben der Gemeinschaft. Wer Liebe und Ehe als Mitglied eines der zwei Geschlechter kooperativ lebt, erhält und entwickelt Leben in seiner Umgebung. Die Hauptprobleme im Leben sind für Adler Probleme des menschlichen Zusammenlebens. Die Stellung zu den Lebensaufgaben, die immer sozialer Natur sind und zu ihrer befriedigenden Lösung ein gut entwickeltes Gemeinschaftsgefühl bedürfen, gibt untrüglich Aufschluß darüber, wieweit jemand bereit ist, sein Leben als Mitmensch zu führen.

Gemeinschaftsgefühl besagt vor allem ein Streben nach einer Gemeinschaftsform, die für ewig gedacht werden muß, wie sie gedacht werden könnte, wenn die Menschheit das Ziel der Vollkommenheit erreicht hat: Alle Fragen des Lebens und der Gemeinschaft sind gelöst. Es handelt sich dabei niemals um eine gegenwärtige Gemeinschaft oder Gesellschaft, auch nicht um politische oder religiöse Formen des Gemeinschaftslebens, sondern das Ziel, das zur Vollkommenheit am besten geeignet ist, müßte ein Ziel sein, das die *ideale Gemeinschaft der ganzen Menschheit* bedeutet, die letzte Erfüllung der Evolution.[8]

Das Gemeinschaftsgefühl hat einen Gegenspieler. Anfangs nimmt Adler einen *Aggressionstrieb* beim Menschen an, der als übergeordnete dynamische Kraft die anderen Triebe bündelt und auf ein Ziel, nämlich die Befriedigung der Primärtriebe, ausrichtet. Später nennt Adler dieses übergeordnete Prinzip den männlichen Protest; zuletzt spricht er vom *Geltungsstreben* oder *Streben nach Vollendung.* Macht-

und Geltungsstreben des Menschen entstehen aus dem Minderwertigkeitsgefühl mit dem Ziel, jede gefühlte Unsicherheit zu kompensieren. Der Mensch strebt von unten nach oben, um seine subjektiv verstandenen Mängellagen zu überwinden. Eine natürliche Kompensation liegt in dem Streben nach Kenntnissen, Fähigkeiten und Fertigkeiten. Dieses Streben nach Größe, Geltung und Anerkennung kommt solange nicht in Widerspruch zur Gemeinschaft als es auf der Linie von Mitarbeit und Mitleben bleibt. Alle seelischen Erkrankungen (Neurosen, Kriminalität, Perversionen, Psychosen usw.) entstehen aus einem übersteigerten Geltungsstreben und einem unterentwickelten Gemeinschaftsgefühl. Im Vorwort zur zweiten Auflage seines Buches „Über den nervösen Charakter" schreibt Adler:

„Zwischen den beiden Auflagen dieses Buches liegt der Weltkrieg mit seinen Fortsetzungen, liegt die furchtbarste Massenneurose, zu der sich unsere neurotisch-kranke Kultur, zerfressen von ihrem Machtstreben und ihrer Prestigepolitik, entschlossen hat. Der entsetzliche Gang der Zeitereignisse ... entschleiert sich als das dämonische Werk der allgemein entfesselten Herrschsucht, die das unsterbliche Gemeinschaftsgefühl der Menschheit drosselt oder listig mißbraucht."[9]

Die menschliche Persönlichkeit ist eine *zielgerichtete Einheit*. Kein Mensch kann denken, fühlen, wollen oder träumen, ohne daß all dies bestimmt, bedingt, eingeschränkt, gerichtet wäre durch ein ihm vorschwebendes Ziel. Menschliches Handeln ist dynamisch und zielgerichtet. Es folgt einem teleologischen Prinzip. Die wichtigste Frage im menschlichen Seelenleben lautet nicht: „woher?" sondern: „wohin?" Erst wenn das wirkende und richtende Ziel eines Menschen bekannt ist, ist es möglich, sein Verhalten zu verstehen. Jeder Mensch hat sich ein Persönlichkeitsideal geschaffen, auf das er bewußt oder unbewußt hinstrebt. Es wird immer in der Kindheit aufgrund frühkindlicher Erfahrungen frei gebildet. Die kindliche Psyche spannt Gedankenfäden von dem Gefühl seiner Minderwertigkeit zu den Zielen seiner Sehnsucht: groß zu sein, stark zu sein, oben zu sein. Von diesem Endzweck her werden alle Handlungen des Kindes und später auch des Erwachsenen geleitet. Allerdings diktieren nicht die Erlebnisse eines Kindes seine Handlungsweisen, sondern die Schlußfolgerungen, die es aus diesen Erlebnissen zieht. Das Ziel der Überlegenheit ist für jedes Individuum ein persönliches und einmaliges Ziel. Es hängt von dem Sinn ab, den es dem Leben gibt. Dieser Sinn ist keine Sache von Worten. Er wird im Lebensstil eines Menschen aufgebaut und zieht sich durch sein ganzes Leben hin. Der Mensch ist ein ganzheitlich zu verstehendes, zielgerichtetes und schöpferisches Individuum, welches im gesunden Zustand in einer positiven, konstruktiven ethischen Beziehung zu seinen Mitmenschen steht.[10]

Adler stellt seine Auffassung über *die erkrankte Seele* („Neurose") in folgende Leitsätze zusammen:

(a) Jede Neurose kann als ein kulturell verfehlter Versuch verstanden werden, sich aus dem Gefühl der Minderwertigkeit zu befreien, um ein Gefühl der Überlegenheit zu gewinnen.

(b) Der Weg der Neurose führt nicht auf der Linie der sozialen Aktivität, zielt nicht auf die Lösung der gegebenen Lebensfragen, mündet vielmehr in den kleinen Kreis der Familie und erzwingt die Isolierung der Patienten.

(c) Der große Kreis der Gemeinschaft wird durch ein Arrangement von Überempfindlichkeit und Intoleranz ganz oder weitgehend ausgeschaltet. Dadurch bleibt nur ein kleiner Kreis für die Kunstgriffe zur Überlegenheit und für deren Artung übrig. Zugleich wird so die Sicherung und der Rückzug von den Forderungen der Gemeinschaft und vor den Entscheidungen des Lebens ermöglicht, während gleichzeitig meist der Schein des Wollens erhalten bleibt.

(d) Der Wirklichkeit zum großen Teil abgewandt führt der Nervöse ein Leben in der Einbildung und Phantasie und bedient sich einer Anzahl von Kunstgriffen, die es ihm ermöglichen, realen Forderungen auszuweichen und eine ideale Situation anzustreben, die ihn von einer Leistung für die Gemeinschaft und der Verantwortlichkeit enthebt.

(e) Diese Enthebungen und die Privilegien der Erkrankung, des Leidens, bieten ihm den Ersatz für das ursprüngliche, riskante Ziel der realen Überlegenheit.

(f) So stellt sich die Neurose und die neurotische Psyche als ein Versuch dar, sich jedem Zwang der Gemeinschaft durch einen Gegenzwang zu entziehen. Letzterer ist derart zugeschnitten, daß er der Eigenart der Umgebung und ihren Forderungen wirkungsvoll entgegentritt.

(g) Der Gegenzwang hat einen gegen die Gemeinschaft revoltierenden Charakter, holt sein Material aus geeigneten affektiven Erlebnissen oder aus Beobachtungen, präokkupiert die Gedanken – und die Gefühlssphäre mit solchen Regungen, aber auch mit Nichtigkeiten, die geeignet sind, den Blick und die Aufmerksamkeit des Patienten von seinen Lebensfragen abzulenken. So können, je nach Bedarf der Situation, Angst- und Zwangszustände, Schlaflosigkeit, Ohnmacht, Perversionen, Halluzinationen, krankhafte Affekte, neurasthenische und hypochondrische Komplexe und psychotische Zustandsbilder als Vorwände fertiggestellt werden.

(h) Auch die Logik gelangt unter die Diktatur des Gegenzwanges. Dieser Prozeß kann bis zur Aufhebung der Logik, wie in der Psychose, gehen und eine private Logik an Stelle der Vernunft, des „common sense" setzen.

(i) Logik, Ästhetik, Liebe, Mitmenschlichkeit, Mitarbeit und Sprache entstammen der Notwendigkeit des menschlichen Zusammenlebens. Gegen sie richtet sich automatisch die Haltung des zur Isolierung strebenden, machtlüsternen Nervösen.

(j) Die Heilung der Neurose und Psychose erfordert die erzieherische Umwandlung des Patienten, die Korrektur seiner Irrtümer und seine endgültige Rückkehr in die menschliche Gemeinschaft ohne Phrase.

(k) Alles wirkliche Wollen und alles Streben des Nervösen steht unter dem Diktat seiner Prestigepolitik, greift immer Vorwände auf, um Lebensfragen ungelöst zu lassen, und wendet sich automatisch gegen die Entfaltung des Gemeinschaftsgefühls. Was er im Munde führt und was seine Gedanken sagen, hat keinerlei praktische Bedeutung. Seine starre Tatrichtung spricht sich nur in seiner Haltung aus.[11]

Die Verbesserung der Erziehung des Kindes dient der Neurosenprophylaxe. Besondere Verantwortung tragen die Eltern, die Geschwister und die LehrerInnen. Ihre gemeinsame Aufgabe ist es, das Kind zu einem Leben in und mit der Gemeinschaft zu ermutigen. *Eltern- und Lehrerschulung* sind unerläßlich, um sie wiederum bei ihrer verantwortungsvollen Aufgabe zu unterstützen.

Die Erarbeitung des Lebensstils der PatientInnen steht im Zentrum individualpsychologischer *Behandlung*. TherapeutInnen und PatientInnen versuchen gemeinsam und partnerschaftlich sowohl erlebnismäßig als auch rational einen Zugang zur Lebenswelt der PatientInnen und ihren Leitlinien zu finden und sie zu verstehen. Ziel ist es, daß den PatientInnen ihr übersteigertes Minderwertigkeitsgefühl und ihre überkompensatorischen Antworten darauf bewußt werden, um dann den Lebensplan neu zu strukturieren. Auch hier gilt es, den Entmutigten zu *ermutigen* und durch Vertrauen *Selbstvertrauen* zu *schaffen*.

5.6. Bedeutung und Umsetzung in der Praxis

Adler hat von Anfang an auf einen starken Praxisbezug seiner Theorie geachtet. Die Gründung der Erziehungsberatungsstellen und seine ständige Mitarbeit in der Beratung zeigen das deutlich. Die Persönlichkeitstheorie Adlers ist weltweit verbreitet. Individualpsychologische Vereinigungen führen die Theorie Adlers heute weiter. Einzelne Theoreme (zum Beispiel das des Minderwertigkeitskomplexes) sind Allgemeingut geworden; die Benutzer dieser Theoreme wissen häufig nicht, daß diese Begriffe von Alfred Adler stammen.[12] Adler hat mit seinen Auffassungen über Mensch und Gemeinschaft viele bedeutende PsychologInnen und PsychotherapeutInnen unseres Jahrhunderts in persönlichen Begegnungen oder durch seine Publikationen angeregt, zum Beispiel Abraham H. Maslow, Eric Berne, Erich Fromm, Kareen Horney, Viktor E. Frankl, Jakob L. Moreno, Carl R. Rogers, Fritz Perls und Raymond J. Corsini.[13] In der Sozialen Arbeit sind in großem Ausmaß Beratungs- und Therapiemethoden dieser AutorInnen übernommen worden. Auf diese Weise arbeiten viele in der heutigen Sozialen Arbeit im Grunde nach Adlers Theorie, ohne daß es ihnen bekannt ist.

5.7. Literatur zum Vertiefen

Einen guten Einblick in Leben und Werk Adlers vermittelt Josef Rattner mit seiner Biographie Alfred Adlers (1978). Adler selbst hat zwar viel publiziert, jedoch keine Systematik seiner Theorie verfaßt. Viele seiner Publikationen sind aus seinen Vorträgen entstanden, die seine SchülerInnen mitgeschrieben haben. Mit seinem letzten größeren Werk „Der Sinn des Lebens" hat Adler eine lesenswerte Zusammenfassung seiner zentralen Gedanken vorgelegt. Heinz L. Ansbacher und Rowena R. Ansbacher haben Adlers Individualpsychologie systematisiert dargestellt (1982).

ANMERKUNGEN ZU KAPITEL 5

[1] Vgl. Rattner 1978
[2] Zitiert nach Rattner 1978, 150
[3] Ansbacher/Ansbacher 1982, 15
[4] Adler 1981a, 13
[5] Vgl. Ansbacher/Ansbacher 1982
[6] Rattner 1978, 34
[7] Rattner 1978, 40
[8] Adler 1973, 166f.
[9] Adler 1972, 26
[10] Ansbacher/Ansbacher 1982, 20f.
[11] Adler 1980, 40f.
[12] Vgl. Seidel 1983, 391 - 393
[13] Vgl. Ansbacher/Ansbacher 1982, 27 - 39 ; Corsini 1983, 177

6. Versöhnen – Alice Salomon

6.1. Der lebensweltliche Kontext

Die in der französischen Revolution von 1789 proklamierten Ideen von Gleichheit, Freiheit und Brüderlichkeit werden auch von den Frauen aufgegriffen.[1] Frauen erkennen ihre den Männern untergeordnete Rolle und ihre gesellschaftlichen Benachteiligungen. In Europa und in den USA fordern Frauen Gleichheit und Freiheit für sich, streben nach Emanzipation und wollen ihre geschlechtsbedingten Benachteiligungen beseitigen. Die Frauenbewegung läuft parallel zur Arbeiterbewegung. Die Arbeiter solidarisieren sich, um gegen ihr ökonomisch bedingtes Elend zu kämpfen. Obgleich beide Bewegungen zeitlich parallel laufen, verbinden sie sich nicht miteinander. Letztlich folgt aus der Arbeiterbewegung sogar die Aufsplittung der Frauenbewegung in eine bürgerliche und in eine sozialistische Frauenbewegung. Aufgrund der Arbeitsteilung sind die bürgerlichen Frauen für Haus und Kinder zuständig und werden von ihren Männern ernährt, die außer Haus arbeiten. Haushalt und Kinder reichen den Frauen als Lebenserfüllung aber nicht aus; sie wollen ihre fraulichen und mütterlichen Werte in die Gesellschaft aktiv einbringen und arbeiten. Die Arbeiterfrauen dagegen sind wegen des geringen Einkommens ihrer Männer gezwungen, selbst in Fabriken oder als Dienstmagd zu arbeiten. Die Ziele der sozialistischen Frauenbewegung überschneiden sich daher in größerem Maße mit den Zielen der Arbeiterbewegung als mit den Zielen der bürgerlichen Frauen. Die „Mütterlichkeit" wird zu einem zentralen Wert der bürgerlichen Frauenbewegung. Frauen insgesamt, nicht nur Mütter, sind nach Auffassung der bürgerlichen Frauen mütterlich, denn unter „mütterlich" werden die wärmenden, hegenden und pflegenden Fähigkeiten der Frau verstanden. Diese Fähigkeiten werden für den Familienbereich, aber auch für gesellschaftliche Aufgaben, insbesondere für das Wohl der vielen Kranken und Notleidenden, als wesentlich angesehen. Das Prinzip der Mütterlichkeit wird als spezifisch frauliche Kritik an den männlichen Prinzipien von Konkurrenz, Eigennutz und Spezialisierung verstanden, die die kapitalistische Gesellschaft beherrschen. Bürgerliche Frauen schließen sich in Vereinen und Gruppen zusammen und dienen der Wohlfahrt, zunächst ehrenamtlich, dann auch hauptamtlich. Soziale Arbeit wird zur Berufsarbeit für Frauen. Aus ihren praktischen Erfahrungen heraus fordern die Frauen der Sozialen Arbeit, soziale Hilfe soll systematisch und auf wissenschaftlicher Grundlage ausgeübt werden. Fast gleichzeitig werden um die Jahrhundertwende in den USA, in England und in Deutschland eigene Frauenschulen für Sozialarbeit gegründet. Ziel der Frauenschulen ist es, Mädchen und Frauen für eine lebensbestimmende Arbeit in der Wohlfahrtspflege auszubilden. Zwei Notlagen werden miteinander verbunden: die gesellschaftliche und berufliche Benachteiligung der Frauen und die Not der Kranken, Waisenkinder, Alten und Armen.

6.2. Die Autorin

Alice Salomon wird 1872 in Berlin als viertes von sechs Kindern geboren. Ihr Vater ist ein wohlhabender jüdischer Kaufmann; er stirbt, als sie 14 Jahre alt ist. 1893 schließt sie sich den „Mädchen- und Frauengruppen für soziale Hilfsarbeit" in Berlin an, um eine sinnvolle Tätigkeit zu finden, und kümmert sich um junge Arbeiterinnen. Die Ideen „geistige Mütterlichkeit", „ethische Kultur" und „sozialer Frieden" übernimmt sie aus der Frauenbewegung.[2] Das neue Aufgabenfeld „Wohlfahrtspflege" fasziniert Salomon ganz und gar. Dieser Aufgabe widmet sie ihr Leben und verzichtet auf Ehe und Familie. 1899 wird sie Vorsitzende der „Gruppen". Im gleichen Jahr beginnt sie den ersten Jahreskurs für Frauen zur Ausbildung in der sozialen Arbeit, weil sie erkannt hat, „daß soziale Arbeit systematischer Vorbereitung bedurfte, daß Kenntisse der rechtlichen und ökonomischen Struktur der Gesellschaft sowie der menschlichen Seite der Armut nötig war."[3] Damit beginnt in Deutschland die systematische Ausbildung für Soziale Arbeit. Um sich selbst besser theoretisch zu qualifizieren, studiert sie als Gasthörerin Nationalökonomie. Frauen werden damals nicht zum ordentlichen Studium zugelassen. Salomon schließt ihr Studium 1906 mit der Promotion (Dissertationsthema: „Die Ursachen der ungleichen Entlohnung von Männer- und Frauenarbeit") ab. 1908 eröffnet sie die Soziale Frauenschule in Berlin und ist ihre Leiterin. 1925 gründet sie die Deutsche Akademie für soziale und pädagogische Frauenarbeit. Führende Positionen nimmt sie national und international sowohl innerhalb der bürgerlichen Frauenbewegung als auch innerhalb der Vereinigungen der Schulen für Soziale Arbeit ein.

1914 tritt sie zum evangelischen Glauben über und schließt sich der Bekennenden Kirche an. Salomon wird wegen ihrer jüdischen Abstammung und ihrer pazifistischen Grundhaltung bereits in den zwanziger Jahren diskriminiert und später verfolgt. Als sie 60 Jahre alt wird, wird sie noch vielfach öffentlich geehrt. Aber bereits ein Jahr danach (1933) werden ihr von den Nationalsozialisten alle öffentlichen

Ämter genommen. 1937 stellt die Gestapo der nicht nur für die Nationalsozialisten unbequemen Frau die Alternative: Ausreise oder Konzentrationslager. Sie emigriert über England in die Vereinigten Staaten und lebt in New York. Nach der Aberkennung der deutschen Staatsbürgerschaft 1939 erwirbt sie 1944 die amerikanische Staatsbürgerschaft. Sie wird Ehrenpräsidentin des Internationalen Frauenbundes und der Internationalen Vereinigung der Schulen für Sozialarbeit. Alice Salomon stirbt 1948 in New York ohne je wieder in Deutschland gewesen zu sein. Nach ihrem Tod wird versucht, aus der klugen, konsequent denkenden, weitsichtigen und kämpferischen Frau eine „liebe Frau" zu machen.[4]

> „Alles, was ich während meines Lebens getan habe, hatte einen Inhalt: beizutragen zur Entstehung einer sozialen Ordnung mit mehr Gerechtigkeit, Chancengleichheit und einem tieferen Empfinden der Solidarität und Brüderlichkeit." Alice Salomon[5]

6.3. Die Wissenschaftsauffassung

Eine verbreitete Auffassung zur Zeit Salomons ist, daß vom biologischen Standpunkt aus gesehen jeder gesellschaftliche Zustand gebilligt werden kann und die Schwachen kein Recht haben, sich zu beklagen oder eine Änderung zu verlangen.[6] Wohlfahrtspflege ist für Salomon dagegen Schutz der Schwachen und gehört zu den elementaren Aufgaben einer Gesellschaft. Mit dieser These lehnt sie jede Form eines Sozialdarwinismus ab. Wohlfahrtspflege kann für sie folglich nur auf einer Weltanschauung basieren, nach der alle Menschen ein Lebensrecht haben. Wissen und Handeln, Denken und Tun müssen auf einer Weltanschauung ruhen, die alle Menschen als gleichwertig ansieht und behandelt. Ethik und Religion gehören daher unbedingt zu einer wissenschaftlichen Wohlfahrtspflege hinzu. In der Wohlfahrtspflege als praktischer Wissenschaft erfolgt die Wissenschaft um der Praxis, nicht um der reinen Erkenntnis willen. Die Praxis wiederum ist in große geistige und kulturelle Zusammenhänge hineinzustellen.

6.4. Der Gegenstandsbereich

Die Wohlfahrtspflege ist für Alice Salomon neben der Frauenemanzipation in einer umfassenden Weise Gegenstand ihres gesamten wissenschaftlichen und publizistischen Werkes. Die Organisation der Wohlfahrtspflege, die Entwicklung der sozialen Ausbildung in Deutschland, die Aufgaben der Frau in der Wohlfahrtspflege und die

Versöhnung der verschiedenen Klassen sind ihre wichtigen Themen. Gegenstand der Wohlfahrtspflege ist für Salomon ganz allgemein der Mensch, der Not leidet. Dieser Hilfsbedürftige ist als Einheit zu sehen, nicht aufgespalten in seine wirtschaftliche Lage, seine Gesundheit oder seine Sittlichkeit. Der einzelne Hilfsbedürftige wird mit seinem ganzen Wesen, seinem körperlichen und geistigen Zustand und seinem Charakter als Glied seiner Familie in seinen natürlichen Zusammenhängen betrachtet.

6.5. Die Theorie

Als *Leitfaden* für ihre soziale Philosophie gibt Salomon das Werk *„Was sollen wir nun aber tun?"* von Lew N. Tolstoj (1828 – 1910), dem russischen sozialkritischen Schriftsteller, an. Das Buch habe sie gelehrt, „das Unrecht zu erkennen, das wir anderen durch pure Nachlässigkeit zufügen".[7]

Für die Nationalökonomin Salomon regeln – idealtypisch gesehen – *Austauschprozesse* das Zusammenleben in einer Gesellschaft. Der einzelne tauscht seine eigene Leistung gegen andere Leistungen oder Güter ein, die ihm nach seinen persönlichen Bedürfnissen wertvoller oder nützlicher erscheinen. Er läßt sich dabei von seinem privaten Vorteil leiten und bezweckt auf diese Weise durch Leistung und Tausch die Förderung seiner Wohlfahrt. Die verschiedenen Gruppen einer Gesellschaft ordnen die Leistungs- und Tauschverhältnisse unter sich. Der Staat fordert Leistungen von einzelnen und Gruppen, damit er wiederum etwas für die Wohlfahrt der Bevölkerung leisten kann. Die allgemeine Wohlfahrt der Gesamtheit ist die Triebkraft dieser Austauschprozesse.

Immer hat es für Salomon aber einzelne Menschen und ganze Bevölkerungsgruppen gegeben, die außerstande waren, durch eigene wirtschaftliche Leistungen für sich selbst zu sorgen und daher *auf die Hilfe anderer angewiesen* waren. Gesellschaftliche Verhältnisse oder die Natur des Hilfsbedürftigen – geistige oder körperliche Minderwertigkeit, Verlust der versorgenden Angehörigen – können der Grund dafür sein. Je entwickelter und vielseitiger die Kultur einer Gesellschaft ist, sagt Salomon, desto weniger werden alle seine Glieder imstande sein, auch nur mit den durchschnittlichen Ideen, Vorstellungen und Anforderungen Schritt zu halten; desto größer wird die Zahl derer, die sich nicht anpassen können; desto geringer werden die Möglichkeiten natürlicher, familienhafter, nachbarlicher Hilfe und Förderung. In früheren Epochen gab es die Not einzelner, die aus persönlichen Gründen nicht mehr durch eine Familie oder Gruppe versorgt wurden. Ausnahmen bildeten Katastrophen oder Seuchen, die große Bevölkerungsteile in Not brachten. In der modernen Industriegesellschaft allerdings entsteht für Salomon *dauernde Not* durch Ursachen, auf die der einzelne keinen Einfluß hat (soziale Ursachen), die in allgemeinen *gesellschaftlichen* Zuständen *bedingt* sind.

Nach Salomon führt die Klassenschichtung und die Form lebenslänglich-unselbständiger Lohnarbeit dazu, daß weite Schichten der Bevölkerung in Zeiten von Krankheit, Alter, Arbeitslosigkeit oder bei Verwitwung oder Verwaisung unversorgt bleiben, also in *wirtschaftlicher* Not sind. Diese Massennot trifft vor allem die Städter. *Geistig-sittliche* Not entsteht dort, wo die Kinder und Jugendlichen heimat- und wurzellos sind. Die häufig wechselnden Wohn- und Arbeitsplätze, die wirtschaftliche Selbständigkeit der früh arbeitenden jungen Menschen entzieht sie erzieherischen Einflüssen. Ihnen fehlt geistig-sittliche Führung in einem Alter, das gerade der Führung bedarf. Zusammenballen großer Menschenmassen auf kleinem Raum, beengte Wohnverhältnisse, ungenügende Hygiene, ungesunde und übermäßig ausgedehnte Arbeit führen zu gesundheitlichen Schäden, Seuchen, hoher Sterblichkeit, also zu *gesundheitlicher* Not. Das „Milieu" ist allerdings nicht einseitig für alle Not verantwortlich zu machen. Es gibt auch *Ursachen* für Not, die *im einzelnen Menschen selbst* liegen. Das sind zum Beispiel wirtschaftliche Unfähigkeit, Charakterfehler, Willensschwäche und Trägheit. Die Unfähigkeit, mit den wirtschaftlichen Erfordernissen des Lebens fertig zu werden, beruht manchmal auf einer Unfähigkeit, sich überhaupt richtig zum Leben zu stellen.

Soziale Bewegungen, die vom Gleichberechtigungsgedanken aller Menschen erfüllt sind, haben stets die *Wohlfahrtspflege* gefördert. Der von der Religion entwickelte Gedanke der Brüderlichkeit aller Menschen ist nach Salomon die älteste Grundlage der Wohlfahrtspflege. Von ihm ist auch der Solidaritätsgedanke ursprünglich abgeleitet. Nur der kann vernünftigerweise an der Hebung der Armen und der Befreiung der Entrechteten arbeiten, der an den absoluten Wert der menschlichen Seele glaubt. Jede Art der Wohlfahrtspflege entspringt dem *Gemeinschaftsgefühl* und dem Zusammenwirken der Menschen. Der Trieb zur Gemeinsamkeit, zum Zusammenwirken, der erst den Menschen zum Menschen macht und der ihm das Leben ermöglicht, entwickelt in der Wohlfahrtspflege wertvolle und unentbehrliche Tugenden der menschlichen Gesellschaft, bringt tiefste menschliche Instinkte und seelische Werte zur Äußerung und Wirkung. Zeiten, in denen die Menschen sich an soziale Ideale orientieren, sind aufbauende Zeiten. Sie werden abgelöst durch zerstörende Zeiten, in denen die Prinzipien der Ichsucht und des Machtkampfes herrschen. Das Zusammenwirken im Staat und in der Gesellschaft erwächst erst aus dem gegenseitigen Helfen in Familien und Gemeinden. Mit dem Prinzip der gegenseitigen Hilfe ist eine positive Haltung zur Wohlfahrtspflege gegeben. Die Wohlfahrtspflege fördert die Entwicklung der Menschheit und der Kultur, indem sie die Anpassung des einzelnen an die Umwelt erleichtert. Die Wohlfahrtspflege kann leichter als alle anderen Lebensgebiete die Menschen zusammenführen und verbinden, weil sie in ihrem innersten Kern *Versöhnungsarbeit* ist.[8]

Wohlfahrt ist für Salomon das Ziel fast allen menschlichen Handelns.[9] Der einzelne Mensch erstrebt und verfolgt sein eigenes Wohlergehen, ebenso die Mitglieder einer Familie oder Gemeinde. Volkswohlfahrt ist das Ziel aller öffentlichen Tätigkeit und allen gesellschaftlichen Handelns, sie bezieht sich auf alle Lebensgebiete. Die Volkswohlfahrt wird durch politische Maßnahmen angestrebt. Alle politischen Maßnahmen beeinflussen die gesellschaftlichen Rechts- und Machtverhältnisse. Auf Not wird fast zu allen Zeiten und in den meisten Kulturkreisen aus Mitgefühl oder aufgrund religiöser Vorschriften spontan wohltätig reagiert. Unter *Wohlfahrtspflege* versteht Salomon dagegen

> „die planmäßige Förderung der Wohlfahrt von Bevölkerungsgruppen in bezug auf solche Bedürfnisse, die sie nicht selbst auf dem Wege der Wirtschaft befriedigen können, und für die auch nicht deren Familie oder der Staat durch allgemeine öffentliche Leistungen sorgt".[10]

Wohlfahrtspflege ist nur ein Ausschnitt aus den vielen Bestrebungen für die Volkswohlfahrt. Im Unterschied zur Volkswohlfahrt, Kulturpolitik, Wirtschafts- und Sozialpolitik bezieht sich Wohlfahrtspflege nicht auf ein fest abgrenzbares Sachgebiet, sondern wird vielmehr durch den Kreis der in irgendeiner Beziehung auf soziale Hilfe angewiesenen Menschen bestimmt und erhält durch ihn ihr eigentliches Merkmal. Gemäß der ergänzenden Natur der Wohlfahrtspflege verändert sich der Umfang ihrer sachlichen Aufgaben mit den gesellschaftlichen Verhältnissen und Anschauungen.

Einzelgebiete der Wohlfahrtspflege sind für Salomon:

(a) Wohnungsfürsorge (Baupolitik, Mieterschutz, Wohnungsämter, Wohnungspflege usw.)

(b) Gesundheitsfürsorge (Säuglings- u. Mutterschutz, Kranken- und Krüppelfürsorge usw.)

(c) Jugendwohlfahrt (Reichsjugendwohlfahrtsgesetz, Jugendamt, Jugendpflege usw.)

(d) freies Volksbildungswesen (Volkshochschule, Arbeiterbildung, Volksbühnen usw.)

(e) Wirtschaftsfürsorge (Fürsorgerecht, Sozialrentner, Blinde, Wanderer, Gefährdete usw.)

(f) Arbeitsfürsorge (Arbeitsvermittlung, Arbeitslose, Betriebswohlfahrtspflege, Versicherungen usw.)

Die *Aufgaben* der Wohlfahrtspflege ergeben sich aus dem Kreis der Personen, deren Wohlfahrt gefördert werden soll. Sie beziehen sich auf alle Seiten des menschlichen Daseins, auf alle menschlichen Bedürfnisse. Jede soziale Arbeit hat es mit der wechselseitigen Anpassung von Menschen und Lebensumständen zu tun. Die soziale Arbeit muß entweder Einzelwesen oder Familien fördern und beeinflussen, damit sie sich in ihrer Umgebung behaupten; oder sie muß die Lebensumstände, die Umwelt der Menschen so gestalten, daß sie dadurch geeigneter für die Erfüllung und Erreichung ihrer Lebenszwecke werden. Die Wohlfahrtspflege hat daher wirtschaftliche Aufgaben und Aufgaben, die das Wirtschaftsleben nur mittelbar berühren. Die Wohlfahrtspflege soll die Hilfsbedürftigen einerseits materiell unterstützen, aber auch andererseits ihre wirtschaftliche Selbständigkeit wieder herbeiführen. Auf die Lebensgestaltung der Hilfsbedürftigen ist so einzuwirken, daß sie sich wieder in die Volkswirtschaft eingliedern. Die Wohlfahrtspflege hat es aber auch mit Erziehungs- und Bildungsaufgaben, gesundheitlicher Fürsorge und Förderung zu tun, da es ja immer um den ganzen Menschen geht. Sie soll Gesundheit, geistiges und sittliches Leben den Kulturideen entsprechend erhöhen und vervollkommnen. Diese Aufgaben sind nicht durch einseitige Handlungen an „Objekten der Wohlfahrtspflege" zu lösen, sondern durch das Zusammenwirken verschiedener Subjekte.

Die Wohlfahrtspflege soll nach Salomon dem einzelnen die bestmögliche *Entwicklung* seiner *Persönlichkeit* und dadurch der Gesamtheit die höchstmögliche Steigerung der Volkskraft gewährleisten. Die Sicherung der Persönlichkeit und die Entfaltung aller in ihr ruhenden Kräfte ist Ziel der Wohlfahrtspflege. Der Mensch soll gesichert werden in seiner äußeren Existenz und in seinem inneren Wesen. Der Hilfsbedürftige soll nicht nur äußerlich an die Gesellschaft angepaßt, sondern durch innere Kräfte mit ihr verbunden werden.

„Das bedeutet nicht nur Kampf gegen die Armut, sondern wirtschaftliche Förderung. Nicht nur Bekämpfung von Volkskrankheiten und hygienischen Mißständen, sondern Schutz der Mutter für ihre generativen Aufgaben, allgemeine Steigerung von Gesundheit und Lebenskraft. Es bedeutet Einrichtungen, die allen Gliedern des Volkes nach ihren Fähigkeiten Teilnahme an den Bildungs- und Wissensschätzen der Menschheit ermöglichen. Es fordert ein soziales Erziehungswesen, das allen Kindern Entwicklung ihrer Kräfte verheißt, das die Befähigten fördert und für die ihren Gaben entsprechenden Arbeitsplätze geeignet macht."[11]

Die Wohlfahrtspflege soll

(a) vorhandene Kräfte nach Möglichkeit fördern und entwickeln,
(b) die vorhandenen Kräfte erhalten und schützen, Schädigungen verhüten und ihnen vorbeugen,
(c) geschädigte Kräfte nach Möglichkeit wiederherstellen, die Schäden heilen oder ausgleichen,
(d) wo keine Heilung oder Besserung mehr möglich ist, die Hilflosen versorgen und bewahren.

In der praktischen Arbeit überschneiden sich diese verschiedenen Aufgaben oftmals und sind nebeneinander auszuführen.

Salomon unterscheidet zwischen *heilbaren und unheilbaren Notständen*. Es gibt Menschen mit gesellschaftsfeindlichen (asozialen) Anlagen. Die Menschen sind nicht nur ein Ergebnis ihrer äußeren Lebensumstände. Die einen kommen mit Anlagen und Willenskräften zur Welt, die für das Gemeinschaftsleben fördernd sind. Die anderen mit Eigenschaften und Neigungen, die zwar bekämpft werden, die aber der Anlage nach der Gemeinschaft gefährlich, feindlich sind. In einer vollkommeneren Gesellschaftsordnung werden die gesellschaftsfeindlichen Regungen in der Menschheit vielleicht herabgesetzt. Denn die Not ist vielfach die Ursache einer moralischen Gefährdung. Aber die moralische Schwäche ist auch ihrerseits Ursache von Mangel, Elend und Unglück. Die Aufgaben der Wohlfahrtspflege gegenüber asozialen Menschen, die eine Gefahr für sich selbst oder die Umwelt bilden, können ohne Zwang nicht gelöst werden. Salomon macht die Unterstützung von der Erfüllung bestimmter Auflagen abhängig. Asoziale Elemente der Gesellschaft werden vor sich selbst geschützt und die Gesellschaft vor dem Schaden bewahrt, den sie ihr zufügen können. Bewahranstalten dienen dieser Aufgabe. Für Massennotstände, Massenbedürfnisse sind allgemeine Maßnahmen der Wohlfahrtspflege von seiten der öffentlichen Körperschaften, der Vereine, der Kirchen und anderer Organisationen zu gegenseitiger Hilfe notwendig.

Die Ursachen jedes einzelnen Notstandes sind zu begreifen, weil die einzuleitenden *Maßnahmen* davon abhängen, ob eine individuelle oder soziale Veranlassung des Notstandes vorliegt. Die Wohlfahrtspflege muß andere Mittel anwenden, wenn einzelne sich im Leben nicht bewähren, sich nicht der Gemeinschaft und der Umwelt anpassen können, als wenn sie scheitern, weil die Gesellschaft ihnen ungünstige Lebensbedingungen gegeben hat.

Die *Methoden* der Wohlfahrtspflege teilt Salomon in Fürsorge für einzelne oder ganze Gruppen und in schematische Versorgung ein.[12] Die *Fürsorge für einzelne* ist ihrem Wesen nach individualisierende Fürsorge, um dem jeweiligen Individuum, das in Not geraten ist, zu helfen. Grundlage der Hilfe ist die soziale Diagnose. In der sozialen Diagnose müssen die Beobachtungen über Tatsachen und Symptome und die erhaltenen Aussagen geprüft, verglichen und bewertet werden. Aus dem sich so ergebenden Gesamtbild der sozialen Schwierigkeiten eines Menschen oder einer Familie werden die notwendigen Hilfsmaßnahmen gefolgert. Bei der *Gruppenfürsorge* wird berücksichtigt, daß die Menschen trotz aller Verschiedenheiten einander doch auch ähnlich sind; insofern zielt Gruppenfürsorge immer auf die Versorgung mehrerer Menschen zugleich. Werden bei der Einzel- und Gruppenfürsorge individuelle Aspekte der Notsituation berücksichtigt, so wird darauf bei der *schematischen Versorgung* völlig verzichtet. Bei der schematischen Versorgung werden aus gesetzlichen oder praktischen Gründen alle Hilfsbedürftigen gleich – im Sinne von „nach demselben Schema" – behandelt. Differenzierungen je nach der individuellen Notlage finden nicht statt.

Alle Fürsorge besteht für Salomon darin, daß man entweder einem Menschen hilft, sich in der gegebenen Umwelt einzuordnen, zu behaupten, zurechtzufinden – oder daß man die Umwelt des Menschen so umgestaltet, verändert, beeinflußt, daß er sich darin bewähren und seine Kräfte entfalten kann. Das *Wesen und* der *Inhalt des Helfens* sind für Salomon: Persönlichkeitsentwicklung durch bewußte Anpassung des Menschen an seine Umwelt oder Anpassung der Umwelt an die besonderen Bedürfnisse und Kräfte des betreffenden Menschen. Die beste Methode der individualisierenden Fürsorge ist es, einem Menschen den Glauben daran zu geben, daß er sich selbst helfen kann. Man soll ihn *ermutigen*, selbst für sich zu denken und zu planen, und nicht plötzliche Veränderungen und Heilungen von ihm zu erwarten, die er überhaupt nicht erbringen kann.

Alle Wohlfahrtspflege hängt von *lebendigen Kräften* ab: diese Kräfte rufen Vereine und Anstalten ins Leben, arbeiten in ihnen mit, bereiten Gesetze vor und beeinflussen sie, verwalten und führen aus, übertragen Absichten, Vorschriften und Bestimmungen in das Leben.[13] Diese ausführenden Kräfte bilden im Hinblick auf ihre eigene Lebensstellung verschiedene Gruppen in der sozialen Arbeit: soziale Berufsarbeiter und ehrenamtlich Tätige sowie Personen, die in einem anderen Beruf (zum Beispiel als Richter oder Verwaltungsfachleute) stehen, diesen aber in einem sozialen Amt ausüben. Eine weitere Differenzierung ergibt sich für Salomon aus der Stellung, die jemand im Aufbau des Vereins, der Behörde oder Anstalt einnimmt.

Berufsarbeit in der Wohlfahrtspflege verlangt nach Auffassung von Salomon mehr als andere berufsmäßige Arbeit. Sie setzt voraus, daß man sich zu dieser Arbeit auch innerlich berufen fühlt. Sie ist kein Erwerbsberuf in dem Sinn, das sie allein um des Erwerbs willen ausgeübt wird. Man nimmt zwar Geld, weil man seinen Unterhalt dadurch erwirbt. Aber man arbeitet nicht um des Geldes willen, sondern aus Freude an edlem Schaffen und Vollbringen, aus Hingabe an eine Aufgabe, zum Dienst für die Menschheit. *Dienst für die Gesamtheit* ist der Gedanke, der für den Sozialarbeiter im Mittelpunkt des Berufs stehen muß. Der soziale Beruf ist ein Eignungsberuf, der vielfältige Begabungen und Anlagen erfordert. Er braucht die psychologisch-künstlerische Gabe der Einfühlung, des Verstehens und die pädagogisch-politische Gabe, Einfluß zu gewinnen. Er braucht einen klaren Verstand und eine sichere Urteilskraft, die sich nicht von Aufwallungen des Gefühls hinreißen läßt. Aber mehr als das und vor allem braucht der soziale Beruf sittliche Kraft, eine starke sittliche Anlage, die von innen her zur Entfaltung treibt.[14]

Es sprechen für Alice Salomon mehrere Gründe dafür, die Wohlfahrtspflege zu einem *vorwiegend weiblichen Beruf* zu machen. Die Frauen finden in der sozialen Arbeit ein Feld, auf dem sie durch ihre Mütterlichkeit zu besonderen Kulturleistungen fähig sind. Die fürsorgenden, pflegenden, erziehenden Arbeiten der Wohlfahrtspflege entsprechen den besonderen weiblichen Anlagen stärker als den Kräften des Mannes. Die Wohlfahrtspflege hat es außerdem überwiegend mit Frauen und Kindern zu tun, deren Bedürfnisse besser von der Frau erfaßt werden.

Ein geregeltes Ausbildungswesen muß die notwendigen theoretischen und praktischen Qualifikationen vermitteln. Die Ausbildung in den verschiedenen Bereichen der sozialen Arbeit hat sich stets an den Aufgaben der Wohlfahrtspflege auszurichten. Der Stoff der anderen Unterrichtsfächer (zum Beispiel Medizin, Nationalökonomie usw.) ist unter den besonderen Gesichtspunkten, die sich aus der Wohlfahrtspflege ergeben, zu bearbeiten und zu unterrichten.[16]

6.6. Bedeutung und Umsetzung in der Praxis

Alice Salomon hat mit ihrem umfangreichen wissenschaftlichen Werk und mit ihrem persönlichen Engagement die Soziale Arbeit in Deutschland wie kaum jemand sonst beeinflußt und zugleich für Praxis, Theorie und Ausbildung in der Sozialen Arbeit wegweisende Thesen formuliert.[17] Ihre Arbeiten zur Wohlfahrtspflege in der Weimarer Republik, über die Anforderungen an die Ausbildung in sozialen Berufen und zu den Aufgaben der Frau in der Sozialen Arbeit tragen auch für die gegenwärtige Diskussion noch Grundsätzliches und Wichtiges bei.[18] Ihre profunden Schriften zur Sozialen Arbeit sind leider in Vergessenheit geraten. Neuauflagen ihrer wichtigen Werke sind wünschenswert, damit ihre Gedanken und Impulse in der Gegenwart weiter wirken können. Es kann noch viel von ihr gelernt werden.

6.7. Literatur zum Vertiefen

Einen guten Zugang zu Leben und Werk von Alice Salomon verschafft die von Rüdeger Baron und Rolf Landwehr herausgegebene Autobiographie „Charakter ist Schicksal"[19] und ergänzend dazu von Joachim Wieler „Er-Innerung eines zerstörten Lebensabends. Alice Salomon während der NS-Zeit (1933-1937) und im Exil (1937-1948)."[20] Empfehlenswert ist es, dazu die Rezensionen von Christoph Sachße und Christa Hasenclever zu lesen.[21] Aus dem umfangreichen Schrifttum von Salomon bietet sich der „Leitfaden der Wohlfahrtspflege" (1928) an, in dem wichtige Überlegungen ihrer Theorie zusammengefaßt sind. In „Soziale Frauenbildung und soziale Berufsarbeit" (1917) verbindet sie ihren sozialreformerischen Ansatz mit ihren weiblichen Emanzipationsbestrebungen.

ANMERKUNGEN ZU KAPITEL 6

[1] Vgl. Sachße 1983, 30 – 36; Sachße/Tennstedt 1988
[2] Sachße 1985, 25
[3] Salomon 1983, 55
[4] Vgl. Wieler 1987; Bauer 1989
[5] Salomon 1983, 271
[6] Salomon 1928, 14
[7] Salomon 1983, 44
[8] Salomon 1928, V
[9] Vgl. Salomon 1928, 1 – 16
[10] Salomon 1928, 7
[11] Salomon 1928, 5
[12] Salomon 1928, 24 – 38
[13] Salomon 1928, 171
[14] Salomon 1928, 183
[15] Salomon 1928, 176
[16] Salomon 1927, 52ff.

[17] Hasenclever 1985
[18] Vgl. Sachße 1985, 30
[19] Salomon 1983
[20] Wieler 1987
[21] Sachße 1985; Hasenclever 1985

7. „UNWERTES LEBEN" TÖTEN – ADOLF HITLER

7.1. Der lebensweltliche Kontext

Die Menschen sind in Europa damit beschäftigt, die tiefen Wunden und schweren Schäden des ersten Weltkriegs zu heilen. Das gelingt nur sehr kurzfristig und im Grunde unzureichend. 1920 wird der Völkerbund als Staatenvereinigung zum Schutz des Weltfriedens gegründet. Der schnelle Wiederaufbau des Welthandels und des Weltverkehrs wird durch vielfältige nationale Egoismen behindert. Nach einem starken Wachstum der Wirtschaft von 1922 – 1929 folgt im Sommer 1930 eine ebenso starke Wirtschaftskrise in fast allen europäischen Ländern. In der Sowjetunion beginnt der Aufstieg Stalins und seine Diktatur als Alleinherrscher. Mussolini wandelt Italien in einen faschistischen und totalitären Einparteienstaat um. Das Deutsche Reich wird mit der Weimarer Verfassung zu einer parlamentarisch-demokratischen Republik. Von Anfang an ist diese Republik stark gefährdet. Die Strukturen des Kaiserreiches sind im Grunde geblieben. Eine innere Demokratisierung hat nicht stattgefunden. Der Boden für radikale Kräfte ist bereitet. Extreme politische Gruppen bekämpfen sich gegenseitig und den Staat; dabei scheuen sie vor politischen Morden nicht zurück. Dauernde Angriffe der oppositionellen Kräfte schwächen die Regierung. 1923 wird der Ausnahmezustand über das Reich verhängt und der Putschversuch Hitlers niedergeschlagen. Andauernde Regierungskrisen und geringe Kompromißbereitschaft der Parteien, bedenkliche Urteile der Justiz gegenüber Gegnern der Weimarer Verfassung (Schonung der Rechtsradikalen), Rechtswendung des Bürgertums und hohe Arbeitslosigkeit infolge der Weltwirtschaftskrise bestimmen das politische Klima und führen zum Ende der parlamentarischen Republik.

1933 gibt es offiziell über 6 Millionen Arbeitslose im Deutschen Reich, das ist eine Arbeitslosenquote von 40 %. Während der letzten Phase der Weimarer Republik wächst mit der Arbeitslosigkeit die Armut, da mittels Notverordnungen die sozialen Leistungen radikal abgebaut werden.[1] In der Wohlfahrtspflege bemühen sich freie Verbände und öffentliche Träger darum, das Massenelend abzumildern. Wohlfahrtspflege und Soziale Arbeit haben sich als Berufsfelder etabliert. Die zunehmende Konzentration in der Großindustrie vermehrt die Macht der Großindustriellen beträchtlich. Kommunismus und Faschismus werden „Staatslehren". Der Positivismus und der Rationalismus erhalten in einer von den Naturwissenschaften geprägten Wissenschaft eine große Bedeutung. In der Philosophie führt der Weg vom Idealismus hin zum Existentialismus. Weit verbreitet sind die Lebensphilosophie und sozialdarwinistische Weltanschauungen.

7.2. Der Autor

Adolf Hitler wird 1889 als Sohn eines Zollbeamten im österreichischen Braunau am Inn geboren. Er verläßt vorzeitig die Realschule in Linz, da er die geforderten schulischen Leistungen nicht bringen kann. In Wien bemüht er sich vergeblich um Aufnahme an der Kunstschule. Mittellos lebt Hitler in Wien von Gelegenheitsarbeiten und vom Postkartenverkauf; er wohnt in Männerwohnheimen und Obdachlosenasylen. 1913 siedelt er nach München über und nimmt als Kriegsfreiwilliger am ersten Weltkrieg teil. Das Kriegsende erlebt er verwundet in einem Lazarett. Danach kehrt er wieder nach München zurück und findet eine Anstellung in der Presse- und Propagandaabteilung des Reichswehrgruppenkommandos IV. Im November 1919 tritt er der im selben Jahr gegründeten Deutschen Arbeiterpartei (DAP) bei und macht sie sehr schnell zu seinem persönlichen Machtinstrument. Ab 1920 gibt er seine Tätigkeit bei der Reichswehr auf, um sich ausschließlich der Parteiarbeit zuzuwenden. Unter seinem Einfluß wird das neue Parteiprogramm verkündet und die Partei in Nationalsozialistische Deutsche Arbeiter-Partei (NSDAP) umbenannt. Im Juli 1921 wird er deren 1. Vorsitzender. Nach dem mißlungenen Putschversuch der NSDAP 1923 erhält er Festungshaft. Die Haftzeit nutzt er, um „Mein Kampf" zu schreiben. Hitler ist als Katholik aufgewachsen. Die Macht und die Organisation der katholischen Kirche bewundert er, den Glaubensinhalt lehnt er jedoch als „Sklavenmoral" ab. Auf dem Höhepunkt der Staatskrise wird er 1933 als Vorsitzender der mächtigen NSDAP zum Reichskanzler berufen. Hitler übernimmt die Macht und baut sofort zielstrebig und rigoros den NS-Führerstaat auf. Die Macht der NSDAP wird durch das Führerprinzip („Führer befiehl und wir folgen!") und die Gleichschaltungsgesetze („Ihr seid nichts, Führer und Volk sind alles!") ausgebaut und gefestigt. Innenpolitisch verfolgt Hitler die Erlangung wirtschaftlicher Autarkie und die Durchsetzung seiner Rassenideologie. Ziel seiner Außenpolitik ist die Aufhebung des Versailler Friedensvertrages als Vorstufe zur „Eroberung neuen Lebensraumes". Viele Deutsche unterstützen Hitler und seine Ideen. Mit dem deutschen Angriff auf Polen 1939 beginnt Hitler den zweiten Weltkrieg und löst damit den größten Land-, Luft- und Seekrieg der Geschichte aus. Mit einer totalen Niederlage des Deutschen Reiches wird der Krieg 1945 beendet. Am 30. April 1945 begeht Hitler Selbstmord. Am Ende – so wird geschätzt – sind 100 Millionen Menschen durch Hitlers Kriege, 5 Millionen Menschen durch Hitlers Judenverfolgung und 100.000 Menschen durch Hitlers „Gnadentoderlaß" getötet worden.

> „Um zu vollbringen, was er vollbracht hat, brauchte Hitler – und er besaß diese auch – ungewöhnliche Gaben, die in ihrer Gesamtheit ein politisches Genie ergaben, mochten ihre Früchte auch noch so böse sein." Alan Bullock[2]

7.3. Die Wissenschaftsauffassung

„Wissenschaftliche Grundlage" von Hitlers Werk ist ein primitiv verstandener Darwinismus. Hitler nennt den Kampf seine Lebensphilosophie. Aus Darwins Lehre vom „Kampf ums Dasein" und vom natürlichen Ausleseprozeß, in dem den hochwertigen Rassen eine größere Überlebenschance eingeräumt wird, leitet Hitler seine Lehre von der menschlichen Kulturentwicklung ab. Sein Weltbild ist biologisch determiniert, seine Theorie ein naturwissenschaftlich begründender, alles aus einem Prinzip erklärender Materialismus. Hitler steht mit seinen Rassentheorien durchaus in einer geisteswissenschaftlichen Tradition. Stewart Chamberlains These, daß Rasse das letztlich bestimmende Element aller Kulturentwicklung und die germanische Rasse das höchstwertige und entscheidende Kulturferment sei, hat Hitler nachweislich übernommen. Sozialdarwinistische Zeitströmungen bilden einen fruchtbaren Nährboden für Antisemitismus und biologisch begründeten Nationalismus.[3] Le Bons „Psychologie der Massen" entnimmt Hitler sozialpsychologische Erkenntnisse für seine propagandistische Arbeit.

7.4. Der Gegenstandsbereich

Das ganze Denken und Tun Adolf Hilters dreht sich um Machtgewinnung, zielt zunächst auf die nationalsozialistische Revolution und danach auf die innenpolitische Gestaltung des nationalsozialistischen Staates und seine außenpolitische Entfaltung. Gegenstand seines Interesses sind die Förderung der „Herrenmenschen" und die Vernichtung „minderwertiger Menschen". Arme, Kranke, Behinderte und Minoritäten sind Gegenstand von Hitlers Überlegungen, weil er sie als wirtschaftliche Belastung für den Staat ansieht und sie nicht in sein Bild von der deutschen Rasse passen. Hitler will die sozialen Probleme seiner Zeit aus seinem faschistoiden Machtstreben und aus seinem rassistischen Herrschaftsdenken heraus „endgültig" lösen.

7.5. Die Theorie

Hitler formuliert in seinem Werk „Mein Kampf" alle Theoreme seiner „Theorie" und veröffentlicht sie frühzeitig. Er selbst bezeichnet seine Gedanken als *Lehre*, von der „das Grundsätzliche für immer zur gleichmäßigen und einheitlichen Vertretung" niedergelegt werden muß.[4] Freilich ist diese Lehre keine wissenschaftliche Theorie, sondern ein politisches Programm, das mit aller Härte und bitterer Konsequenz in der Praxis realisiert worden ist. Selten zuvor ist es jemandem gelungen, seine radikalen Thesen zur Lösung sozialer Fragen so konsequent und in solch großem Umfang in die Praxis umzusetzen. „Theorie und Praxis" lassen sich bei Hitler nur schwer voneinander trennen, daher werden hier beide einander ergänzend dargestellt.

Hitler reduziert in seiner politischen Programmschrift „Mein Kampf" alle Phänome des sozialen und politischen Lebens auf einige wenige, von ihm selbst für wahr gehaltene Grundsätze.[5] Der *Kerngedanke* heißt: *Die nordische Rasse – das Herrenvolk – ist zu stärken und die Minderwertigen – insbesondere die Juden – sind zu vernichten.*[6] Um diese einfache Aussage kreist Hitlers gesamtes Denken und Handeln.

> „Der Stärkere hat zu herrschen und sich nicht mit dem Schwächeren zu verschmelzen, um so die eigene Größe zu opfern... Denn da das Minderwertige der Zahl nach gegenüber dem Besten immer überwiegt, würde bei gleicher Lebenshaltung und Fortpflanzungsmöglichkeit das Schlechtere sich so viel schneller vermehren, daß endlich das Beste zwangsläufig in den Hintergrund treten müßte. Eine Korrektur zugunsten des Besseren muß also vorgenommen werden. Diese aber besorgt die Natur, indem sie den schwächeren Teil so schweren Lebensbedingungen unterwirft, daß schon durch sie die Zahl beschränkt wird, den Überrest aber endlich nicht wahllos zur Vermehrung zuläßt, sondern hier eine neue, rücksichtslose Auswahl nach Kampf und Gesundheit trifft."[7]

Das gesamte Weltbild Hitlers ist getragen von seinem unendlichen *Haß gegen die Juden.* Der „Blutjude und Völkertyrann" ist für ihn der böse Gegenspieler der „edlen Germanen". Überall auf der Welt und in der Geschichte sieht er „den Juden" am Werk, um die Ordnung der Welt zu zersetzen und seine eigene Weltherrschaft aufzubauen. Die Juden haben sich für Hitler zwar als Religionsgemeinschaft getarnt, sind in Wahrheit aber ein „Volk mit bestimmten rassischen Eigenschaften", aus denen ihre verderbliche Rolle in der Geschichte der Menschheit zu erklären ist. Überall in der Geschichte entdeckt er den Juden als „Parasiten im Körper anderer Völker".[8]

> „Kaiser Wilhelm II. hat ... den Führern des Marxismus die Hand zur Versöhnung gereicht, ohne zu ahnen, daß Schurken keine Ehre besitzen. Während sie die kaiserliche Hand noch in der ihren hielten, suchte die andere schon nach dem Dolche. Mit dem Juden gibt es kein Paktieren, sondern nur das harte Entweder – Oder. Ich aber beschloß Politiker zu werden."[9]

Hinter seiner Rede von Emanzipation, Toleranz, Assimilation, Parlamentarismus, Kosmopolitismus und Pazifismus versteckt „der Jude" für Hitler sein wahres Gesicht. Freimaurertum, zionistische Bewegung und die Presse bilden die propagandistischen und organisatorischen Zentralen der jüdischen Weltverschwörung.

Hitler übernimmt Chamberlains These, daß die Indogermanen die Kultur begründet haben und tragen. Bei den Indogermanen ragen für Hitler wiederum die Adelsgruppen, die *Arier*, als erobernde Oberschicht heraus. Diese Rasse ist gegenüber allen anderen Rassen durch eine idealistische Gesinnung ausgezeichnet, die sich vor allem im Opferwillen und der Bereitschaft zu arbeiten zeigt. Hierin liegt die einzigartige schöpferische Qualität der arischen Rasse. Hitler versteht unter Idealismus nur die Aufopferungsfähigkeit des einzelnen für die Gesamtheit. Die Rasse der Arier ist höherwertig als die der Juden und muß nach dem Recht des Stärkeren handeln. Aufgabe des Kampfes ist es, die Rasse des germanischen Menschen rein zu erhalten, die Juden als die Todfeinde der Germanen zu vernichten und alle minderwertigen Völker zu unterdrücken.

Der *Staat* ist ein Mittel zum Zweck. Sein Zweck liegt in der Erhaltung und Förderung einer Gemeinschaft physisch und seelisch gleichartiger Lebewesen. Diese Erhaltung selber umfaßt erst den rassemäßigen Bestand und gestattet dadurch die freie Entwicklung aller in dieser Rasse schlummernden Kräfte.[10]

> „Somit ist der höchste Zweck des völkischen Staates die Sorge um die Erhaltung derjenigen rassischen Urelemente, die, als kulturspendend, die Schönheit und Würde eines höheren Menschtums schaffen. Wir, als Arier,

vermögen uns unter einem Staat also nur den lebendigen Organismus eines Volkstums vorstellen, der die Erhaltung dieses Volkstums nicht nur sichert, sondern es durch Weiterbildung seiner geistigen und ideellen Fähigkeiten zur höchsten Freiheit führt."[11]

Der „germanische Staat deutscher Nation" soll die wertvollsten Bestände an rassischen Urelementen langsam und sicher zur beherrschenden Stellung emporführen. Dieser Staat ist ganz und gar auf den mit absoluten Vollmachten ausgestatteten Führer ausgerichtet. Befehl des Führers und Gehorsam des Volkes sind die Prinzipien der inneren Verfassung. Jeder einzelne Mensch steht mit seinen Entscheidungen und Handlungen voll und ganz im Dienste der Volksgemeinschaft. Die Außenpolitik des völkischen Staates hat die Existenz der durch den Staat zusammengefaßten Rasse sicherzustellen. Dieses Ziel ist nur durch Krieg, Unterdrückung der minderwertigen Völker und Germanisierung des Ostraumes zu erreichen.

Die gesamte *Wissenschaft* hat für Hitler die Aufgabe, die nationalsozialistische Weltanschauung und Politik zu untermauern und zu unterstützen. Die *Erziehung* hat den „deutschen Menschen herauszumodellieren", wie Hitler ihn sich wünscht und wie er sich nach seiner Meinung auch aus den Erkenntnissen der Rassenlehre und der Geschichte ergibt:

> „Körperlich gestählte Menschen mit einer nordischen Seele – eine Jugend, der Rassesinn und Rassegefühl in Herz und Hirn gebrannt ist – Menschen, die fanatisch an die Kraft und Überlegenheit der eigenen Rasse glauben – Menschen mit einer unbegrenzten Einsatzbereitschaft sowie einem blinden Gehorsam gegenüber der politischen Führung."[13]

Erziehung wird aufgrund der biologischen Orientierung bei Hitler und seinen nationalsozialistischen Pädagogen (zum Beispiel Ernst Krieck) ausdrücklich als Züchtung und Formung verstanden. Nach dem Prinzip der Gefolgschaft und der Treuebindung an den Führer soll eine „rassebewußte Nation mit geschlossener Macht, mit einheitlicher politischer Haltung und Willensrichtung" erzogen werden. Die Kerntugenden der deutschen Menschen sind: Mut und Wille, die Kunst des Gehorchens und des Befehlens, Zähigkeit und Rücksichtslosigkeit, Durchsetzungskraft und Opferbereitschaft für die neue Volksgemeinschaft.[14]

Die *Sozialpolitik* und die *Wohlfahrtspflege* sind bis 1933 überhaupt nicht im Blickfeld Hitlers. Die Sozialgesetze der Weimarer Republik (Reichsversicherungsordnung, Fürsorgepflichtverordnung und Arbeitslosenversicherung) bleiben in Kraft. Konkrete Vorstellungen,

Theorien oder Programme zu sozialen Fragen existieren bis zur Machtergreifung nicht. Sie werden erst allmählich aus den Grundsätzen Hitlers abgeleitet und sogleich in rechtsverbindliche Gesetze umgemünzt. Später werden auch ohne gesetzliche Grundlagen gravierende „Programme" beschlossen und ausgeführt. Nach der Machtergreifung kommt die öffentliche Fürsorge wie alles andere in die Hände der NS-Regierung. Der erste wichtige organisatorische Schritt in der nationalsozialistischen Wohlfahrtspflege besteht darin, die *Nationalsozialistische Volkswohlfahrt (NSV)* als neuen Verband zu gründen (1933). Die private Wohlfahrt wird mehr und mehr von der NS-Volkswohlfahrt übernommen. In den Richtlinien für die Arbeit der NS-Volkswohlfahrt heißt es:

> „Wie auf allen Gebieten, ist es auch auf dem Gebiete der Wohlfahrtspflege und Fürsorge notwendig, daß nationalsozialistisches Denken und Wollen ihren Ausdruck finden... Der Versuch, einen sozialen Wohlfahrtsstaat aufzurichten, hat unser ganzes Volk wirtschaftlich und seelisch an den Rand des Abgrundes gebracht... Der bisherige 'Wohlfahrtsstaat' schwächte das Verantwortungsgefühl gegenüber dem einzelnen Volksgenossen durch Züchtung von Unterstützungsempfängern... Der in Not Befindliche muß wieder dazu erzogen werden, daß er neben seinem Recht an die Volksgemeinschaft die Pflicht anerkennt, selbst zur Besserung seines Zustandes beizutragen... Von der ungesunden Verweichlichung und dem übertriebenen Ich-Denken wird eine Umkehr der Erziehung zum Volksbewußtsein, zur Gemeinschaft und zum führenden Opfergedanken stattfinden müssen... Nationalsozialistische Jugendfürsorge muß gegen Verwahrlosung und Aufsässigkeit aufbauen auf dem Willen der Jugend zur Zucht, zur Gemeinschaft, zur Ehre."[15]

Drei Ziele ergeben sich aus Hitlers Grundsätzen *für die Wohlfahrtspflege*[16]:

(a) Reduzierung von öffentlicher (materieller) Fürsorge
Die Fürsorge während der Weimarer Zeit ist zu großzügig gewesen und die Unterhaltsmittel sind falsch verteilt worden. Vorsorge muß in den Vordergrund treten. Die unwirtschaftliche Fürsorge für die „sozial Untüchtigen" muß radikal gekürzt werden.

(b) Orientierung am Volksganzen
Die Orientierung am Einzelschicksal wird zugunsten einer Orientierung am „Volksganzen" aufgegeben. Die „Befürsorgung minderwertiger Menschen" ist ganz aufzugeben. Die Nationalsozialistische Volkswohlfahrt (NSV) betreut nur „förderungswürdige erbgesunde und wertvolle" Familien. Den kirchlichen Wohlfahrtsverbänden bleibt

die Sorge für die „Minderwertigen", damit sind „Zigeuner, Kriminelle, Obdachlose, Arbeitsscheue, Erbkranke, Anstaltsinsassen aller Art usw." gemeint.

(c) „Kranken Erbstrom" abdrosseln

Die abendländische Kultur hat – nach der Rassenlehre Hitlers – die natürlichen Folgen aus Rassenhierarchie und Rassenhygiene vermindert. Die Fürsorge hat eine „natürliche Auslese" des gesunden Erbgutes verhindert. Mit gezielten Maßnahmen muß daher das gesunde Erbgut im Volkskörper erhalten und der „kranke Erbstrom abgedrosselt" werden. Die Deutsche Volksgemeinschaft soll mit all ihren Menschen zur Gesundung zurückgeführt werden. Ziel ist die „erbgesunde und arische" Familie.

Mit den Nürnberger Gesetzen von 1935 werden die Forderungen Hitlers zur *Verfolgung der Juden* systematisch verwirklicht: Die Juden verlieren ihre bürgerliche Gleichberechtigung durch Einteilung der Bevölkerung in „Staatsangehörige" und „Staats- oder Reichsbürger". „Rassische Mischehen" und „außerehelicher Geschlechtsverkehr zwischen Juden und Staatsangehörigen deutschen oder artverwandten Blutes" werden verboten. Ergänzungsverordnungen zum „Reichsbürgergesetz" schließen die Juden aus der staatlichen Gemeinschaft aus. Die jüdischen Kultusvereinigungen erhalten die Rechtsform „eingetragener Verein". Vermögen über 5.000 Reichsmark müssen gemeldet werden. Familien und Vornamen müssen so geändert werden, daß die TrägerInnen als Juden erkannt werden. Die Zulasssung jüdischer Ärzte und Rechtsanwälte wird aufgehoben; die Reisepässe werden eingezogen und mit einer Kennzeichnung als Jude zurückgegeben. Organisierte gewalttätige Ausschreitungen finden 1938 in ganz Deutschland gegen die Juden statt („Kristallnacht"). Juden werden verhaftet und sollen auch noch Sühne für die Schäden leisten. Die Juden werden aus dem Wirtschaftsleben „ausgeschaltet" („Zwangsarisierung"). Juden dürfen keine öffentlichen Verkehrsmittel mehr benutzen und keine höheren Schulen mehr besuchen.

Mit dem Beginn des Krieges gegen Polen beginnt Hitler die *Ausrottung der Juden* in Europa: Juden werden in Massen verhaftet, in Gettos und Arbeitslager untergebracht, danach in Vernichtungslager abtransportiert und getötet. Besondere Gruppen der SS werden zur „Endlösung der Judenfrage" eingesetzt, das heißt zur „systematischen biologischen Vernichtung des Judentums".

Um die Ziele der nationalsozialistischen Wohlfahrtspflege zu erreichen, sind wenig Gesetzesänderungen oder neue Gesetze notwendig.

Eine restriktive Auslegung der aus der Weimarer Republik vorhandenen Gesetze und eine entsprechende Personalpolitik reichen dazu aus. Zur *„Gesundung des deutschen Volkes"* werden allerdings folgenschwere neue Gesetze erlassen.

Das Gesetz zur Verhütung erbkranken Nachwuchses (1933) erlaubt die *Sterilisierung* bei Menschen mit bestimmten Erbkrankheiten.[17] „Defekten Menschen" soll die Zeugung „defekter Nachkommen" unmöglich gemacht werden. Nach 1937 werden auch „Alkoholkranke , Gewohnheitsverbrecher, Körperbehinderte und Mischlinge" unfruchtbar gemacht.

Mit Beginn des Krieges verfügt Hitler – er befürchtet keinen Widerstand mehr – handschriftlich auf Briefpapier das *Euthanasieprogramm* (1939):

> „Reichsleiter Bouhler und Dr. med. Brandt sind unter Verantwortung beauftragt, die Befugnisse namentlich zu bestimmender Ärzte so zu erweitern, daß nach menschlichem Ermessen unheilbar Kranken bei kritischster Beurteilung ihres Krankheitszustandes der Gnadentod gewährt werden kann."[18]

Aus volkswirtschaftlichen Erwägungen sollen „Ballastmenschen" unter der Bedingung vernichtet werden, daß Ärzte ihren Lebensunwert bescheinigt haben. Gemeint sind mit „Ballastmenschen" Menschen, die aus irgendwelchen Gründen „nicht den materiellen Gegenwert ihrer Existenz durch Arbeitsleistung" erbringen können. Das Tötungsverfahren wird „Euthanasie" genannt, weil die Menschen mit Medikamenten oder Giftgas einen „milden Tod" sterben sollen.

Die „Sterilisierungs- und Euthanasieprogramme" werden vor allem durch die Gesundheitsämter – den „biologischen Zentralen des deutschen Volkes" – durchgeführt. In den Gesundheitsämtern führen die jetzt GesundheitspflegerInnen genannten FürsorgerInnen alle Hilfsdienste aus, die zur Durchführung der Programme notwendig sind.[19]

7.6. Bedeutung und Umsetzung in der Praxis

Erst seit wenigen Jahren befassen sich VertreterInnen der Sozialen Arbeit intensiv und offensiv mit der Rolle, die SozialarbeiterInnen bei der „Endlösung der sozialen Frage" gespielt haben.[20] Bislang bestand eine starke Neigung, das Dritte Reich aus der Geschichte Sozialer Arbeit schlichtweg auszuklammern; nach der These: Die Entwicklung der Sozialen Arbeit wird in Deutschland durch die Machtübernahme Hitlers 1933 jäh unterbrochen und setzte nach dem Zusammenbruch des Dritten Reiches 1945 wieder neu ein.[21] Hitler hat einen der radikalsten Ansätze, die sich für die Lösung sozialer Probleme überhaupt denken lassen, propagiert und mit tödlicher Konsequenz für viele Millionen Menschen in der Praxis verwirklicht. Hitlers „Theorie der Sozialen Arbeit" ist von FürsorgerInnen und VolkswohlfahrtspflegerInnen praktiziert worden. Um diese Feststellung kommen wir nicht herum. Die gegenwärtigen Euthanasie- und Ausländerdiskussionen zeigen, daß sozialdarwinistische Thesen – wie in Hitlers „Mein Kampf" aufgestellt – auch heute populär sind und insofern genug Anlaß besteht, sich mit ihnen zu befassen.

7.7. Literatur zum Vertiefen

Adolf Hitlers „Mein Kampf" ist eine aufschlußreiche Lektüre, um sich mit verpönten Lösungen sozialer Probleme zu befassen. In Verbindung mit der Lektüre einer der renommierten Biographien Hitlers wird die Abhängigkeit einer „Theorie zur Sozialen Arbeit" von ganz persönlichen Prägungen des Autors und den historischen Rahmenbedingungen, die zu ihrer Umsetzung in die Praxis notwendig sind, deutlich. Lesenswert sind auch die Ausführungen von Eberhardt Orthbandt zur NS-Zeit aus der Sicht des Deutschen Vereins.[22] Der Sammelband „Soziale Arbeit und Faschismus" (1986), herausgegeben von Hans-Uwe Otto und Heinz Sünker, ist eine informative Studienquelle und gibt viele Hinweise für diejenigen, die ihre Studien vertiefen möchten.

ANMERKUNGEN ZU KAPITEL 7

[1] Kramer 1983, 173; Eyferth 1983, 101ff.
[2] Bullock 1964, 847
[3] Radler 1982, 6156
[4] Hitler 1939, im Vorwort
[5] Vgl. Radler 1982
[6] Hitler 1939, 280 – 323
[7] Hitler 1939, 281f.
[8] Hitler 1939, 299
[9] Hitler zitiert nach Radler 1982, 6156
[10] Hitler 1939, 384
[11] Hitler 1939, 385
[12] Hitler 1939, 437
[13] Hitler 1939, 400ff.
[14] Hitler 1939, 408f.
[15] Zitiert nach Orthbandt 1980, 282f.
[16] Kühn 1986, 322f.; vgl. auch Otto/Sünker 1986
[17] Vgl. Hitler 1939, 395 – 397
[18] Zitiert nach Orthband 1980, 299

[19] Vgl. Kühn 1986
[20] Vgl. Sünker 1990
[21] Vgl. zum Beispiel Schmidt 1981, 44f.
[22] Orthband 1980, 245 – 312

Teil 4
Vom Fürsorgen bis zum gerechten Austauschen
– Sieben Theorien aus der Gegenwart Sozialer Arbeit

Die im Teil 3 dargestellten „Theorien" aus der Geschichte Sozialer Arbeit gehen von recht unterschiedlichen Erfahrungen, Lebenswelten und Zielen für Soziale Arbeit aus. Die meisten der „Theorien" sind einseitig und erfassen nur einen kleinen Ausschnitt aus der Wirklichkeit Sozialer Arbeit. Trotz ihrer Einseitigkeit geben diese „Theorien" wichtige Impulse für ein besseres Verständnis gegenwärtiger Sozialer Arbeit. Erst nach dem zweiten Weltkrieg wird - wie in Teil 2 dargestellt – tendentiell damit begonnen, Soziale Probleme und ihre Lösungen als eigenen Gegenstand wissenschaftlicher Reflexion zu verstehen und mit anerkannten wissenschaftlichen Methoden dafür Aussagensysteme, also Theorien, zu entwickeln. An dieser Theoriebildung für Soziale Arbeit beteiligen sich zunächst vornehmlich ErziehungswissenschaftlerInnen, die sich für sozialpädagogische Fragestellungen interessieren.

In den 60er Jahren wurden unter dem Einfluß der Politisierung der Sozialwissenschaften viele Theorien zur Sozialen Arbeit von einzelnen, kleinen Gruppen und Arbeitskreisen entworfen. An herausragender Stelle stand bei den Reflexionen die Frage nach der gesellschaftlichen Bedeutung und den Konsequenzen einer zunehmenden Professionalisierung der Sozialen Arbeit. Die AutorInnen stammen aus allen Fachdisziplinen, die sich in irgendeiner Form mit sozialen Fragen befassen. Viele dieser Theorieentwürfe sind einfach in den Raum geworfen worden, und niemand hat sich je wieder um sie gekümmert (siehe die Abschnitte 5.3. und 5.4. in Teil 2). Eine große Zahl dieser „TheoretikerInnen" befaßt sich schon lange nicht mehr mit Sozialer Arbeit, sondern hat andere Aufgaben für sich entdeckt.

Die Etablierung der Sozialpädagogik an den Universitäten und der Sozialen Arbeit an den Fachhochschulen und das geringer gewordene öffentliche Interesse an der Lösung sozialer Probleme führen – meiner Einsicht nach – dazu, daß nun vermehrt an den Hochschulen und in ihrem Umfeld Theorien für Soziale Arbeit entworfen werden. Es bleibt auch nicht mehr bei „Eintagsentwürfen", sondern einzelne Theorien werden von „Schulen" getragen, die an einer kontinuierlichen Weiterentwicklung ihrer Theorien interessiert sind.

Eine andere Gemeinsamkeit besteht gegenwärtig darin, daß sich die jeweiligen AutorInnen mit ihrer Theorie in eine Tradition der Reflexion sozialer Probleme einreihen, diese Tradition mehr oder weniger aufgreifen und sie für die gegenwärtige wissenschaftliche Diskussion fruchtbar machen.

Die historischen Rahmenbedingungen sind für alle Theorien der Gegenwart in etwa gleich. Die sozialarbeiterische oder sozialpädagogische Tradition, in die sich die einzelnen AutorInnen stellen, sind für das Verständnis der jeweiligen Theorie sehr wichtig. Deshalb benenne ich bei der Darstellung der Theorien in dem jeweils einleitenden Abschnitt „Der lebensweltliche Kontext" jeweils die Tradition, in der die Theorie angesiedelt wird.

Die in diesem Teil zusammengestellten sieben Theorien Sozialer Arbeit sind von ihren AutorInnen ausdrücklich als Theorien zur Sozialen Arbeit verfaßt und publiziert worden. Mit der vorliegenden Auswahl soll das weite Spektrum gegenwärtiger Richtungen und Schulen repräsentiert werden (siehe S. 144).

1. FÜRSORGEN – HANS SCHERPNER

1.1. Der lebensweltliche Kontext

Mit dem Ende des zweiten Weltkrieges und der totalen Niederlage des Deutschen Reiches (1945) beginnt die jüngste Phase der deutschen Geschichte. An die Stelle des NS-Führerstaates treten nach vierjähriger Nachkriegszeit zwei neue deutsche Staaten. Aus den amerikanischen, britischen und französischen Besatzungszonen geht die Bundesrepublik Deutschland hervor. Die Deutsche Demokratische Republik entsteht aus der sowjetischen Besatzungszone. Europa verliert seine Führungsrolle in der Welt. Zur Sicherung des Weltfriedens werden die Vereinten Nationen (UNO) mit Sitz in New York gegründet. Die Sowjetunion mit den Ostblockländern und die USA mit den Westmächten stehen sich als Weltmächte feindlich gegenüber. Der Kalte Krieg bestimmt das politische Klima. Die Teilung Deutschlands wird zum Spiegelbild des Ost-West-Konfliktes. Westeuropäische Staaten schließen sich zur Verteidigungsgemeinschaft (NATO) und Wirtschaftsunion (OECD) zusammen. Die Bundesrepublik Deutschland bezieht ihr Selbstverständnis aus der Einbindung in den Westen und aus historischen Zusammenhängen mit der Weimarer Republik und dem Deutschen Kaiserreich. Im Grundgesetz wird die Bundesrepublik zum demokratischen und sozialen Rechts- und Parteienstaat mit Grundrechten, Gewaltenteilung und repräsentativer Volksvertretung erklärt. Die bundesdeutsche Sozialpolitik wird von der CDU Konrad Adenauers bestimmt. Danach ist eine gesunde Wirtschaft Voraussetzung für soziale Reformen. 1950 ist das Ende der Lebensmittelrationierung. Der Wohnungsbau wird gefördert. Für die Kriegsopfer gibt es ein Versorgungsgesetz. Die Entnazifizierung belastet lange Zeit das politische Klima. Die „freie Marktwirtschaft" führt zum „deutschen Wirtschaftswunder". Trotz dieses „Wirtschaftswunders" gibt es starke soziale Ungleichheiten.[1] Soziale Randgruppen stehen einer reichen Oberschicht gegenüber. Die Bundeswehr wird im Rahmen der NATO aufgebaut. Der Aufstand gegen das SED-Regime 1953 in Ostberlin wird niedergeschlagen. Versuche der Weltmächte mit Atom- und Wasserstoffbomben halten die Welt in Schrecken.

Die deutsche Wissenschaft bemüht sich, wieder Anschluß an den Stand der Forschung in der Welt zu bekommen. Insbesondere die Sozialwissenschaften leben auf und nutzen den neu gewonnenen Freiraum in Forschung und Lehre. Im Anschluß an die Internationale Konferenz für Sozialarbeit und Sozialausbildung in Paris 1950 übernimmt die deutsche Sozialarbeit in der Bundesrepublik die amerikanischen Handlungsmethoden, vor allem „casework", „supervision", „group work" und „community organization".[2] Ausbildungsstätten für SozialarbeiterInnen sind die Wohlfahrtsschulen, die nun entsprechend neuer Ausbildungs- und Prüfungsordnung „Höhere Fachschulen für Sozialarbeit" heißen.

1.2. Der Autor

Hans Scherpner wird 1898 geboren.[3] Als 19jähriger hört er zunächst an der Frankfurter Universität bei Christian-Jasper Klumker Vorlesungen im Fürsorgewesen, studiert dann aber in Tübingen und Marburg evangelische Theologie mit einem Schwerpunkt in Kirchengeschichte. Nachdem er 1922 seine erste theologische Prüfung abgelegt hat, geht er wieder zum Studium nach Frankfurt zu Professor Klumker ans Fürsorgeseminar zurück. Dort wird er 1923 zum Dr. phil. promoviert. Sein Dissertationsthema ist: „Die Kinderfürsorge in der Hamburgischen Armenreform von 1788". Auf Klumkers Anregung hin erforscht Scherpner in niederländischen Archiven den Wandel der Fürsorge vom Mittelalter zur Neuzeit. Mit der Schrift „Die Anschauungen über das Armenwesen beim Übergang vom Mittelalter zur

Neuzeit – ein Beitrag zur Entstehensgeschichte der modernen Fürsorge" habilitiert er sich 1932 zum Privatdozenten an der Frankfurter Universität. 1935 wird er zum stellvertretenden Direktor des Forschungsinstitutes für Fürsorgewesen und Sozialpädagogik ernannt. Das Naziregime stört die Arbeit Scherpners im Fürsorgeseminar zwar, aber verhindert sie nicht. 1949 wird er außerordentlicher Professor. Ein Jahr später übernimmt er die Leitung des neu gegründeten, von der US-Militärregierung geförderten Institutes für Sozialarbeit und Erziehungshilfe e.V. und des Seminars für Fürsorgewesen und Sozialpädagogik, das zur Wirtschafts- und Sozialwissenschaftlichen Fakultät der Universität Frankfurt gehört. Sieben Jahre lang ist er Mitglied vom Hauptausschuß des Deutschen Vereins für öffentliche und private Fürsorge. Hans Scherpner stirbt im Jahre 1959. Seine Frau Hanna Scherpner gibt nach seinem Tod die „Theorie der Fürsorge" heraus. Es handelt sich dabei um einen Tonbandmitschnitt der Vorlesung Scherpners aus dem Wintersemester 1955/56.

> „Seine (Scherpners, E.E.) Spezialität war die Verbindung von Forschung und Lehre mit praktischer Jugendfürsorgearbeit, Praxisausbildung und Fortbildung der Sozialarbeiter." Otto Fichtner [4]

1.3. Die Wissenschaftsauffassung

Eine Theorie der Fürsorge, die Erkenntnis der Wirklichkeit, also Wirklichkeitswissenschaft sein will, muß nach Scherpner auch die Erscheinungen der Fürsorge aus ihren letzten – metaphysischen – Voraussetzungen zu verstehen suchen und muß sie einordnen in systematische Erkenntnis. Das Wesen der Fürsorgetätigkeit als einer geschichtlichen Erscheinung ist in einer Gesamtschau zu erfassen, die es erlaubt, die Vielgestaltigkeit der Wirklichkeit zu ordnen. Theoretisches Erkennen und praktisches Handeln, Wissenschaft und Politik sind ausdrücklich zu trennen. Dennoch ist die Fürsorge nur aus ganz bestimmten Perspektiven zu sehen, die uns durch unsere geschichtliche Situation vorgegeben sind. Das hebt aber die Verpflichtung nicht auf, bei der Denkarbeit sich immer wieder der letzten Voraussetzungen bewußt zu bleiben und mit ganzer Kraft danach zu streben, der Wirklichkeit und damit der Wahrheit näher zu kommen. Fürsorge als Wirklichkeitswissenschaft kann keine normative Wissenschaft sein. Ein endgültiges System ist für die Theorie der Fürsorge niemals zu entwerfen, da Fürsorge immer dem historischen Wandel unterworfen ist. Es ist nach einem Begriff der Fürsorge zu suchen, der auf die jeweilige historische Epoche abzielt. Scherpner geht wissenschaftstheoretisch gesehen nach einer hermeneutisch-phänomenologischen Methode vor; das heißt die historisch sich wandelnden Erscheinungsweisen der Fürsorge werden auf ihren Wesensgehalt hin untersucht.[5]

1.4. Der Gegenstandsbereich

Scherpner stellt an den Anfang seiner Forschung die Frage: „Welche Stellung nimmt grundsätzlich die Fürsorge im Leben der Gesellschaft ein? Wo, an welcher Stelle, und warum, durch welche Motivationen, ist sie im Aufbau des Ganzen verankert?" Er fragt damit nach dem Wesen der Fürsorge als gesellschaftlicher Erscheinung. Diese Frage ergibt sich für ihn dann, wenn man sich nachdenkend mit der Lage der Fürsorge auseinandersetzt. Diese Frage kann für Scherpner nur durch eine historische und theoretische Betrachtung der gesellschaftlichen Praxis von Fürsorge in den verschiedenen Epochen aufgehellt und beantwortet werden.

1.5. Die Theorie

Scherpner beginnt seine Abhandlungen mit geschichtlichen Untersuchungen, um die geistesgeschichtliche Herkunft der modernen Fürsorgeprinzipien aufzudecken. Für Scherpner ist

> „die gegenwärtige Gestalt der Fürsorge ... zu verstehen als das Ergebnis der hinter uns liegenden geschichtlichen Entwicklung, als Produkt von Kräften, die in der Geschichte der Fürsorge wirksam waren und die in der Gegenwart vielleicht noch wirksam sind und in die Zukunft hinüber führen."[7]

Am Zeitpunkt des Übergangs vom Mittelalter zur Neuzeit setzt Scherpner an, um die Grundzüge der Anschauungen zu erforschen, die bis in die Gegenwart für die Entwicklung der Fürsorge gelten. Als *Grundsätze*, die nach Scherpner auch heute noch das Fürsorgewesen bestimmen, erkennt er in der Geschichte der Fürsorge:

(a) Die Individualisierung der Hilfe
(b) die Arbeitspflicht der Armen
(c) die rationale planmäßige Gestaltung der Unterstützung.[8]

Am Ende seiner historischen Studien nennt Scherpner drei *Wesenszüge,* „die die Armenpflege, die Fürsorge oder wie sonst man die soziale Hilfeleistung nennen will, zu allen Zeiten, im Mittelalter wie in der Neuzeit, bestimmen"[9]:

(a) Fürsorge ist stets eine *gesellschaftliche Erscheinung*, getragen von Gemeinschaftsgefühlen und -anschauungen.

(b) Fürsorge ist eine *persönliche Fürsorge*, die auf die Not des einzelnen reagiert und Abhilfe zu schaffen versucht.

(c) Fürsorge ist eine *planmäßig, rational organisierte Hilfeleistung*, die sich nach gesellschaftlichen Zielsetzungen richtet.

Der einfachste Grundtatbestand, um den es sich nach Scherpner bei der Fürsorge handelt, ist die Hilfeleistung.[10] Jede Fürsorgehandlung zielt für Scherpner auf Hilfe ab; daher gilt es am Anfang einer Theorie der modernen Fürsorge, in das *Wesen des Begriffs „Hilfe"* einzudringen.

Hilfe ist für Scherpner eine *Urkategorie* des menschlichen Handelns, ein Begriff, der nicht weiter zurückführbar ist außer auf den des menschlichen Handelns überhaupt. „Hilfe" ist wie ihr Gegenteil „Kampf" eine Grundform des Verhaltens von Menschen zueinander. Es ist als Grundtatbestand einfach gegeben, daß Menschen sich gegenseitig helfen. Helfen ist eine gesellschaftliche Kategorie und bezeichnet ein Verhalten im menschlichen Zusammenleben. Damit der Akt des Helfens zustande kommt, sind mindestens zwei Menschen nötig: der Hilfsbedürftige und der Helfer müssen zusammentreffen und miteinander handeln. Die beiden Akteure sind jeweils mit bestimmten Menschen verbunden, die ihrerseits auf den Akt des Helfens einwirken. Helfen ist wie jedes menschliche Verhalten durch Gemeinschaftsbindungen bestimmt und keine isolierte Handlung der beiden Akteure. Der objektive Sinn eines Hilfsaktes ist bestimmt von der gesellschaftlichen Situation, in der er geschieht. Wer hilfebedürftig ist, wer als hilfebedürftig gilt, welche Ziele die Hilfe erhält, das alles bestimmt nicht der einzelne Helfende allein, sondern das ist bedingt durch die Anschauungen der Gesellschaft, in der Helfer und Hilfeempfänger zusammen leben.

Hilfe ist die Gegenkategorie zu Kampf. Sinn des Kampfes ist letzten Endes immer die Vernichtung des Feindes aus der Verneinung seines Rechtes auf Existenz. Hilfe setzt dagegen immer die Bejahung des anderen und seiner Existenz voraus, die ihren Grund darin hat, daß wir ihn als „zu uns" gehörig anerkennen. Die Hilfeleistung erfolgt aus der Verbundenheit in der menschlichen Gemeinschaft, die die volle menschliche Existenz aller ihrer Glieder in sich einbezieht und bejaht. Die Hilfe ist eine Funktion der „Gemeinschaft" im idealtypischen Sinn dieses Begriffs. Gemeinschaft ist dem einzelnen Menschen vorgegeben. Man wird in sie hineingeboren. Die Familie ist ein echtes Gemeinschaftsgebilde. Gesellschaft ist der „nachträgliche" Zusammenschluß einzelner zu bestimmten Zwecken. In allen menschlichen Formen der Gesellschaft lebt aus ihrer Durchdringung mit echtem Gemeinschaftswillen auch die Bereitschaft zur Hilfe an den in Not befindlichen Gliedern. Hilfe ist immer *Lebensfunktion einer menschlichen Gemeinschaft*, sie dient ihrer Erhaltung und Festigung, da jede Gemeinschaft grundsätzlich labil ist. Aus dem Wesen des Menschen stammt ein Gespanntsein allen Gemeinschaftslebens. Aus den daraus entstehenden Reibungen entspringt letzten Endes auch das Angewiesensein des Menschen auf Hilfe, während der Hilfswille begründet ist in den zusammenhaltenden Tendenzen der Gemeinschaft. Eine Gemeinschaft, die die Hilfe nicht mehr anerkennen, nicht mehr tätig erweisen wollte, wäre sehr schnell dem Verfall ausgeliefert.

Fürsorgerische Hilfe ist für Scherpner ein Sonderfall des allgemeinen Helfens, auf das jedes Glied einer Gemeinschaft angewiesen ist. Sie entstammt der Sorge für die Glieder der Gemeinschaft, die sich aus irgendwelchen Gründen in der Gemeinschaft nicht halten können oder den Anforderungen des Gemeinschaftslebens nicht gewachsen sind; sie entstammt aber genauso der Sorge für die Existenz der Gemeinschaft, die dadurch gefährdet ist, daß einzelne Glieder oder eine größere Zahl von Gliedern sich nicht halten können. Weder der eine noch der andere Gesichtspunkt kann ohne den anderen existieren. Indem die fürsorgerische Hilfe den Hilfsbedürftigen in seiner persönlichen Existenz innerhalb der Gemeinschaft zu stützen und zu erhalten trachtet, sichert und stärkt sie auch das Leben des Ganzen. Es geht sowohl um materiellen Bestand als auch um die Erhaltung geistig-sittlicher Werte.

Die *Aufgabe des Staates* ist der Ausgleich der Antagonismen zwischen den einzelnen und den Teilgruppen innerhalb der Gesamtgesellschaft. Das spezifische Mittel des Staates, um die Gemeinschaft zu organisieren, ist das politische Handeln, das heißt letztlich die Anwendung physischer Gewalt für den Bestand der Gemeinschaft. Fürsorgerisches Helfen ist zwar Bestandteil der Politik, aber kein politisches Handeln im Sinne des Kämpfens um Macht. Fürsorgerisches Helfen ist den allgemeinen politischen Zielsetzungen des Staates untergeordnet und nicht autonom. Durch Politisierung wird fürsorgerische Hilfe in ihrem Wesen und in ihrer Funktion verfälscht. Die geltenden Wertanschauungen der Gemeinschaft regeln das Leben der Gemeinschaft und setzen auch den Rahmen für die fürsorgerische Hilfe fest. Es kommt also darauf an, wie die Gemeinschaft aus ihrer geschichtlichen Lage heraus in ihren schwachen Gliedern Wertmöglichkeiten sieht, deren Realisation durch die fürsorgerische Hilfe der Gesamtheit in ihrer Lebensbehauptung und Lebensentwicklung zugute kommt oder in Zukunft zugute kommen wird. Nur unter dieser Voraussetzung wird sie diese als hilfsbedürftig anerkennen können.

Diese Besonderheit fürsorgerischen Helfens führt nach Scherpners Auffassung zur Ausbildung eines eigenen *Berufsethos* und Menschentyps für die Fürsorge. Der Idealtypus des Fürsorgers wird am deutlichsten in der Gegenüberstellung zum Typus des Politikers. Der Politiker ist von der Richtigkeit seiner Ziele und Werte überzeugt und strebt nach Macht und Herrschaft. Er kämpft und setzt sich notfalls rücksichtslos durch. Der Helfer dagegen ist in seiner ganzen menschlichen Haltung und in den Motivationen bestimmt durch die spontane Hilfsbereitschaft dem Schwachen und Hilflosen gegenüber. Aus Sympathie mit den Menschen kann er nicht anders als allen, die in Not sind, zu helfen.

Nach Scherpner kann man je nach der Art der Gemeinschaftsansprüche, die die Hilfsbedürftigen nicht erfüllen können, zwei *Grundformen der Hilfebedürftigkeit* unterscheiden:[11]

(a) Die erste Grundform der Hilfebedürftigkeit hat ihren Grund in der Unangepaßtheit des einzelnen an die *materiellen Lebensbedingungen* der Gesellschaft, entspringt also einem Versagen den wirtschaftlichen Erfordernissen des Lebens gegenüber. Scherpner nennt diese wirtschaftliche Hilfebedürftigkeit *Armut.* Armut ist in ihrer typischen Ausprägung ein Notzustand der Erwachsenen. Die Antwort auf Armut ist *wirtschaftliche Hilfe.* Die Ursachen von Verarmung können subjektiv und objektiv gegeben sein. Objektive Ursachen sind Massenarbeitslosigkeit infolge von Krieg, Katastrophen, Hungersnöten und Seuchen, für die der einzelne nichts kann und in denen die Fähigkeiten des einzelnen verschwinden. Subjektive Ursachen sind schwerste körperliche und geistige Defekte. Diese extremen Typen zur Verursachung von Armut bezeichnen die Grenzen, zwischen denen in der sozialen Wirklichkeit Verarmung sich in den verschiedenen Mischungen von menschlichen Unfähigkeiten und wirtschaftlichen Anforderungen abspielt. Der Prozeß der Verarmung wird hervorgerufen durch subjektive Unangepaßtheiten an die sich wandelnden wirtschaftlichen Verhältnisse und durch die Unfähigkeit des Armen, den konkreten Wirtschaftsanforderungen zu entsprechen. Der Typus des Armen wandelt sich mit der Änderung der wirtschaftlichen Verhältnisse. Prozesse der Verarmung spielen sich in allen Bevölkerungsschichten ab. Die Armen regenerieren sich nicht aus sich selbst. Die Frage nach der Schuld für die Verarmung bleibt offen; sie ist für jeden Einzelfall separat zu beantworten.

(b) Die zweite Grundform der Hilfebedürftigkeit beruht auf der Unzulänglichkeit gegenüber der *moralischen Ordnung der Gemeinschaft* und den daraus sich stellenden Forderungen an den einzelnen. Diese erzieherische Hilfebedürftigkeit bezeichnet Scherpner als *Verwahrlosung*, die aus Mangel an Erziehung und Bewahrung, aus dem „Wahrlos-Sein" hervorgeht. Die Verwahrlosung kann als typische Erscheinungsform jugendlicher Hilfebedürftigkeit angesehen werden. Die Antwort auf Verwahrlosung ist erzieherische Hilfe. Subjektive Qualitäten des Kindes sowie des Jugendlichen und objektive Gegebenheiten – die formenden Gemeinschaftskräfte mit ihren Ansprüchen – wirken bei der Verwahrlosung zusammen. Zunächst entsteht beim Zusammentreffen der beiden Komplexe die Gefährdung; dann vollzieht sich stufenweise der Prozeß zur vollen Verwahrlosung. Im Endstadium versagt der Verwahrloste gegenüber den moralischen Anforderungen und der Wertordnung der Gemeinschaft überhaupt. Er stellt sich außerhalb der Gemeinschaft. Der Asoziale ist das Endergebnis einer solchen Entwicklung.

Beide Grundformen der Hilfebedürftigkeit stehen in wechselseitiger Beziehung zueinander. Die Armut kann wesentlich mitverursacht sein durch den Verwahrlosungszustand, in dem der Arme sich befindet, und umgekehrt kann die Verwahrlosung durch die Armut wesentlich mitbedingt sein, in der sich der Verwahrloste befindet.

Fürsorgerische Hilfe ist für Scherpner immer *persönliche Hilfe*, eine persönliche Begegnung vom Helfer und vom Hilfebedürftigen. Der Hilfebedürftige wird durch den Helfer als für die Gesellschaft wertvoll anerkannt und um seines Eigenwertes und seiner Eigenexistenz willen bejaht. Eine Veränderung der Verhältnisse, in denen der Hilfsbedürftige lebt, kann zwar Gefährdungsvorbedingungen beseitigen, aber nicht das fehlerhafte Verhalten der Hilfebedürftigen aus der Welt schaffen. Die Hilfsaktion muß auf die Person des Hilfsbedürftigen gerichtet sein. Nur persönliche Beeinflußung kann Abhilfe schaffen, die den Hilfebedürftigen zur richtigen Einstellung auf die Anforderungen der Gesellschaft zu bringen versucht und zugleich diese Ansprüche so zu gestalten sich bemüht, daß sie seinen Kräften und seiner Eigenart angemessen sind. Persönliche Fürsorge ist heute nach Scherpner zugleich individualisierende Hilfe. Es gibt keinen Stand der Armen mehr, auf den sich die Hilfe insgesamt richten kann. Es gibt viele einzelne Hilfebedürftige, denen jeweils individuell zu helfen ist. Die persönliche Fürsorge ergibt, daß der Hilfebedürftige zum Herrn der fürsorgerischen Situation wird, da er in seiner individuellen Persönlichkeit der alleinige Beziehungspunkt aller Hilfsbemühungen ist. In der modernen Fürsorge ist für Scherpner das persönliche Element aus der

Fürsorge fast ganz verschwunden, ausgenommen in der Jugendhilfe. Die Wiederentdeckung der persönlichen Fürsorge hält er für notwendig, um die Entwicklung der Fürsorge zu einer schematisierenden bürokratischen Fürsorge aufzuhalten.

Den in der persönlichen Fürsorge auf die Person des Hilfebedürftigen ausgerichteten Bemühungen entspricht ebensosehr das persönliche Moment des Helfenden. Der Helfer handelt in der ursprünglichen Form fürsorgerischen Helfens aus *persönlicher Hilfsbereitschaft*, getrieben von persönlichem Hilfswillen, der seinen Ursprung in der Verbundenheit von Helfer und Hilfebedürftigem in der Gemeinschaft hat. Deshalb fühlt sich der Helfer persönlich für seinen Schützling verantwortlich. Für echte Fürsorge ist die Hingabe des Helfers an den Hilfebedürftigen, sein persönlicher Einsatz für seine Erhaltung oder Rettung das charakteristische Merkmal.

Mit dem Beginn der Neuzeit ist die Fürsorge für Scherpner in das *Stadium der planmäßigen Organisation* eingetreten; damit besteht das ungelöste Problem, wie trotzdem der Charakter der Fürsorge als persönliche Hilfe gewahrt bleiben kann. Die Frage ist für Scherpner außerdem, wie sich die ursprünglich freie persönliche Hingabe des Helfers, die oft auch den vollen Einsatz seiner wirtschaftlichen Mittel einschloß, mit einer bezahlten, zur Verbeamtung tendierenden Berufstätigkeit verträgt.

Sobald der soziale Aufbau einer Gemeinschaft differenzierter wird, wird auch die Ausbildung besonderer Hilfeinrichtungen und Fürsorgeformen notwendig: fürsorgerische Hilfe muß organisiert werden.[12] Fürsorge wird zur *institutionalisierten, rational organisierten persönlichen Hilfe* im Unterschied zur spontanen persönlichen Hilfe. Der Preis, der für die moderne Form der Hilfe zu zahlen ist, ist der Verzicht auf den Gemeinschaftscharakter der Fürsorge. Durch ihre Einbeziehung in die rational-gesellschaftlichen Formen der modernen Verwaltung löst sie sich von ihrer Lebensgrundlage, ihrer Verwurzelung in den naturgegebenen Gemeinschaftsgebilden. Bedeutet dieser elementare Wandel der Hilfe das Ende der persönlichen und spontanen Hilfe überhaupt? Die organisierte private Fürsorge ist für Scherpner ihrem Ursprung nach ein Erwachen der spontanen Hilfskräfte der Gesellschaft, die in den engeren Gemeinschaftsgebilden bereitliegen. Die organisierte private Fürsorge bildet als persönliche und spontane Fürsorge den Gegenpol zur behördlichen, rational organisierten, öffentlichen Fürsorge.

Die grundsätzliche *Problematik der modernen Fürsorge* liegt für Scherpner darin, daß die persönliche Fürsorge heute zugleich institutionelle Fürsorge ist und damit in Gefahr steht, von Organisation und Verwaltung, die geschaffen worden sind, ihr zu dienen, überfremdet und erdrückt zu werden. Mit der zunehmenden Kompliziertheit der wirtschaftlichen und sozialen Struktur der Gesellschaft schuf der Staat neue feste Formen des sozialen Schutzes, Sozialleistungen, die nicht Fürsorge sind, sondern der sozialen Sicherheit dienen. Arbeitsformen der sozialen Sicherung und der Fürsorge haben ihren Eigenwert, ergänzen sich aber auch wiederum gegenseitig. Während die Arbeitsformen der sozialen Sicherung nach dem Prinzip der Vorleistung und der Gegenleistung erfolgen, sollen die der Fürsorge den Hilfebedürftigen beeinflussen und befähigen, mit den Anforderungen seiner sozialen Situation fertig zu werden.

1.6. Bedeutung und Umsetzung in der Praxis

Scherpner hat den Theorieansatz seines Lehrers Christian-Jasper Klumker und der älteren Fürsorgewissenschaft aufgenommen und mit seiner Theorie der Fürsorge weitergeführt.[13] Zentrale Begriffe von Scherpners Theorie – wie Hilfe, Gemeinschaft, Fürsorge und Verwahrlosung – und manche Theoreme – zum Beispiel über die Aufgaben des Staates, die Abgrenzung der Fürsorge zur Politik, die Gemeinschaftsfunktion der Hilfe, den Substanzcharakter der Person – sind in die neuere Sozialgesetzgebung und in die programmatischen Erklärungen der Wohlfahrtsverbände einbezogen worden.[14] Scherpners Auffassungen sind in der Praxis Sozialer Arbeit heute noch weit verbreitet. Die Idee des geborenen und besonders berufenen Helfers fasziniert viele PraktikerInnen, stimmt mit ihrer Selbsteinschätzung überein und verbalisiert ihr berufliches Selbstverständnis als professionelle Altruisten.[15]

1.7. Literatur zum Vertiefen

Aus den Arbeiten Scherpners bietet sich sein Hauptwerk „Theorie der Fürsorge" (1974) zum vertiefenden Studium an. Sehr aufschlußreich ist es, die kritische Auseinandersetzung von Joachim Matthes mit Scherpners Theorie zu lesen.[16] Matthes wertet Scherpners Theorie radikal als unwissenschaftlich ab und gibt zugleich ein eindrucksvolles Beispiel dafür, wie AutorInnen mit einem Monopolanspruch auf ihr eigenes Wissenschaftsverständnis mit anderen Wissenschaftsauffassungen anderer AutorInnen umgehen.

Anmerkungen zu Kapitel 1

[1] Vgl. Schäfers 1990, 138 – 232
[2] Vgl. Orthbandt 1980, 416 – 424
[3] Vgl. Fichtner in Scherpner 1984, IIIf.

[4] Fichtner in Scherpner 1984, IV
[5] Vgl. Lukas 1979, 183
[6] Scherpner 1974, 18
[7] Scherpner 1984, VII
[8] Scherpner 1974, 23
[9] Scherpner 1974, 120
[10] Vgl. Scherpner 1974, 122 – 138
[11] Vgl. Scherpner 1974, 138 – 157
[12] Vgl. Scherpner 1974, 168 – 200
[13] Lukas 1979, 181 und Matthes 1979, 197f.
[14] Vgl. Matthes 1979, 205
[15] Vgl. Dewe/Ferchhoff 1986, 150 – 152
[16] Matthes 1979

2. NORMALISIEREN – LUTZ RÖSSNER

2.1. Der lebensweltliche Kontext

Das Streben der kolonialisierten Völker nach Selbständigkeit und ihre wirtschaftlich-sozialen Probleme lassen die Entwicklungshilfe zu einer weltweiten Herausforderung werden. Die Genfer Konferenz versucht, eine Einstellung der Atombombenversuche zu erreichen. Ein „heißer Draht" wird zwischen Moskau und Washington gezogen, um Krisen im Verhältnis der beiden Weltmächte schneller und besser managen zu können. Die USA unterstützen Südvietnam im Krieg mit Nordvietnam. Die Truppen der Warschauer-Pakt-Staaten marschieren in die CSSR ein und beenden den Reformkurs. Die Errichtung der Mauer, die Räumung der Grenzzone und der Schießbefehl des SED-Regimes zementieren 1961 die Teilung der zwei deutschen Staaten. In der Bundesrepublik Deutschland beginnt eine Wirtschaftskrise (1966). „Konzertierte Aktionen" der Sozialpartner sollen die wirtschaftliche Flaute beleben. Anläßlich des Staatsbesuches des persischen Schahs finden zahlreiche Demonstrationen statt. Eine Außerparlamentarische Opposition („APO") bildet sich als Reaktion auf die Große Koalition, die vorgesehene Notstandsgesetzgebung und die Hochschulreform (1967). Die Demonstrationen gehen in blutige Unruhen über. Die Notstandsverfassung wird vom Bundestag verabschiedet (1968). Die Ostpolitik von Bundeskanzler Brandt führt zur Zustimmung des Bundestages zu den Ostverträgen und schließlich zum Grundvertrag mit der Deutschen Demokratischen Republik.

Über die Antwort auf die Frage nach der richtigen Wissenschaftsauffassung wird – vor allem in den Sozialwissenschaften – heftig gestritten

240

(Positivismusstreit). Auf der einen Seite stehen Vertreter des Kritischen Rationalismus, also einer empirisch-analytischen Wissenschaftstheorie mit den Wortführern Karl R. Popper und Hans Albert. Auf der anderen Seite kämpfen Vertreter der Kritischen Theorie („Frankfurter Schule"), also einer dialektisch-kritischen Wissenschaftstheorie mit den Wortführern Theodor W. Adorno, Max Horkheimer und Jürgen Habermas. Gestritten wird über grundsätzliche Fragen des Wissenschaftsverständnisses, ohne daß sich die streitenden Parteien jedoch einigen können. Der Streit um die richtige Wissenschaftsauffassung geht einher mit einer Politisierung der Gesellschaftswissenschaften und die sozialempirische Forschung erhält eine zentrale Bedeutung für die Sozialwissenschaften.

In Deutschland wird der Positivismusstreit auch in der Pädagogik ausgetragen. Kontrahenten sind auf der einen Seite Heinrich Rombach, der einen philosophisch fundierten Methodenpluralismus vertritt, und Wolfgang Brezinka, der einen positivistischen Methodenmonismus vertritt.[1]

2.2. Der Autor

Lutz Rössner wird 1932 in Neundorf/Anhalt geboren.[2] Er studiert an den Fakultäten für Philosophie und Naturwissenschaften der Universität Frankfurt/M. die Fächer Philosophie, Psychologie, katholische Theologie, Pädagogik und Soziologie. 1957 promoviert er in Philosophie (Dissertationsschrift: „Kritische Reflexionen über Edmund Husserls Cartesianische Meditationen") und diplomiert in Psychologie. Anschließend besteht er die Staatsprüfung für das Lehramt an Volks- und Realschulen. Nach Tätigkeiten als Werbepsychologe, Volksschullehrer und Schulpsychologe in Frankfurt/M. wird er 1965 als Dozent für Sozialpädagogik an die Pädagogische Hochschule Oldenburg berufen. 1966 nimmt Rössner einen Ruf als Professor für Erziehungswissenschaft an der Pädagogischen Hochschule Niedersachsen, Abteilung Braunschweig, an; er lehrt und forscht dort seitdem im erziehungswissenschaftlichen Fachbereich als Leiter der Abteilung Sozialarbeitswissenschaft im Seminar für Soziologie und Sozialarbeitswissenschaft der Technischen Universität Braunschweig. Zusammen mit Mitarbeitern und Studenten erarbeitet er im sogenannten „Freitags-Kreis" bis 1975 die wissenschaftstheoretische Grundlegung und die Grundgedanken seiner Theorie der Sozialarbeit. Aus diesem „Freitags-Kreis" gehen einige Schüler Rössners hervor, die mit ihm weiter an der Entwicklung seiner Theorie arbeiten (zum Beispiel Lutz

Michael Alisch). Nach einer Phase intensiver Hinwendung zum Kritischen Rationalismus orientiert Rössner sich in seinen Arbeiten heute an einem technologischen Interesse; er trennt erkenntnisorientierte von praxisrelevanter, effektivitäts-orientierter, technologischer Forschung.

Die umfangreiche Publikationsliste zeigt Rössners vielfältige sozialpädagogischen Interessen. Rössner hat zahlreiche Arbeiten zu Fragen der Schulreform, der Schulsozialarbeit, der Tanzpädagogik, der Musikpädagogik und zur Sexualpädagogik verfaßt. Eine große Anzahl Publikationen liegt ebenfalls zu Fragen der Jugendarbeit, der Erwachsenenbildung und der Altenhilfe vor.

Für Lutz Michael Alisch trat Rössner

> „immer als engagierter Vertreter spezifischer Wissenschaftskonzeptionen an die Öffentlichkeit, die geeignet waren, den Widerspruch Andersdenkender hervorzurufen. Andererseits gilt Rössner durch den Aufbau jeweils alternativer Entwürfe zu etablierten Lehrmeinungen als jemand, der ein nicht zu übergehendes eigenes Gedanken- und Theoriekonzept anzubieten hat."[3]

2.3. Die Wissenschaftsauffassung

Rössner legt so gründlich wie kaum ein anderer Autor einer Theorie für Soziale Arbeit seine wissenschaftstheoretische Grundlegung dar.[4] Basis seiner Theorie ist im Anschluß an den Pädagogen Wolfgang Brezinka der Kritische Rationalismus wie er von Karl R. Popper und Hans Albert vertreten wird. Rössner ist der Auffassung, „daß allein die methodologische Basis des Kritischen Rationalismus es ermöglicht, uns zu brauchbaren wissenschaftlichen Theorien auch für den Bereich der Sozialarbeit zu verhelfen, daß von dieser Basis aus die Probleme der Erziehung in unserer Gesellschaft bewältigt werden können."[5] Diese normative Entscheidung für eine methodologische Basis kann nicht wissenschaftlich begründet werden, da sie ein subjektives Werturteil ist, somit eine moralische und keine intellektuelle Angelegenheit. Von einem anderen Standpunkt aus kann die Entscheidung für eine methodologische Basis ganz anders ausfallen. So geht für Rössner auch Kritischer Rationalismus auf ein irrationales Moment zurück.

Sozialarbeitswissenschaft wird von ihm als technologische Disziplin angesehen; sie informiert nur über die Mittel und Wege zu bestimmten Zielen, sie legt aber weder die Ziele selbst noch etwa die Anwendung oder Vermeidung gewisser Mittel nahe.[6] Der Praxis als Anwendungsbereich nutzen wissenschaftliche Erkenntnisse am ehesten, wenn möglichst exakte Aussagen über den Handlungsbereich des Praktikers vorliegen. Eine wert- und zweckfreie Beschreibung hat für Rössner bereits aufklärerischen Charakter, denn verantwortliches Handeln wird durch eine erklärende Theorie ermöglicht. Es werden den PraktikerInnen Handlungsalternativen mit den jeweiligen Folgen aufgezeigt. Wenn aber nun eine derartige Theorie angewendet werden soll, muß vorher eine Entscheidung über die Ziele des Handelns getroffen werden. Das kann aber nicht mehr die Aufgabe der Wissenschaft sein. Darüber entscheiden letztlich die Mächtigsten einer Gesellschaft.

2.4. Der Gegenstandsbereich

Rössner legt für die Theorie und für die Praxis der Sozialarbeit den Gegenstand jeweils gesondert fest. Sozialarbeit als Praxis ist für ihn „das von einer Sozialität (Gesellschaft) institutionalisierte soziale Verhalten der Registrierung von auffälligem Verhalten."[8] Die Sozialadministration ist dafür die Registrierinstitution. Die SozialarbeiterInnen registrieren auffälliges Verhalten, stellen eine vorläufige Diagnose und kontrollieren, ob die jeweilige Diagnose zutrifft oder nicht. Die bestätigte soziale Diagnose, daß auffälliges Verhalten vorliegt, ist die Basis für die zu ergreifenden prophylaktischen, kompensierenden oder korrigierenden Maßnahmen. Diese Maßnahmen können, müssen aber nicht unbedingt von den SozialarbeiterInnen selbst durchgeführt werden. „Nicht der 'Notleidende' als solcher, nicht der Kranke als solcher, sondern eben der Dissozialisierte, also derjenige, der in der Sozialität störend, belastend usf. wirksam ist, stellt dem Sozialarbeiter Aufgaben."[9]

Als Gegenstands- oder Problembereich der Sozialarbeitswissenschaft oder Theorie der Sozialarbeit betrachtet Rössner allgemein das Verhalten der SozialarbeiterInnen und das Verhalten der Klienten, näherhin die einer Sozialen Diagnose folgenden prophylaktischen, kompensierenden und korrigierenden Maßnahmen, die im Hinblick auf ein von der diagnostizierenden Instanz erwartetes oder festgestelltes dissoziales Verhalten durchzuführen sind.[10]

2.5. Die Theorie

Rössner geht bei seiner Theoriebildung von einer generellen, massiven Kritik aus: „Wir gehen von der Tatsache aus, daß uns bisher keine hinreichend umfassende wissenschaftliche Theorie der Sozialarbeit beziehungsweise eine 'Sozialarbeitswissenschaft' vorliegt."[11] Im einzelnen vermißt Rössner bei den vorhandenen Ansätzen eine zureichende

methodologische Basis, die sorgfältige Trennung von Tatsachener-
kenntnissen und Wert- beziehungsweise Normvorstellungen, konsi-
stente Begriffe und präzise Begriffssysteme. Folglich nennt Rössner
als wichtige Aufgaben für seine Theorie, eine gute methodologische
Basis zu schaffen, die Begriffe eindeutig festzulegen, ein logisches Be-
griffssystem aufzubauen und werturteilsfrei

„den Realitätsausschnitt, auf den sich Sozialarbeit bezieht, zu ordnen,
begreifbar, ja, wenn man will, beobachtbar beziehungsweise erfahrbar
zu machen. Der Theorie-Entwurf schafft gewissermaßen erst eine systematisch geordnete Realität 'Sozialarbeit' – selbstverständlich ausgehend von einer (direkt oder vermittelt) erfahrenen und somit vor-
konstituierten Realität."[12]

Rössner geht von folgenden *Annahmen* aus:[13]

(a) Die *Sozialarbeitswissenschaft* ist eine Subwissenschaft der Erziehungswissenschaft und diese wiederum ist eine Subwissenschaft der
Soziologie.

(b) *Erziehungswissenschaft* ist vorwiegend eine anwendungs- beziehungsweise effektivitätsorientierte Disziplin, deren Hauptaufgabe darin besteht, *technologische Theorien* zu konstruieren. Erkenntnisorientierte Aufgaben fallen der Erziehungswissenschaft nur peripher zu.
Das sind eher Aufgaben der Psychologie und Soziologie.

(c) Teildisziplinen der Erziehungswissenschaft wie zum Beispiel die
Sozialpädagogik beziehungsweise Sozialarbeitswissenschaft stellen
Spezialisierungen allgemeiner erziehungswissenschaftlicher Annahmen, allgemeiner erziehungswissenschaftlicher technologischer Theorien dar. Sozialarbeitswissenschaft ist ein *Spezialfall allgemein-erzie-
hungswissenschaftlicher Forschung*.

(d) „*Lernen*" ist das Erwerben oder Ändern von Dispositionen durch
Verarbeiten von Informationen. – „*Erziehen*" ist das absichtsvolle, geplante Zuführen von Impulsen mit dem Ziel, daß der zu Erziehende
diese Impulse als Informationen so verarbeitet, daß er Verhaltensbe-
reitschaften gemäß den in einem Zeitraum vorhandenen Soll-Zustän-
den des Erziehers bewahrt, erwirbt oder ändert."[14]

(e) Erkenntnistheoretisch ist es innerhalb der Erziehungswissenschaft
zweckmäßig, vom Konzept des epistemologischen *Individualismus*
auszugehen; das heißt man geht stets davon aus, daß Individuen handeln und Individuen eine Beziehung gestalten.

(f) Die primäre Sozialisation des Menschen findet in der primären
Mitwelt des Kindes (zum Beispiel der Familie) statt.[15] Die sekundäre
Sozialisation ergänzt die primäre Sozialisation oder folgt ihr nach

(zum Beispiel die Schule).[16] In beiden Fällen werden Werte und Normen vermittelt, die zu internalisieren sind. Sozialpädagogisches Handeln des Sozialarbeiters ist tertiäres Erziehen oder *tertiäres Sozialisieren* und soll Dissozialisationen (Normabweichungen) verhindern oder aufheben. [17]

Rössners Theorie der Sozialarbeit selbst besteht aus 48 Sätzen („Axiomen" oder „primitiven Festlegungen") und davon abgeleiteten Thesen mit einer zum Teil großen Zahl von Untersätzen, die nach dem Dezimalsystem geordnet sind. Zu den Sätzen gibt Rössner erklärende Hinweise und Beispiele. Die ersten drei Sätze enthalten nicht näher definierte Begriffe: „Es gibt Menschen. Es gibt Verhalten. Es gibt menschliches Verhalten."[18] Über die Aussagen: „Es gibt menschliches soziales Verhalten" und „es gibt (mindestens) eine Gesamtheit von Menschen" gelangt Rössner zu den für die Soziale Arbeit zentralen Aussagen: „Der Prozeß der Übernahme von Werten und Normen ist ein Lernprozeß" und „das Lernen von Normen heißt Sozialisation."[19]

Das Verhalten eines Individuums heißt für Rössner dann sozialisiertes Verhalten, wenn es den Verhaltensnormen (den Verhaltenserwartungen, -forderungen, -vorschriften) des das Individuum umgebenden sozialen Gebildes entspricht. Jedes soziale Gebilde („Gruppe") hat seine Verhaltensnormen. Sich gegenseitig tolerierende soziale Gebilde stellen ein soziales System, eine Gesellschaft dar. In den realen Gesellschaften existiert eine Normenpluralität, da die Gesellschaft ja aus mehreren sozialen Gebilden besteht, die jeweils eigene Normen haben. Bezogen auf eine Norm ist das sozialisierte Verhalten verschiedener Menschen ein „symmetrisches" Verhalten. Allerdings gibt es keinen Menschen, der bezogen auf andere Menschen symmetrisch sozialisiert ist. Jeder Mensch behält immer noch einen Unterschied gegenüber anderen bei. Letztlich scheitert eine vollständige Symmetrie daran, daß jeder seinen eigenen Körper hat. Daraus folgert Rössner: „Es gibt nur asymmetrisch sozialisierte Menschen."[20] Jede Gesellschaft erwartet daher von ihren Mitgliedern eine asymmetrische Sozialisation, also nur asymmetrisch sozialisierte Menschen, toleriert aber nur einen bestimmten Grad der Abweichung innerhalb von Asymmetrie-Toleranz-Grenzen. Jede Gruppe oder Gesellschaft versucht zu erreichen, daß sich ihre Mitglieder innerhalb der von ihr gesteckten Asymmetrie-Toleranz-Grenzen bewegen. Wenn ein Verhalten nicht der Norm der Gruppe entspricht, dann wird dieses Verhalten von dieser Gruppe als nicht sozialisiertes, als *dissozialisiertes Verhalten* diagnostiziert. Ein Verhalten ist entweder sozialisiert oder dissozialisiert. Es gibt dissozialisiertes Verhalten, das von der diagnostizierenden Gruppe toleriert und anderes, das nicht toleriert wird. Die Bewertung eines Verhaltens durch eine diagnostizierende Gruppe ist eine Funktion der Normen der Gruppe. Das Verhalten eines Individuums kann als „sozialisiert" („normal"), „auffällig", „gefährdet", „dissozialisiert", „übersozialisiert" und „asozialisiert" diagnostiziert werden (siehe Abbildung 13).[21] Rössner definiert die Begriffe im einzelnen wie folgt:

Normalität: Wenn ein Individuum (eine Gruppe) sich innerhalb des erwarteten Asymmetrie-Spielraums bewegt beziehungsweise verhält, dann wird es von der diagnostizierenden Instanz als normalisiert („normal") angesehen.

Auffälligkeit: Wenn ein Individuum (eine Gruppe) sich außerhalb des erwarteten, aber innerhalb des tolerierten Asymmetrie-Spielraums bewegt beziehungsweise verhält, dann wird es von der diagnostizierenden Instanz als auffällig angesehen.

Gefährdung: Ein Individuum (eine Gruppe) ist aus der Sicht einer diagnostizierenden Instanz ein gefährdetes, wenn sein Persönlichkeitszustand (Verhaltenskomplexion) zum Zeitpunkt der Diagnose die diagnostizierende Instanz befürchten läßt, daß das Individuum zu einem späteren Zeitpunkt (seiner Entwicklung) dissozialisiert sein wird und daß damit der diagnostizierenden Instanz korrigierende Maßnahmen notwendig erscheinen.[22]

Dissozialität: Wenn ein Individuum (eine Gruppe) sich außerhalb des tolerierten Asymmetrie-Spielraums bewegt beziehungsweise verhält, dann wird es von der diagnostizierenden Instanz als dissozialisiert angesehen.

Übersozialität: Wenn ein Individuum (eine Gruppe) den von der diagnostizierenden Instanz erwarteten (für normal gehaltenen) Asymmetrie-Spielraum nicht (aus-)nutzt, dann weist das Individuum aus der Sicht der diagnostizierenden Instanz einen Asymmetrie-Mangel auf, es ist übersozialisiert.

Asozialität: Wenn ein Individuum von allen Gruppen einer Gesellschaft als dissozial diagnostiziert wird, dann ist es asozialisiert (asozial).[23]

Wenn von einer diagnostizierenden Instanz nicht tolerierbares dissozialisiertes Verhalten eines Individuums (einer Gruppe) beziehungsweise Dissozialität des Individuums (der Gruppe) befürchtet wird, dann motiviert dies die diagnostizierende Instanz zu entsprechender *sozialer Kontrolle*.[24]

Die Bewertung des Verhaltens einzelner Individuen und von Gruppen nennt Rössner Soziale Diagnose. Er definiert *Soziale Diagnose*:

„Unter Sozialer Diagnose wird die bewertende Beurteilung eines sozialen Verhaltens beziehungsweise einer sozialen Verhaltenskomplexion (eines

Abbildung 13: Normalisierungsmodell nach Lutz Rössner

Verhalten außerhalb eines jeden Asymmetriespielraums	ist asozialisiertes Verhalten
außerhalb des Asymmetriespielraums	dissozialisiertes Verhalten
bald außerhalb des Asymmetriespielraums	gefährdetes Verhalten
im tolerierten Asymmetriespielraum	auffälliges Verhalten
im erwarteten Asymmetriespielraum	normales Verhalten
im Normbereich	übersozialisiertes Verhalten

Verhaltensträgers, eines Individuums) durch eine (diagnostizierende) Instanz (Individuum, Soziales Gebilde, (gesellschaftliche) Gruppe, Gesellschaft) auf der Basis des Vergleichs des realisierten Verhaltens beziehungsweise des (sozial) auftretenden Individuums mit dessen früherem Verhalten beziehungsweise Gesamtverhalten, das von der diagnostizierenden Instanz als normal akzeptiert wurde, oder mit anderem Verhalten von Individuen beziehungsweise anderen Individuen, die als normal akzeptiert werden, verstanden." [25]

Wenn die soziale Diagnose anders als „sozialisiert" oder „normalisiert" lautet, dann sind prophylaktische, kompensierende oder korrigierende Maßnahmen notwendig. Sowohl korrigierende als auch prophylaktische und kompensierende Maßnahmen sind erzieherische Maßnahmen. Erziehen ist hier Lernhilfe beim Erlernen der „richtigen" Normen, also eines sozialisierten Verhaltens im Sinne der erziehenden Instanz. Erziehung im tertiären Bereich ist Sozialisations-Hilfe („Resozialisation").[26] Die korrigierende Wirksamkeit der einer Dissozialitäts-Diagnose folgenden korrigierenden Maßnahmen ist abhängig von der Mächtigkeit der diagnostizierenden Instanz.[27]

Erziehen ist für Rössner stets ein *planvolles, bewußtes* und damit ein *rational-technologisches* also letztlich *wissenschaftliches Handeln.*[28] Tertiäre Sozialisation wird nur dann erfolgreich sein, wenn wissenschaftliches Erziehen diese Sozialisation leitet. Je bewährter die Technologien beziehungsweise technologischen Theorien tertiären Erziehens sind, desto höher sind die Aussichten auf Erfolg; wissenschaftliches Erziehen verlangt damit aber besonders geschulte Spezialisten. Rössner ersetzt den Begriff tertiäres Erziehen durch den Begriff „Sozialarbeit" und nennt die Spezialisten für diese Arbeit „Sozialarbeiter".[29] Zur Resozialisation werden verschiedene Verfahren und Verfahrenstechniken, vom beratenden Gespräch bis zum Strafvollzug, angewandt, um das dissozialisierte Verhalten von Individuen oder Gruppen wieder zu *normalisieren*. Rössner benutzt statt des traditionellen Begriffs „Methoden" der Sozialarbeit den technologischen Begriff „*Verfahren*" (Verfahrenstechniken).

Für die berufliche Sozialarbeit differenziert Rössner zwischen Praktikern und Metapraktikern.[30] Der *Metapraktiker* oder *Sozialingenieur* versucht die Probleme zu lösen, die der Praktiker beim Erziehen hat, und stellt dem Praktiker einen Lösungsplan (Therapieplan) zur Verfügung. Der Sozialarbeiter als *Praktiker* oder *Sozialtechniker* führt aus, was der Metapraktiker entwickelt hat. Der Sozialarbeiter ist Praktiker, Spezialist für allgemeine – also nicht jede beliebige – tertiäre Sozialisation und für die Koordination im Bereich des tertiären Erziehens. Er stellt Diagnosen, wertet sie aus und ordnet sie. Weiterhin vermittelt und koordiniert er die meist durch andere Therapiespezialisten zu ergänzenden notwendigen Verfahren auf der Basis des Therapieplanes.

2.6. Bedeutung und Umsetzung in der Praxis

Da Rössners Theorie der Sozialarbeit eine der wenigen ausformulierten Theorien der Sozialarbeit ist und außerdem auf einem klar profilierten wissenschaftstheoretischen Fundament basiert, hat sie allein schon von daher im deutschen Sprachraum große Bedeutung erlangt. Diese Bedeutung zeigt sich auch in der heftigen Kritik, die Rössner insbesondere wegen seines „technologischen Ansatzes" auf sich zieht. Angekreidet werden ihm mangelnde Problematisierung der gesellschaftlichen Verhältnisse, das bewußte Ausblenden einer Gesellschaftstheorie[31], das Negieren der geschichtlichen Dimension[32], Wirklichkeitsfremdheit[33], Reduktion der Klienten auf Dissozialisierte, verwirrende Sprachspiele usw. Kaum ein anderer Ansatz ist von WissenschaftlerInnen so heftig attackiert und von PraktikerInnen so dankbar aufgenommen worden. Die Idee Rössners, den Sozialarbeiter als „Sozialingenieur" zu definieren, spricht viele SozialarbeiterInnen an.[34] In den letzten 10 Jahren werden die Arbeiten Rössners kaum noch von einer größeren Öffentlichkeit beachtet.[35] In den Literaturverzeichnissen der einschlägigen Fachlexika und Handbücher zur Sozialen Arbeit, die vom Deutschen Verein (1986), Eyferth / Otto / Thiersch (1987) und Kreft / Mielenz (1988) herausgegeben worden sind, wird Rössner mit seinen Arbeiten nicht erwähnt.

2.7. Literatur zum Vertiefen

Nach Angaben des Rössnerschülers Lutz Michael Alisch liegen von Rössner mehr als 150 Publikationen vor, die meisten zu Fragen der Sozialen Arbeit. Nach meiner Einschätzung bieten sich für den, der Rössners „Theorie der Sozialarbeit" kennenlernen möchte, nach wie vor als grundlegende Arbeiten Rössners: „Theorie der Sozialarbeit" (1975) und „Erziehungs- und Sozialarbeitswissenschaft" (1977) zum Studium an. Von den neueren Arbeiten, die von Rössners technologischer Ausrichtung geprägt sind, nenne ich die von Rössner zusammen mit Alisch herausgegebene zweite erweiterte Auflage des Sammelbandes: „Grundlagen der Sozialarbeitswissenschaft und sozialarbeitswissenschaftlichen Forschung".[36] Eine hilfreiche Einführung in Rössners Arbeiten gibt der Aufsatz „Sozialpädagogische und sozialarbeitswissenschaftliche Theoriebildung bei Rössner" von Alisch.[37]

ANMERKUNGEN ZU KAPITEL 2

[1] Vgl. Rombach 1979, 41f.
[2] Vgl. Alisch 1983, 125 – 127
[3] Alisch 1983, 142
[4] Rössner 1975, 20 – 49
[5] Rössner 1975 , 20
[6] Rössner 1975, 40
[7] Vgl. Schmidt 1991, 18 – 26
[8] Rössner 1975, 199f.
[9] Rössner 1975, 203
[10] Rössner 1975, 183
[11] Vgl. Rössner 1975, 15ff.
[12] Rössner 1975, 55
[13] Vgl. Alisch 1983, 128ff.; Alisch/Rössner 1990
[14] Rössner zitiert nach Alisch 1983, 129
[15] Rössner 1975, 145f.
[16] Rössner 1975
[17] Rössner 1977, 107
[18] Rössner 1975, 57
[19] Rössner 1975, 69
[20] Rössner 1975, 86ff.
[21] Rössner 1975, 103f.
[22] Rössner 1975, 129f.

[23] Rössner 1975, 105ff.
[24] Rössner 1975, 196
[25] Rössner 1975, 118
[26] Rössner 1975, 124
[27] Rössner 1975, 288
[28] Rössner 1977, 68 – 81
[29] Rössner 1977, 138
[30] Vgl. Alisch/Rössner 1980
[31] Lukas 1979, 195
[32] Lukas 1979, 195
[33] Maòr 1975, 80
[34] Dewe/Ferchhoff 1986, 152f.
[35] Vgl. Winkler 1988, 337
[36] Alisch/Rössner 1990, erste Auflage 1980
[37] Alisch 1983

3. EMANZIPIEREN – FRITZ HAAG UND ANDERE

3.1. Der lebensweltliche Kontext

Emanzipation stammt als Begriff aus dem römischen Recht (ca. 2. Jahrhundert vor Christus) und bedeutet die Freilassung des erwachsenen Sohnes oder von Sklaven aus der Hausgewalt des Familienoberhauptes („pater familias").[1] Im Zusammenhang mit den vielfältigen Befreiungsbewegungen verliert der Begriff Emanzipation seinen ursprünglich rechtlichen Wortsinn und erhält eine neue, erweiterte politische Bedeutung. Immanuel Kants (1724 – 1804) Antwort auf die Frage: Was ist Aufklärung? beschreibt diese auch heute noch geltende Bedeutung.

> „Aufklärung ist der Ausgang des Menschen aus seiner selbstverschuldeten Unmündigkeit. Unmündigkeit ist das Unvermögen, sich seines Verstandes ohne Leitung eines anderen zu bedienen. Selbstverschuldet ist diese Unmündigkeit, wenn die Ursache derselben nicht am Mangel des Verstandes, sondern der Entschließung des Mutes liegt, sich seiner ohne Leitung eines anderen zu bedienen... Habe Mut, dich deines eigenen Verstandes zu bedienen." (1783)[2]

Karl Marx (1818 – 1883) führt Kants Auffassung von Emanzipation als persönlichem Mündigwerden durch Erkenntnis entschieden weiter, wenn er sagt, daß alle Emanzipation die Rückführung der Verhältnisse auf den Menschen selbst ist. Emanzipation wird damit zur Befreiung von allem, was den Menschen von sich selbst entfremdet. Die ökonomisch-strukturelle Dimension kommt zu der rechtlichen und der erkenntnistheoretischen hinzu.

Die Geschichte der Emanzipationsbewegungen ist lang und wechselvoll. Zu allen Zeiten sind Menschen von anderen Menschen entmündigt und unterdrückt worden: Männer unterdrücken Frauen, Eltern bevormunden Kinder, Grundherren knechten Bauern, Unternehmer beuten Arbeiter aus, weiße Völker kolonialisieren farbige Völker, Christen verfolgen Juden usw. Und immer haben sich Unterdrückte, Bevormundete, Geknechtete, Ausgebeutete, Kolonialisierte und Verfolgte gewehrt und gegen geistige, rechtliche, soziale, politische, religiöse und ökonomische Benachteiligung gekämpft.

Während der Zeit der Studentenunruhen (1968) wird Emanzipation in der Bundesrepublik Deutschland zu einem politischen Schlüsselbegriff. Die Emanzipationsfrage wird auf allen gesellschaftlichen Gebieten neu und vehement gestellt; auch in den wissenschaftstheoretischen Diskussionen und in der Sozialen Arbeit. SoziologInnen und VertreterInnen der Kritischen Theorie nehmen eine führende Rolle bei diesen Diskussionen ein. Ausgehend von einer kritisch-emanzipatorischen Position entwerfen viele einzelne AutorInnen und kleine Arbeitsgruppen Ansätze für Theorien zur Sozialen Arbeit.[3] Gemeinsam ist diesen Ansätzen, das sie von einer scharfen Kritik an den „unreflektierten, überkommenen Zielsetzungen und Funktionen der vorherrschenden sozialintegrativen Sozialarbeit" ausgehen.[4] Die traditionelle Fürsorge(-wissenschaft) soll „in ihrer Legitimationsfunktion für die herrschende Klasse" entlarvt werden. Die theoretische Reflexion und Analyse bisheriger Sozialarbeitspraxis soll verändert und auf emanzipatorische Ziele ausgerichtet werden.[5] Soziale Arbeit wird ausdrücklich politisiert.

3.2. Die AutorInnen

Fritz Haag, Eduard Parow, Lieselotte Pongratz und Gerhard Rehn verfassen zusammen ihre „Überlegungen zu einer Metatheorie der Sozialarbeit" und veröffentlichen sie 1973.[6] Alle vier sind zur Zeit der Veröffentlichung in Hamburg als SoziologInnen tätig und engagieren sich im Rahmen des Strafvollzugs und der Resozialisation von StraftäterInnen.

Fritz Haag ist Wissenschaftlicher Oberrat am Seminar für Sozialwissenschaften der Universität Hamburg, Abteilung Soziologie. Zusammen mit H. Krüger hat er das Buch „Aktionsforschung. Forschungsstrategien, Forschungsfelder und Forschungspläne" (1972) publiziert.[7] Zur projektorientierten Sozialarbeit hat Haag einen Artikel mit dem

251

Ziel veröffentlicht, projekt-orientierte Sozialarbeit durchzusetzen und das dazu notwendige Handlungwissen in Grundzügen zu vermitteln.[8] 1974 wird Haag Professor für Soziologie im Fachbereich Rechtswissenschaft II an der Universität Hamburg und arbeitet an der Reformierten Juristenausbildung mit.

Eduard Parow ist Dozent für Sozialpädagogik an der Universität Hamburg.

Lieselotte Pongratz ist Wissenschaftliche Oberrätin am Seminar für Sozialwissenschaften der Universität Hamburg, Abteilung Soziologie. Sie hat zusammen mit Haag die Artikel „Forschungsstrategien für sozialtherapeutische Anstalten" und „Soziale Lernprozesse von Straftätern in einer Übergangsanstalt des Hamburger Strafvollzuges" veröffentlicht.[9] Sie arbeitet an dem Forschungsprojekt: „Umwelt und Entwicklung von Prostituiertenkindern in den ersten acht Lebensjahren."[10] 1973 wird Pongratz Professorin für Soziologie und Kriminologie im Fachbereich Rechtswissenschaft II an der Universität Hamburg und arbeitet wie Haag an der Reformierten Juristenausbildung mit.

Gerhard Rehn ist als Diplom-Soziologe bei der Justizbehörde Hamburg tätig.

3.3. Die Wissenschaftsauffassung

Obgleich die AutorInnen ihren wissenschaftstheoretischen Standort nicht ausdrücklich und präzis benennen, wird ihre Theorie als dialektisch-kritischer Ansatz deklariert.[11] Sozialarbeit wird von ihnen als ein Handlungssystem der Gesellschaft aufgefaßt, das sich selbst und seine gesellschaftliche Einbindung kritisch reflektieren muß, wenn sie nicht bloße Anpassung von verstärkt abhängigen Subjekten an den gesellschaftlichen Standard der Abhängigkeit betreiben will.[12] Die Aktionsforschung soll als neue Forschungsmethode, in der die Trennung von Wissenschaft und Praxis tendenziell aufgehoben wird, genutzt und entwickelt werden.[13] Beschreibende und wertende Aussagen werden miteinander verbunden. In der Sozialarbeit muß ihrer Meinung nach die Notwendigkeit begriffen werden,

„daß der methodologisch-empirische Fundus mit einer zweiten Vernunftdimension, derjenigen der diskutierten Wertungen, theoretisch und praktisch synthetisiert werden muß; das heißt in der Sozialarbeit müssen Verfahrensweisen und Möglichkeiten in den Dienst historischer Vernunft gestellt und damit eine Metatheorie zu formulieren versucht werden, die ... ihren Ausgangspunkt bei ihren faktischen Funktionen in der gegenwärtigen Gesellschaft nimmt."[14]

Die Frage, wie dieses wissenschaftstheoretische Problem konkret zu lösen ist, wird nicht beantwortet. Einige Axiome der Kommunikationstheorie von Paul Watzlawick, Janet H. Beavin und Don D. Jackson dienen den AutorInnen, die bürgerliche Gesellschaft zu analysieren.[15]

3.4. Der Gegenstandsbereich

Die AutorInnen sehen in der raschen Entwicklung und Umorientierung in den Arbeitsfeldern der Sozialarbeit Ende der 60er Jahre einen günstigen Zeitpunkt für gründliche Überlegungen zur Sozialarbeit. Hergebrachtes soll zugunsten einer auf soziale Veränderungsprozesse gerichteten Praxis und einer erstmals ernst zu nehmenden wissenschaftlichen Aufarbeitung und Kontrolle infrage gestellt werden.[16] Als ihr Ziel geben die vier AutorInnen an, „in diese Prozesse einzugreifen, sie zu reflektieren und voranzutreiben."[17] Sie wollen eine Metatheorie der Sozialarbeit entwerfen. Alle Fragen nach dem „Warum" und „Wozu" der Zielsetzungen und Funktionen des Handelns in der Sozialarbeit müssen dort beantwortet werden. Gegenstand dieser Theorie ist für die vier AutorInnen nicht die Sozialarbeit selbst, sondern es sind Begriffe, Lehrsätze und Ziele der Sozialarbeit, die „methodisch-praktischen Veranstaltungen der Sozialarbeit".[18]

3.5. Die Theorie

Die kritische Selbstreflexion der gesellschaftlichen Situation, in der sich Sozialarbeit befindet, führen Haag u.a. mit einem pragmatischen Axiom der Kommunikationstheorie von Watzlawick/Beavin/Jackson durch. Dieses Axiom heißt: „Jede *Kommunikation* hat einen Inhalts- und einen Beziehungsaspekt, derart, daß letzterer den ersteren bestimmt und daher eine Metakommunikation ist."[19] Der Inhaltsaspekt vermittelt die „Daten", der Beziehungsaspekt weist an, wie diese Daten aufzufassen sind. Der Beziehungsaspekt ist eine Kommunikation über die Kommunikation, also eine *Metakommunikation*. Zu jeder Kommunikation – ob zwischen zwei Partnern oder in einer Gesellschaft – gehört grundsätzlich die Metakommunikation. Im Idealfall sind sich die Partner sowohl über den Inhalt ihrer Kommunikation als auch über die Definition ihrer Beziehung (auf der Metaebene) einig. Im schlechtesten Fall liegt der umgekehrte Sachverhalt vor, das heißt die Partner sind sich sowohl auf der Inhalts- als auch auf der Beziehungsstufe uneinig. Eine solche Beziehung ist gestört. Gebrochen oder schizophren wird eine Kommunikation dann genannt, wenn der verbalisierte Inhalt und die gestaltete Beziehung sich widersprechen.[20]

Jemand verspricht zum Beispiel seine Unterstützung, tut aber das Gegenteil davon.

Haag u.a. sagen, daß unter den Bedingungen bürgerlicher Produktionsverhältnisse eine Diskrepanz von Kommunikations- und Metakommunikationsebene, von geäußerten und faktisch verfolgten Bedürfnissen die Norm ist.[21] Eine kurze Analyse konformer, als normal bezeichneter, bürgerlicher Interaktion führen sie als Begründung für ihre Aussage an. Danach kommen sie zu der These, daß die *bürgerlich-liberalistische Gesellschaft* die tradierten Herrschafts- und Abhängigkeitsverhältnisse nicht wahrhaft aufgehoben, sondern lediglich psychologisiert und latent gemacht hat. Sie sagen, daß der in der französischen Revolution verbalisierte Grundsatz „liberté, égalité, fraternité" nur verschleiernde Funktionen hat,

> „sofern sich nämlich unter seinem Regime die ehedem manifeste Repression in moderner Form als Grundwiderspruch zwischen Kapital und Arbeit erneuern konnte: Die scheinbar freie Konkurrenz aller gegen alle geriet zur stillschweigenden Unterdrückung derjenigen, die lediglich ihre Arbeitskraft zu Markte tragen konnten. In genau diesem Sinne ist eine gewisse schizophrene Gebrochenheit zwischen kommunikativen Inhalts- und Beziehungsaspekt die Grundqualität alltäglicher Interaktion unter bürgerlichen, besonders aber spätkapitalistischen Produktionsverhältnissen. Diese Gebrochenheit durchzieht in inhaltlich unterschiedlichen Ausprägungen sämtliche gesellschaftlichen Systemebenen, beginnend auf der Ebene des Gesamtsystems über die Subsysteme der Organisationen und Gruppen bis hinab zu den elementaren Zweierbeziehungen."[22]

„Freiheit, Gleichheit und Brüderlichkeit" werden nach Haag u.a. in der Bundesrepublik Deutschland zwar durch das Grundgesetz versprochen, aber Macht und Herrschaft werden ausgeübt. Unter diesen gestörten Kommunikationsverhältnissen wird ihrer Meinung nach derjenige als „normal" bezeichnet, „der sich mit der gesellschaftlich gängigen Norm gebrochener Kommunikation abfinden kann."[23] Diejenigen, die darunter leiden und dagegen rebellieren, ziehen negative Zuschreibungsprozesse auf sich; sie werden zu „Abweichende" und „Randgruppen" gemacht.[24]

Ein weiteres Indiz für die gebrochene Kommunikation in der bürgerlichen Gesellschaft sehen Haag u.a. in der Art und Weise, wie die Gesamtgesellschaft mit ihren „abweichenden Subjekten" umgeht. Unter dem Deckmantel emanzipatorischer Programme wird latent Herrschaft ausgeübt und unterdrückt. Als Beispiele dafür nennen sie neben anderen Beispielen die „metakommunikative Verwendung von Beruhigungsspritzen und Elektroschocks als Bestrafung" in der Psychiatrie und „die therapeutischen Gemeinschaften, die an verschlossenen Türen und der latenten, jederzeit aber aktualisierbaren Gewalt der Ärzte enden."[25] Moderne Institutionen der Gesellschaft arbeiten im Gegensatz zu früher mit latenter Gewalt, das gilt nach Auffassung der AutorInnen auch für die *„bürgerlich-administrative Sozialarbeit"*. Soziale Arbeit verwandelt nach den AutorInnen manifeste Gewalt in latente. Aus offenen Abhängigkeiten und Zwängen werden verborgene. Bei manifester Gewalt weiß jedes Subjekt, woran es ist. Bei *latenter Gewalt* gerät es ständig in Beziehungsfallen, sodaß das Verhalten in jedem Fall negativ sanktioniert wird.

Haag u.a. schlagen zur Organisation von Sozialarbeit als Teilsystem der Gesellschaft verschiedene, explizit formulierte gesellschaftliche Ebenen vor. Nur so kann ihrer Meinung nach eine Einteilung nach Methoden oder Arbeitsfeldern überwunden werden, die den Anforderungen an eine Basis für die Selbstreflexion von Sozialarbeit nicht gerecht werden kann. Sie gliedern *Sozialarbeit in drei verschiedene Funktionsebenen*:

(1) Sozialarbeit als Sozial- und Gesellschaftspolitik
(2) Sozialarbeit als Sozialplanung und Sozialadministration
(3) Sozialarbeit als (kritische) Sozialtherapie

Die Schwerpunkte liegen jeweils auf gesellschaftlichen Teilsystemen unterschiedlicher Größenordnung. In der Sozial- und Gesellschaftspolitik geht es in erster Linie um Aspekte der gesellschaftlichen Gesamtstruktur, in der Sozialplanung um soziale Infrastruktur und Institutionen und in der Sozialtherapie um Einzelpersonen, Kleingruppen und Intergruppenbeziehungen. Gemeinsames *Ziel* auf allen Funktionsebenen ist die *strukturelle Beseitigung gesellschaftlicher Unterprivilegierungen*. Jede dieser Funktionsebenen beruht, wie die übergeordnete Handlungsebene Sozialarbeit selbst, auf einer formal-methodisch-intersubjektiven Dimension und auf einer Dimension der Einsicht der Bedürfnisse und der wertenden Zielsetzung. Die Funktionsebenen im einzelnen betrachtet:

(1) Sozialarbeit als Sozial- und Gesellschaftspolitik
Die staatlichen Sozialinvestitionen sind auf dieser Ebene durch Sozialkostenanalysen („Kosten-Nutzen-Analysen") rational zu planen und die Gesetzgebung zur Sozialen Sicherheit ist sozialarbeitswissenschaftlich aufzuarbeiten und zu begleiten. *Sozialkostenanalysen* gesellschaftlicher Schäden, die sich aus der geltenden bürgerlich-kapitalistischen Gesellschaftsordnung ergeben, sind aufzustellen; *Kosten-*

Nutzen-Analysen der sozialarbeiterischen Institutionen und der dort eingesetzten Sozialinvestitionen sind durchzuführen. Die Gesellschaft akzeptiert – so vermuten die AutorInnen – eine finanzielle Förderung sozialer Projekte, wenn die potentiellen Vermeidungskosten für die in den Anträgen angegebenen Schäden geringer sind als die Sozialkosten, die durch diese Schäden in der Gesellschaft als ganzer, bei Gruppen oder einzelnen entstanden sind oder entstehen könnten. Eine weitere Aufgabe der Sozialarbeit besteht darin, den Anteil der Sozialarbeit am gesamten Etat von Bund, Ländern und Gemeinden sowie die innere Struktur des Etats und die darin zum Ausdruck kommenden sozial- und gesellschaftspolitischen Zielsetzungen zu analysieren und *alternative Konzeptionen Sozialer Sicherung* weiterzutreiben.[26] Die Entwicklung der *sozialpolitischen Gesetzgebung* – das Gewichtungsverhältnis von Versicherung, Versorgung und Fürsorge – ist zu verfolgen und Alternativen sind zu entwickeln. Zu untersuchen ist, ob die Ermessensspielräume der geltenden Gesetze und Verordnungen ausgenutzt werden.

(2) Sozialarbeit als Sozialplanung und Sozialadministration
Die AutorInnen gehen davon aus, daß das hierarchisch strukturierte Organisationsmodell an sein Ende kommt. Die unter den Zwängen sozialer Wandlungsprozesse notwendig gewordene Selbstreflexion sozialer Systeme erfordert in der Sozialarbeit eine Entwicklung weg von hierarchisch bestimmter hin zu *projektorientierter Arbeit*. Sozialarbeit richtet ihre Aufmerksamkeit zuerst auf die zu lösenden Probleme und arbeitet nicht von den Zielen der Institutionen her. Das gilt sowohl für die Sozialarbeit auf lokaler Basis in Bezirken als auch für die Sozialarbeit in Spezialeinrichtungen (Ganz- und Teilzeiteinrichtungen). Das erfordert eine neue Organisation der Sozialarbeit. Als notwendige Bedingungen dafür werden genannt: [27]

(a) Die ständige *Reflexion der Zielsetzungen* in kooperativen, mehrere Entscheidungsebenen übergreifende Arbeitsgruppen innerhalb der Ämter, die die hierarchische Grundstruktur permanent aufbrechen müssen.
(b) Die Freistellung von Mitarbeitern aus den Ämtern und die Einbeziehung von Experten außerhalb der Administration zu *Arbeitsstäben*, die die „Linienstruktur" der Entscheidungshierarchie durch Analyse, Kritik und Programmatik ebenfalls aufbrechen und dynamisieren können. Vordringliche Aufgabe dieser Arbeitsstäbe ist die Analyse konkreter Arbeitsfelder der Sozialarbeit und die Entwicklung mittel- und längerfristiger Arbeitspläne für einzelne Projekte als „soziale Brennpunkte" .

(c) Die Konfrontation kommunaler oder verbandsmäßiger Administration mit praktisch-politischer Arbeit außerhalb der Administration. Intendiertes Ziel ist, daß Sozialarbeit in der Organisationsform weitgehend *autonomer Projekt-Systeme*, gefördert durch öffentliche wie private Mittel und unter öffentlich-rechtlicher Aufsicht aufgebaut werden.

Für Sozialarbeit in Spezialeinrichtungen wird die *Auflösung „totaler und repressiver Institutionen"* gefordert. Das kann geschehen durch die Demokratisierung der institutionellen Kommunikations- und Entscheidungsprozesse, die Beratung der Institution durch von außen kommende, unabhängige Gruppen, den Einsatz einer von emanzipatorischen Interessen geleiteten Forschungsstrategie zur Herstellung wissenschaftlicher Praxis, politische Interessenvertretung zur Durchsetzung gegen mögliche Gegeninteressen, erzieherische Öffentlichkeitsarbeit und schließlich die Entwicklung kommunikationsfördernder Architektur.[28]

(3) Sozialarbeit als Sozialtherapie

Oblgeich mit „Therapie" allgemein die Beziehung zwischen einem gesunden und normalen, vor allem wissenden „Therapeuten" und einem kranken, anormalen und defizitären, insgesamt jedenfalls unwissenden „Klienten" oder „Probanden" assoziiert wird, behalten die AutorInnen den Begriff „Therapie" bei, da er eingeführt ist. Ein künftiges Konzept „Sozialtherapie" muß auch die strukturellen Ursachen abweichenden Verhaltens und damit auch die Sozialarbeiter als Vertreter repressiver Institutionen erfassen. Mit „Sozialtherapie" bezeichnen Haag u.a. den Versuch, „durch eine geeignete Praxis, durch die Vermittlung von Einsicht und Wissen und durch Synthese (Sinndimension) soziale Lernprozesse zu initiieren."[29] *Beziehungen* und *Beziehungsstrukturen* stehen im Mittelpunkt ihres therapeutischen Interesses.

Sozialtherapie umfaßt die „Klienten" und die „Therapeuten" , die Ausgeschlossenen und die Ausschließenden.

„Denn Kriminalität, Alkoholismus usw. sind das Ergebnis von Interaktionsstrukturen und in ihrer Bedeutung für den jeweils Betroffenen nur aus dem Kontext der sozialen Felder, die er während seiner Entwicklung durchlief, erklärbar. Eine Lösung der Probleme innerhalb der Sozialarbeit bezieht sich daher im wesentlichen auf die Regelung oder den Aufbau von Interaktionsmustern in sozialen Systemen unterschiedlicher Komplexität und Ausdehnung. Letztlich steht dahinter die Auffassung, daß Erziehung zur Autonomie sich nur auf der Grundlage reziproker Anerkennung von Subjekten, also auf der Basis einer Kommunikation vollziehen kann, die sich des Spannungsverhältnisses zwischen den gegebenen Bedingungen sozialarbeiterischen Handelns (Arbeitsfeldanalyse) und konkreter Utopie (Kommunikationsstil, Zieldefinition) bewußt ist und dies methodisch in praktisches Handeln umzusetzen in der Lage ist (Ebenen und Dimensionen von Sozialtherapie)."[30]

Der zentrale Aspekt bei den Arbeitsfeldanalysen ist die Beschreibung und Analyse aller an der Umsetzung von Sozialtherapie beteiligten Gruppen. Kommunikationsbarrieren und -störungen sind zu erkennen und bei der Arbeit zu berücksichtigen.

Es ist im Bereich sozialarbeiterischen Handelns ein *Kommunikationsstil* zu entwickeln, der es jedem Mitglied eines Handlungszusammenhangs erlaubt, gleichberechtigt mit Vorschlägen, Fragen und kritischen Interventionen teilzunehmen.

„Damit wird vorausgesetzt, daß a) angst- und herrschaftsfreie Situationen hergestellt werden, die auf Emanzipation von sozialisations- und systembedingten Zwängen zielendes kommunikatives Handeln erst ermöglichen und damit die Grundlage für die Verwirklichung anderer Lebensformen liefern; daß b) die Klienten als Subjekte begriffen, das heißt zur Selbstdarstellung und Selbstverwirklichung auf der Grundlage der hergestellten Intersubjektivität der Beziehungen ermutigt und nicht als Objekte sachbezogener Konstellationen oder individueller oder kollektiver Projektionen und Übertragungen verdinglicht werden; daß c) erworbene und zugeschriebene Rollenunterschiede in ihrer Wirksamkeit erkannt und als Kommunikationsbarrieren abgebaut werden."[31]

Ein gleichberechtigter Dialog ist für Haag u.a. erst dann einlösbar, wenn die faktischen Ungleichheiten in ihm nicht nur berücksichtigt, sondern zugleich zum Thema des Dialogs gemacht werden. Im sozialarbeiterischen Interventionsplan soll berücksichtigt werden, daß die Arbeit auf vier Ebenen stattfindet: der personalen Ebene, der Ebene der Gruppen und Bezugsgruppenarbeit, der Ebene der Intergruppenarbeit und der gesellschaftlichen Ebene. Zugleich sind bei der Stimulierung der KlientInnen zu anderen – emanzipierten – Verhaltensweisen vier Bereiche zu berücksichtigen: Emanzipation durch Wissen, durch Einsicht, durch Sinnorientierung oder Synthese von Sinndimensionen und durch Praxis.[32]

Die theoretischen Analysen auf den verschiedenen gesellschaftlichen Funktionsebenen der Sozialarbeit und die metatheoretischen Aussagen über diese Ebenen müssen durch *Forschungsprojekte* vorangetrieben und kontrolliert werden. Es ist eine *Aktionsforschungsstrategie* zu entwickeln, deren Ziel es ist, daß WissenschaftlerInnen mit in den

jeweiligen Arbeitsprozeß hineingehen, um dort phasenweise System-
strukturen auf der Basis ihrer Analysen zusammen mit der alltäglichen
Praxis experimentell zu verändern.[33] Alltägliche wie wissenschaftliche
Praxis müssen sich also einem gemeinsamen Lernprozeß unterwerfen.
Der Forschungsprozeß ist als Kommunikationsprozeß aufzubauen, in
dem wissenschaftliche Praxis und alltägliche Praxis auf der Basis der
Erfahrungen innerhalb eines gemeinsam entwickelten experimentel-
len Subsystems zusammenkommen können, damit vernünftiger und
unabhängiger gelebt, geplant und gearbeitet werden kann.[34]

3.6. Bedeutung und Umsetzung in der Praxis

Mit den „Überlegungen zu einer Metatheorie der Sozialarbeit" haben
Haag u.a. in den 70er Jahren die radikal-kritischen Auffassungen vieler – insbesondere jüngerer – SozialarbeiterInnen ausgesprochen. Viele Arbeitsgruppen von SozialarbeiterInnen haben zu der Zeit ähnliche
Überlegungen aufgeschrieben und veröffentlicht. In der Praxis der Sozialarbeit wurden einige Modelle, zum Beispiel das Trierer Modell,
das Berliner Modell und die Frankfurter Sozialstationen, erprobt, die
in etwa den Vorstellungen von Haag u.a. entsprachen. In den letzten
10 Jahren werden die „Überlegungen zu einer Metatheorie der Sozialarbeit" in der Literatur kaum noch erwähnt. Die AutorInnen – oder
andere – haben meines Wissens diesen Entwurf nicht weiter verfolgt,
so daß es letztlich bei einem provokativen Fragment geblieben ist.
Haag und Pongratz haben sich kurz nach der Veröffentlichung ihrer
„Überlegungen" einem anderen Arbeitsfeld mit neuen Aufgaben zu-
gewandt. Die großen Erwartungen an die Aktionsforschung sind im
Alltag nur sehr begrenzt erfüllt worden. Die Erwartungen sind anscheinend zu hoch gewesen.[35]

3.7. Literatur zum Vertiefen

Angesichts des geringen Seitenumfangs der „Überlegungen zu einer
Metatheorie der Sozialarbeit" und fehlender weiterführender Literatur steht allein die Publikation der AutorInnen zum Vertiefungsstu-
dium zur Verfügung. Eine kritische Würdigung hat Helmut Lukas
vorgenommen.[36]

ANMERKUNGEN ZU KAPITEL 3

[1] Vgl. Oelschlägel 1988
[2] Zitiert nach Oelschlägel 1988, 159
[3] Vgl. Marburger 1983, 129 - 150

[4] Vgl. Lukas 1979, 197f.
[5] Vgl. Lukas 1979, 199
[6] Haag u.a. 1979
[7] Haag / Krüger 1972
[8] Haag 1979, 187
[9] Vgl. Haag u.a. 1979, 192
[10] Pongratz 1964 und 1988
[11] So von Lukas 1979, 197 - 204; Marburger 1981, 149; Schmidt 1981, 161 - 164; Mühlum 1981, 283 - 285
[12] Haag u.a. 1979, 171
[13] Haag u.a. 1979, 189
[14] Haag u.a. 1979, 172
[15] Watzlawick / Beavin / Jackson 1969
[16] Haag u.a. 1979, 168
[17] Haag u.a. 1979, 168
[18] Lukas 1979, 199
[19] Watzlawick / Beavin / Jackson 1969, 56
[20] Watzlawick / Beavin / Jackson 1969, 79 - 91
[21] Haag u.a. 1979, 169
[22] Haag u.a. 1979, 169. Hervorhebung durch mich, E.E.
[23] Haag u.a. 1979, 170
[24] Haag u.a. 1979, 170
[25] Haag u.a. 1979, 170f.
[26] Haag u.a. 1979, 176f.
[27] Haag u.a. 1979, 178
[28] Haag u.a. 1979, 180f.
[29] Haag u.a. 1979, 181
[30] Haag u.a. 1979, 182
[31] Haag u.a. 1979, 185. Hervorhebung durch mich, E.E.
[32] Haag u.a. 1979, 186f.
[33] Haag u.a. 1979, 189
[34] Haag u.a. 1979, 190
[35] Soukup 1988, 260
[36] Lukas 1979, 198 - 204

4. REVOLUTIONIEREN – KARAM KHELLA

4.1. Der lebensweltliche Kontext

Karl Marx hat in der Mitte des 19. Jahrhunderts parallel zur Arbeiterbewegung eine neue Philosophie entwickelt, den historischen Materialismus. Danach vollzieht sich die Geschichte nach exakten Gesetzen. Vom „Unterbau" des Menschen und seiner Geschichte hängt der „Überbau" ab. Mit dem „Unterbau" sind die ökonomischen und sozialen Verhältnisse, das Sein, gemeint; mit dem „Überbau" ist das Bewußtsein gemeint, das sich in Wissenschaft, Kunst, Recht und Staat ausdrückt. Produktionskräfte und Produktionsverhältnisse bestimmen den Produktionsfortschritt. Eigentumsbildung und Arbeitsteilung entfremden die Menschen von ihrer Arbeit und von sich. Klassenkämpfe zwischen den Arbeitern und dem Kapital treiben die Geschichte voran und führen notwendig zu Revolutionen, die die Basisspannungen ausgleichen, den Überbau ändern und eine qualitativ höherwertige Periode der Menschheit einleiten. Die Geschichte spannt sich vom Urkommunismus bis zum klassenlosen Endkommunismus, in dem Ausbeutung und Selbstentfremdung des Menschen aufgehoben sein werden.[1] Die Thesen von Marx werden von vielen ArbeiterInnen in Europa übernommen und bilden die Basis für die Programme der Arbeiterparteien, in Deutschland SPD und KPD. Mit der Machtübernahme Hitlers werden die Thesen von Marx und Lenin im Deutschen Reich (1933) verboten. Nach dem zweiten Weltkrieg wird die Theorie von Marx und Lenin unter dem Einfluß der UdSSR in der Deutschen Demokratischen Republik die theoretische Grundlage für das Parteiprogramm des SED-Regimes. In der Bundesrepublik Deutschland wird das Gedankengut von Marx und Lenin bis zu den Studentenunruhen (1968) wenig beachtet, beziehungsweise bekämpft (Verbot der Kommunistischen Partei Deutschlands seit 1956). Die Studentenbewegung jedoch lebt geistig in hohem Maße vom Marxismus-Leninismus („Marx an die Uni!"). Eines ihrer Ziele ist die Verbindung mit der Arbeiterbewegung, um so gemeinsam Universität und Gesellschaft zu revolutionieren. Zur selben Zeit werden die Lehren von Marx und Lenin als Basis für Sozialarbeit in Theorie und Praxis entdeckt. Es werden mehrere marxistisch-leninistisch orientierte Theorien zur Sozialen Arbeit entworfen, die sich allerdings in ihren Konsequenzen für die Praxis unterscheiden.[2]

4.2. Der Autor

Karam Khella wird 1934 in Asjut in Ägypten geboren. 1952 beginnt er auf Wunsch seines Vaters Betriebswirtschaft zu studieren, um später als Manager im väterlichen Betrieb zu arbeiten. Nach einem Jahr bricht er das Studium ab und studiert in Kairo Theologie und Sprachwissenschaften. Während des Studiums arbeitet er an Sozialprojekten mit. 1958 kommt Khella im Rahmen eines Dozentenaustauschprogramms in die Bundesrepublik Deutschland und unterrichtet am Institut für Geschichte und Kultur des Vorderen Orients in Hamburg.

Von 1966 – 1969 ist er Studentenpfarrer in Stuttgart und wird dort von Arbeitern für die Arbeiterfrage sensibilisiert. Danach leitet er ein Projekt über das Studium von Ausländern in Europa. Neben seiner Berufstätigkeit studiert er noch in Kiel Geschichte und in Hamburg Medizin. Zur Theologie geht er auf Distanz. Von 1971 bis 1982 ist er als Dozent beim Sozialpädagogischen Zusatzstudium (SPZ) an der Universität Hamburg tätig. Am Aufbau dieses Zusatzstudiums, das von einer arbeiterorientierten Wissenschaft getragen werden soll, hat Khella bereits mitgearbeitet. Nach vielen politischen und wissenschaftlichen Auseinandersetzungen um dieses Sozialpädagogische Zusatzstudium wird es 1982 aus dem Lehrangebot der Hamburger Universität gestrichen. Khella wird die Stelle an der Universität gekündigt. Der nun arbeitslose Ägypter Karam Khella soll auf Weisung der Ausländerbehörde die Bundesrepublik verlassen. Khella wirbt und kämpft öffentlich für sein Bleiben. Da er mehr als 15 Jahre Tätigkeit im Öffentlichen Dienst nachweisen kann, stellt das Arbeitsgericht seine Unkündbarkeit fest. Damit muß auch der Ausweisungsbescheid zurückgenommen werden. Khella bleibt an der Universität Hamburg angestellt. Khella hat neben zahlreichen Veröffentlichungen in anderen Fachgebieten als der Sozialen Arbeit ein fünfbändiges „Handbuch der Sozialarbeit und Sozialpädagogik" (1974 -1980) verfaßt, von dem einzelne Bände in 2. Auflage (1983) vorliegen.

> „Mir ist bewußt, daß ich mit der Kritik an der Sozialpolitik heißes Eisen anfasse. Auch den Lesern möchte ich Mut zusprechen, heißes Eisen anzufassen. Faßt viele heiße Eisen an, sie werden in euren Händen schmelzen wie der Schnee in der Sonne." Karam Khella[3]

4.3. Die Wissenschaftsauffassung

Khella unterscheidet zwei Wege in der Wissenschaft: den „bürgerlichen" und den „materialistischen" Weg der Wissenschaft.[4] Alle philosophischen und wissenschaftstheoretischen Schulen lassen sich nach Khella einem dieser zwei Wege zuordnen. Je nachdem wie sich WissenschaftlerInnen bei der Zuordnung von Natur und Geist, Sein und Bewußtsein, Materialismus und Idealismus entscheiden, gehört jede Wissenschaft zu der einen oder der anderen Gruppe. Eine materialistische Wissenschaft bekennt sich zur Ursprünglichkeit der Natur gegenüber dem Geist, der Priorität des Seins gegenüber dem Bewußtsein und der Materie gegenüber der Idee. Alle übrigen WissenschaftlerInnen bekennen sich zur Ursprünglichkeit des Geistes gegenüber der Natur, der Priorität des Bewußtseins gegenüber dem Sein und der

Idee gegenüber der Materie und sind „bürgerlich". Da es für Khella nur die Entscheidung zwischen diesen beiden Wegen gibt, entscheidet er sich für den materialistischen Weg. Das Sein bedeutet für ihn im speziellen Sinn die Produktionstätigkeit der Menschen. Khella bekennt sich zu einer materialistischen Wissenschaft, die auf den Thesen von Marx und Engels basiert, um „das Mandat der Arbeiterklasse in Lehre und Forschung wahrzunehmen".[5] Für Khella verbinden sich beim dialektischen und historischen Materialismus zwei sich ergänzende philosophische Ansätze.

Der materialistische Ansatz gibt die Basis: Das gesellschaftliche Sein bestimmt das gesellschaftliche Bewußtsein. Das dialektische Prinzip zeigt den Weg, die Widersprüche in Sein und Bewußtsein zu erfassen. Wird der dialektische Materialismus auf eine konkrete Gesellschaft angewandt, dann handelt es sich um den historischen Materialismus, als Sonderfall des dialektischen Materialismus. Die Sozialarbeit verlangt nach Khella aus ihrem Charakter heraus nach einer Methode, die von unten, von der Basis, an die sozialen Probleme, die im Überbau als Folgeerscheinungen vorkommen, herangeht. Gerade unter diesem Gesichtspunkt erweist sich für Khella die Überlegenheit des historischen Materialismus gegenüber anderen Methoden.[6]

4.4. Der Gegenstandsbereich

Sozialpädagogik und Sozialarbeit sind für Karam Khella Leistungen zur Betreuung von Menschen in sozialen Problemlagen. Diese Probleme ergeben sich aus den Mängeln im System der öffentlichen Versorgung. Sozialarbeit und Sozialpädagogik beziehen sich stets auf Defizite. Die soziale Praxis wird durch die Erziehung („pädagogische Versorgung") und gegebenenfalls durch erforderliche Behandlung („therapeutische Versorgung") ergänzt. Die Ursachen für die Mängel sind in der konkreten Gesellschaft zu erforschen. Das ökonomische und politische System der Bundesrepublik Deutschland, näherhin die Bedingungen des sozialen Elends und die Ursachen von Deklassierung in ihr sind zu analysieren. Aus den Ergebnissen der Analyse der gesellschaftlichen Bedingungen sind die konkreten Aufgaben der Sozialarbeit und Sozialpädagogik zu bestimmen.[7]

4.5. Die Theorie

Khella setzt mit seiner Theorie beim Unterbau, dem Sein, an. Soziale Arbeit hat es mit den Mängeln *in der Gesellschaft* zu tun. In der *Armut* zeigt sich dieser *Mangel*. Daher beginnt für Khella eine Theorie

Sozialer Arbeit mit der Erforschung der Armut in einer Gesellschaft. Khella kommt nach seiner empirischen Untersuchung der Armut in der Bundesrepublik Deutschland zu dem Ergebnis: „Ein Vergleich läßt vermuten, daß ein Drittel bis zur Hälfte der Bevölkerung knapp am Existenzminimum lebt."[8] Khella behauptet, die Armen würden aus der Gesellschaft verdrängt und schreibt diesen „Erfolg" der Sozialadministration zu, da Gesetze und Verordnungen den Armen verbieten, in Erscheinung zu treten, und massierte Armut durch Mauern und Zäune abgeschirmt wird. Als Perspektive der Armut in der Bundesrepublik Deutschland sieht Khella, daß die Armut weiter ansteigen und eine anstehende Sparpolitik des Staates auf dem Rücken der Lohnabhängigen und der armen Bevölkerung abgewälzt wird. Als besonderes Problem ergibt sich, daß die Armen einschließlich der Sozialhilfeempfänger noch sehr schlecht organisiert sind. Die Sozialhilfeempfänger sollen ihre Organisationsansätze weiter entwickeln und den weiteren Abbau der sozialen Sicherung abwehren. Armut ist ein explosives Potential, da sie nichts mehr verlieren kann. Eine grundlegende Veränderung der gesellschaftlichen Struktur kann nur in ihrem Interesse sein. Deshalb stehen Armenviertel und proletarische Stadtteile unter ständiger sozialer und polizeilicher Kontrolle. Bewältigung der Armut durch Verdrängung – das ist nach Khella die einzige Möglichkeit für den bürgerlichen Staat, mit dem Phänomen Armut umzugehen. Stille Gewalt wird gegen Arme ausgeübt.

Die breite Existenz von Armut fordert die *Sozialarbeiter* zur *Parteilichkeit* heraus. Diskriminierung und Unterdrückung der Armen durch die Reichen begründen diese Solidarität. Ziel bürgerlicher Politik und Sozialarbeit ist es, eine Solidarisierung aller Armen zu verhindern. Khella sagt: „Die Sozialadministration funktioniert durch das Prinzip der 'Entsolidarisierung'." Solidarisierung der Armen miteinander und Solidarisierung der Sozialarbeiter mit den Klienten ist dagegen das Prinzip „*fortschrittlicher Sozialarbeit*".[9]

Die Theorie zur Sozialarbeit und Sozialpädgogik ergibt sich für Khella aus der Frage: Warum existiert soziales Elend? Die Existenz von sozialem Elend wird für Khella empirisch durch Sozialforschung festgestellt. Die Aufgabe der Theorie ist nicht „festzustellen", sondern zu erklären, warum die empirisch festgestellten Erscheinungen auftreten.[10] Im weiteren beantwortet die Theorie die Frage: Warum entsteht die Verelendung? Welche Bedingungen führen dazu? Theorie und Empirie dürfen nicht gegeneinander ausgespielt werden, sie dürfen aber auch nicht miteinander verwechselt oder gar gleichgesetzt werden. Theorie und Empirie sind zwei Seiten einer Wissenschaft.[11]

Das Verständnis sozialer Prozesse und Entwicklungsverläufe in einem gegebenen System setzt für Khella eine Gesellschaftsanalyse voraus. Sie gibt uns Auskunft über die objektiven Bedingungen, die den Veränderungen innerhalb dieses Systems Grenzen setzen. Die unterschiedlichen sozialen Verhältnisse der Menschen ergeben die Notwendigkeit, sie in gleichartige Gruppen aufzuteilen. Mit *Gesellschaftsanalyse* meint Khella im besonderen die Klassifizierung der Gesellschaft in solche Gruppen, die voneinander durch objektiv, ökonomisch bedingte soziale Schranken getrennt sind und deshalb als „Klassen" bezeichnet werden. Gesellschaftsanalyse ist in diesem Fall mit „Klassenanalyse" identisch. Sozialarbeit und Sozialpädagogik können auf eine *Klassenanalyse* nicht verzichten, weil sie zeigt, ob Verelendung und Deklassierung (Herausfallen aus der Klasse) auf subjektive, das heißt selbst verschuldete, oder objektiv bedingte, an gesellschaftlich vorstrukturierte systemimmanente Faktoren gebunden ist. Im letzteren Fall spricht Khella von einer klassenspezifischen Verelendung, gegebenenfalls von Deklassierung. Folglich muß einer Veränderung der Lage der Gesellschaftsmitglieder eine Veränderung der sozialökonomischen, klassengebundenen Bedingungen vorausgehen.

Auf die gesellschaftsanalytische Frage: „Ist die Bundesrepublik Deutschland eine Klassengesellschaft?" antwortet Khella: „Wir leben in der Bundesrepublik Deutschland in einer Klassengesellschaft." Die Produktionsweise in der Bundesrepublik Deutschland ist für Khella charakterisiert durch gesellschaftliche Produktion (durch Lohnarbeiter) und private Aneignung des gesellschaftlichen Reichtums. Damit erfüllt für Khella die Bundesrepublik Deutschland seine Kriterien der Klassengesellschaft. Es existieren zwei Grundklassen: Die Arbeiterklasse und das Monopolkapital. Die kapitalistische Produktionsweise bedingt den Widerspruch zwischen Lohnarbeit und Kapital, schafft die materielle Basis für die beiden Grundklassen der Gesellschaft und ruft damit den sozialen Widerspruch hervor. Jede Klasse ist bestrebt, die Macht an sich zu reißen, aufrecht zu erhalten und die andere Klasse zu unterdrücken. Auf der Seite der Arbeiter nimmt soziales Elend zu, auf der anderen Seite geht der Prozeß der Konzentration und Zentralisierung des Kapitals weiter. Die Erscheinungsformen des sozialen Elends sind klassenspezifisch, denn sie ergeben sich aus den konkreten materiellen Arbeits- und Lebensbedingungen. Die extremste Stufe der Verelendung ist die Deklassierung. Deklassierung ist das Herausfallen aus dem ökonomischen, sozialen und kulturellen Zusammenhang der eigenen Klasse.

Khella vertritt mit seiner Theorie Sozialer Arbeit eine *„Sozialarbeit von unten"* als *Antithese zur* etablierten, offiziell geförderten, von den staatlichen oder „freien" Trägern getragenen Sozialarbeit. Die gesamte institutionalisierte Sozialarbeit, die sich als Sozialarbeit auf dem Boden der freiheitlich-demokratischen Grundordnung versteht, bezeichnet er als *„Sozialarbeit von oben"*.[12]

Der Sozialarbeit kommt nach Khella keine prinzipiell gesellschaftsverändernde, sondern nur eine unterstützende Funktion bei der Gesellschaftsveränderung zu. Der fortschrittlichen Sozialarbeit und Sozialpädagogik kommt es darauf an, sich in die Klassenbewegung zu integrieren. Ihr kommt nicht die Verantwortung zu, die Arbeiter zu organisieren. Das ist die Aufgabe der Gewerkschaften und Parteien. Sozialarbeit hat nach Khella die Funktion, das Bewußtsein vom sozialen Elend und von der Deklassierung, die jeden Werktätigen bedrohen, in die Arbeiterbevölkerung und in die Arbeiterorganisation zu tragen. Die Armen und die Arbeiter sind sich ihrer gesellschaftlichen Lage nicht bewußt. Dieses Bewußtsein muß ihnen erst durch Sozialarbeiter vermittelt werden. Das entscheidende Ziel dabei ist, eine Solidarität zwischen den produktiven Arbeitern und dem deklassierten Proletariat, also den Arbeitern in Not, herzustellen. Diese Praxis vermag es, die Verelendung der eigenen Klasse zumindest quantitativ abzuwehren und die Lage der Deklassierten graduell zu verändern. Sozialarbeit ist für Khella eine *arbeiterorientierte Wissenschaft*, eine Wissenschaft der Arbeiter im Interesse der Arbeiter.

Sozialarbeit hat es mit *Menschen in sozialer Not* zu tun. Diese Menschen sind an objektiven gesellschaftlichen Bedingungen gescheitert. Sie haben bereits einige Versuche zur Lösung ihrer Problemlage unternommen. Ihnen ist jedoch ein Erfolg versagt geblieben. Warten auf ein Wunder, das mit einem Schlag alle Probleme löst, und Resignation, wenn das Wunder ausbleibt, charakterisieren die Situation von Menschen in Not. Diese Menschen glauben, was ihnen auf vielen Kanälen mitgeteilt wird, daß sie selbst an ihrer Lage schuld sind. Sie sind selten der Auffassung, daß soziales Elend gesellschaftlich bedingt ist. Was soll ein Sozialarbeiter in dieser Problemlage tun?

Andere AutorInnen, die sich ebenfalls bei ihrer Theorie Sozialer Arbeit auf den Marxismus/Leninismus stützen, sagen, daß Soziale Arbeit bei den gegebenen Verhältnissen in einer Gesellschaft unter kapitalistischen Produktionsbedingungen grundsätzlich abzulehnen ist. Soziale Arbeit würde dabei nur als „Krankenschwester des Kapitalismus" handeln.[13] Khella lehnt diese Position ab, er hält sie für zynisch gegenüber der aktuellen Not der Klienten. Soziale Arbeit hat sich mit den akuten sozialen Problemen, die nach sofortiger Lösung verlangen, zu befassen. Für ihn bleibt die Frage: Wie kann der Kleinkrieg um die

Wiedereingliederung der Klienten mit dem politischen Kampf um historische Veränderung verbunden werden? „Der 'Sozialarbeit von unten' stellt sich die Frage, wie sich Deklassierte durch Wiedereingliederung in ihren Klassenzusammenhang zum Kampfpotential zur politischen, ökonomischen und sozialen Befreiung ihrer gesamten Klasse wenden."[14] Sozialarbeit von unten ist Übung im *Widerstand und* im *Kampf.*

Die „Sozialarbeit von unten" ist für Khella ein konstruktiver Ansatz; sie zieht Konsequenzen aus der Kritik von institutionalisierten Methoden der Sozialarbeit und versteht sich als Alternative. Sie ist „eine praxisorientierte Antithese zum therapeutischen Immobilismus, dem pädagogischen Pessimismus, den karitativen Ansätzen und der subkulturellen Orientierung". Aus methodischen Gründen unterteilt Khella den Aufbau der therapieorientierten Sozialarbeit in zehn Schritte. Einem theoretischen Schritt folgt entsprechend dem dialektischen Prinzip immer ein praktischer Schritt, da Theorie und Praxis, Erkenntnis und Handeln nie getrennt sind. Die Adressaten sind von dem Inhalt eines jeden Schrittes zu informieren und von der Notwendigkeit bestimmter Aufgaben zu überzeugen; ebenso müssen solche Eigeninitiativen, die von den Klienten selbst kommen, ernst genommen, diskutiert und gegebenenfalls in den Plan aufgenommen werden. Die inhaltliche und praktische Ausfüllung des Programms kann einmal aus der Analyse der konkreten Situation durch den Sozialarbeiter, zum anderen von den Betroffenen selbst kommen. Die bewußte Anleitung, die durch die sozialen Mitarbeiter kommt, ist nur durch die Überzeugung und Unterstützung der Betroffenen legitimiert. Genauer genommen soll die Sozialarbeit von unten die Eigeninitiative der Betroffenen aktivieren, planen, programmieren und zum Erfolg verhelfen. Die *zehn Stufen* sind:[15]

(a) Sensibilisierungsphase (Theorie): Die Adressatengruppe – die Betroffenen – sollen sich ihrer Lage bewußt werden. Zu fragen ist: Wie sehen Sie die Verhältnisse hier? Die eigenen Interessen sollen erkannt und die Notwendigkeit, dafür einzutreten, soll eingesehen werden. Außerdem müssen die Vereinzelung und die Aktionslosigkeit durch Solidarisierung überwunden werden. In dieser Phase sollen durch Informations- und Überzeugungsarbeit die nächsten Schritte vorbereitet werden.

(b) Kollektivierung (Praxis): Gemeinschaftliche Beziehungen sollen unter den Betroffenen geschaffen, Entsolidarisierung soll überwunden und die Vorteile der Bildung tragfähiger Gruppen, die zur

Durchführung eigener Interessen in der Lage sind, soll eingesehen werden.

(c) Aktion – Aktivierung und Durchführung der Aktion (Theorie und Praxis): Die Aktion muß als notwendig erkannt, umrissen und geplant werden, bevor sie durchgeführt wird. Die Aktivierung ist erfolgreich verlaufen, wenn die Aktion beschlossen ist. Die gemeinsame Aktion verstärkt das Zugehörigkeitsgefühl und das kollektive Bewußtsein. Die Betroffenen sind zum Protest zu befähigen. Die soziale Aktion ist der Ausdruck einer gesellschaftlich bewußten Gruppe.

(d) Reflexion (Theorie): Jeder Aktion soll die Reflexion folgen, also die Auswertung der Aktion hinsichtlich Fehler und Verbesserungsmöglichkeiten. Im Falle des Mißerfolgs soll sie der Resignation vorbeugen und im Falle des Erfolges Euphorie dämpfen. In jedem Fall soll sie einen langen Kampf ermöglichen. Jede einzelne Aktion soll von der Reflexion begleitet werden.

(e) Mobilisierung (Praxis): Die Aktion ist nach der Reflexion mit größerem Nachdruck zu wiederholen. Die Aktionserfahrung stärkt die Kampfmoral und die Widerstandsbereitschaft der Gruppe. Die Betroffenen entdecken ihre eigene Kraft, sie vertrauen sich selbst und lernen, ihr Schicksal in die eigene Hand zu nehmen. Sie fangen damit an, nicht länger nur Objekt der Geschichte zu sein.

(f) Orientierung (Theorie): Die Aktion wird wieder reflektiert und die Erfahrungswerte werden herausgearbeitet. Die Selbstsicherheit, das Bewußtsein und das Vertrauen in die eigene Kraft der Betroffenengruppe ist zu heben. Die Sozialarbeiter lösen sich langsam von der Adressatengruppe. Aus der einst passiven, individualisierten Gruppe ist eine Bewegung geworden.

(g) Wiedereingliederung (Praxis): Ziel jeder demokratischen Sozialarbeit ist die Rückgliederung der Klienten in den ökonomischen, sozialen, gewerkschaftlichen, politischen und kulturellen Zusammenhang der Klasse. Die Rückgliederung ist stark von der Anpassung an Verhältnisse zu unterscheiden. Eine erneute Entsolidarisierung ist zu vermeiden. Mit Wiedereingliederung ist die Wiederherstellung der durch die Deklassierung verloren gegangenen sozialen, kulturellen und materiellen Zusammenhänge zur eigenen Klasse gemeint.

(h) Qualifikation (Theorie): „Wissen ist Macht" und Unwissen ist Ohnmacht. Optimales Wissen geht effektivem Handeln voraus. Sowohl im fachlichen als auch im politischen Bereich sind höhere Qualifikationen anzustreben. Ohne richtige Theorie keine richtige Praxis.

(i) Organisierung (Praxis): Aufgabe der Organisationen der Arbeiterklasse ist es, die Bedingungen von Ausbeutung und Verelendung insgesamt zu überwinden. Diese revolutionäre Perspektive geht über den Rahmen der Sozialarbeit hinaus. Der fortschrittlichen Sozialarbeit kommt nicht die Aufgabe zu, die Strategie der Revolution zu entwickeln, sondern nur den Adressaten den Weg in diese historische Erfahrung zu ebnen.

(j) Veränderung (Theorie und Praxis): Organisiert und bewaffnet mit revolutionärer Theorie eröffnet sich für die Betroffenen, die sich einst aus eigener Kraft nicht mehr helfen konnten, die Perspektive einer gesellschaftsverändernden Praxis. Ein Zustand völliger Störung wird selbst zerstört. Aus Deklassierten werden Klassenbewußte. Aus dem Objekt der Geschichte geht ihr Subjekt hervor.

4.6. Bedeutung und Umsetzung in der Praxis

Khellas Theorie Sozialer Arbeit ist zwischen 1974 und 1986 von vielen Studierenden und PraktikerInnen der Sozialen Arbeit positiv aufgenommen worden. Innerhalb kurzer Zeit sind fast alle Werke Khellas in zweiter Auflage erschienen. Die Thesen haben aber auch viel Widerspruch erfahren und sind heftig umstritten worden. Seit dem Auslaufen der „Marxismuswelle in der Sozialarbeit" und dem Zusammenbrechen der sozialistischen Staaten des ehemaligen Ostblocks ist es um Khellas Theorie ruhig geworden. In der neueren Literatur wird sie kaum noch erwähnt.

4.7. Literatur zum Vertiefen

Aus den zahlreichen Publikationen Khellas bietet sich für die an der Praxis Sozialer Arbeit orientierten LeserInnen „Sozialarbeit von unten. Praktische Methoden fortschrittlicher Sozialarbeit." (1982) zur Vertiefung an. Dort hat Khella seine wichtigsten Theoreme dargestellt und für die praktische Arbeit aufbereitet. Das Grundgerüst der Theorie findet sich in „Theorie und Praxis der Sozialarbeit und Sozialpädagogik" (1980a). Hinweisen möchte ich darauf, daß Khellas Auffassungen in manchen Zusammenfassungen falsch dargestellt worden sind, zum Beispiel von Helga Marburger.[16]

ANMERKUNGEN ZU KAPITEL 4

[1] Vgl. die kurze Zusammenfassung von Störig 1989, 490 - 499
[2] Vgl. Lukas 1979, 208 - 215; als Beispiel: Hollstein/Meinhold 1973
[3] Khella 1982, 96
[4] Khella 1980a, 60 - 64
[5] Khella 1980a, 62 - 64

269

[6] Khella 1980a, 72
[7] Khella 1983a, 11 - 40
[8] Khella 1983b, 72
[9] Khella 1983b, 78f.
[10] Khella 1983b, 135
[11] Khella 1983b, 135
[12] Vgl. dazu insgesamt Khella 1982
[13] Hollstein/Meinhold 1973
[14] Khella 1982, 31
[15] Vgl. Khella 1982
[16] Marburger 1981, 150 - 161

5. KRITISCH DEUTEN – HANS THIERSCH

5.1. Der lebensweltliche Kontext

Johann Heinrich Pestalozzi (1746 – 1827) vertieft die Idee der Volkserziehung aus der Aufklärungsepoche und entwirft eine Pädagogik,
die auch sozialkritische, wirtschaftliche und kulturpolitische Aspekte
einer allseitigen Menschenbildung berücksichtigt. Zu den Aufgaben
dieser Pädagogik gehört es auch, sich um die Armen, Alten, Arbeits-
und Heimatlosen zu kümmern. Ziel ist eine Erziehung, die Unrecht
beseitigt und eine neue Ordnung des Volkslebens hervorbringt, in der
jeder Mensch nach seinen Fähigkeiten leben kann.[1] Erziehung wird als
Chance zu einem intensiven, freien und solidarischen Leben erkannt;
die darin liegende aufsässig-revolutionierende Kraft wird von den
Gegnern einer gesellschaftlichen Veränderung gesehen und bekämpft.[2] Pestalozzi hat „Pädagogik verstanden als Kampf gegen Ausbeutung, Einschüchterung und Verdummung, um dem Menschen,
dessen Möglichkeiten gut, aber schwach sind, aus der Entfremdung einer blinden Massenexistenz herauszuhelfen, damit er sich als Subjekt
seiner selbst verwirklichen kann".[3]
Pädagogik als gesellschaftskritische, anthropologische und praktische
Wissenschaft wird auch in der Zeit nach Pestalozzi in Deutschland
vertreten. Allerdings ist ihr Einfluß auf die Entwicklung der Gesellschaft zum modernen Sozialstaat, in dem Sozialpolitik und (Sozial-)
Pädagogik getrennt sind, gering. Sozialpädagogik erhält die Aufgabe,
Menschen in ihren alltäglichen Lebensproblemen zu unterstützen und
zu beraten, sie zu erziehen und zu bilden. Sozialpolitik entscheidet
über die wirtschaftlichen, politischen und kulturellen Rahmenbedingungen. Nach dem ersten Weltkrieg befaßt sich eine hermeneutisch-

pragmatische Sozialpädagogik mit der menschlichen Lebenswelt. Hermann Nohl geht beispielsweise von den Schwierigkeiten aus, die ein Kind in seiner Lebenssituation hat, versucht diese zu verstehen und leitet daraus pädagogische Hilfen ab. Sozialpädagogik beansprucht für sich einen eigenen Bereich neben Medizin, Recht usw. und will für alles zuständig sein, was „Erziehung, aber nicht Familie und nicht Schule" ist. Im Unterschied zur Entwicklung der Sozial- und Verhaltenswissenschaften wird Sozialpädagogik als Wissenschaft für die Praxis verstanden, als Wissenschaft aus der Verantwortung des Handelns heraus. In den 60er Jahren weiten sich die sozialpädagogischen Handlungsfelder in der Praxis sehr stark aus. Parallel dazu setzt eine kritisch-radikalisierte Selbstreflexion sozialpägagogischen Handelns und seiner gesellschaftlichen Bedingungen ein. Sozialpädagogik öffnet sich nach einer vormals geisteswissenschaftlich-philosophischen Orientierung den Verhaltens- und Sozialwissenschaften und erschließt verstärkt neue, sozialempirische Forschungsmethoden für sich.

5.2. Der Autor

Hans Thiersch wird 1935 in Recklinghausen geboren. Nach der Promotion zum Dr. phil. 1962 wird er 1967 Professor für Pädagogik an der Pädagogischen Hochschule in Kiel. Seine Habilitation erfolgt 1970. Noch in demselben Jahr wird er Professor für Erziehungswissenschaft und Sozialpädagogik an der Universität Tübingen. Thiersch leitet dort in der Fakultät für Sozial- und Verhaltenswissenschaften als Direktor das Institut für Erziehungswissenschaften I und zusammen mit Prof. Dr. Siegfried Müller den Arbeitsbereich für Sozialpädagogik. In der Deutschen Gesellschaft für Erziehungswissenschaft ist Thiersch Mitglied des Vorstands und Vorsitzender von 1978 – 1982. Als Mitglied der Studienreformkommission „Pädagogik/Sozialpädagogik/Sozialarbeit" von 1980 – 1984 arbeitet er an den Empfehlungen der Studienreformkommission zum Ausbildungsbereich Sozialwesen mit. Thiersch ist Mitglied der Sachverständigenkommission zum 8. Jugendbericht über Bestrebungen und Leistungen der Jugendhilfe. Neben zahlreichen eigenen Publikationen ist Thiersch Mitherausgeber der Zeitschrift für Sozialarbeit, Sozialpädagogik und Sozialpolitik „neue praxis", der Sozialwissenschaftlichen Literatur Rundschau, der „Edition Soziale Arbeit" im Juventa-Verlag (Weinheim und München) und vom „Handbuch zur Sozialarbeit/Sozialpädagogik".[4] Die Artikel zur „Theorie der Sozialarbeit/Sozialpädagogik" im Handbuch zur Sozialarbeit/Sozialpädagogik (1987) und im Wörterbuch Soziale

Arbeit (Kreft / Mielenz 1988) sind von Thiersch verfaßt. Hans Thiersch hat einige Arbeiten zusammen mit seiner Ehefrau, Renate Thiersch, publiziert.[5] Seine Arbeitsschwerpunkte sind: Fragen der Hermeneutik und der sozialpädagogischen Theorie, Probleme der Definition abweichenden Verhaltens, Probleme der Beratung, Heimerziehung und der sozialpädagogischen Jugendarbeit. Kontakt zur sozialpädagogischen Praxis hat Thiersch durch seine Mitarbeit im Tübinger Verein für sozialtherapeutische Wohngruppen.

„So wie in der antiken Sage der Riese Antheus hilflos und ohnmächtig war, wenn es gelang, ihn vom Boden hochzuheben, er aber kräftig blieb, solange er auf dem Boden stand, so zeigen sich Nöte und gestaltbare Aufgaben dem, der sich auch auf Erfahrungen und Aufgaben im Alltag einläßt. – Daß mit solchem Alltagsengagement der so bedrohliche Kampf um die Entwicklung unserer Gesellschaft nicht entschieden ist, ist evident; die Relativierung dieses Engagements aber ist kein Einwand gegen seine Notwendigkeit." Hans Thiersch[6]

5.3. Die Wissenschaftsauffassung

Verstehen als Verständigung ist für Thiersch die Basis menschlicher Kultur.[7] Als Pädagoge möchte er Menschen verstehen, um zu wissen, ob und wie er ihnen helfen kann. Es gibt viele Weisen menschlichen Verstehens, eine davon ist für Thiersch wissenschaftliches Verstehen. Wissenschaftliches Verstehen ist spezialisiertes Verstehen: die Komplexität des Gegenstands wird zergliedert und spezifiziert. Hermeneutisch orientierte Wissenschaft arbeitet die Eigenart ihres Gegenstandsbereichs heraus, legt ihr Thema fest und präzisiert es, klärt den Zusammenhang von Voraussetzungen und Folgen, weist nachvollziehbare Methoden aus, bestimmt die Reichweite der Aussagen. Um verantwortbare Aussagen machen zu können, macht Wissenschaft etwas, nicht alles, und sie tut dies in der bestimmten Weise einer prüfbaren und damit öffentlichen Reflexivität. Da Wissenschaft nur etwas und nicht alles kann, kommt es darauf an, sich für einzelne Ansätze zu entscheiden, auf sie zu setzen, damit sich in Reflexion, Kenntnis und Umgang allmählich beschränkte, aber verläßliche Handlungsstrategien ergeben. Wissen um Grenzen muß nach Thiersch offensiv gewendet werden; es verlangt den Verzicht auf Allzuständigkeit ebenso wie ein geklärtes Wissen um Zuständigkeit und Nicht-Zuständigkeit. Das Wissen um Grenzen führt also zu Kooperation und gegenseitigem Verweisen zwischen Konzepten.[8] Es ist Aufgabe der Wissenschaft, Formen der Reflexivität so herauszuarbeiten, daß dadurch die verschiedenen Rationalitätsebenen und Erkenntnisinteressen und die darin liegenden Widersprüche aushaltbar gemacht und schließlich füreinander in der Aufklärung und Verbesserung der gegebenen gesellschaftlich konkreten Praxis produktiv genutzt werden können.[9] Thiersch charakterisiert seine Wissenschaftsauffassung in Abgrenzung zu einer hermeneutisch-pragmatischen Wissenschaftsauffassung als kritisch, hermeneutisch, progressiv und emanzipativ.[10]

5.4. Der Gegenstandsbereich

Der Alltag der sozialpädagogischen Adressaten ist für Thiersch der Gegenstand der Sozialpädagogik/Sozialarbeit. Dieser Alltag besteht aus den den Menschen zur Bewältigung aufgegebenen Lebensproblemen. Gegenstand der Theorie der Sozialpädagogik/Sozialarbeit sind für Thiersch somit die sozialen Probleme und Lernprobleme ebenso wie die spezifischen sozialpädagogischen Interventionsformen als gesellschaftliche Reaktion auf sie.[11] Die in einer Theorie der Sozialpädagogik/Sozialarbeit zu bearbeitende Frage ist für Thiersch,

„ob der prinzipielle Zusammenhang von gegebenen Lebensproblemen und institutionalisierter, professionalisierter und pädagogischer Hilfe noch trägt, oder – produktiv formuliert – wie die in der Entwicklung deutlich werdenden Widersprüchlichkeiten zugegeben, geprüft und angegangen werden können, damit die umfassende Idee der Aufklärung mit ihrer Hoffnung auf eine verantwortete Gestaltung unserer Lebensverhältnisse realisierbar und in sinnvolle Formen transformierbar bleibt ".[12]

5.5. Die Theorie

Thiersch versteht die Theorie von Sozialpädagogik/Sozialarbeit als *Theorie innerhalb der Erziehungswissenschaft*, allerdings als einer Erziehungswissenschaft, die ihrerseits sozialwissenschaftlich orientiert und gesellschafts- sowie handlungstheoretisch konzipiert ist.[13] Diese Festsetzung verfolgt Thiersch bis in Details hinein; zum Beispiel stellt er die allgemein übliche Reihenfolge Sozialarbeit/Sozialpädagogik (abgekürzt: SA/SP) in Sozialpädagogik/Sozialarbeit (abgekürzt: SP/SA) um. Sozialpädagogik/Sozialarbeit kann für ihn nur als

„methodisch-offener Ansatz praktiziert werden, als Verbundsystem unterschiedlicher, hypothesenprüfend-empirischer, beobachtend-interpretierender sowie Handlungen strukturierender Ansätze. Die derzeit zu konstatierende Präferenz für Handlungsforschungs- (und innovative Entwicklungs-) projekte, für teilnehmende Beobachtung, Interpretation und Kasuistik, wie sie sich aus der Kritik empirischer Methodologie sowie in der Reinterpretation traditioneller geisteswissenschaftlicher Hermeneutik und ethnomethodologischer Forschungsansätze entwickelt hat, darf nicht zurückgenommen werden, wenngleich künftig darauf insistiert werden muß, daß daneben die zur Zeit vernachlässigten traditionellen Aufgaben der Evaluationsforschung, der quantitativen Erhebung, der Sozialstatistik, der detaillierten Vergleichs- und Längsschnittstudien sowie vor allem der Sozialepidemiologie ... wieder angeeignet und aufgearbeitet werden müssen... SP/SA versteht sich als praxis-bezogene, kritische Handlungswissenschaft."[14]

Grundlage für eine Theorie der Sozialpädagogik/Sozialarbeit ist für Thiersch eine *Gesellschaftstheorie*, die die Erzeugung und Definition von sozialen Problemen und Lernproblemen ebenso thematisiert wie die spezifischen Interventionsformen als gesellschaftliche Reaktionen auf sie. Der gesellschaftliche Ort von Sozialpädagogik/Sozialarbeit ist aufgrund dieser Prämisse zu diskutieren.

Fünf Dimensionen sind nach Thiersch für eine Theorie der Sozialpädagogik/Sozialarbeit wesentlich und konstitutiv:

(1) Die Lebenswelt sozialpädagogischer Adressaten,
(2) die gesellschaftliche Funktion von Sozialpädagogik/Sozialarbeit,
(3) die Institutionen von Sozialpädagogik/Sozialarbeit,
(4) das professionelle Handeln von Sozialpädagogik/Sozialarbeit,
(5) der Wissenschaftscharakter von Sozialpädagogik/Sozialarbeit.[15]

(1) Die Lebenswelt sozialpädagogischer Adressaten
Auszugehen ist von den Fragen: Wie leben die Menschen? Wie sieht ihr Alltag aus? Der *Alltag* der sozialpädagogischen Adressaten ist für Thiersch der Ansatzpunkt für eine Hilfe zur Selbsthilfe, die – indem sie Lebensmöglichkeiten freisetzt und stabilisiert und Randbedingungen verändert – vielleicht Möglichkeiten eines menschlicheren, also freieren und selbstbestimmteren Lebens zutage befördert.[16] Thiersch denkt beim Alltag vor allem an einen Alltag in seinen Widersprüchen und den in ihm erlittenen Enttäuschungen und verschütteten Hoffnungen der Menschen. Alltag ist ein Aspekt von Wirklichkeit, der gegeben ist und wie alle Wirklichkeit „verstanden" werden muß. Mit präzisierenden Unterscheidungen macht Thiersch transparent, was von ihm als Alltag gesehen und in welchem Interesse Alltag verstanden werden kann. Dabei stützt er sich auf Arbeiten von Kosik.[17]

Der Begriff Alltag reklamiert für Thiersch die Lebenserfahrung aller Menschen, nicht nur die der herausgehobenen, bedeutenden Menschen. Alltagsleben in sozialer, zeitlicher und räumlicher Überschaubarkeit ist unter anderem dadurch bestimmt, daß Menschen sich als

Subjekte in eigenen Erfahrungen und Aufgaben wahrnehmen, daß Menschen sich in einem sozialen Umfeld vorfinden, daß vielfältige und unterschiedliche Aufgaben in- und nebeneinander bewältigt werden müssen, daß die Erledigung der Aufgaben pragmatisch orientiert und mit dem Verzicht auf Begründungen verbunden ist, daß die Bewältigung der Aufgaben nur möglich ist durch Entlastungen in Regeln und Routinen.[18]

Unter Alltäglichkeit versteht Thiersch generell geltende Verstehens- und Handlungsmuster im Alltag.[19] Alltagswelten sind konkrete Lebensfelder, in denen Alltäglichkeit sich darstellt. Alltäglichkeit ist soziales Handeln; das nur „verstanden" werden kann. Alltag als „buntscheckiges, widersprüchliches Gemenge" kann aber nicht aus sich heraus verstanden werden, sondern nur *im Zusammenhang der historisch-gesellschaftlichen Verhältnisse*, die ihn bestimmen. Alltäglichkeit ist das Verhältnis zur konkreten gesellschaftlichen Wirklichkeit, das sich in Alltagswelten darstellt. Die konkrete gesellschaftliche Wirklichkeit läßt viele Ungleichheiten unter Menschen erkennen. Die unterschiedlichen Ressourcen einzelner Menschen, um ihren Alltag zu bewältigen, haben ihren Grund im Faktum dieser Ungleichheiten in unserer Gesellschaft.

Emanzipationsbewegungen, die diese Ungleichheiten aufheben wollen, werden gebremst. Außerdem bestimmt moderne Rationalität mit ihrer technologisch-wissenschaftlich bestimmten Organisations- und Handlungsstruktur die Rahmenbedingungen für den heutigen Alltag und die konkreten Arrangements der Alltagswelten. Die heutigen Schwierigkeiten und Offenheiten im Alltag zeigen sich für Thiersch als Ergebnis einer Verunsicherung in Verstehens- und Handlungsmustern, die ihren Grund ebenso in einer demokratisch aufgebrochenen Aufgabenzuweisung hat wie in den Verschiebungen von Alltagsaufgaben durch die sich verschiebende Überschaubarkeit in Bezug auf Ort und Zeit, Informationen und Zuständigkeiten. Unsicherheit, Verweigerung, Protest, Experimente und Überlastung als Reaktionen in dieser offen-widersprüchlichen Situation drängen zu *Interpretationsmustern, die Orientierung möglich machen*. Das konservative Konzept, den Alltag zu deuten, greift nach Thiersch letztlich auf alttradierte Herrschafts- und Disziplinierungsmechanismen zurück, um die elenden Verhältnisse zu erklären, sodaß die Menschen sich den angeblichen Sachzwängen unterwerfen und auf den Kampf um ihre Rechte verzichten. „Der Schafspelz gegebener Alltagsplausibilität ist notwendig, damit der Wolf nackter Gesellschaftsinteressen ungehindert voranschreiten kann."[20] Das emanzipative Alltagskonzept versteht

Alltag vor allem als Protestpotential und versucht, die in ihm angelegten Widersprüche zu nutzen, um daraus Perspektiven zur Arbeit an
einem humaneren Leben zu gewinnen. Alltag wird mit Kosik verstanden als pseudo-konkret, als *„Gemengelage von Täuschung und
Wahrheit".*[21] Die Erscheinung des Alltags zeigt sein Wesen und verbirgt es zugleich. Täuschung muß destruiert, Wahrheit aber gestärkt
und unterstützt werden. Es muß vorrangig nach den Handlungs- und
Deutungsmustern der Adressaten gefragt, dann aber konfrontiert werden mit den im „pseudo-konkreten Alltag" verborgenen Widersprüchen, Versagungen und verschütteten Hoffnungen. Trotz aller
Schwierigkeiten und Selbstzweifel ist für Thiersch dabei das Prinzip
der Unterscheidung, der elementaren Unterscheidung von wahr und
falsch und der Verantwortung für solche Unterscheidungen, unver-
zichtbar.[22] Die für das Bestehen des Alltags notwendigen Unterscheidungen begründen eine legitime Aufklärung und einen Anspruch auf
Bildung und Hilfe. Von der Frage nach den Handlungs- und Deute-
mustern des Alltags her können Aufgaben und Verfehlungen auch
der professionellen Sozialpädagogik/Sozialarbeit bestimmt werden.[23]
Ziel sozialpädagogischer Arbeit ist nach Thiersch nicht der gelungene,
sondern *der gelingendere Alltag*, da Aussagen über die alltägliche Praxis, die sich aus der Dialektik von Erfüllung und Perspektive ergeben,
nur relativ und nicht absolut sein können. Gelingenderer Alltag ist
Aufgabe; gelungener Alltag wäre Vollendung. Die Momente des gelingenderen Lebens und die der uneingelösten Sehnsucht sind zu entdecken, bewußt und wach zu halten, zu stützen und zu mehren.

(2) Die gesellschaftliche Funktion von Sozialpädagogik

Im Zentrum dieser Dimension steht die Frage: Welche gesellschaftlichen Funktionen haben sozialpädagogische Institutionen und Interventionsformen? Eine Antwort auf diese Frage setzt notwendigerweise eine Gesellschaftstheorie voraus, von der aus die Funktionen
der Sozialarbeit in und für die Gesellschaft bewertet werden können.
Sozialarbeit als Institution unserer Gesellschaft ist für Thiersch geprägt durch den konstitutiven Widerspruch zwischen gegebener struktureller Gewalt und Sozialstaatsansprüchen, zwischen dem Auftrag,
die bestehende Machtverteilung zu stützen und Konflikte und Schwierigkeiten unauffällig und unaufwendig zu befrieden, und der Vertretung der Lebensrechte aller, vor allem der Zu-Kurz-Gekommenen,
Hilflosen, Unterprivilegierten und Schwachen. Diesen Widerspruch zu
nutzen, gegebene Handlungsfreiräume zu sehen und, vor allem,
Freiräume im Arrangement von Institutionen wie im Umgang mit ih-

nen zu erweitern, bedeutet einen strapaziösen Kampf, in dem Sozialarbeit als Stachel im Fleisch bestehender Machtverhältnisse agiert.[24]
Thiersch beklagt, daß sich Sozialarbeit zu wenig in politische und soziale Angelegenheiten von öffentlichem Interesse einmischt und eher
ohnmächtig ausführt, was die Mächtigen der Gesellschaft ihr auftra-
gen.[25]

Alltagsorientierte Sozialpädagogik will nach Thiersch *Hilfe zur Selbsthilfe* leisten, indem sie hilft, den Adressaten einen gelingenderen Alltag zu ermöglichen.[26] Die Frage an eine alltagsorientierte Sozialpädagogik kann also nur die sein, ob es gelingt, die institutionellen
und professionellen Ressourcen zu nutzen, um mit ihrer Hilfe Adressaten zu einem gelingenderen Alltag zu verhelfen und dabei die in der
Form moderner Sozialarbeit angelegten Gefahren zu unterlaufen, die
dieses Ziel immer wieder desavouieren. Das Ziel aber, den sozialpädagogischen Adressaten zu einem gelingenderen Alltag zu verhelfen, gelingt nur da, wo Sozialarbeit in ihrer konkreten Arbeit auch
versucht, – provokativ, verfremdend und stützend – den Adressaten
aus Armut, aus Hilflosigkeit und Verstrickung im Alltag herauszuhelfen, Elend und Blindheit eines borniertes Alltagspragmatismus
aufzulösen und, zugleich damit, Verhältnisse sozialpolitisch zu ändern.[27]

(3) Die sozialpädagogischen Institutionen

Der Alltag der Adressaten und die institutionell-professionellen Möglichkeiten moderner Sozialarbeit sind aber in schwieriger Weise miteinander verknüpft. Alltagsorientierte Sozialarbeit gelingt, wenn die
institutionellen Möglichkeiten vom Alltag aus ebenso kritisiert werden
wie dann die institutionellen Möglichkeiten wiederum den Alltag kritisieren. Um einen Zugang zu diesen Möglichkeiten zu erhalten, ist zu
fragen: Wie haben sich welche spezifischen sozialpädagogischen Institutionen herausgebildet? Gefragt werden muß einerseits nach den
disziplinierenden, unterdrückenden und stigmatisierenden Mechanismen der sozialpädagogischen Institutionen und andererseits nach
ihren spezifischen Leistungen. Nur eine differenzierende Diskussion
der sozialpädagogischen Institutionen von staatlichen, öffentlichen
und privaten Trägern kommt nach Thiersch infrage.

„Unabhängig aber von derartigen, notwendigen Differenzierungen drängt die
Organisationskritik und die analoge Entwicklung in der Praxis zu neuen, weniger rigiden, stärker überschaubaren und dezentralisiert-offenen Institutio-
nalisierungen, also zu eher informellen Angeboten, beispielsweise der Familienhilfe, der Stützung von Jugendinitiativen oder der Straßensozialarbeit, zu

277

lebensfeld-orientierten Beratungsinstitutionen, zu Wohngemeinschaften, dezentralisiert-autonomen Kleinheimen, Pflegefamilien, zum Verbund der stadtteilbezogenen Sozialen Dienste, vor allem aber zum professionellen Rückzug aus Aufgaben, die von den Betroffenen selbst oder in Initiativgruppen mit der vorhandenen, eigenen Kompetenz angegangen werden können."[28]

In drei allgemein gehaltenen Skizzen zur Situation der Heimerziehung legt Thiersch beispielhaft dar, Heimerziehung als entlastender, verläßlicher und attraktiver Lebensraum, als gelingenderer Alltag zu verstehen und zu verwirklichen.[29]

(4) Sozialpädagogisches Handeln
Für Thiersch stellt sich hier die Frage nach der zunehmenden Professionalisierung, die mit der Institutionalisierung von Sozialpädagogik/Sozialarbeit einhergeht. Wie weit soll pädagogische Professionalisierung in einem Arbeitsfeld, das offensichtlich nicht insgesamt professionalisiert werden muß und in dem *Professionelle und Nichtprofessionelle mit- und nebeneinander* wirken können und müssen, gehen? Professionalisierung, die in ihrer Arbeitsform verantwortlich, überprüfbar und ausweisbar gestaltet sein muß, bildet – um sich als qualifiziert zu erweisen – eigene Handlungs- und Sprachmuster aus und nimmt dabei auch eine Distanz zur Klientel ein, die immer auch Herrschaft beinhaltet. Für Thiersch stellt sich die Frage: Inwieweit werden durch pädagogische Professionalisierung Lebensfelder und -aufgaben, die besser der Selbstregulierung im Alltag, das heißt der Kompetenz der eigenen Erfahrungen von den Betroffenen überlassen bleiben sollten, umstrukturiert und damit enteignet bzw. „kolonialisiert"?[30]

„Pädagogisches Handeln, soll es zu einem gelingenderen Alltag beitragen, meint Kompetenz zum Handeln im Kontext gegebener Alltagserfahrungen, meint, diesen Alltag ernst nehmen, aushalten, teilen und – ebenso – aus seinen eigenen, produktiven Möglichkeiten heraus Lernprozesse initiieren, meint, Alltag strukturieren, aufklären und verbessern. Der Bezug zwischen Menschen, die sich so aufeinander einlassen, soll, zum einen, kein autoritärhierarchisches Verhältnis, sondern ein prinzipiell reversibler Umgang wechselseitigen Lernens und Helfens sein, soll aber, zum anderen, gleichwohl den Betroffenen Angebote zu neuen Erfahrungen, notwendigen Klärungen und unvermeidlichen Hilfen vermitteln, die als Aufgaben aus der Situation heraus ausgewiesen werden müssen. Dabei muß sich derjenige, der auf Einsicht oder Hilfe angewiesen ist, an der Zumutung seiner eigenen Entfaltungsmöglichkeiten und in seinen Fähigkeiten, sich als Subjekt selbst zu bestimmen, erfahren können."[31]

Für pädagogische Handlungskompetenz, die sich als praktisches Handeln in den Aufgaben der Situation, also im Widerspruch der Erwartungen und Aufgaben, realisieren soll, wird informierte (also wissenschaftlich gestützte) Reflexivität und gemeinsame Reflexion in wechselseitiger Kritik, Selbstkritik und Bestärkung zum konstitutiven Merkmal. Diesem Ziel kann wiederum nur eine in sich offene, widersprüchliche Berufsidentität entsprechen.[32]

Thiersch faßt seine Überlegungen dahingehend zusammen, daß sich Sozialpädagogik/Sozialarbeit in einer Krise befindet, in der es darauf ankommt, das Aufklärungskonzept einer emanzipativen Pädagogik durchzuhalten und neu zu formulieren. Die psychosozialen Belastungen und technologischen Verfremdungen der hochindustrialisierten Gesellschaftsformationen und systembezogenen Sachzwänge erzeugen Orientierungskrisen und bedrohen unser Alltagsleben. Darin liegt für Sozialpädagogik/Sozialarbeit eine besondere Chance, die es zu nutzen gilt im Kampf um die Veränderung des Alltags ebenso wie um die Veränderung der gesellschaftlichen Verhältnisse, die einen humanen, freundlichen und freien Alltag verhindern. „Dieser in seinen Vermittlungen und Aushandlungsprozessen so strapaziöse, schwierige und auch immer wieder unsichere Kampf ist getragen von Hoffnung; es ist ein Kampf in Perspektive."[33] Thiersch pointiert seine Theorie, indem er auf ein Zitat von Nohl zurückgreift: „Alltag, das ist der auf hartnäckige Arbeit umgestellte Traum."[34]

5.6. Bedeutung und Umsetzung in der Praxis

Hans Thiersch spielt unter den deutschen ErziehungswissenschaftlerInnen, die sich mit Sozialpädagogik befassen, eine einflußreiche Rolle. Seine Auffassungen von Sozialpädagogik sind in den für die Meinungsbildung relevanten Fachzeitschriften und Handbüchern abgedruckt und werden in den fachwissenschaftlichen Diskussionen berücksichtigt. Es ist um Thiersch eine „Tübinger Schule der Sozialpädagogik" entstanden. Neben viel Zustimmung zu Thierschs Theorie einer alltagsorientierten Sozialpädagogik steht auch Kritik an der wissenschaftlichen Qualität seines Buches:[35] „Denn das Buch tritt zwar mit dem Habitus der Weisheit auf, doch wissenschaftliche Theorie, mithin systematische Argumentationen stellt es kaum vor; und wo diese als hintersinnige Logik des Aufbaus dann doch noch hervorblinzeln, werden sie oft ganz schnell wieder versteckt." urteilt Michael Winkler und findet, daß der Leser am Ende einigermaßen verblüfft feststellen muß, daß er „mehr als die unbezweifelbare Wahrheit, daß man den Alltag tunlichst im Alltag erfährt", kaum entdecken kann.[36]

5.7. Literatur zum Vertiefen

Mit „Die Erfahrung der Wirklichkeit. Perspektiven einer alltagsorientierten Sozialpädagogik" (1986a) liegt von Hans Thiersch eine Monografie zu seiner Theorie der Sozialpädagogik/Sozialarbeit vor. Insbesondere das Kapitel 1: „Alltag und alltagsorientierte Sozialpädagogik – Überlegungen zur theoretischen und sozialpolitischen Ortsbestimmung der Alltagswende" beantwortet viele Fragen an das Alltagsparadigma. Die anderen Kapitel des Buches sind überarbeitete Fassungen früherer Publikationen. Der Artikel „Sozialpädagogik/Sozialarbeit: Theorie und Entwicklung" – von Thiersch zusammen mit Thomas Rauschenbach verfaßt – bietet eine umfassende Übersicht über Thierschs Gesamtkonzept einer Theoriebildung.[37] Die kritischen Arbeiten von Reinhard Hörster[38] und Michael Winkler[39] über die alltagsorientierte Wende in der Pädagogik sind aufschlußreich und regen an, sich eine eigene Meinung zu bilden.

ANMERKUNGEN ZU KAPITEL 5

[1] Vgl. Reble 1981, 212 - 222
[2] Thiersch / Rauschenbach 1987, 992
[3] Thiersch 1986a, 178
[4] Eyferth / Otto / Thiersch 1987
[5] Vgl. zum Beispiel Thiersch 1986a
[6] Thiersch 1986a, 54
[7] Vgl. Thiersch 1986a, 198 - 215
[8] Thiersch 1986a, 206
[9] Thiersch / Rauschenbach 1987, 1011
[10] Thiersch 1986a, 14 und öfters
[11] Thiersch / Rauschenbach 1987, 1000f. In der Folge nenne ich im Text allein Thiersch, wenn ich mich auf diesen Artikel beziehe. Die Grundgedanken dieses Artikels stimmen meines Wissens nach mit den Grundgedanken anderer Publikationen zur Theorie der Sozialpädagogik/Sozialarbeit überein, die Thiersch allein verantwortet. In den Anmerkungen werden jeweils beide Autoren angegeben.
[12] Thiersch / Rauschenbach 1987, 999
[13] Thiersch / Rauschenbach 1987, 1009
[14] Thiersch / Rauschenbach 1987, 1010. Hervorhebung durch mich, E.E.
[15] Thiersch / Rauschenbach 1987, 1000. Zum Wissenschaftscharakter von Sozialpädagogik/Sozialarbeit nach Thiersch vgl. meine Ausführungen unter dem Punkt 3: Die Wissenschaftsauffassung.
[16] Vgl. Thiersch 1986a, 13, Thiersch 1986b
[17] Kosik 1967
[18] Vgl. Thiersch 1986b, 16
[19] Vgl. Thiersch 1986a, 10 - 41
[20] Thiersch 1986a, 31

[21] Thiersch 1986a, 35
[22] Thiersch 1986a, 54
[23] Thiersch / Rauschenbach 1987, 1002
[24] Thiersch 1986a, 43f.
[25] Thiersch / Rauschenbach 1987, 1004f.
[26] Thiersch 1986a, 42
[27] Vgl. Thiersch 1986a, 43
[28] Thiersch / Rauschenbach 1987, 1006. Hervorhebung durch mich, E.E.
[29] Thiersch 1986a, 88 - 113
[30] Thiersch / Rauschenbach 1987, 1007
[31] Thiersch / Rauschenbach 1987, 1008
[32] Thiersch / Rauschenbach 1987, 1009
[33] Thiersch 1986a, 53
[34] Thiersch / Rauschenbach 1987, 1013
[35] Thiersch 1986a
[36] Vgl. Winkler 1986a, 69f.
[37] Thiersch / Rauschenbach 1987
[38] Hörster 1988
[39] Winkler 1988b

6. ÖKOSOZIAL DENKEN UND HANDELN – WOLF RAINER WENDT

6.1. Der lebensweltliche Kontext

Ökologie wird von dem Zoologen und Naturphilosophen Ernst Haeckel (1834 – 1919) als Bezeichnung für „die gesamte Wissenschaft von den Beziehungen des Organismus zur umgebenden Außenwelt" im Jahre 1866 eingeführt. Haeckel erforscht die Wechselwirkungen zwischen Organismen und zwischen Organismen und ihrer Umwelt. Aufgrund seiner Beobachtungen über die Anpassung der Lebewesen an ihre Umwelt verficht er die Abstammungslehre von Darwin. Als Teilgebiet der Biologie breitet sich Ökologie ständig weiter aus.[1] Der ökologische Gedanke – Wechselwirkungen bestimmen das Leben – wird auch in anderen Disziplinen aufgegriffen, bisweilen aber unter anderen Namen. In der Sozialen Arbeit denkt Jane Addams (1860 – 1935) bereits Ende des 19. Jahrhunderts in Chicago ökologisch und handelt entsprechend.[2] Die Friedensnobelpreisträgerin verändert allerdings den biologistischen Charakter von Ökologie, indem sie Natur und Ökologie mit der Frage nach der Gerechtigkeit in den sozialen Systemen verbindet. Sie untersucht die armselige Ausstattung der Slumbewohner Chicagos unter Berücksichtigung ihres Lebensmilieus, faßt die Stadt als Lebensraum auf, in dem Armut entsteht, und fragt nach nationalen und internationalen Zusammenhängen bei der Entstehung von menschlichem Leid. Der ökologische Aspekt erhält in den Sozialwissenschaften der USA eine wichtige Bedeutung. In den 70er Jahren greifen nordamerikanische SozialarbeitswissenschaftlerInnen den ökologischen Gedanken verstärkt in der Diskussion über Theorien und Konzepte Sozialer Arbeit auf.[3] In Deutschland führt ebenfalls in den 70er Jahren eine allgemeine Unzufriedenheit mit der Lebensqualität zu der Konfrontation „Ökologie gegen Ökonomie". Der Bericht des Club of Rome über die Grenzen des Wachstums (1972), der „Ölschock" (1973/74), die Vergiftung der Flüsse und der Meere, die Atombombenversuche, die Kernkraftwerke, das Waldsterben, die Erwärmung des Klimas, das Ozonloch, die Katastrophe von Tschernobyl usw. führen dazu, daß immer mehr Menschen sich selbst durch die Zerstörung der Umwelt bedroht fühlen und sich tatkräftig für den Schutz der Umwelt einsetzen. Viele Organisationen werden zu diesem Zweck gegründet (zum Beispiel der Bund Naturschutz, Greenpeace usw.). Die ökologische Bewegung wird schließlich von vielen Menschen, Parteien und Interessengruppen unserer Gesellschaft entdeckt und für sich genutzt. Alle geben sich ökologisch und verstehen doch jeweils etwas anderes darunter. Die soziale Komponente der ökologischen Bewegung wird durch die Verbindung von „ökologisch" und „alternativ" hergestellt. Die alternativ-ökologische Bewegung zielt auf „anders leben" und „anders arbeiten". Sehr viele SozialarbeiterInnen sind in alternativ-ökologischen Projekten engagiert. Ökologie wird auch in Deutschland zu einem wichtigen Gedanken in der Sozialen Arbeit.[4]

6.2. Der Autor

Wolf Rainer Wendt wird 1939 geboren, studiert Psychologie und wird 1969 zum Dr. phil. promoviert. Nach dem Studium ist er zunächst als Erziehungsberater tätig. Danach wird er Abteilungsleiter im Jugendamt von Stuttgart. Seit 1978 leitet Wendt als Professor den Ausbildungsbereich Sozialwesen der Berufsakademie Stuttgart. Neben einer umfangreichen publizistischen Tätigkeit arbeitet er noch bei Praxis- und Forschungsprojekten mit, die sich am Case-Management-Konzept orientieren.[5]

Wendts Publikationsschwerpunkte in der Sozialen Arbeit liegen in der Geschichte der Sozialen Arbeit, der Theorieentwicklung und dem Case-management. Sein Werk „Geschichte der sozialen Arbeit. Von der Aufklärung bis zu den Alternativen und darüber hinaus" (1990) liegt bereits in dritter, überarbeiteter und erweiterter Auflage vor. Das Buch entsteht 1981 – 83 und ist als Arbeitsbuch für den Gebrauch in Vorlesungen und Seminaren gedacht, da nach Wendt die Aneignung der Geschichte der Sozialen Arbeit zur Selbstaktualisierung sozialer Arbeit beiträgt. Auf das Thema „Ökologie und soziale Arbeit" kommt Wendt aus „ziemlich partikulären Gründen".[6] Der Mangel an übergreifenden Konzepten, das Fehlen eines Bezugsrahmens und das Versagen der Motivationen für Soziale Arbeit und die Nachfrage der Studierenden veranlassen ihn, sich mit dem Thema Ökologie und Soziale Arbeit zu befassen. In dieser Verbindung sieht er eine wichtige Ressource für die Soziale Arbeit. Seine Theorie zur Sozialen Arbeit unter ökologischer Perspektive liegt mittlerweile in zwei verschiedenen Ausgaben vor. Der erste Entwurf erscheint 1982 unter dem Titel „Ökologie und soziale Arbeit" im Enke-Verlag (Stuttgart). Die zweite Ausgabe erscheint 1990 unter dem Titel: „Ökosozial denken und handeln. Grundlagen und Anwendungen in der Sozialarbeit" im Lambertus-Verlag (Freiburg i.Br.). In der zweiten Arbeit – so sagt Wendt – faßt er die Überlegungen der ersten Arbeit zusammen und entwickelt sie weiter. In der Zeit zwischen diesen beiden Büchern veröffentlicht Wendt zu demselben Thema mehrere Artikel.[7] 1989 verteidigt er seine Überlegungen gegen heftige Angriffe von Silvia Staub-Bernasconi.[8] Wendt ist neben zahlreichen eigenen Publikationen unter anderem Mitherausgeber der „Sozialen Brennpunkte".

> „Menschen sind in ihrem Dasein aufeinander, auf soziale Gelegenheiten und auf öffentliche Güter angewiesen. Wenn wir soziale Arbeit auf die Ökologie eines humanen Lebensunterhalts hin konzipieren, verbietet es sich, die Leute nach Hilfsbedürftigkeit und solchen, die sich selbst zu helfen wissen, zu sortieren." Wolf Rainer Wendt[9]

6.3. Die Wissenschaftsauffassung

Wendt will, daß seine Untersuchung „selbst zu dem diskursiven Geschehen der sozialen Arbeit gerechnet" wird, „einem Prozeß, der politische Aktionen, konkrete Interventions- und Hilfepraxis, öffentliche Diskussionen und theoretisches Reflektieren gleichermaßen umfaßt."[10] Das ökologische Denkmuster („Paradigma") ist ihm generelles Grund- und Leitmuster für Soziale Arbeit. Eine Theorie der Sozialen Arbeit profitiert Wendts Meinung nach nur von diesem Denkmuster.[11]

> „Im topischen Blickwinkel ortet Ökologie die Lebenserscheinungen in einem Raum von Beziehungen, wobei unsere Wissenschaft in dem Moment,

da sie sich der sozialen Angelegenheiten annimmt, nicht mehr darüber hinweg kann, daß sie selbst zu ihnen zählt, auch gerechnet werden will, und in dem bezeichneten Raum untergebracht ist. Was theoretisch erst ein Problem sein mag, gereicht dem ökologischen Ansatz praktisch zu einer eigentümlichen Selbstrechtfertigung. Er befaßt sich mit offenen, dynamischen Zuständen hoher Komplexität; zugleich meldet sich in dem veranstalteten ökologischen Denken ein Bedürfnis nach Geschlossenheit (nach Übersicht, Fertigwerden, Übereinstimmung), das in die transzendentalen Voraussetzungen unseres Vorstellens und Fühlens reicht: Es verlöre sich sonst alles.“[12]

Das ökologische Vorgehen ist für Wendt assoziativ, synkretistisch, zirkulär und präskriptiv.[13] Assoziatives Vorgehen bedeutet, Gedanken miteinander zu verknüpfen, von denen der eine den anderen hervorgerufen hat. Synkretistisches Vorgehen heißt, Verschiedenes ohne innere Verbindung zu vermischen. Zirkuläres Denken bedeutet, einzelnes aus seinen Zusammenhängen und Zusammenhänge aus einzelnem zu erkennen und zu erklären. Präskriptive Aussagen schreiben vor, wie zu verfahren ist. Den Bezugsrahmen für seine Theorie findet Wendt

„in einem lebendigen, natürlichen und gesellschaftlichen Zusammenhang und in Zeitgenossenschaft vor. Diesen Kontext prinzipiell als ganzen wahrzunehmen und zu berücksichtigen, damit in ihm angemessen gehandelt wird, verlangt der ökologische Denkansatz. Die Theorie orientiert auf Zusammenhänge. Die grundlegenden Aussagen sind präskriptiver Natur: sie schreiben vor, ganzheitlich, haushaltend, pflegend usw. zu verfahren. Den Grundsätzen entsprechend wird das Geschehen im Gegenstandsbereich der Theorie von ihr beschrieben. Die Handlungsanforderungen bleiben dabei im Blick, denn der Bezugsrahmen (das Praxisfeld) schließt sie ein.“[14]

Wendt qualifiziert seine Theorie als ökosoziale Handlungstheorie.[15]

6.4. Der Gegenstandsbereich

Wendt benennt an verschiedenen Stellen seiner Arbeiten mit verschiedenen sprachlichen und inhaltlichen Wendungen den Gegenstand Sozialer Arbeit. So definiert er Soziale Arbeit als den Vorgang, in einer Gesellschaft an den Lebensverhältnissen ihrer Angehörigen Anstoß zu nehmen und etwas mit dem Ziel zu tun, diese Verhältnisse zu bessern. Dieser Vorgang darf sich nicht in einzelnen Akten der Hilfe erschöpfen, sondern muß von der Gesellschaft als notwendige Aufgabe wahrgenommen werden und in ihr als ständiges Bemühen in Erscheinung treten.[16] Gegenstand der Sozialen Arbeit ist komplexes menschliches Leben in dessen alltagspraktischen Zusammenhängen.

Soziale Arbeit darf das Insgesamt der in der Gesellschaft vorkommenden Aktivitäten mit dem Ziel, die Lebensverhältnisse innerhalb des Gemeinwesens für die ihm angehörenden Menschen zu verbessern, genannt werden.[18] In der zweiten Ausgabe seiner Theorie sagt Wendt:

> „Die Sozialarbeit hat spezifische Mißstände und Beeinträchtigungen zum Gegenstand, von denen einzelne Angehörige oder Gruppen betroffen sind."[19] – Gegenstand Sozialer Arbeit sind „Menschen in verwickelten und 'unwirtlichen' Verhältnissen."[20] – „Gegenstand ist die gesellschaftliche und die individuelle Lebensführung in den empirischen Details ihres Gelingens oder Mißlingens."[21] – „Ökologisch orientiert, nimmt sich die Sozialarbeit eine im Gemeinwesen verbreitete gesellschaftliche Problematik zum Gegenstand, die in den Lebenslagen einzelner Menschen und der Situation sozialer Gruppen hervortritt."[22]

Gegenstand der Theorie von Sozialer Arbeit ist berufliches Handeln, das auf der Grundlage des ökologischen Paradigmas reflektiert wird.[23]

6.5. Die Theorie

Denkend und handelnd bewegen sich die Menschen, so zitiert Wendt den Amerikaner Bateson, innerhalb des Systems, das sie bedenken und behandeln wollen.[24] Allgemein wird unter Ökologie heute das Verhältnis von Mensch und Umwelt verstanden, also das ganze System, in dem der Mensch lebt. Wendt benutzt dagegen den Begriff „ökosozial" und grenzt seine Bedeutung ausschließlich auf das *Feld und* den *Raum menschlicher Lebensgestaltung* ein.[25] Die Soziale Arbeit erledigt innen, wofür außen der Umweltschutz da sein soll. Der Unwirtlichkeit, welche die Ausbeutung der Natur nach sich zieht, entspricht die Unwirtlichkeit der modernisierten Lebensumstände vieler Menschen.[26]

> „Der Durchblick, daß Unterstützung und Hilfe innerhalb eines Ökosystems von Lebenstätigkeiten gebraucht wird, ist auch die Perspektive des ökosozialen Ansatzes. Gemäß der Ökologie des konkreten Lebenszusammenhangs, in den Funktionen seines Systems und unter Ausnutzung der Gelegenheiten, die er bietet, müssen wir vorgehen, um den Menschen in Schwierigkeiten und Not wirksam helfen zu können."[27]

Wendt beschreibt als leitende Begriffe („Kategorien") seines ökosozialen Konzepts:[28]

(a) Haushalt und Lebensordnung [29]: Paradigmatisch wird das Modell des Haushalts (griechisch: „oikos") herangezogen, um komplexe Le-

benszusammenhänge und -ordnungen denkend und handelnd zu begreifen. Haushalten nötigt stets zur bewußten Wahrnehmung und Berücksichtigung eines ganzen Kranzes ökologischer Bedingungen. Haushalten und die Kompetenzen dafür lassen sich lernen. Wirtschaften bedeutet stets, daß mit Werten umgegangen wird. Haushalt als zentraler Grundbegriff knüpft die Gestaltung und Bewältigung des Alltags im einzelnen an den Ertrag im ganzen Leben, an gesellschaftliche Kooperation und Verantwortung für die Natur im Haushalt der Schöpfung.

(b) Ökologische Bilanzierung: Haushaltend werden Vor- und Nachteile, Nutzen und Kosten abgewogen, wenn Ansprüche und Bedürfnisse im Feld des Zusammenlebens sich zeigen. Hin und wieder muß abgerechnet und die Bilanz des Erreichten gezogen werden.

(c) Selbstorganisation: Die beteiligten Organismen erhalten und variieren ihr Ökosystem in fortlaufender Selbstorganisation. In zirkulärer Weise arbeitet sich der ökologische Zusammenhang an Differenzen ab. Soziale Differenzen sind entscheidend für die Dynamik in der Ökologie menschlichen Zusammenlebens. Die gesellschaftliche Selbstorganisation erfolgt im wesentlichen durch wirtschaftliche, politische und kulturelle Tätigkeit. Sozialarbeit erscheint in diesem Rahmen als eine spezifische Bezugnahme auf problematische interne Zustände der Gesellschaft.

(d) Lebenslage: Die Lebenslage eines Menschen als Ergebnis eines zirkulären Prozesses ist durch vier Dimensionen zu beschreiben: Lebensgeschichte, Perspektiven, Innenwelt und Umwelt. Die dazu erhobenen Daten sind von Sozialarbeiter und Klient zusammen einzuschätzen. Die gemeinsame Einschätzung („assessment") ist die Grundlage für das weitere Handeln. „Das Konzept der Lebenslage erfüllt seinen Zweck in einem ziemlich weitgehenden und vielseitigen 'Aufdröseln' der aktuellen Verwicklungen von Menschen, damit sie mit den Fäden zurechtkommen beim Weiterweben ihres eigenen Lebens."[30]

(e) Nischen und Kompetenzen: Eine Nische bedeutet eine von einem Lebewesen aktiv unterhaltene Konstellation von Beziehungen, mit denen von ihm Freiheiten genutzt werden, welche ein Lebensraum samt allem, was ihm angehört, der bestimmten Lebensform beziehungsweise ihren individuellen Ausprägungen läßt. Die Nische bezeichnet den für ein Lebewesen relevanten Ausschnitt der sozialen Realität als sein aktives Handlungsfeld, im Unterschied zum allgemeinen Verständnis von Nische als einem überlassenen Schlupfwinkel. Kompetenzen bestehen aus einer Einheit aus Gelegenheiten und Fähigkeiten, die notwendig sind, um Lebensprobleme zu bewältigen.

(f) Ressourcen: Ein Bestand („Ressource") ist als ein Vermögen in der bestimmten Beziehung zu betrachten, in der es durch geeignete Verfahren nutzbar oder zu Nutzungen herangezogen wird. Sozial und ökologisch gleichermaßen bedeutsam ist die Strategie des Umgangs mit Ressourcen.

(g) Bewältigung („coping"): Die Prinzipien des Haushaltens, der Selbstorganisation und der Kompetenz führen zu einem Verständnis von aktivem Bewältigungsverhalten, das weit über die traditionellen Unterstützungskonzepte hinausgeht. Die Strategie der Sozialarbeit hat von den Stärken (als von Ressourcen) der Einzelpersonen, Familien und Gruppen auszugehen, ist produktiv statt distributiv-konsumtiv wie in der herkömmlichen Sozialarbeit.

(h) Unterstützung: Die Selbstsorge von Menschen bezieht soziale Leistungen ein, die in der Familie, durch soziale Institutionen und im gesellschaftlichen Verkehr insgesamt erbracht werden. Durch instrumentelle, informelle, Bewertungs-, emotionale Unterstützung und Unterstützung durch Zusammensein wird die selbstorganisierte Lebensbewältigung genährt und Schwächen werden kompensiert.

(i) Vernetzung: Jeder Mensch lebt in einem Netz, das heißt in einem Geflecht informeller und formeller Verknüpfungen zwischen handelnden Menschen. Die Netze können von den Menschen innerhalb und außerhalb des Netzes recht unterschiedlich – als konstruktiv oder belastend – bewertet werden.

Nach Wendt bedarf jede wissenschaftliche Ökologie einer Modellbildung des von ihr erkannten und zu analysierenden komplexen Zusammenhanges. Eine Systemtheorie veranschaulicht die Grundzüge – Struktur und Prozeß – des Haushalts. Ein *„Humanökosystem"* besteht nach Wendt auf einer materiellen Basis aus Komponenten (Einzelpersonen und Gruppen), die in Austauschprozessen verschiedener Art zirkulär aufeinander angewiesen sind und gemeinsam durch interne Regulation und Reproduktion ein differenziert funktionierendes Ganzes bilden: die Gesellschaft mit ihren Teilsystemen der Wirtschaft, der Politik und der Kultur.[31] Zu unterscheiden sind Makro-, Meso- und Mikrosysteme. Wendt verbindet systemische und lebensweltliche Orientierung und verteidigt diese Vermischung als „pragmatische Indifferenz".[32] Für die Soziale Arbeit folgert Wendt, daß sie in der Arbeit mit einzelnen, mit Gruppen und im Gemeinwesen aufzuklären hat, was im lebensweltlichen Rahmen geleistet und was systemisch angegangen werden muß, und daß alle Seiten des Prozesses wahrzunehmen sind, in dem sich einzelne Menschen, Gruppen und das Gemeinwesen entwickeln.

Sozialarbeit geschieht innerhalb eines Haushalts des Gemeinwesens in Form von beruflich und dienstlich abgesteckten Bewältigungsverfahren. *Sozialarbeiter* müssen *Generalisten in der Problembearbeitung* sein und dabei die Tätigkeiten von Spezialisten verschiedener Gebiete integrieren und koordinieren. Sinn- und Werterfahrungen gehören zum Leben im Haus dazu, daher muß die Sozialarbeit im ökosozialen Kontext auch hermeneutische Aufgaben übernehmen.[33] Die Ökologie des Miteinanderlebens und -auskommens verlangt ein konzeptionsorientiertes Handeln; Planen, Organisieren und Kontrollieren gehören zum *Lebensmanagement*. Wendt orientiert sich bei seinen Überlegungen zum Lebensmanagement Sozialer Arbeit an Managementtheorien aus der Betriebswirtschaft. Er unterscheidet zwischen verschiedenen Formen und Aufgaben des Managements Sozialer Arbeit. Zwei wichtige Formen sind für ihn das Einflußmanagement und das Unterstützungsmanagement. *Einflußmanagement* zielt auf Einflußnahme mittels Öffentlichkeitsarbeit, Social Marketing, politischer Gremienarbeit usw. bei politischen Entscheidungen. Das *Unterstützungsmanagement* („Case Management") ist die wichtige Arbeitsmethode in Einzelhilfe und Familienarbeit. Wendt beschreibt sechs Phasen des „Case Managements":

(a) Die Finde-Phase (Einstieg, „Engaging", „Intake")
(b) Einschätzung und Bewertung („Assessment")
(c) Planung und Ressourcenvermitlung
(d) Das Management der Durchführung von Unterstützung
(e) Kontrolle und Evaluation
(f) Beendigung.[34]

In der Praxis erfüllt für Wendt Soziale Arbeit die verschiedensten Aufgaben, daher fragt er: Was macht in dieser Vielfalt das „*Proprium der Sozialarbeit*" aus? Was charakterisiert Soziale Arbeit als Soziale Arbeit? In den Überlegungen zur moralischen Ökonomie geht Wendt mehrere Antwortmöglichkeiten durch. Persönliche Motive der Helfenden reichen als Antwort nicht aus, sie ändern sich leicht und sind nicht allgemein.

> „Mit dem Anspruch auf Allgemeinverbindlichkeit sagt uns die Moral, daß soziales Engagement unerläßlich sei. Die christliche Moral fordert tätige Nächstenliebe. Eine aufgeklärte (kantianische) Moral verlangt Pflichterfüllung dergestalt, daß aus ‚Achtung für die Vernunft' gehandelt wird, – und es ist zweifellos vernünftig, anderen vernünftigen oder potentiell vernunftbegabten Menschen auf vernünftige Weise zu helfen und möglichst auch beizutragen zum Bau einer vernünftigen Gesellschaft... Die eine wie die andere Moral beruft sich auf Zusammengehörigkeit."[35]

Aus Zusammengehörigkeit folgt für Wendt Solidarität. Dieser Begriff erfüllt für ihn faktisch nur ideologische Funktion und erklärt nichts. Aus einem Bekenntnis zur Brüderlichkeit oder zum Gemeinsinn erwächst noch keine konkrete Soziale Arbeit.

> „Die anfangs als Leerformel auftretende Parole 'Solidarität' hält uns kraft ihrer öffentlichen Vertretung in einem zirkulären Prozeß dazu an, den Begriff zu füllen und Solidariät zu üben, im historischen Fortschritt solidarisch zu werden mit immer mehr Menschen, wie unterschiedlich sie sein mögen in ihrer Gruppen-, Schicht – und Rassenzugehörigkeit."[36]

Die Soziale Arbeit reklamiert nach Wendt Solidarität dort, wo sie praktisch fehlt. Solidarität kann für Wendt „füglich nicht der Beweggrund für Sozialarbeit sein, den wir suchen."[37] Für Wendt erweisen sich außerdem die allgemeinen Forderungen nach Verteilungsgerechtigkeit und Behebung von Not als Leerformeln angesichts der Fakten des individuellen Daseins und des Alltags im menschlichen Zusammenleben.[38]

Wendt resümiert, daß keiner von einer Wissenschaft der Sozialen Arbeit erwarten sollte, daß sie ein einheitliches Sachprogramm für das berufliche Handeln fertigbringt und objektiv begründet. „Darauf kann auch das ökosoziale Konzept nicht aus sein. *Der Eigensinn der Leute und die Wechselfälle des Lebens durchkreuzen* jedes Programm, somit auch *eine Grundlegung von Sozialarbeit* in ihm."[39] Wendt möchte

> „auf unser Gemeinschaftsgefühl setzen und das Vertrauen, das es hervorruft, pragmatisch zu seiner Fundierung nutzen... Das ökosoziale Konzept läuft darauf hinaus, die soziale Abstimmung (wie eine Situation einzuschätzen und was zu tun ist) in den ökologischen Zusammenhängen zu begründen, die am jeweiligen Ort und zur fraglichen Zeit aktuell sind."[40]

Diese Einschätzung soll auf der Basis empirischer Daten, die Ergebnis einer sich nicht unbedingt wertneutral verhaltenden Forschung sind, erfolgen. Der ökonomisch orientierte, auf Verträglichkeit abgestellte soziale Diskurs hat konstruktive objektve Folgen für die an ihm beteiligten Menschen.

Die moralische Ökonomie der Sozialarbeit besteht für Wendt darin, an dem objektiven Wert einer *Verbesserung des Leben-Könnens von Menschen* festzuhalten. Leben-Können ist weithin eine Gestaltungsaufgabe: das Einräumen von Aktions- und Entfaltungsmöglichkeiten, die Pflege lebensfreundlicher Orte, die Aktivierung von Lebenskultur und die strukturelle Ermöglichung von Teilnahme und Teilhabe dient ihm. Die ökologische Konzentration auf problematische Lebenslagen begegnet der intersubjektiven Ausuferung von Bedürfnissen und Besserungsabsichten. Der Sozialarbeiter nimmt berufstätig-Verantwortung stellvertretend für die Gesellschaft wahr. „Aufgabe der Sozialarbeit ist die Konstruktion von Solidarität, soweit sie sich in Form von Unterstützung realisieren läßt."[41] Wendt empfiehlt eine Strategie, die die Menschen wieder zu *Heimisch-Sein und Zugehörigkeit* hinführt.[42] Worin kann das Ethos einer ökologisch begründeten Sozialen Arbeit liegen? Das Spezifikum Sozialer Arbeit ist für Wendt nicht der persönlich hingebungsvolle Dienst, sondern ist in einem Zustand des Mangels, der Behinderung oder in einer wünschenswerten Erfüllung des Leben-Könnens von Menschen begründet.[42]

Wendt sagt, daß der Mensch eine Kreatur ist und dem Menschen daher sein sozialer Einsatz ohnedies „*zur Ehre Gottes*" gereicht. Der bedürftige Zustand der uns anvertrauten Schöpfung erfordert in allen einzelnen Belangen – wenigstens kompensatorisch – eine soziale Haushaltung. „An dem Haus und in ihm eine detaillierte und differenzierte Milieuarbeit zu leisten, auf das es vielerlei Mitwirkung erlaubt und verlangt, darin könnte das Ethos einer ökologisch begründeten Sozialarbeit liegen."[44]

6.6. Bedeutung und Umsetzung

Ökologie als Metapher oder Paradigma findet in der Sozialen Arbeit große Beachtung. Die ökologische Perspektive Sozialer Arbeit wurde anfangs fast ausschließlich durch die deutsche Übersetzung des „Life Model" von Carel B. Germain und Alex Gitterman vertreten. Die Verbreitung dieses amerikanischen Modells wird durch die Expertise von Louis Lowy stark unterstützt.[45] Wendts ökosoziale Theorie von 1982 hat das „Life Model" meines Wissens in seiner Bedeutung für Praxis und Unterricht nicht ablösen können. Offen ist noch, wie Wendts überarbeitete Fassung von 1990 aufgenommen wird. Es fällt allerdings auf, daß Wendts Theorie nur von einem kleinen Kreis in der Sozialen Arbeit beachtet wird, obgleich Albert Mühlum vermutet hatte, daß das ökologische Denkmodell die Theoriebildung der 80er Jahre prägen würde.[46]

6.7. Literatur zum Vertiefen

Da Wendt frühere Überlegungen und Publikationen zum Thema „Ökologie und Soziale Arbeit" in seinem neuen Buch „Ökosozial denken und handeln. Grundlagen und Anwendungen in der Sozialarbeit." (1990b) eingearbeitet hat, empfehle ich dieses Werk zum vertiefenden Studium. Silvia Staub-Bernasconi setzt sich zwar mit den

Publikationen zu Ökologie und Sozialarbeit von Wolf Rainer Wendt aus der Zeit vor 1990 auseinander, dennoch bietet ihre kritische Stellungnahme eine Hilfe zu einer eigenen Meinungsbildung über die Thesen Wendts, da Wendt die Grundzüge seiner Überlegungen beibehalten hat.[47]

ANMERKUNGEN ZU KAPITEL 6

[1] Vgl. Wendt 1982, 78f.
[2] Vgl. Staub-Bernasconi 1989, 287, 1991b
[3] Vgl. zum Beispiel Germain / Gitterman 1983
[4] Vgl. Ehrhardt-Kramer 1989
[5] Vgl. Wendt 1991
[6] Wendt 1982, 1
[7] Wendt 1986
[8] Wendt 1989; Staub-Bernasconi 1989
[9] Wendt 1990b, 11
[10] Wendt 1982, 1
[11] Wendt 1990b, 7 - 10
[12] Wendt 1982, 5
[13] Wendt 1982, 6, 13
[14] Wendt 1990b, 13
[15] Wendt 1990b, 132
[16] Wendt 1982, 1
[17] Wendt 1982, 2
[18] Wendt 1990a, XI
[19] Wendt 1990b, 7
[20] Wendt 1990b, 8
[21] Wendt 1990b, 105
[22] Wendt 1990b, 131
[23] Wendt 1990b, 7f.
[24] Wendt 1990b, 20
[25] Wendt 1990b, 10
[26] Wendt 1990b, 22
[27] Wendt 1990b, 20
[28] Wendt benutzt die Begriffe Theorie, Konzept und Ansatz ohne ausdrückliche Differenzierung.
[29] Vgl. Wendt 1990b, 21 - 78
[30] Wendt 1990b, 51
[31] Wendt 1990b, 78f.
[32] Wendt 1990b, 86
[33] Wendt 1990b, 114
[34] Vgl. Wendt 1990b, 151 - 166
[35] Wendt 1990b, 208
[36] Wendt 1990b, 209
[37] Wendt 1990b, 209
[38] Wendt 1990b, 212
[39] Wendt 1990b, 211. Hervorhebung durch mich, E.E.

[40] Wendt 1990b, 211f.
[41] Wendt 1990b, 215
[42] Wendt 1990b, 218
[43] Wendt 1990b, 216
[44] Wendt 1990b, 220f.
[45] Lowy 1983
[46] Mühlum 1986, 852
[47] Staub-Bernasconi 1989

7. GERECHT AUSTAUSCHEN – SILVIA STAUB-BERNASCONI

7.1. Lebensweltlicher Kontext

Frauen empören sich sowohl in Europa als auch in den USA über das unermeßliche menschliche Elend, das die vom Frühkapitalismus produzierte Massenarmut mit sich gebracht hat. Sie engagieren sich und arbeiten, um durch praktische und konkrete Hilfsmaßnahmen die Not zu lindern. Zugleich protestieren diese Frauen aber auch gegen die Art und Weise, wie Kommunen, Staat, Gewerkschaften und Kirchen mit den sozialen Problemen umgehen. Diese gebildeten Frauen bleiben nicht bei Empörung und praktischer Hilfe stehen, sondern verlangen darüber hinaus, die Massenarmut wissenschaftlich zu reflektieren, um neue Wege zu finden, die Armut wirksamer zu bekämpfen. Nicht nur die individuellen, sondern auch die lokalen, nationalen und internationalen Bedingungen für die Armut sollen erforscht werden. In den USA führt dieses Engagement zur Gründung der Settlement-Bewegung.[1] Jane Addams in Chicago[2] und Mary Richmond in Baltimore gehören zu den Protagonistinnen dieser Bewegung. In London kämpfen Henrietta Barnett und Octavia Hill, in Berlin setzt sich in gleicher Weise Alice Salomon für eine wissenschaftliche Aufbereitung Sozialer Arbeit ein.[3]

In der Tradition dieser empörten und klugen Frauen der Sozialen Arbeit stehen im deutschsprachigen Raum gegenwärtig beispielsweise Marianne Hege in München, Teresa Bock in Köln und Silvia Staub-Bernasconi in Zürich. In herausragender Weise engagieren sie sich über viele Jahre hinweg für Soziale Arbeit in der Praxis, in der wissenschaftlichen Reflexion und in der Ausbildung.

Im einzelnen engagieren sich Frauen in der Sozialen Arbeit während der letzten Jahrzehnte

(a) gegen eine Mißachtung des Individuums zugunsten einer Gesellschaftsveränderung wie sie durch viele Theorien zur Sozialen Arbeit
in den 70er Jahren vertreten wird,
(b) gegen eine Vernachlässigung gesellschaftlicher Aspekte und der
Machtfragen in der Sozialen Arbeit wie sie in den herkömmlichen
Fürsorgetheorien verbreitet ist,
(c) gegen eine praxisferne wissenschaftliche Reflexion Sozialer Arbeit
wie sie von Nicht-SozialarbeiterInnen (PsychologInnen, PolitologInnen, SoziologInnen usw.) betrieben wird,
(d) gegen eine Ausgrenzung der Frauen in der Sozialen Arbeit von
leitenden Positionen in der Praxis und in der Ausbildung, wie sie von
Männern praktiziert wird,
(e) gegen den Zwang, daß Soziale Arbeit sich dauernd – auf unwür-
dige Weise – für ihre Existenz rechtfertigen muß.

Gemeinsames Ziel ist es, Soziale Arbeit über Methodenpluralismus
und Methodeneklektizismus hinauszuführen und mit einem neuen –
wissenschaftlich fundierten – Selbstbewußtsein auszustatten.

7.2. Die Autorin

Silvia Staub-Bernasconi wird 1936 in Zürich/Schweiz geboren. Nach
ihrer Ausbildung zur Sozialarbeiterin an der Schule für Soziale Arbeit
in Zürich studiert sie als UNO-Stipendiatin mehrere Jahre lang Sozialarbeit in den USA, unter anderem an der University of Minnesota,
Minneapolis bei Prof. Walter A. Friedländer. Ihr anschließendes Studium der Soziologie, Sozialethik und Pädagogik an der Universität
Zürich schließt sie mit der Promotion zur Dr. phil. ab. Als Sozialarbeiterin ist sie in der Gassenarbeit mit Straßenjugendlichen, im Sozialdienst und in Projekten im Jugend- und Altenbereich tätig. Von
1967 bis heute ist Staub-Bernasconi als Dozentin an der Schule für Soziale Arbeit in Zürich angestellt. Ihre Arbeitsgebiete sind: Berufs- und
Theoriegeschichte, Theorie Sozialer Probleme und Sozialer Arbeit,
Handlungstheorie, Supervision und Projektkonsultation und -evalua-
tion. Lehraufträge über Theoretische Ansätze der Sozialen Arbeit
nimmt sie an den Universitäten Trier/Deutschland und am Lehrstuhl
für Sozialarbeit in Freiburg/Schweiz wahr. Darüber hinaus ist sie im
schweizerischen Frauenrat für Außenpolitik, im Drogenbeirat der
Stadt Zürich, in einem städtischen, interkulturellen Begegnungszen-
trum in Zürich, in mehreren schweizerischen Frauenprojekten und in
verschiedenen internationalen Projekten, in denen es um soziale Probleme geht, engagiert.

Mit ihrem Buch „Soziale Probleme – Dimensionen ihrer Artikulation. Umrisse einer Theorie Sozialer Probleme als Beitrag zu einem theoretischen Bezugsrahmen Sozialer Arbeit." (1983) will sie einen Prozeß der Selbstreflexion in der Sozialen Arbeit in Gang bringen und zugleich einen Weg aus der theoretischen Verlegenheit der Sozialen Arbeit zeigen. In „Soziale Arbeit als eine besondere Art des Umgangs mit Menschen, Dingen und Ideen" (1986) umreißt sie die Konturen einer Theorie Sozialer Arbeit auf einer handlungstheoretischen Wissensbasis. In zahlreichen Artikeln und Vorträgen entwickelt Staub-Bernasconi sowohl einzelne Aspekte und/oder Elemente als auch ihre gesamte Theorie weiter.

> „Träume, Utopien und Handlungstheorien müssen an der Praxis, der Erfahrung scheitern können, um neuen Träumen, differenzierteren Utopien, angemesseneren Theorien und menschen- wie gesellschaftsgerechteren Lebensformen Platz zu machen." Silvia Staub-Bernasconi[4]

7.3. Die Wissenschaftsauffassung

Soziale Arbeit kommt nicht ohne Reflexion ihres besonderen gesellschaftlichen Standortes und damit der sehr unterschiedlichen Zugänglichkeit ihrer Akteure, Praktiker und Ausbildner zu den gesellschaftlichen Sektoren wie zum Beispiel Bildung, Wirtschaft, Kultur, Familie und Politik aus. Wissenschaft als Frage nach dem real Gewordenen, seinen Entstehungs- und Veränderungsbedingungen, hat diese Reflexion zu leisten und erhält dadurch ihren Stellenwert und ihre kritische Funktion für die Soziale Arbeit.[5] Die Komplexität und Widersprüchlichkeit der Wirklichkeit, mit der es Soziale Arbeit zu tun hat, erfordert eine Theorie- und Methodenentwicklung, die dieser standhält. Es ist nach einer Wissensbasis zu suchen, die der komplexen Realität Sozialer Arbeit gerecht wird. Ein einzelner methodologischer Zugang kann das nicht leisten, deshalb plädiert Staub-Bernasconi für eine handlungswissenschaftliche Metatheorie, die mehrere Zugangsmöglichkeiten miteinander verbinden kann.

> „Es geht darum, zu wissen, was problematisch ist und deshalb nach verändernder Praxis ruft, warum etwas im Sinne seiner Verursachung problematisch ist, aber auch aufgrund welcher Werte ein Sachverhalt als problematisch beurteilt wird. Es geht aber im weiteren auch darum zu bestimmen, wer, womit, woraufhin und wie etwas zu verändern suchen soll, und dies mit welchem Ergebnis."[6]

Folgende Konstruktionselemente einer *komplexen Handlungstheorie* für die Soziale Arbeit benennt Staub-Bernasconi:[7]

(a) Das Gegenstandswissen antwortet auf die Frage: „Was ist los?" Es erfaßt ein Problem in raum-zeitlicher Hinsicht und beantwortet entsprechend die Fragen nach seiner Beschaffenheit, seiner Ereignisgeschichte sowie seiner geographischen und kulturellen Variationsbreite.

(b) Das Erklärungswissen antwortet auf die Frage: „Warum ist das so?" Es erhellt die Entstehung eines problematischen Sachverhaltes sowie die Bedingungen seines Fortbestandes oder Wandels.

(c) Das Wert- oder Kriterienwissen antwortet auf die Frage: „Woraufhin soll verändert werden?" Dieses – philosophisch-ethische – Wissen (Bilder von erwünschten Sachverhalten und Handlungen) ermöglicht die Be- und Verurteilung problematischer Sachverhalte und Strategien sowie den Entwurf wünschbarer Zustände und Prozesse, welche in Zielformulierungen eingehen.

(d) Das Verfahrenswissen antwortet auf die Frage: „Wie kann verändert werden?" Dieses Wissen gibt an, mit welchen Mitteln und wie problematische Sachverhalte in erwünschte verwandelt werden können, und was in jeder Prozeßphase unter Berücksichtigung der diagnostizierten und erklärten Problemsituation zu tun ist.

(e) Das Funktionswissen antwortet auf die Frage: „Was ist geschehen?" Dieses Wissen ist das Produkt einer systematischen empirischen Auswertung der durch bestimmte Arbeitsweisen erzielten Haupt- und Nebeneffekte bei den davon betroffenen KlientInnen und benachbarten Teilsystemen sowie ihre Rückwirkungen auf umfassendere oder umfasste Systeme.

Die *Zusammenschau und systematische Verknüpfung* dieser fünf Wissensformen beziehungsweise der damit verbundenen Aussagen bezeichnet Staub-Bernasconi als Handlungstheorie. Handlungstheorien sind für sie Produkte von sich und ihre Umwelt erfühlenden, wahrnehmenden, deutenden, bewertenden und verändernden Akteuren. Die Entstehung und die Zielsetzung von Handlungstheorien sind deshalb bei der Diskussion und Anwendung von Handlungstheorien zu berücksichtigen.

7.4. Der Gegenstandsbereich

Soziale Arbeit ist „sozial gebündelte, reflexive wie tätige Antwort auf bestimmte Realitäten, die als sozial und kulturell problematisch bewertet werden".[8] Soziale Probleme und die Antworten darauf sind gemeinsamer Gegenstand der wissenschaftlichen Reflexion und der Praxis der SozialarbeiterInnen.[9] Soziale Arbeit als intervenierende Größe hat sich mit kumulativen Sozialen Problematiken, insbesondere mit der kumulativen Wirkung von Ausstattungs-, Beziehungs- und Kriterien-Defizienzen in Wechselwirkung mit sozialen Behinderungen auseinanderzusetzen.[10] Gegenstand Sozialer Arbeit ist somit Randständigkeit („Marginalisierung") in mehrfacher, sich überlagernder Hinsicht, zum Beispiel Armut an materiellen Gütern, Armut an Gefühlen, Armut des Bewußtsein, Armut an Symbolen, Armut der Sprache, Armut der Kommunikation, Armut an Macht. Da mehrfache Randständigkeit für Staub-Bernasconi die Folge mehrfacher sozialer Ausschließungsmechanismen ist, bilden diese Prozesse und die Systeme, in denen sie stattfinden, insgesamt mit allen daran Beteiligten den Objektbereich Sozialer Arbeit.[11]

7.5. Die Theorie

Menschliche Arbeit läßt sich als bewußter, zielgerichteter Umgang mit der Natur und ihren Ressourcen (physikalische, biologische und technische Systeme), Menschen und deren Organisationsformen (psychische und soziale Systeme) und den dabei entstandenen wie entstehenden Ideen (Bedeutungssysteme, Bilder und kulturelle Codes) verstehen.[12] Die Industrialisierung als eine neue Form des Umgangs mit menschlicher Arbeit hat zu ökonomischer, bildungsmäßiger, psychischer und kultureller Armut von einzelnen, Familien und gesellschaftlichen Gruppen geführt und damit zu vielfältigen sozialen Problemen. *Soziale Arbeit* ist eine *Antwort auf Soziale Probleme*. Ein Problem kann nach Staub-Bernasconi verstanden werden als ein zielbewußter Zustand, mit dem ein zielbewußtes Individuum unzufrieden ist und in dem es in Zweifel ist, welche von den verfügbaren Handlungsweisen diesen Zustand in einen zufriedenstellenden verwandeln kann.[13] Soziale Probleme sind „Verfehlungen" von Individuen und Gruppen gegen die „soziale Natur" oder das „soziale Wesen" einer gesellschaftlich konstituierten Totalität, einem „contrat social", dessen Genese und Inhalt in der Regel nicht hinterfragt wird.[14] Soziale Arbeit reagiert auf soziale Probleme, die mit besonderer Intensität, meist längerer Dauer und vor allem sich mehrfach überlagernd („kumulativ") auftreten. Soziale Arbeit ist für Staub-Bernasconi Umgang

(a) mit leidenden Menschen,
(b) den damit zusammenhängenden sozialen Organisationsformen,
(c) mit Dingen / Ressourcen,
(d) mit Ideen.

Ziel Sozialer Arbeit ist die *Besorgung des ganzen Menschen.* Eine Möglichkeit, sich diesem Ziel zu nähern, sieht Staub-Bernasconi in dem *prozessual-systemischen Paradigma* als Ausgangspunkt für die wissenschaftliche Reflexion sozialer Probleme anstelle des herkömmlichen atomistisch-substantialistischen Paradigmas. Bei dem herkömmlichen Paradigma wird das Ganze als eine Zusammensetzung aus an sich selbständigen Einzelteilen verstanden. Wenn ein Teil – wie bei einem Automotor – nicht mehr funktioniert, kann man es einfach auswechseln und das Ganze funktioniert wieder. Bei dem neuen Paradigma wird von der Annahme ausgegangen: Die Wirklichkeit des Menschen, der Gesellschaft und der Kultur ist prozessual-systemisch beschaffen.[15] Das heißt:

(a) Alles was ist, ist in Bewegung, ist vergänglich und veränderbar und somit Prozessen unterworfen (*Zeitkomponente*).

(b) Alles was ist, ist in Systemen eingewoben und steht somit in Beziehung zueinander (*Raumkomponente*).

Daraus schließt Staub-Bernasconi: *Austausch- und Umwandlungsprozesse*, Geben und Nehmen bestimmen unsere Wirklichkeit. Alle Phänomene in der Gesellschaft sind miteinander verknüpft und voneinander abhängig. Armut korrespondiert mit Reichtum, Macht mit Ohmacht. Wenn es Arme gibt, dann gibt es auch Reiche; wenn es Mächtige gibt, dann gibt es auch Ohnmächtige. Soziale Arbeit im weiten Sinne wird dort notwendig, wo das Verhältnis zwischen Geben und Nehmen gestört ist. Der Gegenstand Sozialer Arbeit wird nicht länger reduziert auf das fehlerhafte Verhalten von Individuen oder Gruppen innerhalb der Gesellschaft, wie es nach dem Devianz-Paradigma getan wird. Alle sozialen Zustände in der Gesellschaft werden als Ergebnis von Austausch- und Umwandlungsprozessen gesehen und sind zusammen Gegenstand der Sozialen Arbeit. Der Vernetzungs- und Systemgedanke löst den „Einzelteilgedanken" ab, das Austausch-Paradigma das Devianz-Paradigma. Der „Abweichler" oder der „Arme" ist nicht mehr länger als ein für sein Elend allein verantwortliches Individuum Gegenstand der Sozialen Arbeit, sondern sein Umfeld („Prozeß und System") gehört dazu. Die Fragen aufgrund des neuen, prozessual-systemischen Paradigmas konzentrieren sich auf Organisationsprinzipien, die relativ autonome Ganzheiten wie unter sich vernetzte Teile entstehen lassen.

Staub-Bernasconi hat ausgehend vom prozessual-systemischen Paradigma ein *Modell für eine ganzheitliche Betrachtungs- und Arbeitsweise der Sozialarbeit* entworfen, um soziale Probleme zu erfassen und zu beschreiben („Gegenstandswissen"), soziale Probleme zu erklären („Erklärungswissen"), soziale Probleme anhand von Kriterien zu bewerten und daraus Ziele zu formulieren („Wert- oder Kriterienwissen"), soziale Probleme zu verändern („Verfahrenswissen") und zu kontrollieren, ob das gesteckte Ziel erreicht worden ist („Funktionswissen").[16] Zur differenzierten *Gegenstandsbestimmung Sozialer Arbeit* teilt Staub-Bernasconi die Lebenswelt in *sechs Bereiche* auf, in denen soziale Probleme entstehen oder vorhanden sein können (Siehe Abbildung 14):[17]

(1) *Sozio-materieller Bereich* (Körper, Güter, ökologische Umwelt): Diesem Bereich entsprechen physiologische Bedürfnisse (zum Beispiel Essen, Trinken, Gesundsein), Bedürfnisse nach materiellen und immateriellen Gütern (zum Beispiel Kleidung, Wohnung).

(2) *Reflexiver Bereich* (Wahrnehmung, Erkenntnis): Diesem Bereich entsprechen kognitive Bedürfnisse, Informationen und Erkenntnisse aufzunehmen und für sich zu verarbeiten.

(3) *Ideell-symbolischer Bereich* (Denkmodelle, Bilder, Symbole): Diesem Bereich entspricht das Bedürfnis nach Sinn und Orientierung im Alltag, im Leben, in der Welt.

(4) *Aktiver-produktiver Bereich* (Handeln, Gestalten): Diesem Bereich entsprechen Bedürfnisse nach gestaltender, zweckgerichteter Aktivität, beziehungsweise Handlungskompetenz.

(5) *Bereich sozialer Beziehungen* (Verbunden sein, Mitglied sein, Kontakt haben): Diesem Bereich entsprechen Bedürfnisse nach körperlichen, sinnstiftenden und produktiven Beziehungen zu anderen Menschen.

(6) *Bereich der Machtquellen* (Physische Kraft, Ressourcenmacht, Positionsmacht): Diesem Bereich entsprechen Bedürfnisse nach Macht im Sinne des Besitzes, der Kontrolle, der Entscheidung über bestimmte Ressourcen, einen bestimmten Raum.

Diese sechs Bereiche sind auf *vier Ebenen* – oder unter vier Aspekten – zu betrachten. Die Schichtungsfolge der Ebenen ergibt sich aus der Hierarchie der Bedürfnisse, wonach die Befriedigung der Ausstattungsbedürfnisse elementar und Voraussetzung für die Befriedigung aller anderen Bedürfnisse ist.

I. *Ausstattung*: Ausstattung eines Menschen ist seine Teilhabe an ökologischen, physischen, sozialen und kulturellen Errungenschaften sowie Zerstörungen der Gesellschaft seiner Epoche, deren Mitglied er ist.

II. *Austausch* (horizontale Organisationsprinzipien): Alle Menschen sind zur Existenzsicherung auf den Austausch mit anderen Menschen

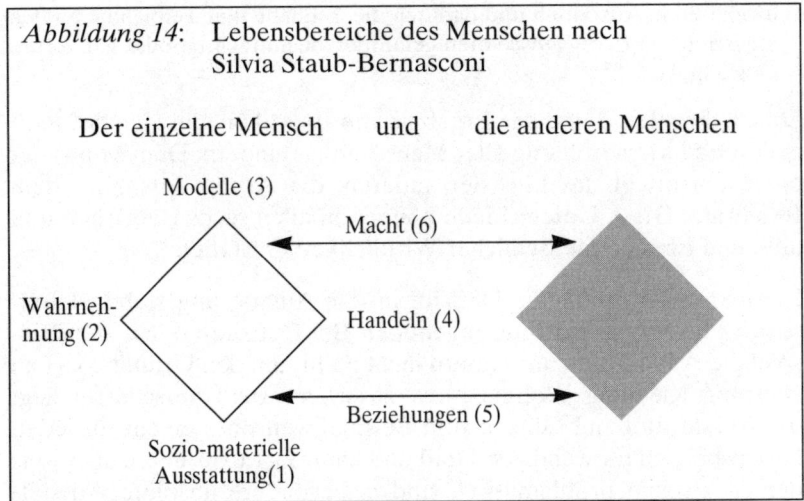

Abbildung 14: Lebensbereiche des Menschen nach Silvia Staub-Bernasconi

Der einzelne Mensch und die anderen Menschen

Modelle (3)

Macht (6)

Wahrneh-mung (2)

Handeln (4)

Beziehungen (5)

Sozio-materielle Ausstattung(1)

und mit ihrer Umwelt angewiesen. Die Ausstattung eines Menschen bietet das Potential für den Austausch mit anderen Menschen.

III. *Verknüpfung / Macht* (vertikale Organisationsprinzipien): Die Lebenswelt organisiert sich, indem verschiedene Organisationsniveaus gebildet werden. Höhere Niveaus haben mehr Macht als untere.

IV. *Kriterien / Wertfindung*: Als Kriterien oder Werte werden bestimmte, wünschbare Problemlösungsvorstellungen für unerwünschte Sachverhalte und Prozesse bezeichnet.

Alle vier Ebenen sind miteinander vernetzt und aufeinander bezogen. Alle Ebenen oder Aspekte haben jeweils gleiches Gewicht. Innerhalb dieses Modells gibt es keine Trennung oder gar ein „entweder – oder". Es gibt nur eine *Komplementarität der verschiedenen Aspekte der Wirklichkeit*, in der die Gegensätze einander einschließen und verwandeln. Menschliche Wirklichkeit entwirft sich somit unter Einbezug materieller wie geistiger, emotional-intuitiver wie kognitiv-rationaler und produktiver Prozesse sowie fortwährender Austauschbeziehungen.

Soziale Probleme bezeichnen *Unterschiede, die zwischen Menschen nicht sein müssen*. Sie entstehen dann,

„wenn formierende, d.h. systembildende Austausch-Aktivitäten durch konformierende Kontroll-Aktivitäten eines höheren Niveaus mittels bestimmter sozialer Konstruktionsprinzipien, nämlich 'Teleologie', 'soziale Hierarchie' und 'primäre Homogenisierung', so behindert werden, daß eben dieser formierende Austausch und dadurch die Teilhabe und Teilnahme an den menschlichen Errungenschaften gefährdet, beeinträchtigt oder gar verunmöglicht wird".[18]

Soziale Probleme sind das Ergebnis von Praktiken, die eine befriedigende Bedürfniserfüllung aller Menschen verhindern. Dem Minus der einen entspricht das Plus der anderen, die Armut entspricht dem Reichtum. Diese Unterschiede können in allen sechs Bereichen und auf allen Ebenen menschlicher Wirklichkeit entstehen:[19]

I. *Ausstattungsprobleme:* Defizite in der Ausstattung stehen Überschüsse in der Ausstattung gegenüber. Bei Defiziten reicht zum Beispiel die Ausstattung mit Gütern nicht mehr, um den Grundbedarf an Nahrung, Kleidung, Wohnung usw. zu sichern. Bei Überschüssen liegt die Ausstattung mit Gütern zum Beispiel weit über einem für jeden Lebensbereich notwendigen Grad und kann als Luxus bezeichnet werden. Als sozial problematisch sind insbesondere absolute Ausstattungsdefizite und absolute Ausstattungsüberschüsse anzusehen.

II. *Austauschprobleme* (horizontale Organisationsprinzipien): Austausch von Gütern, Wissen usw. kann symmetrisch – am Ende einer Tauschbeziehung sind beide TauschpartnerInnen in etwa gleichgestellt – oder asymmetrisch – am Ende der Tauschbeziehungen verfügt der eine über immer mehr und der andere über immer weniger – erfolgen. Soziale Probleme ergeben sich aus asymmetrischem Austausch, wenn der Austauschprozeß zum Nachteil eines Austauschpartners verläuft.

III. *Verknüpfungs- und Machtprobleme* (vertikale Organisationsprinzipien): Machtquellen können begrenzend oder behindernd eingesetzt werden. Bei der Begrenzung bleibt der Zugang zu allen Lebensbereichen zwar grundsätzlich offen, wird aber teilweise begrenzt, um soziale Gleichheit zu ermöglichen (zum Beispiel Quotenregelungen zugunsten von Frauen bei Wahlen). Behinderung schließt einzelne oder Gruppen von der Teilhabe an Ausstattung, Austausch, Macht und/oder Wertfindung generell aus (zum Beispiel durch Einsatz körperlicher Gewalt). Sozial problematisch ist behindernder Umgang mit Machtquellen.

IV. *Kriterien- und Wertfindungsprobleme*: Kriterien für bestimmte Problembereiche können bestehen oder fehlen. Bestehende Kriterien können gerecht, willkürlich oder nicht angewendet werden. Soziale Probleme gibt es dann, wenn Kriterien für bestimmte Problembereiche fehlen oder bestehende Kriterien willkürlich oder nicht angewendet werden. Frauen werden beispielsweise trotz gesetzlich zugesagter Gleichberechtigung Männern gegenüber im Beruf benachteiligt.

Mit der *Soziallogik des gerechten Austausches auf einem fairen Markt* – sei dieses nun der Güter-, Bildungs-, Arbeits- oder Wohnungsmarkt – begründet Staub-Bernasconi Soziale Arbeit. Würde die Realität unserer Lebenswelt der Soziallogik entsprechen, gäbe es keine sozialen Probleme und keinen Grund für Soziale Arbeit. Sie wird aber dort notwendig, wo TauschpartnerInnen völlig unattraktiv geworden und an den Rand gedrängt worden sind. Aus prozessualem Denken in der Sozialen Arbeit ergibt sich die These: Die Wirklichkeit der Verteilung von Gütern, Bildung, Macht usw. ist das Ergebnis einer bestimmten evolutionären und historischen Entwicklung; daraus ergibt sich wiederum, daß auch Veränderungen dieser Wirklichkeit möglich sind.

Die Werte und Kriterien, die anzustreben und zu verwirklichen sind, ergeben sich für die sechs Lebensbereiche jeweils auf der vier Ebenen. Das sind beispielsweise für die

I. Ausstattungsprobleme: Soziale Gerechtigkeit, Rechtsgleichheit, Bewußtheit, Echtheit, Selbstkongruenz, Wahrheit, Richtigkeit, Sinn- und Zweckhaftigkeit, Leistungsfähigkeit, Wertrationalität, Funktionalität, Effizienz und soziale Unentbehrlichkeit.
II. Sozialen Austauschprobleme (horizontale Organisationsprinzipien): Tauschgerechtigkeit, gerechter Güteraustausch, Solidarität, Nächstenliebe, Verständigung und Partizipation.
III. Sozialen Verknüpfungsprobleme (vertikale Organisationsprinzipien): Umwandlung von Behinderungsmacht in Begrenzungsmacht und neue Verknüpfungsregeln.
IV. Sozialen Kriterienprobleme: Humanität, Solidarität und Gerechtigkeit.[20]

Ein *ganzheitliches Methodenkonzept* ist für Staub-Bernasconi eine wichtige Grundlage für die Praxis Sozialer Arbeit. Sie geht von einer problembezogenen Arbeitsweise in der Praxis Sozialer Arbeit aus und legt ein dem entsprechendes *Handlungsmodell* vor. Der Aufbau dieses Handlungsmodells gleicht dem Aufbau ihrer Handlungstheorie Sozialer Arbeit mit den fünf Wissensebenen (Gegenstands-, Erklärungs-, Wert-, Verfahrens- und Funktionswissen). Die Fragen eröffnen jeweils einen Reflexions- und/oder Handlungsschritt auf das jeweils vorliegende soziale Problem. Die einzelnen Schritte sind:[21]

(1) *Was?* – Beschreibung des sozialen Problems (Daten / Bilder).
(2) *Warum?* – Erklärung des sozialen Problems durch Theorien (aus Medizin, Anthropologie, Psychologie, Soziologie, Recht usw.).

(3) *Woraufhin?* – Bewertung des sozialen Problems und wertende Zielsetzung für die Lösung.

(4) *Wer?* – KlientInnenbezogene Beschreibung und Erklärung.

(5) *Wer?* – SozialarbeiterInnenbezogene Beschreibung und Erklärung mittels komplexer Handlungstheorien.

(6) *Womit?* – Bestimmung von Arbeitsweisen und Strategien bezogen auf Ressourcen und Probleme.

(7) *Wie?* – Bestimmung von Handlungsanweisungen (Pläne,Techniken).

(8) *Ob?* – Auswertungen und Erfolgskontrollen.

Problembezogene Arbeitsweisen und Strategien Sozialer Arbeit richten sich nach den Lebensbereichen, in denen die sozialen Probleme existieren, zum Beispiel bei

I. Sozialen Ausstattungsproblemen: Ressourcenmobilisierung, Sachhilfe und Anwaltsplanung, Sozialplanung und Sozialpolitik, Bewußtseinsveränderung, Bildung, Modellveränderung, Innovation, Handlungs-, Verhaltens-, Kreativitätstraining, Veränderung des sozialen Beziehungsnetzes und Vermittlung sozialer Kontakte.

II. Sozialen Austauschproblemen (horizontale Organisationsprinzipien): Neuorganisation des Austausches und der Vernetzung zwischen bestimmten AustauschpartnerInnen in den einzelnen Problembereichen.

III. Sozialen Verknüpfungsproblemen (vertikale Organisationsprinzipien): Neuorganisation der Ressourcenverteilung, Erneuerung der Zugangsregeln, Neuorganisation der sozialen Anordnung von Menschen (Mitbestimmung, Mitverwaltung), der kollektivierten Übereinkünfte und der Anwendung von Erzwingungsmacht.

IV. Sozialen Kriterienproblemen: Anrufung der gesellschaftlich anerkannten, institutionalisierten Kriterien, Mitwirken beim Schaffen und Verändern von Kriterien, Aufdecken von Willkür und Anrufen der Öffentlichkeit zur Aufhebung von Willkür.

Das berufliche *Spezifikum* der Sozialarbeiterin und des Sozialarbeiters ist es, *spezialisierte GeneralistInnen* zu sein, die dank eines metatheoretischen Bezugsrahmens wie desjenigen einer „Prozeß- und Systemtheorie" an alte und neue soziale Probleme Fragen stellen, altem und neuem Wissen wie Können einen bestimmten Stellenwert geben und damit seine Bedeutung für die Lösung bestimmter Probleme einschätzen. SozialarbeiterInnen sind „*soziale ErfinderInnen*" von sozialen Problemlösungen unter schwierigen gesellschaftlichen Bedingungen mit folgenden Kompetenzen:

(a) Fähigkeit zur Identifizierung sozialer Problematiken auf der individuellen, zwischenmenschlichen wie gesellschaftlichen Ebene und deren Zusammenschau,

(b) Fähigkeit, Prioritäten so zu setzen (nach Leiden, Dringlichkeit, Kausalität, Ressourcen und Kompetenz), daß gehandelt werden kann,

(c) Fähigkeit, Wissen und soziale Fantasie, Motivation und Können, Improvisation und Stabilität beim problemorientierten Arbeiten zu verbinden,

(d) Fähigkeit zur Zusammenarbeit mit Laien, freiwilligen HelferInnen, anderen sozialen Berufen, PolitikerInnen usw.,

(e) Fähigkeit, die eigene Praxis sozialarbeitswissenschaftlich zu reflektieren und so nicht zuletzt auch für das persönliche Wohlbefinden zu sorgen.

Randständigkeit als Aufgabenfeld Sozialer Arbeit erfordert die Beachtung einiger *Prinzipien*:

(a) Das „Prinzip der Berücksichtigung personaler wie gesellschaftlicher Ganzheit"

(b) Das „Prinzip des ganzheitlichen Denkens und präzisen Handelns"

(c) Das „Prinzip der Bestimmung einer Haupt- und verschiedener Neben- oder Nachfolgestrategien" (Synergie-Prinzip)

(d) Das „Prinzip der Bestimmung und Kombination von bestimmten Handlungsebenen"

(e) Das „Prinzip Beharrlichkeit".[22]

7.6. Bedeutung und Umsetzung in der Praxis

Staub-Bernasconi gehört zu den wenigen VerfasserInnen von Theorien Sozialer Arbeit, die in einer umfassenden Weise den Gegenstand Sozialer Arbeit als Wissenschaft und Praxis aus eigener beruflicher Erfahrung kennen, reflektieren, eine Metatheorie und eine Objekttheorie entwickeln sowie den Bezug ihrer Theorie zur Praxis und zur Ausbildung herstellen. Die prozessual-systemische Theorie Sozialer Arbeit von Staub-Bernasconi ist durch viele Artikel und Vorträge von Staub-Bernasconi in der Schweiz, in Deutschland und darüber hinaus bekannt geworden. In den deutschen Hand- und Wörterbüchern zur Sozialen Arbeit werden ihre Arbeiten nicht erwähnt. Das mag daran liegen, daß ihre Arbeiten bislang fast ausnahmslos in Zeitschriften und bei schweizerischen Verlagen erschienen sind. Ein anderer Grund mag aber in ihrer eindeutigen Ausrichtung auf Soziale Arbeit liegen; das ist eine Ausrichtung, die ausgesprochen erziehungswissenschaftlich ausgerichteten SozialpädagogInnen wenig entspricht. Die Theorie Sozialer Arbeit von Staub-Bernasconi wird von vielen PraktikerInnen der Sozialen Arbeit zunehmend als wissenschaftliche Unterstützung für ihren Berufsalltag entdeckt.

7.7. Literatur zum Vertiefen

Von Staub-Bernasconi liegt eine Vielzahl von Arbeiten vor. In den meisten Artikeln behandelt Staub-Bernasconi in der Regel jeweils nur einzelne Aspekte, jedoch aus der Perspektive ihrer prozessual-systemischen Theorie. Die Grundlegung für die Metatheorie Sozialer Arbeit – aufbauend auf dem prozessual-systemischen Paradigma – befindet sich in „Soziale Probleme – Dimensionen ihrer Artikulation".[23] Ein ganzheitliches Methodenkonzept ist ausführlich in „Theorie und Praxis der Sozialen Arbeit. Entwicklung und Zukunftsperspektive" dargestellt.[24] Eine ausführliche Zusammenfassung der Theorie und ihrer Anwendung in der Praxis findet sich in „Sozialarbeit" 10 (18) 1986. Für 1992 ist ein Essayband mit dem Titel „Bausteine einer systemischen Theorie Sozialer Arbeit oder: das Ende der Bescheidenheit" angekündigt worden, in dem vor allem schwer zu erreichende Artikel zusammengestellt und veröffentlicht werden.

ANMERKUNGEN ZU KAPITEL 7

[1] Staub-Bernasconi 1989
[2] Vgl. Staub-Bernasconi 1991b
[3] Vgl. Teil 3.6.
[4] Staub-Bernasconi 1986, 59
[5] Staub-Bernasconi 1986, 24
[6] Staub-Bernasconi 1986, 8
[7] Vgl. Staub-Bernasconi 1986, 8f.
[8] Staub-Bernasconi 1991a, 3
[9] Staub-Bernasconi 1983b, 11-13
[10] Staub-Bernasconi 1983b, 224
[11] Staub-Bernasconi 1983a, 26
[12] Elias zitiert nach Staub-Bernasconi 1986, 4
[13] Staub-Bernasconi 1983b, 107
[14] Staub-Bernasconi 1983b, 78
[15] Staub-Bernasconi 1983b, 36 - 181
[16] Vgl. Staub-Bernasconi 1986, 4 - 9
[17] Vgl. Staub-Bernasconi 1983b, 119 - 181
[18] Staub-Bernasconi 1983b, 83
[19] Vgl. Staub-Bernasconi 1983b
[20] Staub-Bernasconi 1983c, 309ff.
[21] Vgl. Staub-Bernasconi 1983c
[22] Staub-Bernasconi 1986, 58f.
[23] Staub-Bernasconi 1983b
[24] Staub-Bernasconi und andere 1983c

Teil 5
Perspektiven

Ein kurzer Blick in die Tageszeitungen reicht bereits aus, um zu erkennen, daß zu den bekannten regionalen und überregionalen sozialen Problemen täglich neue Probleme hinzukommen. Es liegen Aufgaben vor, deren Lösung nicht nur von einzelnen, sondern auch von einer noch nicht ausdücklich formulierten Erwartung vieler eingefordert werden. Diese Forderungen sind es wert, geprüft und geklärt zu werden. Doch wer soll das tun? Wer in unserer Gesellschaft befaßt sich gezielt und systematisch damit, soziale Probleme zu analysieren, Lösungsvorschläge zu entwickeln und diese zu verwirklichen?

> „Soziale Arbeit ist der einzige Beruf - im Unterschied zu Gewerkschaften, Parteien, sozialen Bewegungen - , der seine Verpflichtung zur *Solidarität mit den Leidenden in und an der Gesellschaft als auch in und an ihrer Kultur* nicht aufgeben kann, ohne seinen Berufsinhalt aufzugeben. Sein Gegenstand sind soziale Probleme im engen und weiten Sinn. Soziale Arbeit ist also ... sozial gebündelte, reflexive wie tätige Antwort auf bestimmte Realitäten, die als sozial und kulturell problematisch bewertet werden."[1]

In der Geschichte Sozialer Arbeit ist nicht nur spontan handelnd auf die sozialen Notlagen reagiert worden, sondern zu allen Zeiten sind soziale Probleme und mögliche Antworten auf diese Probleme auch bedacht worden. Soziale Arbeit ist reich an *vielfältigen praktischen mehr oder weniger theoretisch unterlegten Antworten auf soziale Probleme.* Ich nenne als Beispiele: Ausgrenzen, Beraten, Bilden, Einsperren, Ermutigen, Fürsorgen, Heilen, Kontrollieren, Lehren, Pflegen, Töten und Unterstützen. So diffizil, unübersichtlich, komplex und widersprüchlich wie unsere Lebenswelt ist, so diffizil, unübersichtlich, komplex und widersprüchlich sind auch die Antworten der Sozialen Arbeit.[2] Wie sollte es auch anders sein. Ein großer Reichtum an Alltagswissen, Berufswissen und wissenschaftlichem Wissen zu sozialen Fragen hat sich bis heute angesammelt. Eine Reduktion der Geschichte Sozialer Arbeit auf Armenpflege oder Jugendhilfe verkennt die Vielfalt der epochalen und kulturabhängigen Formen des Umgangs mit sozialen Problemen. Den Reichtum der Geschichte Sozialer Arbeit gilt es zu entdecken und so aufzubereiten, daß er für die Lösung der anstehenden sozialen Probleme genutzt werden kann. Das Alte ist für das Neue fruchtbar zu machen. Das bedeutet: das vorhan-

dene, weit zerstreute wissenschaftliche Wissen, Berufs- und Alltagswissen muß zusammengetragen, gesichtet, geordnet, ausgewertet und
weiter entwickelt werden. Dies ist die Aufgabe der Sozialen Arbeit als
Wissenschaft. Dabei steht sie vor derselben Aufgabe wie alle anderen
Wissenschaften auch, da die zentrifugale Tendenz allen wissenschaftlichen Wissens immer wiederholte zentripetale Anstrengung einer
systematischen Zusammenfassung fordert.[3]

Viele Berufe beanspruchen für sich und ihr Wissen als Einzelwissenschaft anerkannt zu werden, zum Beispiel neuerdings die Kranken-
pflegeberufe als Pflegewissenschaft. Soziale Arbeit kann nachweisen
(dieses Buch ist ein solcher Nachweisversuch), daß ihr *Anspruch, als
Einzelwissenschaft anerkannt zu werden,* zu Recht besteht. Der beste
Nachweis besteht meines Erachtens darin, wenn sie sich faktisch wie
eine Einzelwissenschaft verhält und nicht jammernd oder polemisie-
rend um ihre Anerkennung als Wissenschaft bei jedermann buhlt. Auf
Dauer wird niemand an einer selbstbewußt und eigenständig denkenden und handelnden Sozialen Arbeit als Wissenschaft vorbei-
kommen, ohne ihr den nötigen Respekt zu erweisen. Dieses Selbstbewußtsein ist freilich nicht zu erreichen, wenn ausschließlich und
ständig beklagt wird, daß noch fast alles fehlt, damit Soziale Arbeit als
Wissenschaft anerkannt werden kann.[4] Seit mehr als 70 Jahre wird in
Deutschland diese Eigenständigkeit für die Soziale Arbeit beziehungsweise Wohlfahrtspflege gefordert.[5] Bislang ist sie ihr nicht offiziell mit den daraus resultierenden strukturellen Verbesserungen zugesprochen worden. Eigenständig wird jemand am wenigsten dann,
wenn er darauf wartet, daß ihm ein anderer sagt, nun sei er eigenständig. Gerade bei der Sozialen Arbeit gibt es viele Interessierte - das
zeigt ihre Geschichte überaus deutlich - , die immer einen Grund finden, der Sozialen Arbeit die Eigenständigkeit abzusprechen. Soziale
Arbeit als Wissenschaft hat eine hoffnungsvolle Zukunft, wenn sie
sich in der Gegenwart darauf besinnt, was sie aus der Vergangenheit
an Ressourcen mitbringt und über welche Ressourcen sie jetzt verfügt.

Es scheint so zu sein, daß heute in der Praxis tätige SozialarbeiterInnen von der Sozialen Arbeit als Wissenschaft kaum Hilfe erwarten;
von theoretischen Reflexionen halten sie wenig. Publizierende SozialarbeiterInnen und SozialarbeitswissenschaftlerInnen erwarten dagegen sehr viel von einer wissenschaftlichen Reflexion Sozialer Arbeit
und einer noch zu entwickelnden Zentraltheorie für die Soziale Arbeit. Fast krankhaft sind viele im Bereich der Sozialen Arbeit darauf
fixiert, daß Soziale Arbeit erst dann eine eigenständige Wissenschaft
sein kann, wenn endlich - lang ersehnt wie der erlösende Kuß des

Prinzen bei Dornröschen - die Zentraltheorie Sozialer Arbeit gefunden ist, die alles in sich vereint und von allen als die Theorie Sozialer Arbeit anerkannt wird. Eine solche Erwartung ist für mich in dreifacher Hinsicht als verfehlt anzusehen:

(a) Es wird die Realität verkannt, daß alle wissenschaftlichen Disziplinen sowohl über mehrere Metatheorien als auch über mehrere Objekttheorien verfügen, die nebeneinander benutzt werden.[7]

(b) Der Reichtum, über den die Soziale Arbeit nachgewiesenermaßen verfügt, wird nicht wahrgenommen, oder aber das Wahrgenommene wird mißachtet. Ich verweise zum Beispiel auf den Reichtum, der in den Wörter- und Handbüchern zur Sozialen Arbeit (etwa auf die vom Deutschen Verein für öffentliche und private Fürsorge, von Dieter Kreft / Ingrid Mielenz und von Hanns Eyferth / Hans-Uwe Otto / Hans Thiersch herausgegebenen Werke) zusammengetragen ist sowie auf die zahlreichen Fachzeitschriften (siehe die Zusammenstellung in Kreft / Mielenz 1988, 636 - 640).

(c) Der Prozeß der wissenschaftlichen Ausdifferenzierung der Organisationselemente einer Wissenschaft – der Gegenstandsbereich, die Erkenntnismethoden, die Theoriebildung, die Forschung sowie die vorwissenschaftlichen Wertsetzungen – ist nicht erst angestoßen worden, sondern beachtlich weit fortgeschritten.[8]

Im Unterschied zur Volkswohlfahrt, Kulturpolitik, Wirtschafts- und Sozialpolitik bezieht sich Wohlfahrtspflege für Alice Salomon nicht auf ein fest abgrenzbares Sachgebiet, sondern wird vielmehr durch den Kreis der in irgendeiner Beziehung auf soziale Hilfe angewiesenen Menschen bestimmt und erhält durch ihn ihr eigentliches Merkmal. Gemäß der ergänzenden Natur der Wohlfahrtspflege verändert sich der Umfang ihrer sachlichen Aufgaben mit den gesellschaftlichen Verhältnissen und Anschauungen.[9] In der Tradition dieses Gedankenganges ist es konsequent, mit Silvia Staub-Bernasconi als Gegenstand für die Soziale Arbeit als Wissenschaft und als Praxis *„Soziale Probleme und ihre Lösungen"* im weiten Sinne zu definieren.[10] Mit dieser Gegenstandsbestimmung besteht eine solide und praxisgerechte Ausgangsbasis für weitere Entwicklungen der Sozialen Arbeit insgesamt. Eine solche Definition des Gegenstands Sozialer Arbeit berücksichtigt die globale Einbindung und Abhängigkeit aller sozialen Probleme und macht deutlich, daß Soziale Arbeit mehr ist als nur das Austeilen von warmer Suppe in Armenküchen oder das Ausfüllen von Sozialhilfeanträgen. Soziale Probleme gibt es innerhalb von Regionen (Villenbesitzer und Obdachlose innerhalb einer Stadt), aber auch zwischen Regionen (die Verhungernden der Sahelzone in Afrika und die Übersättigten in Deutschland). Mit dieser Definition wird bekannt, daß Soziale Arbeit keinen eigenen Gegenstandsbereich neben Psychologie, Pädagogik, Soziologie usw. hat, sondern daß der Gegenstand sich erst aus der Verknüpfung der Gegenstände anderer Disziplinen ergibt und insofern doch wiederum ein eigener Gegenstand ist. Eine solche Gegenstandsbestimmung ist heute nicht außergewöhnlich, da sie der Multidisziplinarität und systemhaften Verflechtung der Probleme und der damit verbundenen projektorientierten Verschränkung der Disziplinen und der Kooperation der betroffenen wissenschaftlichen und praktischen SpezialistInnen und GeneralistInnen entspricht. Ein so definierter Gegenstandsbereich Sozialer Arbeit ist ein tragfähiges Fundament, um nach *integrativen Meta- und Objekttheorien* zu fragen.[13] Die theoretische Kolonialisierung der Sozialen Arbeit durch PädagogInnen, SoziologInnen, PsychologInnen, JuristInnen usw. kann von da aus überwunden und damit das Verhältnis zwischen Basiswissenschaften und einer handlungswissenschaftlich orientierten Sozialen Arbeit neu gestaltet werden. Die SozialarbeiterInnen stellen ihre Fragen, auf die dann PädagogInnen, SoziologInnen, PsychologInnen, JuristInnen usw. antworten. Damit wird das bisherige Verhältnis umgekehrt, nach dem SozialarbeiterInnen fraglos aufzunehmen haben, was PädagogInnen, SoziologInnen, PsychologInnen, JuristInnen usw. aus ihrer jeweils fachspezifischen Fragestellung ihnen anzubieten haben.[14] Dem innerdisziplinären Gespräch kann/soll das *interdisziplinäre Gespräch* zur Verbindung der unterschiedlichen Fragen, Erkenntniswege und Erkenntnisse folgen.[15] Zu verzichten ist auf eine unwissenschaftliche, das heißt fraglose Aneignung von Methoden aus anderen Fächern. Der Gegenstand Sozialer Arbeit bildet den Ausgangspunkt für die Befragung der anderen Disziplinen und der von ihnen entwickelten Theorien und Teiltheorien. Soziale Arbeit muß auf das Wissen vieler Disziplinen zurückgreifen, um die einzelnen Phänome, die an der Entstehung sozialer Probleme beteiligt sind, zu erklären.[16]

Soziale Arbeit als Wissenschaft (und als Praxis) läßt sich nicht methodologisch (= über spezifische Erkenntnismethoden) begründen. Eine methodologische Begründung der Sozialarbeitswissenschaft ist aussichtslos, weil alle Methoden überall verbreitet sind: die gleichen oder ähnlichen Methoden tauchen unter gleichen oder verschiedenen Namen in allen Wissenschaften auf, und der Methodengebrauch richtet sich nur nach dem Reife- und Konsolidierungsgegenstand, den jeweiligen Forschungsstrategien und natürlich nach dem Gegenstandsgebiet der betreffenden Wissenschaft.[17]

Soziale Arbeit - ihre Wissenschaft und ihre Praxis - sind ethisch zu begründen: Soziale Arbeit als Wissenschaft ist als praktische Wissenschaft auf Handeln ausgerichtet. Gehandelt wird in der Sozialen Arbeit nach bestimmten vorgegebenen *Werten und Normen*. Eine solche Wert- und Kriterienvorgabe ist überhaupt notwendig, um darüber zu entscheiden, ob ein soziales Problem vorliegt oder nicht. Diese Wert- und Kriterienvorgaben sind das *eigentliche Konfliktfeld* Sozialer Arbeit. Je konkreter der anzustrebende Wert festgelegt wird, desto größer wird das Konfliktpotential. Die Soziale Arbeit als Wissenschaft kommt um eine sorgfältige Behandlung dieses Konfliktpotentials nicht herum. Je differenzierter die Reflexion, desto geringer ist die Gefahr, das anders Wertende als „Ungläubige oder Ideologen" diffamiert und ausgegrenzt werden. Eine Einigung auf die von den Vereinten Nationen deklarierten Menschenrechte als gemeinsame Basis und als einzufordernde Ziele müßte auch über unterschiedliche weltanschauliche Orientierungen hinweg möglich sein.[18]

Natürlich verbirgt sich gerade hinter der Wert- und Kriterienfrage die Machtfrage: Wer entscheidet letztlich, ob eine Situation ein soziales Problem ist? Und wer setzt eine bestimmte Lösungsrichtung durch, wenn entschieden worden ist, daß ein soziales Problem vorliegt? In der Sozialen Arbeit als Wissenschaft werden – wie in kaum einer anderen Wissenschaft – die regionalen, nationalen und internationalen Machtkonstellationen zentral berührt. Die Beiträge zur Lösung sozialer Probleme von gesellschaftlichen Machtgruppen, selbsternannten Helfern wie etablierten sozialen Organisationen zielen häufig darauf, Soziale Arbeit vor ihre Karren zu spannen. Das ist nicht neu. Daraus ergibt sich für Soziale Arbeit, immer im Spannungsfeld von menschlicher Liebe - als Nähe, Einfühlung und Berührung, Ansehen und Anerkennung, Sorge und Güte, Pflege und Gabe – und struktureller Macht – als Distanz, Kontrolle und Verteilung von gesellschaftlichen Ressourcen, aber auch als Kontrolle von Menschen in funktionalen sozialen Arrangements - zu leben und diese Spannung aushalten zu müssen.[19] Soziale Arbeit als Wissenschaft wird – will sie nicht einen zentralen Aspekt unserer Lebenswirklichkeit ausblenden – immer die Machtfrage reflektieren müssen, und zwar im großen sowie im kleinen. Letztlich läuft die Frage stets darauf hinaus, nach der gesellschaftlichen Funktion Sozialer Arbeit zu fragen.

Soziale Arbeit als Praxis zielt auf Handeln, Soziale Arbeit als Wissenschaft ist eine praktische Wissenschaft, die auf Handeln ausgerichtet ist. Handlungen sind komplex, und in den Theorien gilt es folglich, Komplexität zu verarbeiten statt auf Simplizität zu reduzieren.[20]

Mit der *Handlungstheorie* verfügt die Soziale Arbeit als Wissenschaft über eine wissenschaftlich ausgewiesene und anerkannte Methode, die die unterschiedlichen Interessen von WissenschaftlerInnen, PraktikerInnen und KlientInnen miteinander verbinden kann.[21] Die bereits vorhandenen *Meta- und Objekttheorien* sind eine gute Ausgangsposition, um über partikuläre, zum Teil isolierte ad-hoc-Perspektiven und Ansätze hinauszukommen (siehe Abbildung 15).[22] Da Theorien sich in zirkulär oder spiralförmig verlaufenden Prozessen bilden, sollten WissenschaftlerInnen weiter an dem Vorhandenen arbeiten und nicht ständig auf neue Ansätze ausweichen.

In einer handlungstheoretisch orientierten Sozialen Arbeit als Wissenschaft lassen sich mannigfaltige Aspekte aus unterschiedlichen Disziplinen zusammenfassen.

Zusammenfassen und Verknüpfen darf nicht mit Vereinheitlichen gleichgesetzt werden. Vereinheitlichungsbestrebungen mißachten die qualitative Vielfalt und Differenziertheit des Wirklichen, der Menschen wie der Gesellschaft und ihrer Problematiken.[23] Es gibt nicht einen richtigen Ansatz und sonst lauter falsche, sondern nur das richtige Gespräch aller Ansätze untereinander. Es ist ein menschliches Problem, wenn man sich (s)einen Ansatz zur ganzen Weisheit macht. Theoretisch richtig und praxistauglich kann ein neuer Ansatz sein, ohne daß alle anderen, früheren Ansätze dadurch falsch und untauglich sein oder werden müssen.[24] Die Idee der *Koexistenz, Interaktion und Komplementarität* von Theorien wird von SozialwissenschaftlerInnen immer wieder gefordert, aber äußerst selten gelebt. Die Lust am „Entweder - oder“, „Richtig oder falsch“ und „Mein oder dein“ ist ausgeprägt und verhindert eine mögliche und notwendige Konzentration auf das Erforderliche und Gemeinsame.

Soziale Arbeit als Einzelwissenschaft benötigt in unserer Gesellschaft wie alle anderen wissenschaftlichen Disziplinen auch einen *Auftrag* und einen eigenen *Raum für die Forschung.*[25] Allgemeiner Auftrag an alle wissenschaftlichen Fachdisziplinen ist, sich für die Entfaltung der Humanität in unserer Gesellschaft einzusetzen.[26] Es gibt an deutschen Universitäten zwar Lehrstühle für Missionsgeschichte, Verwaltungsrecht, Musikwissenschaft, Verkehrspolitik, Wirtschaftsprüfungs- und Beratungswesen, aber nicht für Soziale Arbeit (also für Soziale Probleme und ihre Lösungen). Das kann auch als Zeichen dafür interpretiert werden, wie gering die Menschen in Deutschland angesehen werden, die unter sozialen Problemen leiden und wie wenig die Soziale Arbeit der großen Bevölkerungsmehrheit in Deutschland wert ist. Die Soziale Arbeit ist der einzige Studiengang von allen an deut-

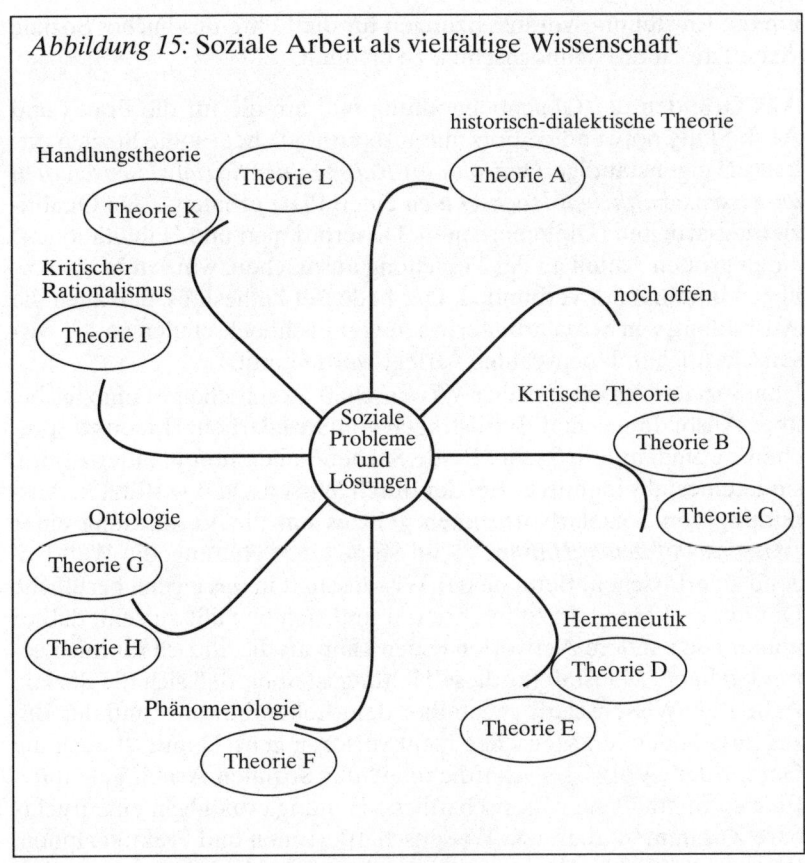

Abbildung 15: Soziale Arbeit als vielfältige Wissenschaft

historisch-dialektische Theorie

Handlungstheorie

Theorie L

Theorie A

Theorie K

Kritischer
Rationalismus

noch offen

Theorie I

Kritische Theorie

Soziale
Probleme
und
Lösungen

Theorie B

Ontologie

Theorie C

Theorie G

Theorie H

Hermeneutik

Theorie D

Phänomenologie

Theorie E

Theorie F

schen Fachhochschulen angebotenen Studiengängen, der nicht an einer wissenschaftlichen Hochschule vertreten ist. Daraus ergeben sich zwei existentielle Probleme für die Soziale Arbeit insgesamt. Diese Probleme betreffen im deutschen Hochschulbereich allein das Studienfach Soziale Arbeit.

(a) Wo soll das wissenschaftliche Wissen in Sozialer Arbeit gefunden und entwickelt werden, das an Fachhochschulen zu vermitteln ist? Wissenschaftliche Hochschulen haben den Auftrag und den Raum zur Forschung, Fachhochschulen dagegen nicht.

(b) Wo sollen SozialarbeiterInnen sich für die Lehrtätigkeit in ihrem Fach als ProfessorIn an einer Fachhochschule qualifizieren? Noch muß ein anderes Fach als Soziale Arbeit an einer wissenschaftlichen Hochschule studiert, erfolgreich mit Promotion abgeschlossen werden, um die Einstellungsvoraussetzungen für die Lehre des Faches Soziale Arbeit an einer Fachhochschule zu erfüllen.

Aus Gründen der Gleichbehandlung und um die für die Praxis und Ausbildung notwendige Forschung zu ermöglichen, sollte Soziale Arbeit als eigenständige *Disziplin im Rahmen der Sozialwissenschaften an wissenschaftlichen Hochschulen* einen Platz erhalten.[27] Da Qualifizierungsarbeiten (Diplomarbeiten, Dissertationen und Habilitationen) einen großen Anteil an der Forschung ausmachen, würden beide Anliegen miteinander verbunden. Das bedeutet keinesfalls, daß auch die Ausbildung von SozialarbeiterInnen von Fachhochschulen an die wissenschaftlichen Hochschulen verlegt werden muß.

Von Sozialer Arbeit als einer Wissenschaft zu sprechen ist eine Sache, über Ausbildungs- und Berufsfragen von SozialarbeiterInnen zu sprechen ist eine andere Sache. Beide Sachen haben miteinander zu tun, sind keinesfalls identisch. Bei der durch Wissenschaft gestützten Ausbildung von SozialarbeiterInnen geht es um die Vermittlung einer *„wissenschaftlichen Haltung"* – im Sinne einer Haltung, die Welt fragend zu erforschen, Befunde der Wissenschaft in das eigene berufliche Deuten und Handeln zu integrieren und sich bewußt zu sein, daß es immer auch andere Antworten geben kann als die, die ich für mich gefunden habe. Maßstab für diese Haltung ist aber, daß sich die Soziale Arbeit als Wissenschaft gegenüber dem Leben bewährt und der Bezug zum leidenden Menschen nicht verloren geht. Damit ist auch die Gefahr der „Verwissenschaftlichung" der Sozialen Arbeit gebannt.[28] Eine so verstandene wissenschaftliche Haltung ermöglicht eine fruchtbare Zusammenarbeit von WissenschaftlerInnen und PraktikerInnen. Wissenschaftliches Wissen der Sozialen Arbeit wird dann zu einer wichtigen Grundlage für viele Menschen, ihren Alltag zu bewältigen und sich ihres Lebens zu freuen. Etwas mag das Denken dabei wohl schon helfen (Norbert Elias).

ANMERKUNGEN ZU TEIL 5

[1] Staub-Bernasconi 1991, 3. Hervorhebung durch mich, E.E.
[2] Vgl. Thiersch 1986, 204
[3] Rombach 1979, 89
[4] Vgl. Lukas 1979, 221
[5] Vgl. Salomon 1927, 55, 127; Orthbandt 1980, 267 - 275
[6] Lukas 1979, 221
[7] Vgl. zum Beispiel für die Psychologie Hermann 1991
[8] Vgl. Lukas 1979, 224f., 228
[9] Salomon 1928, 1 - 16

[10] Vgl. Teil 4 Abschnitt 7
[11] Staub-Bernasconi 1986, 48 - 59
[12] Vgl. Rombach 1979, 166
[13] Staub-Bernasconi 1986, 48
[14] Staub-Bernasconi 1986, 55
[15] Rombach 1979, 24
[16] Staub-Bernasconi 1986, 54f.
[17] Vgl. Rombach 1979, 148
[18] Menschenrechte 1979
[19] Staub-Bernasconi 1991, 4
[20] Staub-Bernasconi 1983b, 182f.
[21] Lukas 1979, 228
[22] Staub-Bernasconi 1983b, 35
[23] Staub-Bernasconi 1983b, 306
[24] Staub-Bernasconi 1986, 27
[25] Vgl. bereits Salomon 1927, 125 - 127
[26] Vgl. Rombach 1979, 18
[27] Vgl. hierzu die Untersuchung von Rohde 1990
[28] Rombach 1979, 156.

Literatur

Adler, A. 1972: Über den nervösen Charakter. Frankfurt/M.

Adler, A. 1973: Der Sinn des Lebens. Frankfurt/M.

Adler, A. 1980: Praxis und Theorie der Individualpsychologie. Frankfurt/M.

Adler, A. 1981a: Lebenskenntnis. Frankfurt/M.

Adler, A. 1981b: Menschenkenntnis. Frankfurt/M.

Albert, H. 1989: Kritischer Rationalismus. In: Seiffert, H./Radnitzky, G. (Hrsg.): Handlexikon zur Wissenschaftstheorie. München. 177 – 182

Alisch, L.-M. 1983: Sozialpädagogische und sozialarbeitswissenschaftliche Theoriebildung bei Lutz Rössner. In: Wollenweber, H. (Hrsg.): Modelle sozialpädagogischer Theoriebildung. Paderborn. 121 – 146

Alisch, L.-M./Rössner, L. 1990: Grundlagen der Sozialarbeitswissenschaft und sozialarbeitswissenschaftlichen Forschung. Braunschweig. 2. erweiterte Auflage

Ansbacher, H.-L./Ansbacher, R. R. 1982: Alfred Adlers Individualpsychologie. Eine systematische Darstellung seiner Lehre in Auszügen aus seinen Schriften. München, Basel

Atteslander, P. 1974: Methoden der empirischen Sozialforschung. Berlin, New York

Barth, Ch. M. (Hrsg.) 1977: Thomas Robert Malthus. Das Bevölkerungsgesetz. München

Bartlett, H. M. 1979: Grundlagen beruflicher Sozialarbeit. Integrative Elemente einer Handlungstheorie für Sozialarbeiter/Sozialpädagogen. Freiburg i.Br.

Bauer, R. 1986: Vom Roten Kreuz zum Totenkreuz. Zur Wohlfahrtsverbände-Politik im Nationalsozialismus. In: neue praxis 4 (16) 311 – 321

Bauer, R. 1989: Eine „andere" Alice Salomon. Die „Begründerin des sozialen Berufs" und die „Reaktionäre – männlich wie weiblich". In: Sozialwissenschaftliche Literatur Rundschau 19 (12) 37 – 41

Bäuerle, W. 1973: Zur Entwicklung einer sozialen Technologie. In: Theorie und Praxis der sozialen Arbeit 5 (24) 162 – 175

Bayer, J./Derks, I./Klinski, G./Rathschlag, A. 1984: Ausbildungsprobleme in der Sozialarbeit? In: neue praxis 1 (14) 67 – 79

Benner, D. 1978: Hauptströmungen der Erziehungswissenschaft. Eine Systematik traditioneller und moderner Theorien. München. 2. neubearbeitete und erweiterte Auflage

Berg, R./Wortmann, R. 1987: Was ist und zu welchem Ende betreiben wir wissenschaftliche Begleitung? In: Sozialpädagogik 6 (29) 264 – 268

Bernhart, J. (Hrsg.) 1985: Thomas von Aquino. Summe der Theologie. 3 Bde. Stuttgart

Bismarck, O. v. 1929: Die gesammelten Werke. Bd. 12. Berlin

Bock, T. 1986: Sozialarbeit/Sozialpädagogik. In: Deutscher Verein für öffentliche und private Fürsorge (Hrsg.): Fachlexikon der sozialen Arbeit. Frankfurt/M. 2. Auflage. 746 – 749

Böll, H. 1984: Thomas von Aquin. Summa Theologica. In: Raddatz, F. (Hrsg.): Die ZEIT-Bibliothek der 100 Sachbücher. Frankfurt/M. 40 – 45

Böhnisch, L./Lösch, H. 1979: Das Handlungsverständnis des Sozialarbeiters und seine institutionelle Determination. In: Otto, H.-U./Schneider, S. (Hrsg.): Gesellschaftliche Perspektiven der Sozialarbeit. Bd 2. Neuwied, Darmstadt. 21 – 40

Böttcher, H. 1975: Sozialpädagogik im Überblick. Versuch einer systematischen Agogik. Freiburg. i. Br.

Breuer, F. 1989: Wissenschaftstheorie für Psychologen. Münster. 4. völlig neubearbeitete und stark erweiterte Auflage

Brumlik, M. 1989: Kohlbergs 'Just Community ' – Ansatz als Grundlage einer Theorie der Sozialpädagogik. In: neue praxis 5 (19) 374 – 383

Brunkhorst, H. 1988: Pädagogisierung der Normalisierungsarbeit. In: neue praxis 4 (18) 290 – 300

Brunkhorst, H./Otto, H.-U. 1989: Soziale Arbeit als gerechte Praxis. In: neue praxis 5 (19) 372 – 374

Brunkhorst, H./Sünker, H. 1985: Strategische Alternativen kommunaler Sozialarbeitspolitik. In: neue praxis 2/3 (15) 120 – 132

Buhr, M./Kosing, A. 1979: Kleines Wörterbuch der marxistisch-leninistischen Philosphie. Berlin

Bullock, A. 1964: Hitler. Eine Studie über Tyrannei. 2 Bde. Frankfurt/M.

Bundesarbeitsgemeinschaft der Freien Wohlfahrtspflege (Hrsg.) 1985: Die Spitzenverbände der Freien Wohlfahrtspflege – Aufgaben und Finanzierung. Freiburg i.Br.

Bundesverband der Katholischen Arbeitnehmer-Bewegung Deutschlands (Hrsg.) 1975: Texte zur katholischen Soziallehre mit einer Einführung von O. v. Nell-Breuning. Kevelaer

Capra, F. 1988: Wendezeit. Bausteine für ein neues Weltbild. München

Corsini, R. J. (Hrsg.) 1983: Handbuch der Psychotherapie. 2 Bde. Weinheim, Basel

Deuringer, K. 1966: Vives, Juan Luis. In: Lexikon für Theologie und Kirche. Bd. X. Freiburg i.Br. 829f.

Deutscher Verein für öffentliche und private Fürsorge 1983: Stellungnahme des Deutschen Vereins zu den „Anforderungen an eine berufsqualifizierende Ausbildung der Sozialarbeiter/Sozialpädagogen". Sonderdruck aus dem „Nachrichtendienst des Deutschen Vereins für öffentliche und private Fürsorge 5/1983

Deutscher Verein für öffentliche und private Fürsorge (Hrsg.) 1986: Fachlexikon der sozialen Arbeit. Frankfurt/M. 2. Auflage

Dewe, B./Ferchhoff, W./Sünker, H. 1987a: Alltagstheorien. In: Eyferth, H./ Otto, H.-U. / Thiersch, H. (Hrsg.): Handbuch zur Sozialarbeit/Sozialpädagogik. Neuwied, Darmstadt. 56 – 72

Dewe, B./Ferchhoff, W. 1987b: Abschied von den Professionen oder die Entzauberung der Experten – Zur Situation der helfenden Berufe in den 80er Jahren. In: Archiv für Wissenschaft und Praxis der sozialen Arbeit 3 (18) 147 – 182

Dewe, B./Otto, H.-U. 1987c: Verwissenschaftlichung ohne Selbstreflexivität – Produktion und Applikation wissenschaftlicher Problemdeutungen in der Sozialarbeit/Sozialpädagogik. In: Olk, T./Otto, H.-U. (Hrsg.): Soziale Dienste im Wandel 1. Helfen im Sozialstaat. Neuwied, Darmstadt. 287 – 326

Dewe, B./Frank, G./Huge, W. 1988: Theorien der Erwachsenenbildung: ein Handbuch. München

Dewe, B./Wohlfahrt, N. 1989: Zu einigen methodischen Problemen empirischer Sozialarbeitsforschung. In: neue praxis 1 (19) 73 – 88

Dewe, B./Scherr, A. 1990: Gesellschafts- und kulturtheoretische Bezugspunkte einer Theorie sozialer Arbeit. In: neue praxis 2 (20) 124 – 143

Dießenbacher, H./Müller, A. 1987: Wissenschaftstheorie und Sozialpädagogik. In: Eyferth, H./Otto, H.-U./Thiersch, H. (Hrsg.) 1987: Handbuch zur Sozialarbeit/Sozialpädagogik. Neuwied, Darmstadt. 1251 – 1262

Duden 1963: Etymologie. Herkunftswörterbuch der deutschen Sprache. Mannheim

Dupâquier, J. u.a. (Hrsg.) 1983: Malthus Past and Present. London, New York

Dux, G. 1987: Das Ende aller Werte. In: Olk, T./Otto, H.-U. (Hrsg.): Soziale Dienste im Wandel 1: Helfen im Sozialstaat. Neuwied, Darmstadt. 139 – 169

Eberhard, G./Eberhard, K. 1987: Die erkenntnistheoretischen Grundlagen der Sozialarbeit/Sozialpädagogik. In: Theorie und Praxis der Sozialen Arbeit 11 (38) 376 – 387

Eberhard, K. 1987: Einführung in die Erkenntnis- und Wissenschaftstheorie. Geschichte und Praxis der konkurrierenden Erkenntniswege. Stuttgart

Ehrenberg, H./Fuchs, A. 1980: Sozialstaat und Freiheit. Von der Zukunft des Sozialstaates. Frankfurt/M.

Ehrhardt-Kramer, A. 1989: Ökologische Konzepte der Sozialarbeit. In: Archiv für Wissenschaft und Praxis der sozialen Arbeit 4 (20) 219 – 233

Elias, N. 1976: Über den Prozeß der Zivilisation. Soziogenetische und psychogenetische Untersuchungen. 2 Bde. Frankfurt/M.

Eschenburg, T. 1984: Otto Fürst von Bismarck. Gedanken und Erinnerungen. In: Raddatz, F. (Hrsg.): Die ZEIT-Bibliothek der 100 Sachbücher. Frankfurt/M. 210 – 212

Euchner, W. 1989: Einleitung zu den Zwei Abhandlungen über die Regierung. In: Locke, J. : Zwei Abhandlungen über die Regierung. Herausgegeben und eingeleitet von W. Euchner. Frankfurt/M. 9 – 59

Eyferth, H. 1983: Sozialarbeit und Politik in Deutschland 1919 – 1945. In: neue praxis 2 (13) 99 – 105

Eyferth, H./Otto, H.-U./Thiersch, H. (Hrsg.) 1987: Handbuch zur Sozialarbeit/Sozialpädagogik. Studienausgabe. Neuwied, Darmstadt

Fatke, R./Hornstein, W. 1987: Sozialpädagogik – Entwicklung, Tendenzen und Probleme. In: Zeitschrift für Pädagogik 5 (33) 589 – 593

Fehlker, M. 1989: Der wissenschaftliche Anspruch der Sozialarbeit. In: Die berufliche Sozialarbeit 2/3 (o.J.) 41 – 44

Feyerabend, P. 1977: Wider den Methodenzwang. Skizze einer anarchistischen Erkenntnistheorie. Frankfurt/M.

Fink, U. 1990: Die neue Kultur des Helfens. Nicht Abbau, sondern Umbau des Sozialstaates. München, Zürich

Flamm, F. 1980: Sozialwesen und Soziale Arbeit in der Bundesrepublik Deutschland. Frankfurt/M. 3., neubearbeitete und erweiterte Auflage

Gehrmann, G./Müller, K. D. 1985: Praxisbezug an Fachhochschulen für Sozialarbeit/Sozialpädagogik. In: neue praxis 2/3 (15) 170 – 180

Geißler, K. A./Hege, M. 1985: Konzepte sozialpädagogischen Handelns. Weinheim, Basel

Geldsetzer, L. 1989: Hermeneutik. In: Seiffert, H./Radnitzky, G. (Hrsg.): Handlexikon zur Wissenschaftstheorie. München. 127 – 139

Germain, C. B./Gitterman, A. 1983: Praktische Sozialarbeit: das „life model" der sozialen Arbeit. Stuttgart

Goll, D./Metzmacher, U./Sauer, P. 1989: Die Ausbildung von Sozialarbeitern/Sozialpädagogen. In: Sozialpädagogik 3 (31) 106 – 114

Grundmann, H. (Hrsg.) 1988: Gebhardt – Handbuch der deutschen Geschichte. 22 Bde. München

Haag, F./Krüger, H. 1972: Aktionsforschung. Forschungsstrategien, Forschungsfelder und Forschungspläne. München

Haag, F./Parow, E./Pongratz, L./Rehn, G. 1979: Überlegungen zu einer Metatheorie der Sozialarbeit. In: Otto, H.-U./Schneider, S. (Hrsg.): Gesellschaftliche Perspektiven der Sozialarbeit. Bd. 1. 167 – 192

Haag, F. 1979: Projektierte Sozialarbeit. In: Otto, H.-U./Schneider, S. (Hrsg.): Gesellschaftliche Perspektiven der Sozialarbeit. Bd. 2. 187 – 215

Habermas, J. 1975: Erkenntnis und Interesse. Frankfurt/M.

Habermas, J. 1978: Theorie und Praxis. Sozialphilosophische Studien. Frankfurt/M.

Habermas, J. 1981: Theorie des kommunikativen Handelns. 2 Bde. Frankfurt/M.

Happe, B. 1988: Forscher, Auftraggeber und Beforschte – Erfahrungen zu und Erwartungen an Praxisforschung. In: Heiner, M. (Hrsg.): Praxisforschung in der sozialen Arbeit. Freiburg i.Br. 158 -169

Hasenclever, Chr. 1985: Sozialreform als Emanzipation. In: Sozialwissenschaftliche Literatur Rundschau 11 (8) 31 – 34

Haupert, B./Kraimer, K. 1991: Die disziplinäre Heimatlosigkeit der Sozial-pädagogik/Sozialarbeit. In: neue praxis 2 (21) 106 – 121

Heer, F. 1983: Mittelalter. Vom Jahr 1000 bis 1350. 2 Bde. München

Hege, M. 1979: Engagierter Dialog. Ein Beitrag zur sozialen Einzelhilfe. München, Basel. 2., verbesserte Auflage

Heiner, M. (Hrsg.) 1988a: Praxisforschung in der sozialen Arbeit. Freiburg i.Br.

Heiner, M. (Hrsg.) 1988b: Selbstevaluation in der sozialen Arbeit. Freiburg i.Br.

Hengsbach, F. 1982: Drei Typen katholischer Soziallehre. In: Orientierung 11 (46) 132 – 135

Hermann, T. 1991: Diesmal diskursiv – schon wieder eine Erneuerung der Psychologie. In: Report Psychologie 2 (16) 21 – 27

Hilpert, K. 1990: Caritas und katholische Soziallehre. In: Deutscher Caritas-verband (Hrsg.): caritas '91. Jahrbuch des Deutschen Caritasverbandes. Freiburg i.Br. 11 – 28

Hirschberger, J. 1961: Geschichte der Philosophie. Bd. I: Altertum und Mit-telalter. Basel, Freiburg i. Br., Wien

Hirschberger, J. 1963: Geschichte der Philosophie. Bd. II: Neuzeit und Ge-genwart. Basel, Freiburg i. Br., Wien

Hitler, A. 1939: Mein Kampf. Jubiläumsausgabe zum 50. Geburtstag. München

Höffner, J. 1963: Christliche Gesellschaftslehre. Kevelaer

Hollstein, W./Meinhold, M. (Hrsg.) 1973: Sozialarbeit unter kapitalistischen Produktionsbedingungen. Frankfurt/M.

Horn, B./Klinkmann, N. 1989: Theorie-Praxis-Dilemma oder die Unzuläng-lichkeit von Strukturen? Die Einheit von Forschung und Lehre in der Sozi-alarbeiterausbildung. In: Archiv für Wissenschaft und Praxis der sozialen Arbeit 3 (20) 151 – 172

Hornstein, W. 1967: Die wissenschaftlichen Grundlagen der Jugendhilfe und der Jugendpolitik. In: deutsche Jugend 11 (15) 495 – 504; 12 (15) 541 – 551

Hornstein, W. 1985: Die Bedeutung erziehungswissenschaftlicher Forschung für die Praxis sozialer Arbeit. In: neue praxis 6 (15) 463 – 477

Hornstein, W. 1987: Forschung/Forschungspolitik. In: Eyferth, H./Otto, H.-U./Thiersch, H. (Hrsg.): Handbuch zur Sozialarbeit/Sozialpädagogik. Stu-dienausgabe. Neuwied, Darmstadt. 371 – 388

Hörster, R. 1986: Berufsfeldbezug und Wissenschaftlichkeit. Zur hochschuli-schen Ausbildung von Sozialpädagogen. In: neue praxis 3 (16) 249 – 255

Hörster, R. 1988: Alltagsorientierte Wende in der Pädagogik. Ihre didaktische und ihre sozialwissenschaftliche Pointe. In: neue praxis 5 (18) 376 – 385

Hungs, F.-J. 1988: „Die Jünger fragten ihn: Warum redest du in Gleichnissen zu ihnen?" (Mt 13,10) Einige theologische Vorüberlegungen zur Sozialarbeit in christlicher Verantwortung. In: Ulke, K.-D. (Hrsg.): Ist Sozialarbeit lehr-bar? Freiburg i.Br. 189 – 203

Inglehart, R. 1987: Wertwandel unter Bedingungen sozialer Unsicherheit. In: Olk, T./Otto, H.-U. (Hrsg.): Soziale Dienste im Wandel 1: Helfen im Sozialstaat. Neuwied, Darmstadt. 25 – 68

Kamper, D. 1979: Marxistische Wissenschaftstheorie. In: Rombach, H. (Hrsg.) 1979: Wissenschaftstheorie 1. Freiburg i.Br. 87 – 98

Kanz, H. 1979: Voraussetzungslosigkeit und Wertproblem. Der Werturteilsstreit um Max Weber. In: Rombach, H. (Hrsg.): Wissenschaftstheorie. Bd 1: Probleme und Positionen der Wissenschaftstheorie. Freiburg i.Br. 37 – 40

Kaufmann, F.-X. 1975: Zum Verhältnis von Sozialarbeit und Sozialpolitik. In: Otto, H.-U./Schneider, S. (Hrsg.): Gesellschaftliche Perspektiven der Sozialarbeit. Bielefeld. Bd 1. 87 – 104

Kerber, W./Ertl, H./Heinz, M. (Hrsg.) 1991: Katholische Soziallehre im Überblick. 100 Jahre Sozialverkündigung der Kirche. Frankfurt/M.

Khella, K. 1980a: Theorie und Praxis der Sozialarbeit und Sozialpädagogik. Hamburg

Khella, K. 1980b: Wörterbuch der Sozialarbeit, Sozialpädagogik und Sonderpädagogik. Hamburg.

Khella, K. 1982: Sozialarbeit von unten. Praktische Methoden fortschrittlicher Sozialarbeit. Hamburg

Khella, K. 1983a: Einführung in die Sozialarbeit und Sozialpädagogik. Teil 1: Adressaten der Sozialarbeit und Sozialpädagogik. Daten, Analysen, Praxis. Hamburg

Khella, K. 1983b: Einführung in die Sozialarbeit und Sozialpädagogik. Teil 2: Die soziale Frage in der Bundesrepublik. Hamburg

Kinder, H./Hilgemann, W. 1991: dtv-Atlas zur Weltgeschichte. 2 Bde. München

Klages, H. 1987: Wertwandel und Modernisierung – Eine theoretische Exploration. In: Olk, T./Otto, H.-U. (Hrsg.): Soziale Dienste im Wandel. 1: Helfen im Sozialstaat. Neuwied, Darmstadt. 97 – 119

Klatetzki, T. 1990: Wegweiser in die gerechte Praxis. In: neue praxis 6 (20) 478 – 488

Knapp, W. (Hrsg.) 1980: Die wissenschaftlichen Grundlagen der Sozialarbeit und Sozialpädagogik. Stuttgart, Berlin, Köln, Mainz

König, E. 1975a: Theorie der Erziehungswissenschaft. Bd. 1: Wissenschaftstheoretische Richtungen der Pädagogik. München

König, E. 1975b: Theorie der Erziehungswissenschaft. Bd. 2: Normen und ihre Rechtfertigung. München

Konferenz der Fachbereichsleiter der Fachbereiche Sozialwesen (KFS)1986: Bericht über Forschung an Fachbereichen für Sozialwesen. Berlin

Kosik, K. 1967: Dialektik des Konkreten. Eine Studie zur Problematik des Menschen und der Welt. Frankfurt/M.

Kraak, B. 1986: Wissenschaft und Praxis. In: Sozialpädagogik 6 (28) 268 – 272

Kramer, D. 1983: Das Fürsorgesystem im Dritten Reich. In: Landwehr, R./Baron, R. (Hrsg.): Geschichte der Sozialarbeit. Hauptlinien ihrer Entwicklung im 19. und 20. Jahrhundert. Weinheim, Basel. 173 – 217

Krauß, E. J. 1988: Methoden der Sozialarbeit/Sozialpädagogik. In: Kreft, D./Mielenz, I. (Hrsg.): Wörterbuch Soziale Arbeit. Aufgaben, Praxisfelder, Begriffe und Methoden der Sozialarbeit/Sozialpädagogik. Weinheim, Basel. 383 – 388

Kreft, D. 1987: Welche Bedeutung haben Arbeitsergebnisse aus Wissenschaft und Forschung für praktische Sozialarbeit? In: Theorie und Praxis der sozialen Arbeit 2 (38) 58 – 64

Kreft, D./Mielenz, I. (Hrsg.) 1988: Wörterbuch Soziale Arbeit. Aufgaben, Praxisfelder, Begriffe und Methoden der Sozialarbeit/Sozialpädagogik. Weinheim, Basel. 3.,vollständig überarbeitete und erweiterte Auflage

Kreutz, H./Landwehr, R./Wuggenig, U. (Hrsg.) 1987: Empirische Sozialarbeitsforschung. Rheinstetten

Kriz, J./Lück, H. E./Heidbrink, H. 1990: Wissenschafts- und Erkenntnistheorie. Eine Einführung für Psychologen und Humanwissenschaftler. Opladen

Kuhn, T. S. 1967: Die Struktur wissenschaftlicher Revolutionen. Frankfurt/M.

Kühn, D. 1986: Entwicklung des Jugend- und Gesundheitsamtes im Nationalsozialismus. In: neue praxis 4 (16) 322 – 332

Landeskonferenz der lehrenden Sozialarbeiter und Sozialpädagogen 1986: „An der Nahtstelle zwischen Theorie und Praxis werden Kompetenzen und Kapazitäten beschnitten." In: neue praxis 6 (16) 550 – 552

Landwehr, R./Baron, R. (Hrsg.) 1983: Geschichte der Sozialarbeit. Hauptlinien ihrer Entwicklung im 19. und 20. Jahrhundert. Weinheim, Basel

Lattke, H. 1968: Soziale Arbeit und Erziehung in unserer Zeit. In: Röhrs, H. (Hrsg.): Die Sozialpädagogik und ihre Theorie. 111 – 126

Lau, T./Wolff, S. 1982: Wer bestimmt hier eigentlich, wer kompetent ist? – Eine soziologische Kritik an Modellen kompetenter Sozialarbeiter. In: Müller, S. u.a. (Hrsg.): Handlungskompetenz in der Sozialarbeit/Sozialpädagogik. Bielefeld. Bd I. 261 – 302

Lay, R. 1971: Grundzüge einer komplexen Wissenschaftstheorie. Bd. 1: Grundlagen und Wissenschaftslogik. Frankfurt/M.

Lay, R. 1973: Grundzüge einer komplexen Wissenschaftstheorie. Bd. 2: Wissenschaftsmethodik und spezielle Wissenschaftstheorie. Frankfurt/M.

Layer, H. 1987: Sozialarbeit und Sozialforschung. In: Soziale Arbeit (36) 406 – 413

Leitner, U. 1981: Sozialarbeit und Soziologie in Deutschland. Ihr Verhältnis in historischer Perspektive. Weinheim

Lenk, H. 1988: Handlung(stheorie). In: Seiffert, H./Radnitzky, G. (Hrsg.): Handlexikon zur Wissenschaftstheorie. München. 119 – 127

Lepenies, W. 1979: Wissenschaftssoziologie. In: Rombach, H. (Hrsg.): Wissenschaftstheorie. Bd 1: Probleme und Positionen der Wissenschaftstheorie. Freiburg i.Br. 176 – 181

Lepenies, W. 1984: Thomas Robert Malthus. Das Bevölkerungsgesetz. In: Raddatz, F. (Hrsg.): Die ZEIT-Bibliothek der 100 Sachbücher. Frankfurt/M. 126 – 129

Locke, J. 1989: Zwei Abhandlungen über die Regierung. Herausgegeben und eingeleitet von W. Euchner. Frankfurt/M.

Lowy, L. 1983: Sozialarbeit/Sozialpädagogik als Wissenschaft im angloamerikanischen und deutschsprachigen Raum. Stand und Entwicklung. Freiburg i.Br.

Lüders, C. 1987: Der „wissenschaftlich gebildete Praktiker" in der Sozialpädagogik – zur Notwendigkeit der Revision eines Programms. In: Zeitschrift für Pädagogik 5 (33) 635 – 653

Ludwig, H. 1990: Katholische Soziallehre und Theologie der Befreiung. In: Deutscher Caritasverband (Hrsg.): caritas '91. Jahrbuch des Deutschen Caritasverbandes. Freiburg i.Br. 28 – 36

Luhmann, N. 1990: Die Wissenschaft der Gesellschaft. Frankfurt/M.

Lukas, H. 1979: Sozialpädagogik/Sozialarbeitswissenschaft. Entwicklungsstand und Perspektive einer eigenständigen Wissenschaftsdisziplin für das Handlungsfeld Sozialarbeit/Sozialpädagogik. Berlin

Maas, U. 1980: Konflikte und Strategien. In: Sozialmagazin 10 (5) 33 – 39, 65

Maier, K. 1992: Forschungsinstitute an Fachhochschulen für Sozialwesen? In: Nachrichtendienst des Deutschen Vereins für öffentliche und private Fürsorge 1 (o.J.) 23 – 27

Malthus, T. R. 1977: Das Bevölkerungsgesetz. Herausgegeben und übersetzt von Ch. M. Barth. München

Maòr, H. 1975: Soziologie der Sozialarbeit. Stuttgart, Berlin, Köln, Mainz

Marburger, H. 1981: Entwicklung und Konzepte der Sozialpädagogik. München

Matthes, J. 1979: Soziale Stereotype in der Theorie der Fürsorge. In: Otto, H.-U./Schneider, S. (Hrsg.): Gesellschaftliche Perspektiven der Sozialarbeit. Bd 1. Neuwied, Darmstadt. 193 – 212

Menschenrechte. Ihr internationaler Schutz. Textausgabe 1979. München

Mittelstraß, J. (Hrsg.) 1984: Enzyklopädie Philosophie und Wissenschaftstheorie. Bd. 2. Mannheim, Wien

Mollenhauer, K. 1959: Die Ursprünge der Sozialpädagogik in der industriellen Gesellschaft. Weinheim, Berlin

Mollenhauer, K. 1982: Theorien zum Erziehungsprozeß. Zur Einführung in erziehungswissenschaftliche Fragestellungen. München. 4. Auflage

Mühlum, A. 1981: Sozialpädagogik und Sozialarbeit. Eine vergleichende Darstellung zur Bestimmung ihres Verhältnisses in historischer, berufspraktischer und theoretischer Perspektive. Frankfurt/M.

Mühlum, A. 1986: Theorien der Sozialarbeit/Sozialpädagogik. In: Deutscher Verein für öffentliche und private Fürsorge (Hrsg.): Fachlexikon der sozialen Arbeit. Frankfurt/M. 851f.

Müller, C. W. 1987: Soziale Arbeit und ihre Berufe. In: Müller, C. W. (Hrsg.): Einführung in die Soziale Arbeit. Weinheim, Basel. 2., korrigierte Auflage 9 – 45

Müller, C. W. 1988a: Sozialarbeit/Sozialpädagogik. In: Kreft, D./Mielenz, I. (Hrsg.): Wörterbuch Soziale Arbeit. Aufgaben, Praxisfelder, Begriffe und Methoden der Sozialarbeit/Sozialpädagogik. Weinheim, Basel. 480 – 484

Müller, C. W. 1988b: Forschung. In: Kreft, D./Mielenz, I. (Hrsg.): Wörterbuch Soziale Arbeit. Aufgaben, Praxisfelder, Begriffe und Methoden der Sozialarbeit/Sozialpädagogik. Weinheim, Basel. 201f.

Müller, C. W. 1988c: Achtbare Versuche. Zur Geschichte von Praxisforschung in der Sozialen Arbeit. In: Heiner, M. (Hrsg.): Praxisforschung in der sozialen Arbeit. Freiburg i.Br. 17 – 33

Müller, S./Otto, H.-U./Peter, H./Sünker, H. (Hrsg.) 1982: Handlungskompetenz in der Sozialarbeit/Sozialpädagogik I: Interventionsmuster und Praxisanalysen. Bielefeld

Müller, S./Otto, H.-U./Peter, H./Sünker, H. (Hrsg.) 1984: Handlungskompetenz in der Sozialarbeit/Sozialpädagogik II: Theoretische Konzepte und gesellschaftliche Strukturen. Bielefeld

Münder, J. 1985: Sozialstaat und Soziale Arbeit. In: neue praxis 2/3 (15) 112 – 120

Nell-Breuning, O. von 1975: Zur Soziallehre der Kirche. In: Bundesverband der Katholischen Arbeitnehmer-Bewegung Deutschlands (Hrsg.): Texte zur katholischen Soziallehre mit einer Einführung von O. v. Nell-Breuning. Kevelaer

Niemeyer, Ch. 1980: Ansätze zu einer sozialpädagogischen Metatheorie. In: neue praxis 10 (10) 285 – 306

Nietzsche, F. 1967: Werke in zwei Bänden. Herausgegeben von I. Frenzel. München

Nohl, H. 1970: Die pädagogische Bewegung in Deutschland und ihre Theorie. Die Theorie der Bildung. Frankfurt/M.

Oelschlägel, D. 1988: Emanzipation. In: Kreft, D./Mielenz, I. (Hrsg.): Wörterbuch Soziale Arbeit. Weinheim, Basel. 158 – 161

Olk, T. 1987: Das soziale Ehrenamt, ein Trendbericht. In: Sozialwissenschaftliche Literatur Rundschau 14 (10) 84 – 101

Olk, T./Otto, H.-U. (Hrsg.) 1987: Soziale Dienste im Wandel 1: Helfen im Sozialstaat. Neuwied, Darmstadt

Olk, T./Otto, H.-U. (Hrsg.) 1989: Soziale Dienste im Wandel 2: Entwürfe sozialpädagogischen Handelns. Neuwied, Darmstadt

Oppl, H./Tomaschek, A. (Hrsg.) 1986a: Soziale Arbeit 2000. Bd 1: Soziale Probleme und Handlungsflexibilität. Entwürfe für berufliches Handeln. Freiburg i. Br.

Oppl, H./Tomaschek, A. (Hrsg.) 1986b: Soziale Arbeit 2000. Bd 2: Modernisierungskrise und soziale Dienste. Chancen für gesellschaftlichen Stellenwert, Profession und Ausbildung. Freiburg i. Br.

Orth, E. W. 1989: Phänomenologie. In: Seiffert, H./Radnitzky, G. (Hrsg.): Handlexikon zur Wissenschaftstheorie. München. 242 – 255

Orthbandt, E. 1980: Der Deutsche Verein in der Geschichte der deutschen Fürsorge. Frankfurt/M.

Oswald, G./Müllensiefen, D. 1985: Psychosoziale Familienberatung. Freiburg i.Br.

Otto, H.-U. 1975: Professionalisierung und gesellschaftliche Neuorientierung – Zur Transformation des beruflichen Handelns in der Sozialarbeit. In: Otto, H.-U./Schneider, S. (Hrsg.): Gesellschaftliche Perspektiven der Sozialarbeit. Bielefeld. Bd. 2. 247 – 261

Otto, H.-U./Schneider, S. (Hrsg.) 1979: Gesellschaftliche Perspektiven der Sozialarbeit. 2 Bde. Neuwied, Darmstadt. 3. Auflage

Otto, H.-U./Sünker, H. (Hrsg.) 1986: Soziale Arbeit und Faschismus. Volkspflege und Pädagogik im Nationalsozialismus. Bielefeld

Peters, H. 1978: Die Geschichte der sozialen Versicherung. St. Augustin

Pfaffenberger, H. (Hrsg.) 1974: Grundbegriffe und Methoden der Sozialarbeit. Neuwied, Berlin. 2., durchgesehene Auflage

Pfaffenberger, H. 1977: Sozialarbeit/Sozialpädagogik. In: Schwendtke, A. (Hrsg.): Wörterbuch der Sozialarbeit und Sozialpädagogik. Heidelberg. 235 – 237

Pfaffenberger, H. 1985: Entwicklungs- und Veränderungsprozesse von Wissenschaft, Ausbildung und Arbeitsmarkt der Sozialpädagogik/Sozialarbeit. In: neue praxis 6 (15) 487 – 503

Pfaffenberger, H. 1990: Fachhochschulen für Sozialwesen im Funktionswandel – Auf der Suche nach neuer Identität. In: Theorie und Praxis der sozialen Arbeit 2 (41) 63 – 71

Pieper, M. 1988: „Gebrauchsfertiges" Wissen? Von den Schwierigkeiten, Wissenschaft in der Praxis sozialer Arbeit zu nutzen. In: Ulke, K.-D. (Hrsg.): Ist Sozialarbeit lehrbar? Freiburg i.Br. 166 – 188

Pongratz, L. 1964: Prostituiertenkinder. Weinheim (Reprint 1988)

Possehl, K. 1990: Wissenschaftstheoretische Vorüberlegungen zur Methodenentwicklung in der Sozialarbeit. In: Archiv für Wissenschaft und Praxis der sozialen Arbeit (21) 262 – 286

Pschyrembel, W. 1969: Klinisches Wörterbuch mit klinischen Syndromen. Berlin

Radler, R. 1982: „Mein Kampf." In: Kindlers Literaturlexikon. Weinheim. Bd V. 6155 – 6158

Rattner, J. 1978: Alfred Adler in Selbstzeugnissen und Bilddokumenten. Reinbek bei Hamburg

Rauschenbach, T. 1991: Sozialpädagogik – eine akademische Disziplin ohne Vorbild? In: neue praxis 1 (21) 1 - 11

Reble, A. 1981: Geschichte der Pädagogik. Frankfurt/M., Berlin, Wien

Richter, H.-E. 1988: Die Chance des Gewissens. München

Rickert, H. 1926: Kulturwissenschaft und Naturwissenschaft. Tübingen

Riemann, F. 1975: Grundformen der Angst und die Antinomien des Lebens. Eine tiefenpsychologische Studie über die Ängste des Menschen und ihre Überwindung. München, Basel

Rohde, B. 1989: Sozialpädagogische Hochschulausbildung. In: neue praxis 2 (19) 178 – 180

324

Rohde, B. 1990: Sozialpädagogische Hochschulausbildung – ein ungelöstes Grundproblem. In: Theorie und Praxis der sozialen Arbeit 2 (41) 72 – 79

Rombach, H. (Hrsg.) 1979: Wissenschaftstheorie. Bd 1: Probleme und Positionen der Wissenschaftstheorie. Freiburg i.Br. 2. Auflage

Rombach, H. (Hrsg.) 1974: Wissenschaftstheorie. Bd. 2: Struktur und Methode der Wissenschaften. Freiburg i.Br.

Rössner, L. 1975: Theorie der Sozialarbeit. Ein Entwurf. München, Basel

Rössner, L. 1977: Erziehungs- und Sozialarbeitswissenschaft. München, Basel

Sachße, Chr. 1983: Fremdhilfe als Selbsthilfe – Die bürgerliche Frauenbewegung und die Entstehung beruflicher Sozialarbeit. In: neue praxis 1 (13) 30 – 36

Sachße, Chr. 1985: Sozialreform als Emanzipation. In: Sozialwissenschaftliche Literatur Rundschau 11 (8) 25 – 30

Sachße, Chr./Tennstedt, F. 1980: Geschichte der Armenfürsorge in Deutschland: Vom Spätmittelalter bis zum Ersten Weltkrieg. Stuttgart, Berlin, Köln, Mainz

Sachße, Chr./Tennstedt, F. 1988: Geschichte der Armenfürsorge in Deutschland Bd. 2: Fürsorge und Wohlfahrtspflege 1871 bis 1929. Stuttgart, Berlin, Köln, Mainz

Salomon, A. 1917: Soziale Frauenbildung und soziale Berufsarbeit. Leipzig, Berlin

Salomon, A. 1926: Soziale Diagnose. Berlin

Salomon, A. 1927: Die Ausbildung zum sozialen Beruf. Berlin

Salomon, A. 1928: Leitfaden der Wohlfahrtspflege. Berlin. 3. Auflage

Salomon, A. 1983: Charakter ist Schicksal. Lebenserinnerungen. Herausgegeben von R. Baron und R. Landwehr. Weinheim, Basel

Schäfers, B. 1990: Gesellschaftlicher Wandel in Deutschland. Ein Studienbuch zur Sozialstruktur und Sozialgeschichte der Bundesrepublik. Stuttgart

Scherpner, H. 1974: Theorie der Fürsorge. Herausgegeben von H. Scherpner. Göttingen

Scherpner, H. 1984: Studien zur Geschichte der Fürsorge. Aus dem Nachlaß herausgegeben von H. Scherpner, mit einer Vorbemerkung von G. Neises. Frankfurt/M.

Scherr, A. 1989: Kritik der Anerkennungsverhältnisse – Subjektivität als fortdauerndes Problem sozialwissenschaftlicher Theorie. In: Sozialwissenschaftliche Literatur Rundschau 18 (12) 35 – 40

Schlette, H. R. 1989: Gleichheit. Philosophische Bemerkungen zu einem Reizwort. In: Orientierung 15/16 (53) 171 – 174; 17 (53) 183 – 186

Schmidt, H.-L. 1981: Theorien der Sozialpädagogik: Kritische Bestandsaufnahme vorliegender Entwürfe und Konturen eines handlungstheoretischen Neuansatzes. Rheinstetten

Schmidt, K. 1991: Der Gegenstand Sozialer Arbeit in verschiedenen Theorien zu Sozialer Arbeit. Bestandsaufnahme und Perspektiven. Diplomarbeit an der Fachhochschule Würzburg-Schweinfurt, Fachbereich Sozialwesen

Schnerb, R. 1983: Europa im 19. Jahrhundert. Europa als Weltmacht. München

Schwendtke, A. (Hrsg.) 1977: Wörterbuch der Sozialarbeit und Sozialpädagogik. Heidelberg

Seidel, U. 1983: Individualpsychologie. In: Corsini, R. J. (Hrsg.): Handbuch der Psychotherapie. Bd 1. 390 – 413

Seiffert, H. 1985. Einführung in die Wissenschaftstheorie. München. 3 Bde.

Seiffert, H./Radnitzky, G. (Hrsg.) 1989: Handlexikon zur Wissenschaftstheorie. München

Sekretariat der Deutschen Bischofskonferenz (Hrsg.) 1987: Verlautbarungen des Apostolischen Stuhls 82. Enzyklika „Sollicitudo Rei Socialis" von Papst Johannes Paul II. Bonn

Sekretariat der Ständigen Konferenz der Kultusminister der Länder der Bundesrepublik Deutschland (Hrsg.) 1984: Entwurf. Empfehlungen der Studienreformkommission Pädagogik/Sozialpädagogik/Sozialarbeit. Bd. 2: Ausbildungsbereich Sozialwesen. Bonn.

Sekretariat der Ständigen Konferenz der Kultusminister der Länder der Bundesrepublik Deutschland (Hrsg.) 1988: Rahmenprüfungsordnung Sozialwesen mit Erläuterungen. Bonn

Sengling, D. 1987: Was ist „Erfolg" in der Sozialarbeit? In: Sozialpädagogik 4 (29) 165 – 172

Sidler, N. 1989: am Rande leben – abweichen – arm sein. Konzepte und Theorien zu sozialen Problemen. Freiburg i.Br.

Simon-Schaefer, R. 1989a: Kritische Theorie. In: Seiffert, H./Radnitzky, G. (Hrsg.): Handlexikon zur Wissenschaftstheorie. München. 172 – 177

Simon-Schaefer, R. 1989b: Marxismus. In: Seiffert, H./Radnitzky, G. (Hrsg.): Handlexikon zur Wissenschaftstheorie. München. 199 – 206

Soukup, G. 1988: Handlungsforschung. In: Kreft, D./Mielenz, I. (Hrsg.): Wörterbuch Soziale Arbeit. Weinheim, Basel. 259 – 261

Späth, K. 1985: Wissenschaft und Alltagshandeln. In: Sozialpädagogik 5 (27) 232 – 238

Staub-Bernasconi, S. 1983a: Theoriebezogene Fort- und Weiterbildung in der Sozialarbeit. In: Sozialarbeit 11 (15) 20 – 36

Staub-Bernasconi, S. 1983b: Soziale Probleme – Dimensionen ihrer Artikulation. Umrisse einer Theorie Sozialer Probleme als Beitrag zu einem theoretischen Bezugsrahmen Sozialer Arbeit. Diessenhofen

Staub-Bernasconi, S. 1983c: Ein ganzheitliches Methodenkonzept – Wunschtraum? Chance? Notwendigkeit? Problembezogene Arbeitsweisen in der Sozialen Arbeit. In: Staub-Bernasconi, S. u.a. (Hrsg.): Theorie und Praxis der Sozialen Arbeit. Entwicklung und Zukunftsperspektiven. Bern, Stuttgart

Staub-Bernasconi, S. 1986: Soziale Arbeit als eine besondere Art des Umgangs mit Menschen, Dingen und Ideen. Zur Entwicklung einer handlungstheoretischen Wissensbasis Sozialer Arbeit. In: Sozialarbeit 10 (18) 2 – 71

Staub-Bernasconi, S. 1989: Soziale Arbeit und Ökologie 100 Jahre vor der ökologischen Wende. Ein Vergleich der theoretischen Beiträge von Jane Addams (1860 – 1935) und Wolf Rainer Wendt (1982). In: neue praxis 4 (19) 283 – 309

Staub-Bernasconi, S. 1991a: Das Selbstverständnis Sozialer Arbeit in Europa: frei von Zukunft – voll von Sorgen? In: Sozialarbeit 2 (23) 2 – 32

Staub-Bernasconi, S. 1991b: Das sanfte Entschwinden einer Nobelpreisträgerin Sozialer Theorie und Arbeit – Jane Addams' Friedenstheorie und -praxis. In: Henke, S./Mohler, S. (Hrsg.): Wie es ihr gefällt. Frauensymposium 1990: Wissenschaft, Künste und alles andere. Freiburg i.Br. 49 – 67

Störig, H. J. 1989: Kleine Weltgeschichte der Philosophie. Frankfurt/M.

Ströker, E. 1973: Einführung in die Wissenschaftstheorie. Darmstadt

Sünker, H. 1989: Bildung, Alltag und Subjektivität. Elemente zu einer Theorie der Sozialpädagogik. Weinheim.

Sünker, H. 1990: Soziale Arbeit im Nationalsozialismus: „Endlösung der sozialen Frage" ? In: neue praxis 4 (20) 354 – 360

Swientek, C. 1986: Die „abgebende Mutter" im Adoptionsverfahren. Bielefeld

Thiersch, H. 1985: Akademisierung der Sozialpädagogik/Sozialarbeit – eine uneingelöste Hoffnung? In: neue praxis 6 (15) 478 – 487

Thiersch, H. 1986a: Die Erfahrung der Wirklichkeit. Perspektiven einer alltagsorientierten Sozialpädagogik. Weinheim, München

Thiersch, H. 1986b: Alltag. In: Deutscher Verein für öffentliche und private Fürsorge (Hrsg.): Fachlexikon der Sozialen Arbeit. Frankfurt/M. 15 – 17

Thiersch, H./Rauschenbach, T. 1987: Sozialpädagogik/Sozialarbeit: Theorie und Entwicklung. In: Eyferth, H./Otto, H.-U./Thiersch, H. (Hrsg.): Handbuch zur Sozialarbeit/Sozialpädagogik. Studienausgabe. Neuwied, Darmstadt. 984 – 1016

Thiersch, H. 1988: Theorie der Sozialarbeit/Sozialpädagogik. In: Kreft, D./Mielenz, I. (Hrsg.): Wörterbuch Soziale Arbeit. Weinheim, Basel. 573 – 577

Thomas von Aquino 1985a: Summe der Theologie. Bd. 1: Gott und die Schöpfung. Herausgegeben von J. Bernhart. Stuttgart

Thomas von Aquino 1985b: Summe der Theologie. Bd. 2: Die sittliche Weltordnung. Herausgegeben von J. Bernhart. Stuttgart

Thomas von Aquino 1985c: Summe der Theologie. Bd. 3: Der Mensch und sein Heil. Herausgegeben von J. Bernhart. Stuttgart

Thomson, S. H. 1983: Das Zeitalter der Renaissance. Von Petrarca bis Erasmus. München

Tschamler, H. 1983: Wissenschaftstheorie. Eine Einführung für Pädagogen. Bad Heilbrunn/Obb. 2., überarbeitete und erweiterte Auflage

Tuggener, H. 1971: Social Work – Versuch einer Darstellung und Deutung im Hinblick auf das Verhältnis von Sozialarbeit und Sozialpädagogik. Weinheim, Basel

Ulke, K.-D. (Hrsg.) 1988: Ist Sozialarbeit lehrbar? Zum wechselseitigen Nutzen von Wissenschaft und Praxis. Freiburg i.Br.

Uslar, G. von 1988: Das Verhältnis von Praxis und Forschung in der sozialen Arbeit – nur ein Transferproblem? In: Heiner, M. (Hrsg.): Praxisforschung in der sozialen Arbeit. Freiburg i.Br. 140 – 148

Vahsen, F. 1975: Einführung in die Sozialpädagogik. Bildungspolitische und theoretische Ansätze. Stuttgart

Vives, J. L. 1881: Ausgewählte pädagogische Schriften. Übersetzt und mit Einleitung und Anmerkungen versehen von R. Heine. Leipzig

Vives, J. L. 1912: Pädagogische Hauptschriften. Übersetzung, Einleitung und Anmerkungen von T. Edelbluth. Paderborn

Vogel, W. 1951: Bismarcks Arbeiterversicherung. Ihre Entstehung im Kräftespiel der Zeit. Braunschweig

Watzlawick, P./Beavin, J. H./Jackson, D. D. 1974: Menschliche Kommunikation. Formen, Störungen, Paradoxien. Bern, Stuttgart, Wien

Weller, U. 1986: Sozialarbeit zwischen Wissenschaft und Praxis. In: neue praxis 2 (16) 170 – 176

Wendt, W. R. 1982: Ökologie und soziale Arbeit. Stuttgart

Wendt, W. R. 1989: Ökologisch das Soziale neu erzeugen. Eine Replik auf S. Staub-Bernasconis Beitrag „Soziale Arbeit und Ökologie 100 Jahre vor der ökologischen Wende" in np 4/89. In: neue praxis 6 (19) 523 – 525

Wendt, W. R. 1990a: Geschichte der sozialen Arbeit. Von der Aufklärung bis zu den Alternativen und darüber hinaus. Stuttgart. 3. überarbeitete und erweiterte Auflage

Wendt, W. R. 1990b: Ökosozial denken und handeln. Grundlagen und Anwendungen in der Sozialarbeit. Freiburg i.Br.

Wieler, J . 1987: Er-Innerung eines zerstörten Lebensabends. Alice Salomon während der NS-Zeit (1933-1937) und im Exil (1937-1948). Darmstadt

Winkler, M. 1986: Einzelbesprechung: Hans Thiersch. Die Erfahrung der Wirklichkeit. Perspektiven einer alltagsorientierten Sozialarbeit. In: Sozialwissenschaftliche Literatur Rundschau 13 (9) 67 – 70

Winkler, M. 1988a: Eine Theorie der Sozialpädagogik: über Erziehung als Rekonstruktion der Subjektivität. Stuttgart

Winkler, M. 1988b: „Ideen braucht man nur, wenn man nichts erlebt." Sieben Notizen zur alltagsorientierten Pädagogik. In: neue praxis 5 (18) 386 – 401

Wollenweber, H. (Hrsg.) 1983: Modelle sozialpädagogischer Theoriebildung. Paderborn, München

Zetterberg, H. L. 1962: Theorie, Forschung und Praxis in der Soziologie. In: König, R. (Hrsg.): Handbuch der empirischen Sozialforschung. Bd. 1. Stuttgart 64 – 104

Zink, D. 1988: Aufforderung zur Konstitution von Sozialarbeitswissenschaft an Fachhochschulen. In: Ulke, K.-H. (Hrsg.): Ist Sozialarbeit lehrbar? Freiburg i.Br. 40 – 54.

Autor

Ernst Engelke, 1941 in Hildesheim geboren; Studien der Philosophie, Theologie und Psychologie in Freiburg i. Br. und Würzburg; Dr. theol. und Diplom-Psychologe.
Zusatzausbildungen in Klinischer Seelsorge, Gesprächspsychotherapie, Psychodrama, Gruppenpsychotherapie und Soziometrie.
Tätigkeiten in verschiedenen Bereichen der Jugendarbeit, Klinikseelsorge, Ehe-, Familien- und Lebensberatung und Psychiatrie, als Supervisor und Lehrtherapeut für Psychodrama, Gruppenpsychotherapie und Soziometrie. Seit 1980 Professor an der Fachhochschule Würzburg-Schweinfurt im Fachbereich Sozialwesen. Arbeitsschwerpunkte: Handlungsmethoden und Theorien der Sozialen Arbeit.
Veröffentlichungen: Signale ins Leben. Begegnungen mit Sterbenskranken. München 1977 – Sterbebeistand bei Kindern und Erwachsenen. (Hrsg. mit Hans-Joachim Schmoll und Georg Wolff) Stuttgart 1979 – Sterbenskranke und die Kirche. München 1980 – Psychodrama in der Praxis. Anwendung in Therapie, Beratung und Sozialarbeit. (Hrsg.) München 1981 – Psychodrama (zusammen mit Grete A. Leutz). In: Corsini, R. (Hrsg.) 1983: Handbuch der Psychotherapie Bd. 2. Weinheim, Basel. 1008 – 1031.

Marina Lewkowicz (Hrsg.)

Neues Denken in der Sozialen Arbeit

Mehr Ökologie – mehr Markt – mehr Management

1991, 264 Seiten, kart. lam., DM 32,–
ISBN 3-7841-0541-6

Seit Jahren begegnet Soziale Arbeit zunehmender Kritik: zu teuer, zu ineffizient, zu unbeweglich, in Routine erstarrt, ja „kontraproduktiv", d. h. das Gegenteil dessen bewirkend, was sie zu bewirken sucht – so ist Soziale Arbeit ihren Kritikern zufolge. In der Tat: was kann Soziale Arbeit ausrichten gegen die soziale Probleme der hochindustrialisierten Gesellschaft? Was gegen Arbeitslosigkeit, Drogenabhängigkeit, Alkohol, Gewalt, Zunahme der Altenpopulation, Familienzerrüttung, Sinnkrise? Und wie ist die dennoch oft banale alltägliche Problem-Verwaltung im Amt, im Verband zu ertragen?

Die alten Antworten: mehr Geld, mehr Wirtschaftswachstum, mehr Staat, mehr Planstellen tragen nicht mehr. Angesichts der drohenden Umweltkatastrophen wird „nichts mehr so sein, wie es war", auch nicht in der Sozialen Arbeit. Wo sind die neuen Antworten zu suchen? Die Hochschultage 1990 der Katholischen Fachhochschule Saarbrücken stellten drei Denk-Möglichkeiten zur Diskussion: mehr Ökologie – mehr Markt – mehr Management. Die Ergebnisse sind in diesem Band versammelt.

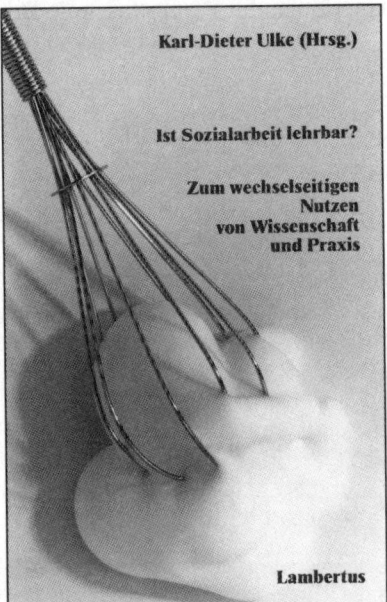

Karl-Dieter Ulke (Hrsg.)

Ist Sozialarbeit lehrbar?

Zum wechselseitigen Nutzen von Wissenschaft und Praxis

1988, 208 Seiten, kart. lam., DM 28,–
ISBN 3-7841-0414-2

Ein zentrales Problem an den Ausbildungsstätten für Sozialarbeit und Sozialpädagogik ist das Spannungsverhältnis von Theorie und Praxis und seine Vermittlung. Dozenten einer Fachhochschule gehen diesen Fragen nach: Welchen Nutzen hat wissenschaftliches Wissen für die Praxis sozialer Arbeit – und umgekehrt? Wie muß Wissenschaft gelehrt werden, damit sie brauchbar ist? Mit welchen Transferproblemen ist dabei zu rechnen? Welche Folgerungen sind daraus zu ziehen? Wer als Lehrender oder als Sozialarbeiter mit der Umsetzung von Wissenschaft in praktisches Handeln zu tun bekommt – was zwangsläufig für beide Gruppen zutrifft –, wird aus diesen Näherungsversuchen Nutzen ziehen.

Wolfgang Gernert (Hrsg.)
Sozialarbeit auf dem Prüfstand
Fachlicher Anspruch –
Verwaltungskontrolle
1988, 172 Seiten, kart. lam., DM 26,–
ISBN 3-7841-0404-5
In Zeiten knapp gewordener Finanz-
decken der öffentlichen Hand wird die So-
zialarbeit/Sozialpädagogik – neben den
üblichen Grundsätzen der Mittelbewirt-
schaftung und Rechtmäßigkeit – mehr
denn je von seiten der (Sozial-)Verwal-
tung mit Anforderungen eines Wirksam-
keitsnachweises und mit Kosten-Nutzen-
Kalkülen konfrontiert.
Der Sammelband beleuchtet aus der Sicht
der (Sozial-)Verwaltung einschlägige Erwartungen und Forderungen an die Sozial-
arbeit/Sozialpädagogik. Aus der Sicht von
Sozialarbeitern und Sozialwissenschaftlern
werden Notwendigkeit, Grenzen und
Möglichkeiten eines solchen „Legitima-
tionsnachweises" diskutiert und die dabei
zu berücksichtigenden fachlichen Kriteri-
en und Ansprüche für eine (Selbst-)
Evaluation begründet.

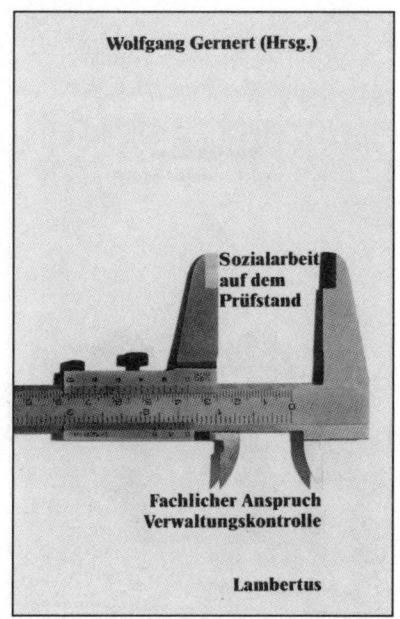

Hubert Oppl/Arnold Tomaschek (Hrsg.)
Soziale Arbeit 2000
Band 1:
Soziale Probleme und Handlungsflexibilität 1986,
168 Seiten, kart. lam., DM 24,–
ISBN 3-7841-0320-0
Band 2:
Modernisierungskrise und soziale Dienste 1986,
192 Seiten, kart. lam., DM 26,–
ISBN 3-7841-0321-9
Beide zusammen DM 40,–, ISBN 3-7841-0329-4
Im Gefolge des immer rascher verlaufenden technologischen und ökonomischen Wandels treten
fortwährend „neue soziale Fragen" auf. Mit diesen sich abzeichnenden Herausforderungen für
eine Sozialarbeit bis zum Jahr 2000 beschäftigten
sich namhafte Vertreter aus Wissenschaft und Politik auf einer Expertentagung im März 1986.
Die vorliegenden Bände enthalten die Langfas-
sung der anläßlich dieser Tagung gehaltenen Re-
ferate. Die Antworten darauf, wie die Sozialarbeit
den zukünftigen Herausforderungen begegnen
soll, sind ebenso vielfältig wie unterschiedlich. Sie
betreffen gleichermaßen das Selbst- und Fremd-
verständnis der Sozialarbeit, ihre Plazierung im
gesellschaftlichen und politischen System, die
theoretischen und konzeptionellen Grundlagen
der sozialen Arbeit, ihre praktische Ausgestaltung
und Umsetzung, die Ausbildung der Sozialarbeiter.

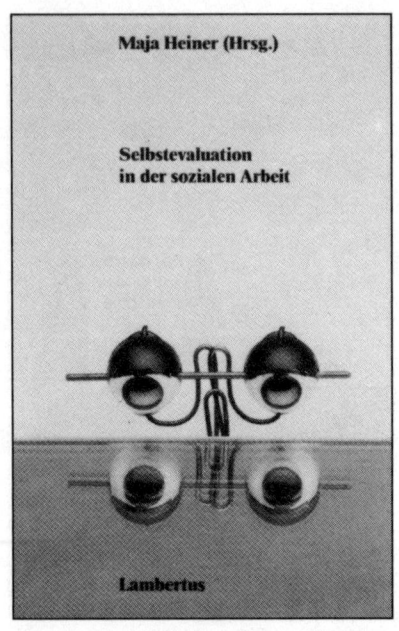

Maja Heiner (Hrsg.)
Selbstevaluation in der sozialen Arbeit
Fallbeispiele zur Dokumentation und Reflexion beruflichen Handelns
1988, 332 Seiten, kart. lam., DM 42,–
ISBN 3-7841-0389-8

Selbstevaluation dient der Qualitätssicherung sozialer Arbeit durch den einzelnen Sozialarbeiter, der die Ziele, Ergebnisse und Rahmenbedingungen seines beruflichen Handelns untersucht, um sie auf der Grundlage systematisch erhobener Informationen einer kritischen Auswertung zu unterziehen. Die vorhandenen, von der empririschen Sozialforschung geprägten Evaluationskonzepte sind dafür aber nur partiell brauchbar. Die Publikation dokumentiert die Entwicklung und auch Ergebnisse verschiedener Verfahren und Ansätze von Selbstevaluation, die von Sozialarbeitern aus unterschiedlichen Arbeitsfeldern erprobt worden ist.

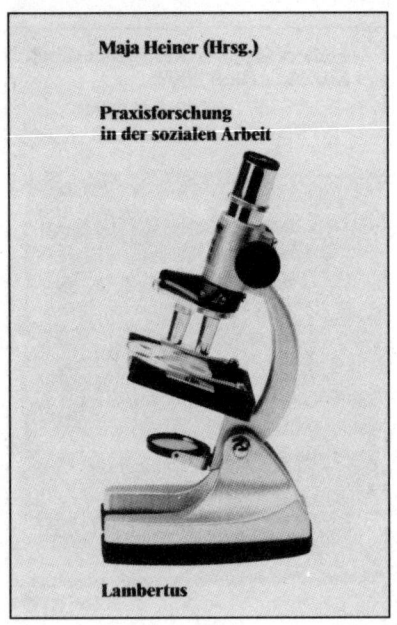

Maya Heiner (Hrsg.)
Praxisforschung in der sozialen Arbeit
1988, 348 Seiten, kart. lam., DM 39,80
ISBN 3-7841-0393-6
Praxisforschung zielt auf die Untersuchung des beruflichen Handelns in der sozialen Arbeit ab. Anwendungs- und Umsetzungsorientierung sind die Kennzeichen dieses Forschungsansatzes. In dieser Kooperation von Forscher und Praktiker bieten sich Chancen zur Überwindung des Methodenstreits von (quantitativer) Grundlagenforschung und (qualitativer) Handlungsforschung. Die vielfältigen Verkörperungen der Praxisforschung werden in drei Formen des Verhältnisses von Forscher und Praktiker idealtypisch beschrieben. Außerdem werten Forscher, Praktiker und Vertreter aus der Verwaltung ihre Erfahrungen mit Praxisforschung aus und beschreiben aus ihrer Perspektive Konzept, Einsatz und Leistungsfähigkeit dieses Ansatzes.